GARTENBLUMEN

So blühen sie am schönsten…

Farbfotos
Marion Nickig

Zeichnungen
György Jankovics

Türkischer Mohn (Papaver orientale). Prachtvoll in der Blüte, dekorativ die nachfolgenden Samenkapseln

Bernd Hertle / Peter Kiermeier
Marion Nickig

So blühen sie am schönsten …
GARTEN BLUMEN

Porträts und Pflegeanleitungen
beliebter Gartenblumen
und attraktiver Grünpflanzen

Mit Gestaltungs-Ideen
für große
und kleine Gärten

500 Farbfotos und
150 Praxis-Zeichnungen

GU
GRÄFE
UND
UNZER

Auch im vielfältigsten Staudenbeet lassen sich noch Akzente setzen, zum Beispiel durch Pflanzen in edlen Gefäßen

Der Gang in den Garten
ist zu jeder Jahreszeit ein Erlebnis ganz eigener Art, denn die verschiedenen, saisonbedingten Farben und Formen der Blumen können ganz unterschiedliche Stimmungen und Eindrücke zaubern (→ Fotos, Seite 57 sowie 58/59).

Iris sibirica 'Celeste'

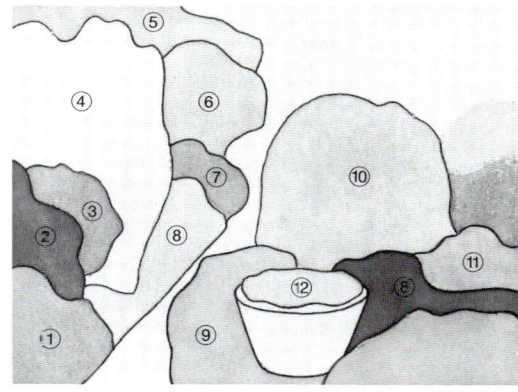

Blütenpracht im Juni:
 1 *Stachys byzantina*
 2 *Geranium clarkei* 'Kashmir White'
 3 *Salvia officinalis* 'Aurea'
 4 *Iris-Barbata-Elatior*-Hybride
 5 *Centranthus ruber* 'Albus'
 6 *Salvia nemorosa*
 7 *Salvia officinalis* 'Purpurascens'
 8 *Viola cornuta* 'John Wallmark'
 9 *Viola cucullata* 'Alba'
10 *Gillenia trifoliata*
11 *Corydalis*
12 *Sempervivum*-Hybride.

INHALT

Wiesen-Iris

Trompeten-Lilie

Halskrausen-Dahlie

Gartenanlage mit gelben Bändern von Sonnenhut

Die Autoren

Bernd Hertle, Diplom-Ingenieur, Technischer Leiter des Sichtungsgartens von Weihenstephan. Wissenschaftlicher Mitarbeiter am Institut für Stauden und Gehölze. Zahlreiche Publikationen.

Professor Dr. Peter Kiermeier, Leiter des Instituts für Stauden und Gehölze an der Fachhochschule Weihenstephan, Leiter des Sichtungsgartens. Zahlreiche Publikationen.

Marion Nickig, führende Pflanzenfotografin. Wurde bekannt durch ungewöhnliche Garten- und Blumenfotografie im FAZ-Magazin. Seit über 10 Jahren für renommierte Garten- und Wohnzeitschriften tätig.

I. Teil
Formen und Farben 10

Was sind Gartenblumen? 12
Was sind Stauden? 12
Was sind Zwiebel- und Knollenpflanzen? 12
Was sind Sommerblumen? 13
Sommerblumen und Stauden mischen? 15
PRAXIS: Botanik 16

Standorte und Lebensbereiche 18
Die Lebensbereiche 18
Waldstauden 19
Gehölz- oder Waldrandstauden 20
Freiflächenstauden 20
Steingartenpflanzen 21
Alpine Stauden 21
Beet- oder Prachtstauden 21
Uferstauden 21
Wasserpflanzen 21

Gestaltungsideen mit Gartenblumen 24
Pflegeintensiv oder nicht? 24
Viel oder wenig Pflanzen? 24
Ein Beet soll sich entwickeln 25
Blütenpracht das ganze Jahr hindurch 25
Gestalten mit Farben 26
Der Farbkreis 26
Komplementärfarben 27
Farbdreiklänge 27
Farbverläufe 27
Blütenfarben-Liste 27
Farbwirkungen – Pflanzbeispiele 28
Ton in Ton – Pflanzbeispiel 30
Farbkombinationen – Pflanzbeispiele 32
Gestalten mit Formen 34
Blüten- und Blattformen 34
Gräser und Farne 34
Unterschiedliche Wuchsformen 35
Blattfarben und Blattformen – Pflanzbeispiele 36
Gestalten mit verschiedenen Wuchshöhen und Blütezeiten 38
Staffelung – Pflanzbeispiele 40
Gestalten durch Gruppenbildung 42
Wuchsformen und Gruppenbildung – Pflanzbeispiel 44
Überlegungen zur Planung 46
Der Charakter der Pflanzung 46
Der Pflanzplan 46
Die Pflanzung 47
Checkliste: So geht man vor 47

Stauden-Sonnenblume

Garten-Lupine

Pompon-Dahlie

II. Teil
Pflanzen, Pflegen, Vermehren 48

Gartenblumen pflanzen und pflegen 50
Bodenvorbereitung 50
Die richtige Pflanzzeit 51
Stauden richtig pflanzen 53
Zwiebeln und Knollen richtig pflanzen 54
Die Pflege 54
Unkrautbekämpfung 54
Mulchen 54
Gießen 54
Düngen 55
Aufbinden und Stäben 56
Rückschnitt 56
Umgraben? 56
Aufnehmen älterer Stauden 56
Winterschutz 57

Erste Hilfe für Ihre Pflanzen 60
Vorbeugungsmaßnahmen 60
Erst Diagnose – dann Bekämpfung 61
Bekämpfungsmöglichkeiten 61
Darauf sollten Sie achten 62
Physiologische Schäden 62
Pilzkrankheiten 63
Bakterien- und Viruserkrankungen 63
Schädlinge 63
Die häufigsten Krankheiten 64
Die häufigsten Schädlinge 65

Gartenblumen erfolgreich vermehren 66
Kinderstuben für Pflanzen 66
Die richtigen Gefäße 67
Substrate 67
Kultursubstrate aus dem Fachhandel 68
Unterschiedliche Vermehrungsarten 68
Wissenswertes über Samen 68
Unterschiedliches Keimverhalten 69
Topfen 69
Zwiebel- und Knollenpflanzen vermehren 69
PRAXIS: Generative Vermehrung 70
PRAXIS: Vegetative Vermehrung 72

III. Teil
Porträts und Pflegetips 74

Die schönsten Gartenblumen und ihre Pflege 76
Die 4 Gruppen des Beschreibungsteils 76
Die Symbole und ihre Bedeutung 76
Aufbau der Pflanzen-Porträts 76
Erläuterung der Stichworte 76
Verwendete Fachbegriffe 76

Einjährige Gartenblumen 78
Von *Ageratum* bis *Zinnia*

Stauden 96
Von *Achillea* bis *Yucca*

Zwiebel-/Knollenpflanzen 192
Von *Allium* bis *Tulipa*

Gräser/Farne 222

Register 230

Anhang 238

Impressum 240

Wichtig: Damit die Freude an Ihrem Hobby ungetrübt bleibt, beachten Sie bitte die Angaben auf Seite 62 sowie die ›**Wichtigen Hinweise**‹ auf Seite 240.

BLUMEN FÜR IHREN GARTEN

Ein Wort zuvor

Frühlingsblumen läuten das Gartenjahr ein

Warum sind Blumen bloß so schön? Mit ihrem Feuerwerk an Farben, Formen und Duft verführen sie uns immer wieder zu ungeplanten Käufen und spontanen Pflanzungen. Nicht immer zum beiderseitigen Gewinn – wie sich später oft zeigt. Denn Gartenblumen entwickeln nur dann ihre prächtige Schönheit, wenn die richtige Pflanze am richtigen Standort in der richtigen Nachbarschaft steht.

Für jeden Garten die schönsten Blumen – greifen Sie zu – machen Sie Ihren Garten zu einer Oase der Lebensfreude – der Große GU Pflanzen-Ratgeber begleitet Sie dabei zuverlässig durch alle Jahreszeiten.

Formen und Farben, der Einführungs- und Gestaltungsteil zeigt, welch buntes Völkchen sich hinter dem Namen »Gartenblumen« verbirgt und was sich alles damit zaubern läßt. Ein kleiner Grundkurs im Gestalten vermittelt, worauf Sie bei der Auswahl der Farben achten sollten, welche Rolle Wuchs-, Blüten- und Blattformen spielen, wie man Blumen optisch gut gruppiert – und wie Sie es schaffen, daß es rund ums Jahr blüht. Vorbildliche Gärten in hinreißenden Farbfotos und mit übersichtlichen Bepflanzungsplänen verlocken zum Nachmachen.

Pflanzen, pflegen und vermehren nennt sich der gärtnerische Teil mit praktischem Rat fürs Einpflanzen, richtige Düngen und Gießen, fürs Vorbeugen und Abwehren von Schädlingen oder Krankheiten. Praxis-Seiten mit farbigen Schritt-für-Schritt-Zeichnungen sagen Ihnen, wie Sie Blumen richtig vermehren.

Der große Pflanzen-Beschreibungsteil stellt über 500 der schönsten Gartenblumen in Gruppen geordnet vor: Einjährige, Stauden, Zwiebel- und Knollenpflanzen sowie grüne Begleitpflanzen wie Gräser und Farne. Jede Pflanze in brillantem Farbporträt mit ausführlichen Angaben über Aussehen, Wuchs, Blütezeit, Standort, Pflege und Vermehrung. Dazu Tips zur Verwendung und günstige Partner zum Kombinieren.

Gartenblumen – so schön wie noch nie – wünschen Ihnen die Autoren und die GU Naturbuch-Redaktion

Tulpen-Hybriden setzen mit ihren lebhaften Farben fröhliche Farbtupfer im frühlingshaften Garten

Ob mit gefüllten oder ungefüllten Blüten – Pfingstrosen sind ausdrucksstarke Gartenblumen. Hier die ungefüllte, reinweiße Paeonia lactiflora 'Jan van Leeuwen'

FORMEN UND FARBEN

Wollen Sie einen Garten in kühlen Tönen oder lieber in einer Kombination mit warmen Farben? Dieser Teil des Buches stellt Ihnen die unterschiedlichen Gruppen der Gartenblumen vor und zeigt, worauf es beim Gestalten ankommt. Lernen Sie Formen und Farben neu sehen! Ein kleiner Grundkurs gibt Anregungen, wie man die passenden Blütenfarben wählt und dabei auch Wuchsform, Blütezeit und Blätter berücksichtigt. Vorbildliche Gärten in Farbfotos mit Pflanzlisten zum Nachmachen helfen dabei.

WAS SIND GARTENBLUMEN?

Gartenblumen am Haus vermitteln zwischen drinnen und draußen. Hier bunte Stockrosen (Alcea-Rosea-Hybriden)

**Seit Jahrtausenden hat sich der Mensch Pflanzen aus nah und fern in seine Nähe geholt. Was wäre ein Garten ohne Bäume und Sträucher, ohne die vielfältigste Pracht der Gartenblumen, der Blütenstauden und der ein- oder zweijährigen Sommerblumen, der Zwiebel- und Knollenpflanzen, der Gräser und Farne?
Gebäude, Hecken und einzeln stehende Gehölze bilden Gartenräume und damit den Rahmen, den Stauden und Einjahresblumen ausschmücken.**

Bäume und Sträucher sind dauerhafte, verholzte Gartenpflanzen, sogenannte Gehölze. Sie entwickeln oberirdische Triebe, die Kälte und Frost überdauern. Aus Blatt- und Blütenknospen entwickeln sich im Laufe des Jahres Blätter, Zweige und Blüten.
Gartenblumen, wie Stauden, Sommerblumen, Zwiebel- und Knollenpflanzen, sind keine verholzenden, sondern krautige Pflanzen, die im Herbst verwelken und einziehen.

Was sind Stauden?
Stauden sind mehrjährige, krautige Pflanzen, deren oberirdische Teile im Herbst ganz oder teilweise absterben, nachdem sie in ihren unterirdischen Speicherorganen (Wurzelstöcke, fleischige, rübenartige Wurzeln oder Wurzelsprosse) Nährstoff- und Wasserreserven eingelagert haben. Diese Speicherorgane tragen die Knospenanlagen (Grundknospen) für die kommende Saison. Im Frühjahr treiben die Stauden wieder aus. Herbst-Astern zum Beispiel überdauern mit kurzen Kriechtrieben, die dicht an der Erdoberfläche liegen. Die Grundknospen von Rittersporn, Eisenhut und Pfingstrosen liegen an der Erdoberfläche. Man nennt diese Pflanzen daher auch Erdschürfepflanzen.
Auch die ausdauernden Gräser (→ Seite 224) und die Farne (→ Seite 228) sind mehrjährige, krautige Pflanzen und werden zu den Stauden gerechnet.

Was sind Zwiebel- und Knollenpflanzen?
Strenggenommen gehören auch die Zwiebel- und Knollenpflanzen zu den Stauden, denn auch sie bilden unterirdische Speicherorgane, und ihre oberirdischen Pflanzenteile leben nur eine Vegetationsperiode. Da sie jedoch einige Eigentümlichkeiten zeigen,

Das Tränende Herz (Dicentra spectabilis) ist eine Staude, die bald nach dem Abblühen einzieht

werden diese Pflanzen hier gesondert besprochen.

Die Austriebsknospen der Zwiebel- und Knollenpflanzen sitzen tiefer im Boden als die Speicherorgane der Stauden, Gräser und Farne.

Daher nennt man Zwiebel- und Knollenpflanzen auch Erdpflanzen oder Geophyten.

Zu ihnen gehören unsere ersten Frühjahrsboten, zum Beispiel Krokusse, Tulpen, Schneeglöckchen und Hyazinthen, aber auch viele Sommerblüher wie Lilien, Gladiolen und Dahlien. Ganz zuletzt erblüht im Spätherbst noch die Herbst-Zeitlose.

Man unterscheidet zwischen den winterharten Zwiebel- und Knollenpflanzen, den Frühjahrsblühern wie zum Beispiel Narzissen, Märzenbecher und Kaiserkrone, die im Spätsommer in den Boden kommen und nicht winterharten Knollenpflanzen, den Sommerblühern Gladiolen und Dahlien, die ab Mai gepflanzt werden. Ihre Knollen sind frostempfindlich und müssen im Herbst aus dem Boden genommen werden, damit sie trocken und frostfrei überwintern können.

Warum pflanzen wir Stauden?

Um Blütenfarbe im Garten leuchten zu lassen, um die unendliche Vielfalt der Blattformen und -farben, das Linien- und Schattenspiel bewundern zu können, um Blütendüfte und Blattaromen zu empfinden, den Insekten zuzuschauen, um das Auf und Ab der Jahreszeiten zu erleben und um einen Ausgleich zu haben zur täglichen Anspannung.

Was sind Sommerblumen?

Sommerblumen sind kurzlebige, krautige Pflanzen, die nur einen Sommer lang blühen und nach der Samenbildung absterben Man unterscheidet zwischen einjährigen Sommerblumen, die im Frühjahr gesät werden und noch im selben Jahr blühen, fruchten und absterben (zum Beispiel Lö-

Der Blauzungen-Lauch (Allium karataviense) zählt zu den winterharten Zwiebelpflanzen

wenmäulchen und Zinnien) und Zweijährigen, die im Frühsommer ausgesät werden, im Jungpflanzenstadium überwintern und im darauffolgenden Jahr blühen, fruchten und absterben (zum Beispiel Stiefmütterchen oder Goldlack).
Zu den einjährigen Sommerblumen zählt man schließlich auch noch die tropischen Gehölze oder Stauden, die in ihren Heimatgebieten jahre- oder gar jahrzehntelang leben, unter mitteleuropäischen Verhältnissen aber dem Winter zum Opfer fallen und absterben. Sie sind erzwungenermaßen einjährig und müssen jedes Jahr neu angezogen werden.

Warum pflanzen wir Sommerblumen?
Um Farbkontraste und Farbabfolgen mit den Stauden aufzubauen, um Blumen für die Vase zu haben und um noch stärker als bei den Stauden eine reichhaltige Abwechslung von Blüten und Formen jedes Jahr neu zu erleben.

Woher stammen die Sommerblumen?
Zahlreiche Sommerblumen kamen erst nach der Entdeckung Amerikas in die europäischen Gärten. Viele von ihnen wurden bei den indianischen Völkern der Inkas in Südamerika und bei den Azteken in Mexiko schon als Gartenblumen verwendet. Die spanischen Eroberer waren von den fremdartigen und farbenprächtigen Blüten der reichblühenden Gewächse begeistert und schickten bereits im 16. Jahrhundert mit den ersten Schiffen Samen von Kapuzinerkresse, Sonnenblumen, Tagetes und Zinnien nach Europa. Hier kannte man Blumen mit solch üppigen und kräftig orange oder scharlachrot gefärbten Blüten noch nicht.

Später suchten europäische Pflanzensammler in Übersee ganz systematisch nach weiteren schönen Blütenpflanzen. Sie wurden vor allem in den Südstaaten der USA fündig. Von hier stammen Sonnenblume und Sonnenhut, Bartfaden, Roter Salbei und Verbenen.
Einige der Einjahresblumen kommen aus dem tropischen Afrika. Es sind recht kälteempfindliche Pflanzen wie Fleißiges Lieschen oder Spinnenblume.
Nur wenige Einjahresblumen sind in Europa beheimatet, zum Beispiel die Stammformen von Gänseblümchen, Stiefmütterchen und Vergißmeinnicht.

Kann man Sommerblumen und Stauden mischen?
Viele Sommerblumen haben Staudenverwandte, zum Beispiel einjährige Sonnenblumen *(Helianthus)* und staudenartige Sonnenblumen oder die Sonnenhut-Arten *(Rudbeckia)*.
Die Ähnlichkeit in Blüte und Gestalt von Einjahresblumen und Stauden erlaubt es oft, sie problemlos miteinander in einer Rabatte anzupflanzen. Da viele Sommerblumen jedoch aus sonnenreichen Ländern stammen, dürfen sie nur mit sonnenliebenden Stauden kombiniert werden.
Kritisch wird das Zusammenspiel, wenn fremdartig wirkende Sommerblumen mit leuchtenden oder gar grellen, exotischen Blüten mit dezent gefärbten Waldstauden oder mit Bergblumen im Steingarten oder in der Rabatte kombiniert werden. Dann gibt es Konflikte zwischen den Farben. Die Signalwirkung der roten Salbei-Arten, der oran-

gefarbenen Tithonien, der rosa-violetten Verbenen würde die bescheidenen Staudennachbarn übertönen und verblassen lassen.
Sommerblumen mit auffallend gefärbten oder geformten Blüten sollten nicht mit Stauden gemischt werden. Man pflanzt sie besser getrennt.
Ist die Rabatte weniger auf Dauerwirkung im Sommer hin geplant, sondern mehr als Schnittblumenbeet gedacht, braucht man sich über das Miteinander der verschiedenen Sommerblumen und Stauden nicht den Kopf zu zerbrechen – abgesehen davon, daß die Standortansprüche und der Platzbedarf berücksichtigt werden!

Hochsommer – Zeit der Sommerblumen
Bei der Verwendung von Sommerblumen darf man nicht vergessen, daß nach dem Auspflanzen (nach den letzten Maifrösten) Wochen bis zur ersten Blüte im Juli vergehen. Die meisten Einjahresblumen haben ihre üppigste Entwicklung im Hochsommer, manche zeigen ihre Blütenfülle sogar erst im September. Wenn der Herbst sonnig und warm ist, blühen sie bis in den Oktober hinein. Aber schon nach der ersten kalten Nacht ist es mit der Herrlichkeit vorbei. Erfahrungsgemäß kommen jedoch noch viele frostfreie Tage und Nächte, in denen die Blumen weiterblühen können, wenn man sie rechtzeitig vor den ersten Nachtfrösten durch Abdecken mit Vlies oder Folie geschützt hat.
Sommerblumen können auch im Herbstgarten noch viele Farbtupfer setzen, bis das Gartenjahr wirklich zu Ende ist.

PRAXIS

BOTANIK

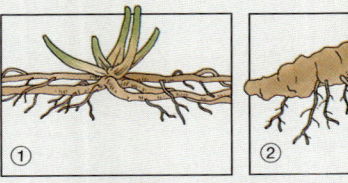
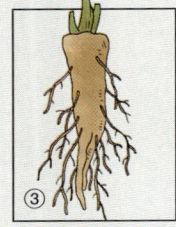

Unterirdische Pflanzenteile
① *Flachwurzler*
② *Wurzelstock (Rhizom)*
③ *Pfahlwurzel*
④ *Zwiebel*

Der Sinn des Pflanzenlebens besteht darin, sich fortzupflanzen und die Art zu erhalten, das heißt: zu wachsen, zu blühen und zu fruchten.

Lockmittel Blüte

Blüten sind für uns Menschen zumeist der Anlaß, Pflanzen im Garten, in Kübeln und auf dem Balkon zu halten. Für die Pflanze sind Blüten nichts anderes als Sexualorgane, die ausschließlich der Fortpflanzung der Art dienen. Dazu muß der Blütenstaub (Pollen) der Staubgefäße, also des männlichen Blütenteils, auf die weiblichen Blütenteile gelangen, um diese zu befruchten und die Samenbildung zu sichern. Dies kann entweder mit Hilfe des Windes oder durch Insekten geschehen. Windbestäubte Blüten sind meist unscheinbar. Blüten, die jedoch von Insekten bestäubt werden, müssen auffällig sein. Sie haben alle möglichen Strategien entwickelt, um auf sich aufmerksam zu machen und die Bestäuber anzulocken: lebhaft gefärbte Blütenblätter, auffällige Blütenformen, intensiven Duft. All dies sorgt dafür, daß Insekten zur Blüte gelockt

Aufbau einer Blütenpflanze
① *Blüten*
② *Knospen*
③ *Blätter und Stengel*
④ *Wurzelstock (Rhizom)*

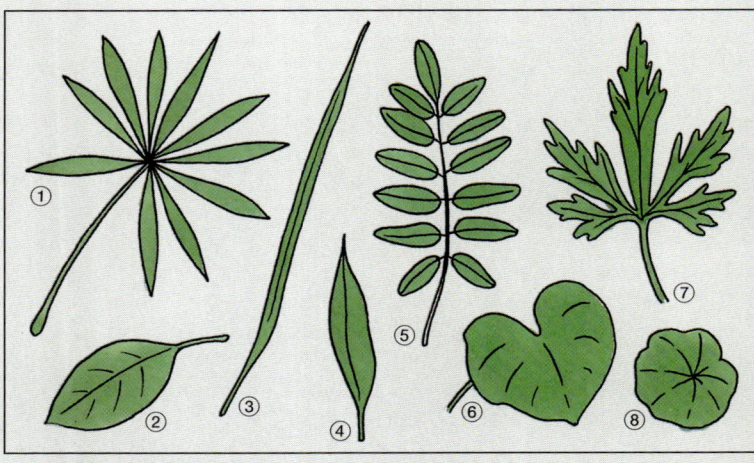

Verschiedene Blattformen
① *Gefingert (Lupine)* ② *Eiförmig (Garten-Phlox)*
③ *Linealisch (Gräser)* ④ *Lanzettlich (Astern)*
⑤ *Gefiedert (Jakobsleiter)* ⑥ *Herzförmig (Kaukasusvergißmeinnicht)*
⑦ *Handförmig geteilt (Storchschnabel)* ⑧ *Schildförmig (Frauenmantel)*

werden, dabei Pollen mitnehmen und verteilen. Die Insekten lassen sich aber nicht anlocken, um Kurierdienste auszuführen, sondern weil sie hinter dem Werberummel der Blüten Nahrung vermuten: süßen Nektar und nahrhaften Pollen.

Auf der Suche nach der Nahrung nehmen die Tiere ganz nebenbei Blütenstaub auf und tragen ihn zur nächsten Blüte. Je mehr Insekten angelockt werden, desto größer ist die Chance der Bestäubung.

Bestäubte Blüten haben ihren Daseinszweck erfüllt, sie gehen zur Samenbildung über und verwelken. An vielen Gartenstauden und Einjährigen läßt sich daher die Blühdauer entscheidend verlängern, wenn man die welken Blüten laufend entfernt.

Die Blumen werden dadurch angeregt, immer wieder neue Blüten zu bilden.

Blüten gibt es in vielerlei Gestalt und Farben (→ Fotos, Seite 6/7), in ihrem Grundbauplan stimmen sie jedoch weitgehend überein (→ Zeichnung oben, Aufbau einer Blüte): Auf dem Blütenboden, dem obersten, verbreitertsten Teil des Blütenstiels, sitzen die Kelchblätter, die die äußere Blütenhülle bilden. Ihnen schließen sich die Kronblätter als innere Blütenhülle an. Darauf folgen die Staubblätter und die Fruchtblätter.

Die Staubblätter, der männliche Teil der Blüte, sind meist in großer Zahl vorhanden. Ein Staubblatt besteht aus einem mehr oder weniger langen Stiel, dem Staubfaden, und einem oben ansitzenden dickeren Teil, dem Staubbeutel, in dem der Blütenstaub (Pollen) heranreift.

Die Fruchtblätter sind der weibliche Teil und stehen in der Mitte der Blüte. Sie sind so miteinander verwachsen, daß sie einen Hohlraum umschließen, den sogenannten Fruchtknoten. Dieser ist meist in einen Stiel, den Griffel, verlängert, an dessen oberem Ende eine klebrige Narbe sitzt, die den Blütenstaub aufnimmt. Blüten können einzeln stehen oder sich zu mehreren in ganz verschieden aufgebauten Blütenständen vereinigen (→ Zeichnung unten, Schematische Darstellung der wichtigsten Blütenstände).

Versorgungsanlage Blatt
Damit es überhaupt zur Blütenbildung kommt, müssen die Blätter mit Hilfe des Blattgrüns (Chlorophyll) für Aufbau und Entwicklung der Pflanzen sorgen.

Aufbau einer Blüte im Schnitt
① Kelchblatt
② Kronblatt (Blütenblatt)
③ Staubblätter
④ Narbe
⑤ Griffel
⑥ Fruchtknoten mit Samenanlage

Blätter gibt es in den unterschiedlichsten Formen und Farben. Die Natur hat eine riesige Fülle entwickelt (→ Zeichnung links, Verschiedene Blattformen). Manche Gartenblumen werden allein ihrer malerischen Blätter wegen als Gartenschmuck ausgewählt.

Die Wurzeln
Wurzeln sind unterirdische Pflanzenteile (→ Zeichnungen links, Unterirdische Pflanzenteile) die die Pflanzen im Boden verankern, für Wasser- und Nährstoffnachschub sorgen und Reservestoffe speichern können. Als Speicherorgane dienen dabei Rhizome, Zwiebeln und Knollen.

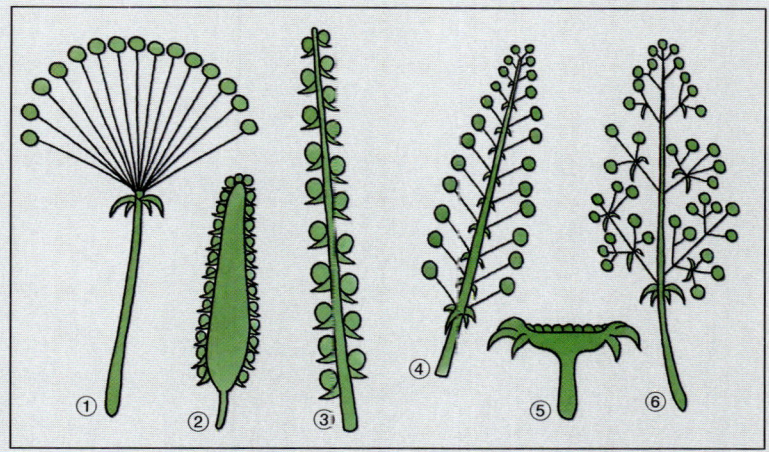

Schematische Darstellung der wichtigsten Blütenstände
① Dolde (Astrantia major)
② Kolben (Kniphofia)
③ Ähre (Lythrum salicaria)
④ Traube (Aconitum napellus)
⑤ Körbchen (Aster)
⑥ Rispe (Astilbe)

STANDORTE UND LEBENSBEREICHE

Germanium pratense 'Mrs. Kendall Clark' gedeiht am besten auf feuchten Freiflächen. In diesem Lebensbereich kann der Wiesenstorchschnabel verwildern und ein ansehnliches Alter erreichen.

In der heutigen modernen Verwendung der Gartenblumen sind in erster Linie die Standortansprüche maßgebend. Erst wenn die Auswahl der Blumen diesen Grundvoraussetzungen entspricht, wird nach Pflanzengröße, Farbe, Blütezeit, Blattform oder Duft ausgewählt. Darin äußert sich die jahrzehntelange Erfahrung, daß die schönste und reichhaltigste Farben- und Formenauswahl nichts nützt, wenn die Ansprüche der Pflanzen an den Wuchsort mißachtet werden.

Ursprünglich war für die Staudenauswahl nur die Farben- und Formenvielfalt maßgebend. Das hat sich in den letzten Jahrzehnten entscheidend geändert, als man sich wissenschaftlich mit den Stauden befaßte.

Man hat hierbei festgestellt, daß es im großen Reich der Gartenstauden und Einjahresblumen gewisse Übereinstimmungen in den Bedingungen gibt, die die Pflanzen an ihren Standort stellen.

So verlangen zum Beispiel zahllose Stauden aus den Alpen steinige oder schottrige und durchlässige, aber frische bis feuchte Böden in sonniger Lage.

Die gleichen oder zumindest ähnliche Ansprüche haben auch die Bergstauden aus den kanadischen Rocky Mountains, Stauden aus dem Himalaja-Gebirge oder aus nordchinesischen Bergländern.

Übereinstimmende Standortansprüche stellte man auch fest bei Waldstauden der Laubmischwälder des östlichen Nordamerikas, des Kaukasus und der Laubwälder des gemäßigten Klimas in China und Japan.

Die Lebensbereiche

Ordnet man die Stauden nach ähnlichen Ansprüchen, so schälen sich acht verschiedene Gruppen heraus.

Alle heute im Handel erhältlichen Stauden sind inzwischen von der Arbeitsgemeinschaft Staudensichtung bestimmten Lebensbereichen zugeteilt worden, die man wie folgt unterscheidet:
- Wald
- Gehölz- oder Waldrand
- Freiflächen
- Steingarten
- Alpinum
- Beet
- Ufer
- Wasser

Übergangsbereich zwischen Wald- (Herzlilie, mitte) und Waldrandstauden (Pracht- und Storchschnabel, vorne)

In vielen Staudenkatalogen findet man diese Angaben zu den verschiedenen Lebensbereichen, die dem Laien die Auswahl der Stauden für bestimmte Standorte erleichtern.

Zwischen all diesen Lebensbereichen gibt es natürlich viele Übergänge. Die Einteilung soll nichts anderes als eine Auswahlempfehlung sein.

Waldstauden
Zu diesem Lebensbereich rechnet man alle Stauden, die in enger Beziehung zu den Gehölzen stehen. Sie brauchen den Schutz der Gehölze, in deren Schatten sie am besten gedeihen. Viele der Waldstauden benötigen auch das im Herbst herunterfallende und vor Kälte schützende Laub, und es ist nicht gut für ihre Wurzeln, wenn man es herausfegt.

Für Waldstauden ist es nicht wichtig, ob der gegebene Schutz von einem Einzelbaum, einer Baum- und Strauchgruppe oder von einer parkartigen Gruppierung ausgeht. Man nennt diese Gruppe von Stauden auch Schattenstauden.

In neu angelegten Gärten oder Gartenteilen bieten sich nur Plätze an, an denen schon große Bäume oder Sträucher wachsen. Unter uralten Bäumen wachsen anspruchsvollere Waldstauden nur spärlich, da sie in Konkurrenz zu den starken Baumwurzeln stehen. Hier eignen sich bescheidenere, von Natur aus kleinwüchsigere Formen.

Viele Waldstauden nützen für ihr Wachstum das zeitige Frühjahr, solange die Gehölze noch keine Blätter haben. Jetzt strecken sie sich der Sonne entgegen und fangen bald zu blühen an, wie Anemonen, Lungenkraut und Waldmeister. Auch viele im Frühjahr blühende Zwiebel- und Knollenpflanzen wachsen gerne unter Gehölzen, zum Beispiel Märzenbecher, Schneeglöckchen und Winterling.

<u>Beispiele:</u> *Cardamine trifolia* (Kleeblättriges Schaumkraut), *Epimedium* (Elfenblume), *Hosta* (Herzlilie), *Tiarella cordifolia* (Wald-Schaumkerze), *Vinca minor* (Kleines Immergrün), *Waldsteinia* (Golderdbeere) – *Carex morrowii* (Japan-Segge) – Farne – *Anemone nemorosa* (Buschwindröschen).

Die Königs-Lilie (Lilium regale) ist eine Hochzuchtform und damit eine typische Beetstaude

Gehölz- oder Waldrandstauden

Dies sind Pflanzen, die sich bevorzugt im Lebensbereich des offenen Gehölzrandes ansiedeln und dort an lichtschattigen oder wechselschattigen Standorten wachsen. Diese Pflanzen werden auch als Halbschattenstauden bezeichnet. Schwierig sind immer Situationen im Gehölzrandbereich, wenn die Zweige der Gehölze bis zum Boden herunterhängen. Das und die dichte Belaubung im Sommer erlauben es den wenigsten Gartenblumen, sich viele Jahre lang festzusetzen. Günstig sind Gehölze mit aufrechten oder schrägen Zweigen, wie Felsenbirne oder Haselnuß.

Die Stauden im Gehölzrand ducken sich mit Vorliebe unter die Sträucher und Bäume, um, vor Wind und Kälte geschützt, die Sonne aufzufangen. Wenn sie zeitweise beschattet werden oder hell stehen, wachsen sie genauso gut. Für den Gehölzrand eignen sich wieder zahlreiche Frühjahrsblüher.

Viele dieser Stauden bilden im Laufe der Zeit dichte und umfangreiche Blüten- und Blattteppiche, in denen sie mosaikartig miteinander verwachsen sind. Wenn sich so ein dichter Staudenteppich gebildet hat, sollte man nicht darin graben oder hacken. Nur wenn sich durch den Wind Laubmassen anhäufen, darf man den Überschuß wegnehmen.

<u>Beispiele:</u> *Astilbe* (Prachtspiere), *Buglossoides purpureocaeruleum* (Blauroter Steinsame), *Ceratostigma plumbaginoides* (Enzianbleiwurz), *Geranium endressii* (Pyrenäen-Storchschnabel) – *Molinia arundinacea* (Riesen-Pfeifenkraut) – *Chionodoxa* (Schneestolz).

Freiflächenstauden

Freiflächenstauden sind die Sonnenkinder unter den Stauden, Wiesen- und Steppenpflanzen, die fern von schattendem Gehölz auf offenen Plätzen, an Licht und Wetter ausgesetzten Stellen wachsen. Sie ertragen die Konkurrenz größerer Gehölze nicht, staudenähnliche Zwerg- und Halbsträucher werden jedoch toleriert.

Zahlreiche dieser Freiflächenstauden sind wärmeliebende, teilweise hitzeverträgliche Pflanzen, und für viele ist typisch, daß sie als Schutz vor Hitzeeinwirkung grausilbriges Laub oder einen bläulichen Wachsüberzug an den Blättern entwickeln. Manche von ihnen haben aromatische Blätter, wie Lavendel, Majoran, Minzen-Arten oder Salbei. Speziell an heiß-trockenen Plätzen verströmen sie ihren Duft, in schattigen Lagen vergrünen die Blätter, und der Duft ist nur noch schwach ausgeprägt.
Beispiele: *Anaphalis triplinervis* (Perlkörbchen), *Salvia officinalis* (Garten-Salbei), *Stachys byzantina* (Woll-Ziest), *Verbascum bombyciferum* (Königskerze), *Yucca filamentosa* (Palmlilie) – *Pennisetum alopecuroides* (Lampenputzergras) – Wild-Tulpen.

Steingartenpflanzen

In diesem Lebensbereich finden sich Stauden, die in enger Nachbarschaft mit Gestein vorkommen, wobei es den Pflanzen nachweislich gleichgültig ist, ob es sich um natürliches oder künstliches Gestein (Beton, Plastiksteine) handelt. Die Blätter dieser Gartenpflanzen mögen die Wärmerückstrahlung der Steine, die Wurzeln lieben aber gleichzeitig die Kühle der Gesteinsspalten und -fugen. Fette Böden und Nässe vertragen sie nicht, meist verfaulen sie dann.
Beispiele: *Aethionema* (Steintäschel), *Alyssum saxatile* (Steinkraut), *Aubrieta*-Hybriden (Blaukissen), *Campanula carpatica* (Karpaten-Glockenblume), *Sempervivum* (Hauswurz) – *Festuca cinerea* (Blau-Schwingel) – *Crocus flavus* (Gold-Krokus).

Alpine Stauden

Auch alpine Stauden treten in Verbindung mit Gestein auf. Es sind meist schwierig zu handhabende Standortspezialisten extremer Gebirgslagen, die in den Tieflandgärten nur dank besonderer Kulturmaßnahmen gedeihen können.
Beispiele: *Gentiana acaulis* (Stengelloser Enzian), *Leontopodium alpinum* (Edelweiß), *Saxifraga* x *apiculata* (Steinbrech).

Beet- oder Prachtstauden

Zu den Beet- oder Prachtstauden gehören die beliebten Rabatten- und Gartenstauden, hochwertige Züchtungen, die in einem breitgefächerten Sortiment angeboten werden. Sie verlangen nach gepflegten Gartenböden und benötigen eine regelmäßige Betreuung. Für diese Staudenzüchtungen gibt es kaum Vorbilder in der Natur, es sind keine Wildstauden, sondern Neubildungen von Menschenhand.
Beet- oder Prachtstauden sollten wegen ihrer höheren Ansprüche möglichst nicht mit Wildstauden gemischt werden. Beetstauden lieben einen offenen Boden und fühlen sich in der Konkurrenz von Bodendeckern, Blumenwiesen und tief beasteten Gehölzen nicht wohl, sondern ersticken dort. Beetstauden unterscheiden sich von Wildstauden durch einen größeren Blütenreichtum, eine lang anhaltende Blüte und oftmals durch gefüllte Blüten.
Beispiele: *Aster novi-belgii* (Glattblatt-Aster), *Chrysanthemum-Indicum*-Hybriden (Herbst-Chrysanthemen), *Delphinium* (Rittersporn), *Helenium*-Hybriden (Sonnenbraut), *Paeonia lactiflora* (Pfingstrose), *Phlox paniculata* (Stauden-Phlox) – *Miscanthus sinensis* (Chinaschilf) – Zuchtformen von Tulpen und Narzissen.

Uferstauden

Zu diesem Lebensbereich zählen die Stauden der Teichufer, Flachwasserzonen, Sümpfe und Überflutungsbereiche. Sie verlangen nach nassen Böden und vertragen die Überflutung der Wurzeln.
Häufig unterschätzt man die Durchsetzungskraft und die Wuchsstärke der Uferpflanzen. Hat man zu viele angepflanzt, wird innerhalb kurzer Zeit die gesamte Teich- und Uferlandschaft durchwuchert sein. Manche entwickeln sich sogar so üppig, daß man bald nichts mehr von der Wasserfläche sieht. Es empfiehlt sich, am hauseigenen Teich mit einigen wenigen Pflanzen zu beginnen, um zu sehen, wie stark sie an der vorgesehenen Stelle wuchern. Nach und nach kann man dann ergänzen und neue Formen ausprobieren.
Beispiele: *Caltha palustris* (Sumpf-Dotterblume), *Iris kaempferi* (Japanische Schwertlilie), *Lythrum salicaria* (Blut-Weiderich), *Polygonum bistorta* (Wiesen-Knöterich) – *Molinia caerulea* (Heide-Pfeifengras), *Leucojum aestivum* (Sommer-Knotenblume).

Wasserpflanzen

Diese Pflanzen kommen stets auf oder unter dem Wasser vor. Für ihre Kultur benötigt man Teichanlagen, Becken oder Tröge.
Beispiele: *Nymphaea*-Hybriden (Seerosen).

Auswahlhilfen

Die Einteilung nach Lebensbereichen soll nichts anderes als eine Auswahlempfehlung nach Standortbedingungen sein. Da es immer wieder Übergänge von einem Lebensbereich zum anderen gibt, zum Beispiel Waldstauden und Waldrandstauden, muß man sich nicht sklavisch genau an einem einzigen Lebensbereich bei der Pflanzenauswahl orientieren.

Gestaltungselement Wasser – eine Vielzahl wunderschöner Gartenblumen eignen sich nur für feucht-nasse Standorte

Oase Gartenteich

Diese Gartensituation am Teich zeigt einen wohlgelungenen Übergang vom Lebensbereich Ufer zum Lebensbereich Wasser. Viele Wasser- und Sumpfpflanzen neigen zum Wuchern. Setzen Sie deshalb anfangs nicht zu viele Pflanzen ein, sonst kann man bald keine Lichtreflexe, keine sich widerspiegelnden Pflanzen und Wellenbewegungen mehr beobachten.

Außerordentlich malerisch wirkt der Gegensatz zwischen den schmalen, grasartigen Blättern der verschiedenen Sumpf-Schwertlilien *(Iris)* und den runden Schwimmblättern der Seerosen *(Nymphaea)*.

Iris kaempferi, die Japanische Sumpf-Schwertlilie, erreicht bis zu 1 m Höhe und liebt feuchte, nährstoffreiche Standorte. Hier die Hybride 'Royal Banner'

GESTALTUNGS-IDEEN MIT GARTENBLUMEN

Herzlilien (Hosta) verlangen nur wenig Pflege

Jeder, der sich mit blühenden Pflanzen, insbesondere mit mehrjährigen Stauden beschäftigt, trägt in sich Wunschbilder, wie seine Pflanzung einmal aussehen soll. Er denkt dabei sicherlich nicht nur an bestimmte Zuchtformen für den Garten, sondern auch an schöne Blütenpflanzen, die er bei Bergwanderungen, in blühenden Wiesen oder im Unterwuchs der Wälder gesehen hat.

Solche »Blütenträumereien« lassen sich auf größerem oder kleinerem Raum verwirklichen, jedoch nur, wenn man die Grundbedürfnisse der einzelnen Pflanzen kennt und berücksichtigt, wenn man weiß, wieviel und welche Pflege sie benötigen.

Es gibt Stauden für jeden Bedarf: für sonnige wie schattige Plätze, für nährstoffreiche und nährstoffarme, trockene und feuchte Böden, niedrigwachsende Bodendecker oder meterhohe, buschigwachsende Stauden; Pflanzen, die viel Pflege benötigen, aber auch solche, die weniger arbeitsaufwendig sind.

Pflegeintensiv oder nicht?

Die erste Frage, die der Pflanzenfreund sich stellen sollte, ist, wieviel Zeit er in die Pflege seines Gartens investieren möchte. Was ist noch Freude, was wird zur unangenehmen Pflicht?

Pflegeintensiv sind zum Beispiel alle Pflanzungen, deren Wuchs- und Farbenbild über Jahre hinweg konstant bestehen bleiben soll. Ein immer gleichmäßiges Aussehen erfordert ständige Kontrolle und regelmäßige Schnittmaßnahmen. Für solche Pflanzungen eignen sich die prunkvollen Hochzuchten der Staudensortimente, die allerdings ohne Pflege nicht auskommen, um ihre volle Schönheit zu entfalten und ihre Lebensdauer zu erhalten.

Jede Pflanzenart hat ihre individuellen Ansprüche. Je mehr verschiedene Arten zusammen vorkommen, desto mehr Zeit benötigt die Pflege der Pflanzung.

Relativ pflegearm sind Anlagen nur, wenn nach der Erstbepflanzung die Stauden wachsen dürfen, wie sie wollen: miteinander, durcheinander, beherrschend oder spärlich. Eine solche Kombination entspricht den Bedingungen in freier Natur und läßt sich am besten mit Wildarten ausführen.

Viele oder wenige Pflanzen?

Dichte und üppige Beete und Rabatten sind besonders schön und wirkungsvoll. Je dichter die Erstbepflanzung, desto

Hauptblütezeit Juni – danach sind ausschließlich Blatt- und Wuchsformen wichtig

rascher ist das Beet eingewachsen, aber Achtung: Um so eher macht sich auch der Konkurrenzdruck der Pflanzen untereinander bemerkbar. Wuchsfreudige Stauden breiten sich schnell aus, überdecken und beschatten langsamer wachsende und hindern sie an der weiteren Entwicklung.

Ein Beet soll sich entwickeln

Selten ist die Auslese und Anpflanzung der Stauden von Anfang an so geglückt, daß sie keinerlei Veränderung mehr bedarf. Auch wenn man noch so sorgfältig ausgewählt und sich eingehend über die Bedürfnisse der Pflanzen informiert hat, irgendwelche Ausfälle gibt es immer, oder einige Pflanzen breiten sich auf Kosten anderer über Gebühr aus. Das ist aber kein Unglück, geben uns zum Beispiel Fehlstellen die Möglichkeit, neue Farbtupfer zu setzen, neue Sorten zu versuchen oder sie mit einjährigen Gartenblumen aufzufüllen.

Man muß trotz aller Vorbereitung immer noch ausprobieren, wie die angepflanzten Stauden wachsen, wie sie sich zu- und miteinander verhalten, welches Formen- und Farbenspiel sie im Laufe des Jahres hervorbringen.

Kleine und größere »Korrekturen« der Pflanzung werden immer wieder nötig sein, keine Staudenpflanzung ist von Anfang an und für alle Zeiten perfekt.

Blütenpracht das ganze Jahr hindurch

Um das ganze Jahr hindurch Blütenpracht im Staudenbeet zu haben, benötigt man große Flächen. Auf kleinen Rabatten sollte man sich auf eine Hauptblütezeit konzentrieren. Achten Sie bei der Auswahl der Stauden nicht nur auf Form und Farbe der einzelnen Pflanzen, sondern auch auf die Blütezeiten. Beschränken Sie sich nicht nur auf Sommerblüher, sondern beziehen Sie auch Vorsommerblüher – die Junistauden – und Herbstblüher mit ein. Mit einer durchdachten Auswahl lassen sich sogar ganz verschiedenfarbige Blühaspekte erzielen.

Gestalten mit Farben

Die meisten Pflanzen wirken auf uns in erster Linie durch ihre Blütenfarben, die bunt gemischt, farblich abgestuft oder Ton in Ton dem Garten Leben geben. Durch gelungene Kombination und Anordnung der verschiedenen Farbtöne lassen sich ganz unterschiedliche Gartenszenen gestalten.

Im Pflanzenreich ist Grün die vorherrschende Farbe; sie wird durch das Blattgrün (Chlorophyll) erzeugt, das sich in Pflanzenstengeln und -blättern befindet. Aber Grün ist nicht gleich Grün: Zartes Lindgrün, frisches Grasgrün, intensives Moosgrün, mattes Olivgrün lassen schon erahnen, in welch breitem Spektrum die Farbe Grün im Pflanzenreich aufscheint.

Die anderen Farben kommen bei Pflanzen vor allem in den Blütenblättern vor – und das nicht ohne Grund: Farbenprächtige Blüten sollen einen Blickfang bieten und Insekten und andere Tiere zur Bestäubung anlocken.

Mit Blütenfarben spielen

Mit Blütenpflanzen lassen sich die schönsten Farbspielereien anstellen, und die Anpflanzung farbenprächtiger Blütenpflanzen in den verschiedensten Kombinationen gibt jedem Garten seine individuelle Note. Hier sind der Phantasie keine Grenzen gesetzt.

Wer sich seiner Sache jedoch nicht ganz sicher ist, sollte die Farbenlehre als Hilfsmittel verwenden. Anhand des Farbkreises und seiner Regeln bekommt man schnell Übung im Umgang mit Farben und kann seinen Garten zu einem ganz persönlichen Kunstwerk gestalten, sei es ein Garten mit vielen bunt gemischten Blütenpflanzen, ein Beet mit Stauden Ton in Ton, eine Rabatte ganz in elegantem Weiß gehalten, Beete mit lebhaften Farbkontrasten oder mit ineinander verlaufenden Farbtönen.

Der Farbkreis

Auf dem Farbkreis sind alle Regenbogenfarben zu einem System geordnet. Die drei Grundfarben Gelb, Rot und Blau beherrschen jeweils ein Drittel des Kreises. Zwischen zwei Grundfarben liegen ihre Mischfarben, zum Beispiel Orange zwischen Gelb und Rot, Violett zwischen Rot und Blau.

Die Töne von Gelb bis Rot werden als »warme« Farben bezeichnet, die Töne von Blau bis Grün als »kalte« Farben.

Da Weiß und Schwarz keine echten Blütenfarben sind, sind sie nicht auf dem Farbkreis vertreten.

Das Weiß zum Beispiel entsteht dadurch, daß viele winzige Lufteinschlüsse in den Blütenblättern das gesamte einfallende Sonnenlicht unverändert zurückwerfen – wie ein blankpolierter Spiegel.

Blütenfarben-Liste

Scharlachrot: Brennende Liebe (*Lychnis chalcedonica*), Scharlach-Salbei (*Salvia coccinea*), Dahlien (*Dahlia*)

Orange: Chinesische Trollblume (*Trollius chinensis*), Orangen-Schmuckkörbchen (*Cosmos sulphureus*)

Goldgelb: Taglilie (*Hemerocallis*-Hybriden), Sonnenauge (*Hiliopsis scabra*), Tagetes (*Tagetes-Patula*-Hybriden), Gold-Krokus (*Crocus aureus*)

Gelb: Edel-Garbe (*Achillea*-Hybriden), Schwertlilie (*Iris-Barbata-Elatior*-Hybriden), Narzissen (*Narcissus*), Sonnenblume (*Helianthus annuus*)

Gelbgrün: Frauenmantel (*Alchemilla mollis*), Wolfsmilch (*Euphorbia polychroma*), Zier-Tabak (*Nicotiana x sanderae*)

Komplementärfarben

Farbdreiklänge

Farbverläufe

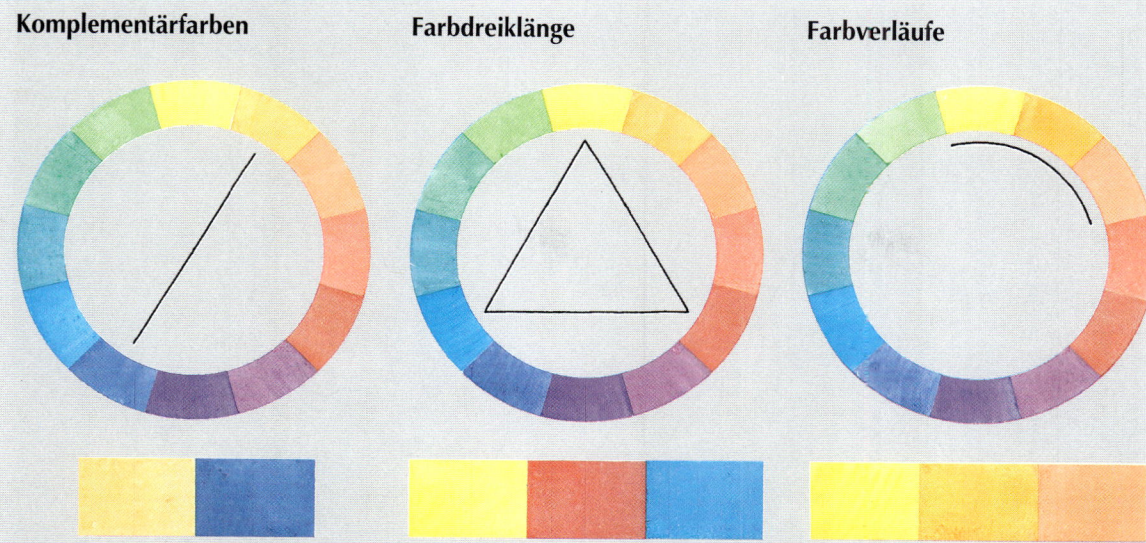

Eine Gerade verbindet jeweils zwei gegenüberliegende Farben auf dem Farbkreis, die sogenannten Komplementärfarben. Sie stehen zueinander im größtmöglichen Kontrast. Dreht man die Gerade wie eine Kompaßnadel, zeigt sie uns stets neue Farbgegensätze.
Anpflanzungen in Komplementärfarben wirken besonders leuchtkräftig und lebhaft, zum Beispiel ultramarinblauer Rittersporn und goldgelbe Edel-Garbe. Komplementärfarben findet man manchmal schon an einer Pflanze, etwa beim Mohn mit seinen leuchtendroten Blüten über grünem Blattwerk.

Legt man in den Farbkreis ein gleichseitiges Dreieck, bilden die Farben an den Spitzen Dreierkombinationen aus kontrastreichen Farbtönen. Durch Drehung des Dreiecks entstehen immer neue Varianten.
Ein Dreiklang besteht zum Beispiel aus Blau, Gelb und Rot, was sich im Garten mit Hilfe von Rittersporn, Edel-Garbe und Brennender Liebe umsetzen läßt. Diese von manchen als grell empfundene Farbzusammenstellung erhält einen angenehmeren Ausdruck, wenn diese Farben aufgehellt gewählt werden, wie etwa in der Kombination von zartrosa Storchschnabel, lindgelbem Frauenmantel und wasserblauer Jakobsleiter.

Ein beliebiger Ausschnitt aus dem Farbkreis, angedeutet durch den Pfeil, zeigt eine ineinander fließende Farbgebung. Kleinere Pflanzgruppen werden dazu in den Farben eines Kreisviertels zusammengestellt, größere Anpflanzungen lassen sich auch in den Farben eines Halbkreises arrangieren. Aus warmen Farben entstehen lebhafte Pflanzengruppen, zum Beispiel goldgelbes Sonnenauge, samtrote Sonnenbraut und orangefarbene Tagetes. Kalte Farbgruppen ergeben ein Bild mit verhaltenem Charme, zum Beispiel lilafarbener Polster-Phlox, violettes Blaukissen und blaue Zwerg-Iris.

Hellblau: Jakobsleiter *(Polemonium caeruleum)*, Wiesen-Schwertlilie *(Iris sibirica)*, Leberbalsam *(Ageratum houstonianum)*, Schneestolz *(Chionodoxa luciliae)*
Blau: Rittersporn *(Delphinium-*Hybriden*)*, Enzian *(Gentiana dinarica)*, Hyazinthen *(Hyacinthus orientalis)*, Azur-Salbei *(Salvia patens)*
Dunkelblau: Eisenhut *(Aconitum napellus)*, Schwertlilie *(Iris-Barbata-Elatior-*Hybriden*)*, Traubenhyazinthe *(Muscari armeniacum)*, Männertreu *(Lobelia erinus)*
Lila: Lavendel *(Lavandula officinalis)*, Berg-Aster *(Aster amellus)*, Verbene *(Verbena bonariensis)*, Elfen-Krokus *(Crocus tommasinianus)*
Violett: Akelei *(Aquilegia vulgaris)*, Herbst-Astern *(Aster novi-belgii)*, Zier-Lauch *(Allium aflatunense)*, Heliotrop *(Heliotropium)*
Rosa: Phlox *(Phlox paniculata)*, Pfingstrose *(Paeonia lactiflora)*, Tulpe *(Tulipa-*Hybriden*)*, Schmuck-Körbchen *(Cosmos bipinnatus)*
Karminrot: Indianernessel *(Monarda-*Hybriden*)*, Astilben *(Astilbe-Arendsii-*Hybriden*)*, Lerchensporn *(Corydalis cava)*, Spinnenblume *(Cleome spinosa)*

Einfarbig weißer Garten
Pflanzliste:
① *Chrysanthemum corymbosum*
② Strauchrose 'Schneewittchen'
③ *Artemisia ludoviciana* 'Silver Queen'
④ *Chrysanthemum corymbosum*
⑤ *Verbascum chaixii* 'Album'

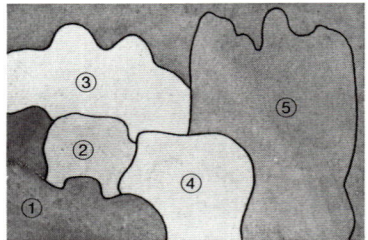

In einfarbigen Gärten wirken Wuchsformen besonders prägnant

Farbtupfer in großen Farbflächen
Wenige Tupfer in kontrastreichen Tönen beleben einheitliche Farbflächen.
Pflanzliste:
① *Salvia lavandulifolia*
② *Anthemis tinctoria*
③ *Geranium x magnificum*
④ Asiatische Lilien-Hybride 'Fireking'
⑤ *Salvia pratensis*

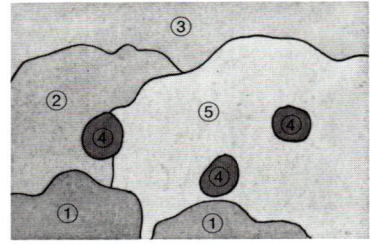

Einzelne Farbtupfer ziehen die Blicke auf sich

Farbwirkungen

Die reiche Farbpalette der Natur bietet dem Gartenfreund ungeahnte Möglichkeiten, mit den Wirkungen der Farben und ihren Kombinationen zu spielen.

Um ein Beet oder gar den ganzen Garten aus einem Guß zu gestalten, empfiehlt es sich, darüber nachzudenken, welche Farben vorherrschen sollen. Darauf sind die übrigen Blüten- und Blattfarben abzustimmen. Nicht der bunte, in allen Tönungen ertrinkende Garten zeigt die Könnerschaft in der Farbauswahl, vielmehr verraten einige wenige, wohlabgewogene, sich bestens ergänzende Farben den wahren Meister.

Allein die vier Bildbeispiele dieser Seiten zeigen die unterschiedliche Wirkung verschiedenfarbig bepflanzter Staudenbeete.

Eine überwiegend in einer Farbe gehaltene Pflanzung läßt vor allem die Pflanzenformen gut zur Geltung kommen. Kombinationen aus wenigen

Schon zwei komplementäre Farbtöne gestalten eine Pflanzung lebhaft

Komplementärfarben
Komplementärfarben bilden einen intensiven Kontrast.
Pflanzliste:
① *Alchemilla mollis*
② *Salvia nemorosa*

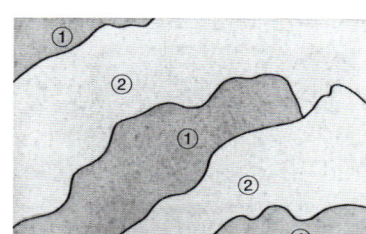

Farbabfolge mit warmen Tönen
Typische Farben des Sommers – eine Kombination aus Gelb, Orange und Rot.
Pflanzliste:
① *Helenium*-Hybride 'Moerheim Beauty'
② *Heliopsis helianthoides* var. *scabra*

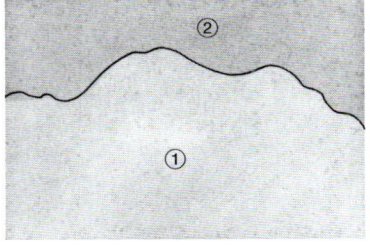

Eng verwandte Farben gehen harmonisch ineinander über

gleichartigen Farbtönen wirken durch die feinen Farbschattierungen besonders ansprechend. Eingestreute Farbtupfer ziehen in einer größeren einheitlichen Farbfläche alle Blicke auf sich, und mehrfarbige, kontrastreiche Beete wirken lebendig und heiter.

Bei der Farbgebung und Farbverteilung sollte man stets an die Lichtverhältnisse denken, denn Sonne und Schatten tragen viel zur Farbwirkung bei. Während Blüten in dunklen Tönen in voller Sonne herrlich leuchten, erscheinen sie im Schatten, in der Dämmerung oder an trüben Tagen oft stumpf und matt. Weiße, cremefarbene und hellgelbe Zusammenstellungen wirken vor allem in der Abenddämmerung oder hellen dunklere Bereiche im Garten auf.

Sehr schön ist ein »weißer« Garten, vor allem dann, wenn man dafür duftende Stauden ausgesucht hat und vielleicht eine indirekte Beleuchtung für den Abend anbringt. Weiß- oder hellblühende Pflanzen werden oft von dämmerungs- oder nachtaktiven Insekten besucht und sind auch am Abend voller Leben.

Blütenfarben Ton in Ton

Lilarosa und Purpurviolett geben sich ein Stelldichein. Die alten Rosen werden farblich gut ergänzt von Stauden in ähnlichen Farbtönen. Sogar die Perlargonie im Kübel fügt sich farblich in dieses Bild ein. Dieser Garten blüht Ende Juni/Anfang Juli in allen Ecken und Winkeln. Für die Zeit danach sorgen attraktive Blattschmuckstauden für ein anziehendes Bild.

Blick in die Blüte des Purpur-Fingerhuts (Digitalis purpurea)

Pflanzliste:
① Salvia lavandulifolia ssp. hispanica
② Lavandula angustifolia
③ Geranium x magnificum
④ Pelargonium-Hybride
⑤ Stachys grandiflora 'Superba'
⑥ Digitalis purpurea
⑦ Delphinium x cultorum
⑧ Geranium psilostemon
⑨ Rosen 'Celsiana' und 'Rose de Rescht'

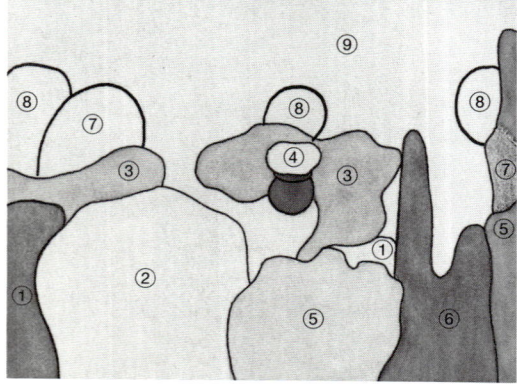

Ein rauschendes Blütenfest in kühlem Pink-Violett – alles abgestimmt auf

e gleichzeitige Blüte mit den Rosen

Dreiklang in Gelb, Blau und Weiß

Dieser Farbdreiklang läßt sich auch gut variieren, zum Beispiel statt Blau Violett oder statt Gelb Orange. Weiß darf jedoch keinesfalls fehlen oder zu gering vertreten sein.

<u>Pflanzliste:</u>
① *Apium sodiflorum*
② *Trollius*-Hybride
③ *Iris sibirica*

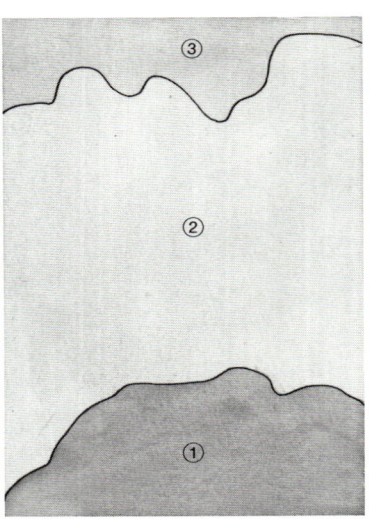

Einer der besten Dreiklänge – die klassische Kombination aus Weiß, Gelb, Blau

Farbkombinationen

Durch gezielte Zusammenstellung verschiedener Farben lassen sich auf Beeten oder in Rabatten immer neue Farbwirkungen erzielen.

Klare, kräftige Farben wirken stets lebhaft, abgetönte Farben dagegen verhaltener. Das Grün der Blätter und Stengel hebt die Blütenfarben und bildet einen farbneutralen Untergrund. Blütenpflanzen mit weißen, gelben, rosafarbenen oder hellblauen Blüten bringen Helligkeit und freundliche Stimmung in den Garten, selbst in schattigen Ecken.

Rot, Karmin, Violett und Dunkelblau wirken besonders stark in vollem Sonnenlicht; nachmittags und abends erscheinen sie eher stumpf und trübe.

Je mehr Farben in einem Beet aufeinandertreffen, um so schwieriger sind sie zu vergemeinschaften, und desto unruhiger erscheint das Gesamtbild. Will man auf verschiedene Drei- und Vierklänge nebeneinander in einer Anpflanzung

Weiß ergänzt die drei im Farbkreis nebeneinander liegenden Tönungen

Reine Farben grenzen sich klar ab

Vierklang in Purpurrot, Violett, Lila und Weiß
Pflanzliste:
① Centranthus ruber 'Albus'
② Delphinium-Elatum-Hybride
③ Campanula medium
④ Malva sylvestris
⑤ Digitalis purpurea
⑥ Campanula medium 'Einfach Weiß'
⑦ Campanula medium

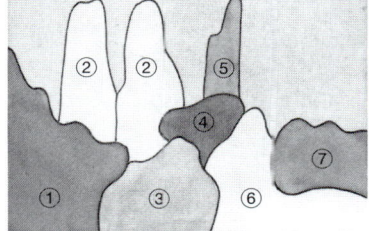

Dreiklang Rot, Gelb und Blau
Die drei Grundfarben stehen unvermittelt nebeneinander.
Pflanzliste:
① Lychnis chalcedonica
② Delphinium-Elatum-Hybride
③ Delphinium elatum 'Abendleuchten'
④ Lysimachia punctata

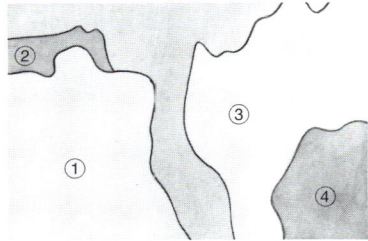

nicht verzichten, so sollte man zur besseren Unterteilung und Übersicht zwischen den einzelnen Gruppierungen entweder viele grüne Blattschmuckstauden einfügen oder mit weißblühenden oder silbriggrau belaubten Pflanzen neutrale Übergangszonen schaffen.

Je kleiner eine Anpflanzung ist, um so weniger sollte man stark voneinander abweichende Blütenfarben unterbringen. Am ungefährlichsten sind die aufgehellten Abstufungen. So ergänzt sich Rosa mit hellem Blau, lichtem Grüngelb oder auch mit zartem Lila besser als intensives Karminrot mit kaltem Blau und kräftigem Goldgelb. Wie immer spielt auch hier das Weiß die tragende Rolle des neutralen Partners. Die Funktion kann ebensogut von silbrig belaubten, grauen oder auch von weißbunten Blattschmuckpflanzen übernommen werden.

Gestalten mit Formen

Neben der Farbe von Blättern und Blüten bestimmt die Wuchsform grundlegend das Erscheinungsbild einer jeden Pflanze.

Frei nach den Worten der großen Philosophen Kant und Hegel ist die Farbe ein Sinnenreiz, die Form dagegen die Grundlage des Schönen. Erst eine Form als Träger der Farbe bringt den wahren Ausdruck beider Elemente zum Tragen. Die Vielgestaltigkeit einer Pflanze zeigt sich in zahlreichen Details, angefangen vom Umriß der gesamten Pflanze bis hin zu Blatt- und Blütenform.

Unterschiedliche Wuchsformen

Die Wuchsform der Pflanze, das heißt ihre Silhouette, zeigt sich am besten im Gegenlicht. Durch gezielte Verwendung verschiedener Wuchsformen kann man eine Anpflanzung ebenso wirkungsvoll gestalten wie durch die Kombination verschiedener Farben. Unterschiedliche Gestalten können die Farbgebung einer Anpflanzung unterstützen.

Übergeneigt wachsende Horste zum Beispiel lockern das strenge Bild einer Gruppe von eintriebigen Pflanzen wohltuend auf, zum Beispiel umspielen duftige Vergißmeinnicht straffe Tulpenstengel und geben dem Frühlingsbeet Fülle. Ein gleichförmiger Blütenteppich aus Hornkraut wird durch aufrechte Horste aus Fackel-Lilien oder durch eintriebige Pflanzen wie Königskerzen abwechslungsreich und spannungsvoll.

Blüten- und Blattformen

Wer sein Auge auf die Schönheiten im Kleinen lenkt, wird überrascht sein, welche Formenfülle die Pflanzen auch bei ihren Blüten und Blättern entwickeln: Große, auffallende Blütenformen wechseln mit kleinen, duftigen und locker stehenden, samtig behaarte Blüten mit wachsig glänzenden oder zurückhaltend matten. Kompliziert aufgebaute Blütenkronen stehen einfachen radförmigen entgegen, einfache Blütenstände wachsen neben zusammengesetzten und mehrfach verzweigten.

Die Blätter der Blumen präsentieren sich ebenfalls in ungeheurer Formenfülle, die oft erst auf den zweiten Blick deutlich wird. Blattgrößen und -umrisse spielen dabei eine ebenso wichtige Rolle wie die Blattoberflächen oder -unterseiten. Grob geaderte, kräftig gerippte oder runzelige Blätter stellen sozusagen die rustikalen Vertreter, glänzend glatte, bereifte, feinfilzige oder regelmäßig feinadrige Blätter die elegante Abordnung.

Mit Wuchsformen gestalten

Bei der Gestaltung einer Rabatte macht man sich gerne die unterschiedlichen Wuchsformen zunutze, denn diese bleiben über eine lange Zeit, wenn nicht gar das gesamte Gartenjahr über sichtbar – im Gegensatz zu den Blüten, die zwar einen glanzvollen, aber schnell vergänglichen Auftritt haben.

In besonderen Pflanzengruppen übernehmen die Wuchsformen sogar eindeutig die bestimmende Rolle, etwa in Anpflanzungen, bei denen nur eine einzige Blütenfarbe vorherrscht.

Blätter geben den Blüten sehr oft den harmonischen Rahmen. Sie sind das Tablett, auf dem die Blüten serviert werden. Ihre unterschiedlichen Formen, Größen und Oberflächen verleihen einer Pflanzung noch zusätzlich Kontrast und Ausdruckskraft.

Gräser und Farne

Im Wettstreit der Blätter und Umrißformen pflanzlicher Gestalten kommt den Ziergräsern und Farnen eine große Bedeutung zu. Obwohl diese Pflanzen meist nur unscheinbar (Gräser) oder gar nicht (Farne) blühen, sind sie gern gesehene Gäste im Garten.

Die Blattform der Gräser ist sehr einheitlich: Alle haben linealische, mehr oder weniger schmale Blattspreiten, eine Form, die bei anderen Gartenpflanzen weniger vorkommt.

Hohe, mächtige Gräser gelten als Ordnungsträger in einer Pflanzung. Straff aufrechte Gestalten wie Chinaschilf oder Garten-Sandrohr können die Rabatte wirkungsvoll gliedern. Häufig zeigen Gräser einen übergeneigten, bogenförmigen Wuchs. Sie verstehen es, zwischen unterschiedlichen Wuchsformen zu vermitteln und diese zu verbinden.

Farne sind überwiegend Pflanzen für den lichten Schatten, wo sie hellblühende Waldstauden mit ihrem feinen Laub und ihren auffallenden Gestalten unterstreichen und hervorheben.

Ihre Hauptvorstellung geben die Farne zu einer Zeit, in der die frühjahrsblühenden Stauden bereits verschwunden sind. Viele Farne zeichnen sich durch frischgrüne Farbe und filigrane Blattfiederung aus, zudem bestechen sie häufig durch ihren trichterförmigen Wuchs.

Die Wuchsformen

Die Abfolge der Blüten, Blätter, Stengel und Wuchsrichtungen der Triebe zueinander rufen verschiedenartige Wuchsformen hervor, die jedes Jahr wieder entstehen sowie unverwechselbar und typisch für die jeweilige Pflanzenart und -sorte sind.

Eintriebige Pflanzen
haben grundständige Blätter und nur einen Stengel, der die Blüten trägt.
Beispiele: Tulpe, Fingerhut, Königskerze.

Aufrecht wachsende Horstpflanzen
bestehen aus einer Vielzahl straff nach oben weisender Triebe, die locker oder dichtgedrängt nebeneinander stehen.
Beispiele: Rittersporn, Herbst-Aster, Chinaschilf.

Übergeneigt wachsende Horstpflanzen
bestehen aus vielen Trieben, die in weichen, schwingenden Linien mehr oder weniger auseinanderfallen.
Beispiele: Tränendes Herz, Taglilie, Farne.

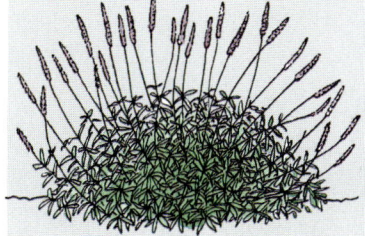

Polsterpflanzen
sind dem Boden angeschmiegte, halbrund wachsende und kompakte Pflanzen, die oft die Bezeichnung ihrer Wuchsform schon im Namen tragen.
Beispiele: Polster-Nelke, Polster-Glockenblume, Lavendel.

Teppich- oder mattenbildende Pflanzen
breiten ihre Triebe unmittelbar über dem Boden aus und bilden mehr oder weniger dichte Bodendecken. Sie werden deshalb auch Bodendecker genannt.
Beispiele: Günsel, Hornkraut, Golderdbeere.

Rosettenpflanzen
stellen ihre Blätter dichtgedrängt kreis- oder spiralförmig um einen Mittelpunkt, ohne nennenswert in die Höhe zu wachsen.
Beispiele: Hauswurz, Felsenteller, Steinbrech.

Dickichte
ergeben sich, wenn Triebe und Stengel wahllos in nahen oder weiten Abständen aus dem Boden wachsen und ein mehr oder weniger unordentliches Wuchsbild zeigen.
Beispiele: Gold-Felberich, Garten-Bambusarten.

Kontrast von Blattfärbung und Blattgröße
Spannungsvolles Gegenüber von rotem Herbstlaub und grünen Blättern.
Pflanzliste:
① Zwerg-Bambus
② *Darmera peltata*

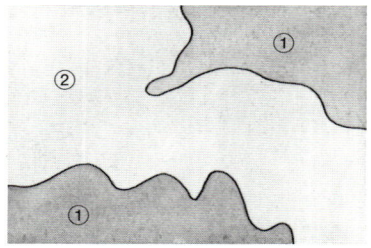

Bemerkenswerter Gegensatz von grobem und feinem Laub

Kontrast durch unterschiedliche Blattober- und -unterseiten
Lebhafte Blattschmuckpflanzung aufgrund verschiedener Farben und Formen.
Pflanzliste:
① *Briza media*
② *Ligularia dentata* 'Othello'
③ *Phalaris arundinacea* 'Picta'

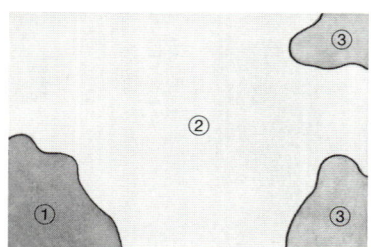

Das Netz der Blattadern steigert den Ausdruck der Blattflächen

Blattfarben und Blattformen

Bei der Auswahl der Stauden sollte man auch an die Zeit denken, in der die Pflanzen nicht in voller Blüte stehen, wo also nur Wuchsform und Blätter wirken.

Schon durch die Wahl unterschiedlicher Blattformen, Blattgrößen und Blattfarben lassen sich interessante Wirkungen erzielen. Silbrige, rote, weiß- oder gelbgerandete, blaugrüne oder auch panaschierte Blätter können eine Blüte durchaus ersetzen. Sie zeigen ihren Schmuck zudem viel länger.

Mit gezielt eingesetzten Blattschmuckstauden wird ein Beet bereits im Frühjahr vor der Hauptblüte durch seinen Austrieb lebendig und weist dann noch bis weit in den Herbst hinein ein attraktives Formenspiel auf.

Blattschmuck läßt sich zudem ganz bewußt verwenden, um Ruhezonen zwischen einzelnen Pflanzen oder Pflanzgruppen zu schaffen.

Aparter Kontrast von großflächigen und filigranen Blättern

Kontrast von unterschiedlichen Blattformen

Alles ist graulaubig. Trotzdem sind die sehr feinen *Artemisia*- und die groben *Macleaya-cordata*-Blätter äußerst wirkungsvoll miteinander kombiniert.

Pflanzliste:
① *Artemisia* 'Powis Castle'
② *Macleaya cordata*

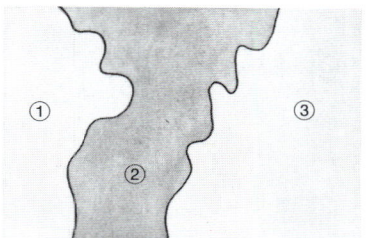

Gestalten mit Blattgrün

Verschiedenste Blattfarben lassen Stauden auch nach der Blüte sehenswert erscheinen.

Pflanzliste:
① *Hosta fortunei* 'Aurea'
② *Hosta*-Hybride
③ *Alchemilla mollis*
④ *Epimedium x rubrum*
⑤ *Helleborus*-Hybriden

Farbpalette unterschiedlichster Grüntöne und kontrastreiche Blattformen

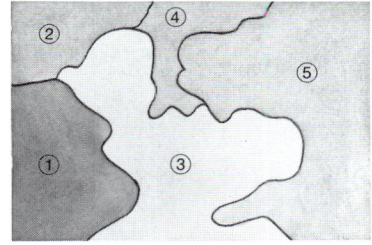

Einen zusätzlichen Reiz gewinnt die Pflanzung durch den Wechsel unterschiedlicher Blattformen. Ausdrucksstark sind Kombinationen von feinlaubigen mit breit- und grobblättrigen Pflanzen. Ähnlich spannungsvoll wirken glattblättrige Pflanzen neben auffällig geäderten. Andere Eindrücke ergeben Gegensätze zwischen linealischen, gefiederten und runden oder quirlständigen Blättern. In bestimmten Pflanzenzusammenstellungen haben Blattkontraste eine viel größere Bedeutung als die vergänglichen Blüten. Nicht umsonst sehen Gemeinschaften von zarten Seggen *(Carex)* mit grobblättrigen Funkien oder derben Christrosen sehr gut aus.

Diese kontrastreichen und für die Gestaltung von Pflanzungen äußerst wertvollen Gruppierungen lassen sich in allen Lebensbereichen der Stauden finden; beispielsweise innerhalb der sonnenliebenden Freiflächenstauden in Kombinationen von Edeldistel *(Eryngium)* und Blau-Schwingel *(Festuca)* oder von Schleierkraut *(Gypsophila)* mit Schwertlilien *(Iris)*.

Gestalten mit verschiedenen Wuchshöhen und Blütezeiten

Bei der Gestaltung eines Beetes spielen die Wuchshöhen der einzelnen Stauden und die unterschiedlichen Blütezeiten eine nicht unerhebliche Rolle. Durch Staffelung nach Größe der Blumen hat man mannigfache Möglichkeiten der Anpflanzung.

Berücksichtigt man darüber hinaus die aufeinander folgenden Blühtermine der Pflanzen, kann man es einrichten, daß über lange Zeitabschnitte des Jahres irgend etwas im Beet blüht.

Staffelung nach der Wuchshöhe

Die bunte Schar der Blumen kommt mit all ihrer Pracht am besten zur Geltung, wenn die Pflanzen entsprechend ihrer Wuchshöhen angepflanzt werden.

Um alle »Gesichter« im besten Licht zu haben, werden – wie bei einem Gruppenfoto – die höchsten Blumen in den Hintergrund, die kleinsten nach vorne gestellt.

Dieser pultartige Aufbau (→ Zeichnung oben) mit seiner abgeschrägten Ansichtsfläche vergrößert optisch das Blickfeld - man sieht viel mehr von den Blüten.

Reizvoller wird das Bild, wenn man statt einer strengen, abgezirkelten Anordnung die gedachten Linien der Wuchshöhen durch einige etwas höher oder niedriger wachsende Pflanzen unterbricht (→ Zeichnung links). Eine farb- oder formschöne Art, wie etwa eine Lilie oder Bart-Iris fällt zum Beispiel im Vordergrund eher auf und ragt wie eine Skulptur aus den niedrigen Pflanzen heraus. Ebenso kann man kleinwüchsigere Pflanzen auch einmal mehr in hintere Bereiche rücken, besonders dann, wenn sie nur kurz blühen.

Versetzte Staffelung

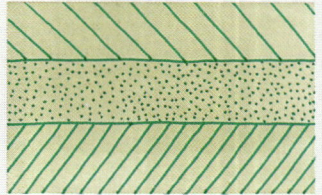

Streng gleichmäßig gestaffelte Wuchshöhen wirken von vorn gesehen eintönig.

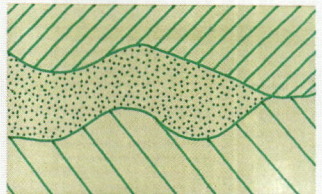

Ausdrucksvoller sind Wuchshöhen, die in einer schwingenden Linie verlaufen.

Höhenstaffelung

<u>Pultartige Anordnung.</u> Vor einer Mauer, Hauswand, Gehölzgruppe oder am gegenüberliegenden Ufer eines Teiches sieht man die Blumen ausschließlich von einer Seite. Seitlich gesehen, soll sich eine nach vorne zu schräg verlaufende Höhenstufung ergeben.

<u>Flach kegelförmige Anordnung.</u> Auf Beeten mitten im Garten, an der Terrasse oder im Vorgarten, die von allen Seiten betrachtet werden, kommen die höchsten Blumen in die Mitte, zum Rand hin folgen dann die niederwüchsigeren Pflanzen.

Im Querschnitt ergibt der Umriß des Beetes eine abgeflachte Kegelform.

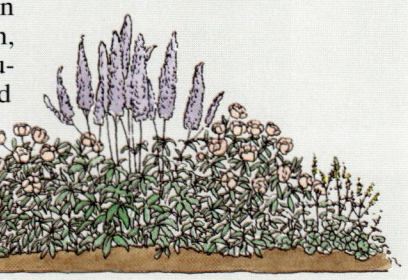

Staffelung nach Blütezeiten

Damit eine Pflanzung vom Frühling bis zum Herbst stets die Aufmerksamkeit auf sich zieht, muß man unbedingt auf die Blühdauer der verwendeten Pflanzen achten.

Pausen zwischen einzelnen Blühperioden sind wohl kaum zu vermeiden. In dieser Zeit kann man sich an den Feinheiten der Wuchsformen und Blätter erfreuen.

<u>Frühjahrsblüher</u> wie Buschwindröschen, Kaiserkrone und Tränendes Herz ziehen bald nach der Blüte ein oder welken vollständig ab und hinterlassen Lücken. Solche Arten ordnet man am besten in der Mitte oder im Hintergrund des Beetes an und pflanzt sie einzeln oder in kleinen Gruppen zwischen andere Arten. Zwischen

den gerade austreibenden Nachbarn fällt die Fülle der Frühjahrsblüher besonders auf, später werden die Lücken von Laub und Blüten der Nachbarn überdeckt.

Ganz anders dagegen Arten wie Steinkraut, Blaukissen und Schleifenblume, deren Blattpolster auch nach der Blüte noch ansehnlich bleiben. Sie gehören durchaus an die Beetkanten.

Vorsommerblüher blühen etwa ab Ende Mai/Anfang Juni. Auch sie verschwinden oft nach der Blüte. Türkischer Mohn, Trollblumen und Bunte Margeriten gehören ebenso wie die Frühjahrsblüher in die Mitte der Pflanzung oder den Hintergrund. Da die meisten deutliche Lücken hinterlassen, sollte man sie eher sparsam verwenden, also nur einzeln oder in Dreiergruppen. Die oft farbprächtigen und großen Blüten wirken auch in geringerer Anzahl.

Bei den Sommerblühern, wie Edel-Garben und Sonnenaugen, beginnt die Blüte etwa ab Ende Juni und hält wochenlang an. Sommerblüher geben dem Beet dauerhaften Schmuck und können daher ausschließlich nach den Gesichtspunkten der Farbverteilung, Formgebung und Höhengruppierung auf dem Beet plaziert werden.

Kleinwüchsige Spätsommer- und Herbstblüher wie Kissen-Astern, zwergige Funkien und Steinbrech-Arten werden als stets ansehnliche Gestalten in den Vordergrund gesetzt, wo sie dem Beet optisch Halt geben. Hohe Arten, wie Herbst-Astern, Sonnenbraut und Oktober-Margerite pflanzt man hingegen in den mittleren und hinteren Bereich. Vor der Blüte untermalen sie mit ihrem Laub die Blüten der anderen Pflanzen, um dann im ausklingenden Gartenjahr sich selbst im schönsten Gewand zu zeigen.

Frühe Zwiebelblüher wie Tulpen, Schneeglöckchen und Blausterne werden zwischen den übrigen Pflanzen verteilt, damit das Beet gleich nach dem Winter Farbe bekommt. Ebenso wird mit den anderen Zwiebel- und Knollenpflanzen, etwa den Lilien, verfahren, die dem Beet den letzten Pfiff geben.

Gehöze als Abschluß. Im Hintergrund der gestaffelt angeordneten Stauden können entweder Ziersträucher sitzen, die die Stauden farblich ergänzen, beispielsweise Pfeifenstrauch (*Philadelphus*), Kolkwitzien (*Kolkwitzia*) oder Sommerflieder (*Buddleja*). Als Alternative bietet sich das neutrale Grün geschnittener Hecken an, vor dem sich die Staudenfarben und -formen auffällig abzeichnen.

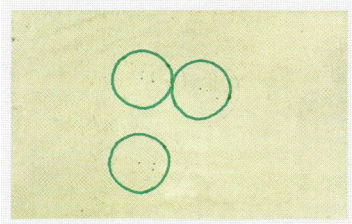
Leitstauden

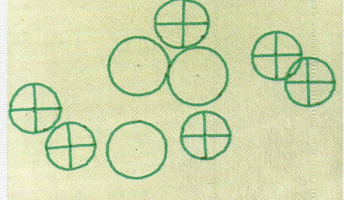
Frühlings-/Vorsommerblüher

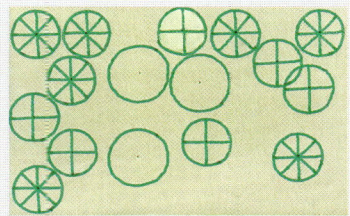
Sommer-/Herbstblüher

Zwiebel-/Knollenpflanzen

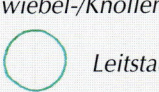 Leitstauden

 Frühlings-/Vorsommerblüher

 Sommer-/Herbstblüher

 Zwiebel-/Knollenpflanzen

Staffelung nach der Blütezeit
So entsteht Schritt für Schritt ein dekoratives Beet, auf dem es vom Frühjahr bis zum Herbst meistens blüht. Die Pflanzen werden gleichzeitig nach zusammenpassenden Farben, Formen und Wuchshöhen ausgewählt.

Leitstauden gruppieren. Das optische Zentrum des Beetes wird durch einzelne oder eine kleine Gruppe von Leitstauden festgelegt, die das Gerüst der Pflanzung bilden und auf die alle anderen Pflanzen abgestimmt werden.

Frühlings- und Vorsommerblüher kommen in den Hintergrund.

Sommer- und Herbstblüher füllen die übrige Beetfläche, wobei hohe Arten nach hinten, niedrige nach vorne kommen.

Zwiebel- und Knollenpflanzen werden zum Schluß verteilt – frühblühende Arten am besten in die Mitte pflanzen, spätblühende auch in den Vordergrund treten lassen.

Staffelung nach Wuchshöhen
Gartenblumen, die nach der Höhe gestaffelt angepflanzt werden, ergänzen sich gegenseitig.

Pflanzliste:
① *Hosta undulata* 'Undulata'
② *Myosotis sylvestris*
③ *Viridiflora*-Tulpe 'Spring Green'

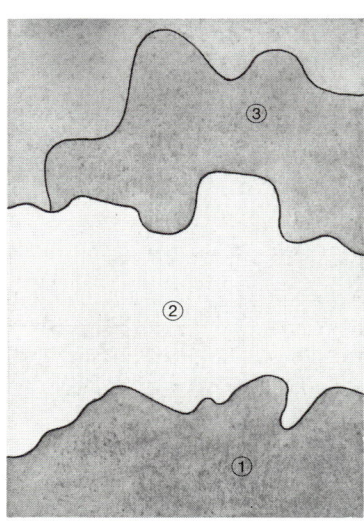

Gelungene Höhenstaffelung mit feiner farblicher Abstimmung

Staffelung

Gartenpflanzen sollen sich stets von ihrer besten Seite zeigen, daher wird man sie so anordnen, daß jede einzelne möglichst optimal zur Geltung kommt.

Es sieht ausgesprochen langweilig aus, wenn Pflanzen gleicher Größe neben-, vor- und hintereinanderstehen. Gut wirkt es, wenn Stauden und Einjahresblumen nach ihrer Wuchshöhe gestaffelt angepflanzt werden. Die höchsten Pflanzen stehen am besten im Hintergrund, wo sie eine schöne Kulisse für die niederwüchsigen Arten abgeben. Sie können aber auch in der Mitte des Beetes plaziert werden und für einen pyramidenförmigen Aufbau des Beetes sorgen.

Je später die Blütezeit liegt, desto weiter vorne im Beet darf gepflanzt werden. So verschiebt sich die jeweils blühende Zone vom Frühjahr zum Herbst allmählich zum vorderen Beetrand hin.

Pultartige Anordnung von Stauden

Einseitige Staffelung
Pflanzliste:
1. *Geranium endressii*
2. *Centranthus rosea*
3. *Centranthus ruber* 'Albus'
4. Parkrosen und *Buddleja alternifolia*
5. *Lysimachia ephemerum*
6. *Polygonum bistorta*
7. *Ligularia dentata*
8. *Chrysanthemum macrophyllum*

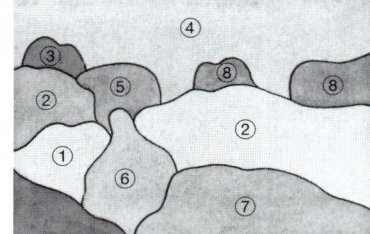

Staffelung mit zunehmenden Wuchshöhen zur Beetmitte hin

Pyramidenartige Staffelung
Pflanzliste:
1. Asiatische Lilien-Hybride 'Fireking'
2. *Euphorbia griffithii* 'Fireglow'
3. *Eremurus-Ruiter*-Hybriden
4. *Salvia officinalis*

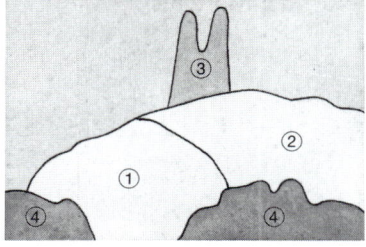

Die Staffelung ist nicht nur für Blütenstauden maßgebend. Der pultartige Aufbau gilt gleichfalls für die Blattschmuckstauden und solche Pflanzen, die sich durch eine ornamentale Struktur auszeichnen. Das Blattmosaik der niedrigen Vordergrundstauden ergänzt sich mit dem der nachfolgenden höheren. Wiederum können Sträucher oder Hecken als ruhiger Hintergrund für das lebendige Linien- und Formenspiel dienen.

Eine Steigerung der Staffelung ergibt sich, wenn man Höhen im Gelände, Böschungen und Erhebungen im Garten bepflanzt. Die größten Stauden sollten am höchsten Punkt oder an der oberen Kante sitzen, die niedrigen Pflanzen folgerichtig an tieferen Stellen. Das ergibt eine äußerst einprägsame Pflanzenkomposition. Man nennt das die »Höhen überhöhen«.

Gestalten durch Gruppenbildung

So wie ein Gemälde einen Schwerpunkt hat, der die Augen des Betrachters auf sich lenkt und fesselt, erhält auch ein Beet einen optischen Anziehungspunkt durch eine oder mehrere auffällige Stauden, die man Leitstauden nennt. Sie zeichnen sich durch lange Lebensdauer, eine mächtige oder außergewöhnliche Wuchsform und durch üppige Blütenfülle aus. Rittersporn, Astern, Sonnenbraut, Sonnenblumen, Chinaschilf oder Wurmfarn können zum Beispiel als Leitstauden dienen.
Diese beherrschenden Pflanzen brauchen nun die passenden Begleiter, die ihre Schönheit ergänzen oder unterstützen. Die Begleitpflanzen werden in Farbe, Form, Wuchshöhe und Blühzeit abgestimmt. Sie sollen die Leitstauden unterstreichen, ihnen aber keinesfalls den Rang streitig machen. Je stärker die Schauwirkung einer Leitstaude ist, desto weniger auffällig dürfen die Begleiter sein und umgekehrt.

Solitärpflanzen

Nicht zur Gruppenbildung geeignet sind einige außergewöhnliche Stauden, die einen eigenen Platz bekommen sollten, an dem sie ihre Pracht uneingeschränkt entfalten können. Sie werden überwiegend einzeln, als sogenannte Solitärpflanzen, im Garten verwendet. Chinaschilf, Purpurdost und Fallschirm-Rudbeckie zum Beispiel überzeugen durch mächtigen Wuchs und anhaltend attraktives Aussehen und können als Solitärpflanzen in einer Rasenfläche, an Wegbiegungen oder auch in Verbindung mit einer Plastik einzigartige Akzente setzen.

Gruppen bilden

Viele Pflanzen hingegen zeigen sich erst dann von ihrer besten Seite, wenn sie in mehr oder weniger großen Gruppen zu einer Pflanzeinheit zusammengefaßt sind.
Hochragende Stauden, etwa Rittersporn, Phlox, Bart-Iris oder Herbst-Astern, sollten in kleinen Gruppen mit geringer Stückzahl, am besten einer ungeraden Zahl von drei, fünf oder maximal sieben Einzelpflanzen, verwendet werden.
Je kleiner und bescheidener die Einzelpflanzen sind, desto größer dürfen die Gruppen werden. Bodendeckende Pflanzen, wie zum Beispiel Günsel oder Hornkraut, werden in großen Stückzahlen sogar flächig verwendet. Eine solche Massenpflanzung wirkt wie ein Teppich, der durch eingesprengte größere Pflanzen erst richtig lebendig wird.
Einige Elemente sollen sich wie ein roter Faden durch das Beet ziehen, allerdings in einer harmonischen Verteilung. Solche Elemente können sowohl einzelne Pflanzen oder auch kleine Pflanzgruppen sein, deren Größe ebenso wechseln darf wie ihre Zusammensetzung.
Zusätzliche Abwechslung bringen zum Beispiel kleine Gruppen, die sich aus jeweils verschiedenen Sorten einer Pflanzenart aufbauen, etwa hellrosa, rosaroter und dunkelroter Phlox.
Einen ähnlich verbindenden Effekt erzielt man, wenn sich eine bestimmte Blütenfarbe mehrfach im Beet wiederholt, zum Beispiel ein kräftiges Blau

Verteilung von Pflanzengruppen auf einem Beet

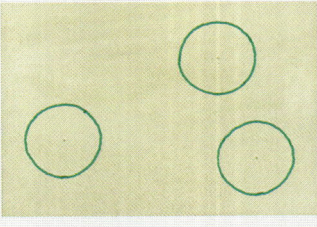

Drei Einzelpflanzen oder Kleingruppen werden leicht versetzt auf einem Beet plaziert, die Abstände dürfen nicht regelmäßig sein.

Fünf Einzelpflanzen oder Kleingruppen können in eine größere Gruppe und zwei separate Elemente verteilt werden.

Auf einer größeren Beetfläche können neben den einzelstehenden Gruppen mehrere Gruppen nahe beieinander stehen, sich sogar durchdringen. Dies wird besonders reizvoll, wenn die Gruppen aus verschiedenen Sorten in leicht variierenden Farbtönen aufgebaut werden.

eines Rittersporns, einer Glockenblume und eines Stauden-Salbeis.

Platzansprüche

Zur Bepflanzung eines Beetes wäre es sehr angenehm, wenn man von jeder Staude sagen könnte, wieviel Stück pro Quadratmeter zu pflanzen sind. Leider ist eine solche Angabe nur in Grenzen möglich. Auf ärmeren Sandböden zum Beispiel braucht man mehr Stauden, auf nährstoffreichen Lehmböden weniger. Bei wuchernden Wildstauden ist es gleichgültig, ob die einzelnen Exemplare ineinanderwachsen, weil sie anfänglich zu dicht gesetzt wurden, bei edlen und hochwertigen Züchtungen wäre es bedauerlich, wenn sie in einem engen Pflanzendickicht ersticken.

Die nebenstehenden Angaben stellen Erfahrungswerte dar. Sie sollen nur einen Anhaltspunkt geben, damit man sich einen Überblick verschaffen kann.

Mit Blumen Räume gestalten

Viele Gärten sind ohne die Blütenpracht der Stauden kaum denkbar. Mit ihren vielen Farben und Formen füllen sie den grünen Rahmen aus Gehölzen und Rasenfläche, überspielen Mauerwerke oder Zäune, wirken als Blickfang oder unterteilen Flächen.

Ihre Farben- und Formenvielfalt ist so groß, daß ein Garten auf die verschiedensten Weisen gestaltet werden kann und keine Anlage der anderen gleicht. Um eine schmuckvolle und dauerhafte Bepflanzung zu erhalten, sind richtige Auswahl der Arten und Sorten sowie sachgerechte Planung, Pflanzung und Pflege Grundvoraussetzungen.

Wieviele Pflanzen pro Quadratmeter?

Hohe Stauden wie *Aruncus dioicus*, *Delphinium* und *Heliopsis* werden in geringen Stückzahlen verwendet. Pro Quadratmeter braucht man 2-3 Exemplare.

Mittelhohe Stauden (40–90 cm) füllen mit 4–6 Stück einen Quadratmeter.
Beispiele: *Aster amellus*, *Geranium* x *magnificum*, *Hosta*-Arten, *Salvia nemorosa*.

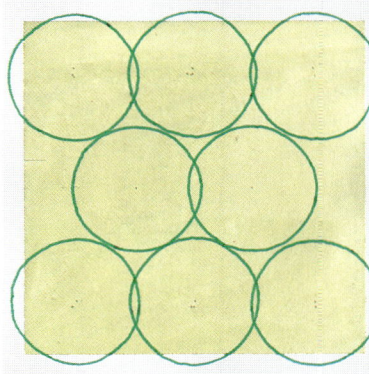

Niedrige Stauden (20–40 cm) passen zu 7–9 Stück auf einen Quadratmeter.
Beispiele: *Aster dumosus*, *Geum coccineum*, *Iris-Barbata-Nana*, *Symphytum grandiflorum*, *Vinca minor*.

Von zwergigen Stauden (5–20 cm) werden 10–16 Stück pro Quadratmeter veranschlagt.
Beispiele: *Asarum europaeum*, *Cardamine trifolia*, *Saxifraga* x *urbium*, *Thymus serpyllum*.

Abwechslungsreiche Wuchsformen

Eine geglückte Anordnung von Stauden unterschiedlichster Wuchsformen kann zu einem solch prachtvollen Beet führen.

Niedrige *Artemisia*- und *Salvia*-Polster werden überragt von breitrunden, kompakten *Saponaria* x *lempergii*-Polstern und lockeren *Aster* x *frikartii*-Horsten. Die Signalwirkung der *Kniphofia*-Fackeln wird durch den straff aufrecht wachsenden Horst noch zusätzlich gesteigert. Eingerahmt wird das farbige Ensemble von fast dickichtartig wachsendem *Achnatherum calamagrostis*, das seinem Namen 'Silberährengras' alle Ehre macht.

Pflanzliste:
① *Kniphofia*-Hybride
② *Achnatherum calamagrostis*
③ *Artemisia schmidtiana* 'Nana'
④ *Saponaria x lempergii* 'Max Frei'
⑤ *Salvia lavandulifolia*
⑥ *Aster x frikartii*

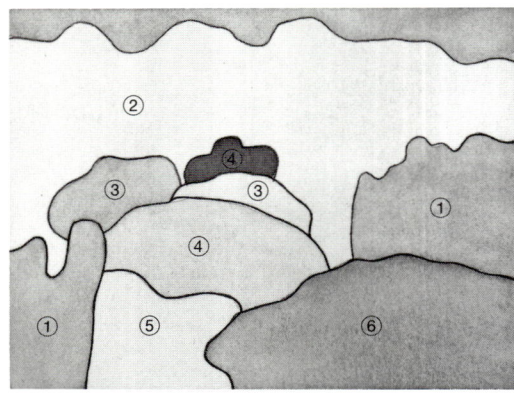

Rhythmische Wiederholung von straff aufrechten und schwingenden

Umrißformen ist das Konzept dieser Pflanzung

Überlegungen zur Planung

Bevor man mit der Auswahl der Gartenblumen beginnt, sollte man sich ein genaues Bild über die vorliegende Situation verschaffen. Wo möchte man welche Pflanzung anlegen? Was bildet den Hintergrund? Soll er verdeckt oder in die Pflanzung eingebunden werden? Welche Pflanzungen existieren bereits? Welcher Stil ist im Garten erwünscht? Soll es ein Bauerngarten werden, eine elegant-moderne Anlage oder ein Naturgarten? Wo will man Beete, wo Rabatten, wo Einzelpflanzen? Wie sind dort die Standortbedingungen?

Suchen Sie die Pflanzen nach den Lebensbedingungen aus, die Sie ihnen zu bieten haben. Schon vorhandene Pflanzen, etwa Bäume, Hecken oder eingewurzelte Stauden, geben einen Rahmen vor, auf den die neue Pflanzung abgestimmt werden muß. Auch eine Hauswand, ein Zaun, Treppen oder andere bauliche Einrichtungen sind mit zu berücksichtigen. Schließlich sollen alle Bereiche des Gartens zu einem Gesamtbild zusammengefügt werden, die Pflanzen im Einklang mit allen anderen Elementen stehen.

Der Charakter der Pflanzung

Bevor es ans Auswählen der Pflanzen geht, sollte man sich für eine bestimmte Gestaltungsrichtung entscheiden. Hier sind Überlegungen zur Farbgebung ebenso wichtig wie die Ausstrahlung, die von einer Pflanze ausgeht.

Abhängig vom Pflegeaufwand, den man betreiben will, wird die Entscheidung ausfallen, ob man eher Prachtstauden und neue Züchtungen anpflanzt oder ob man sich lieber für Wildstauden entscheidet. Erstere benötigen in der Regel mehr Pflege.

Der Pflanzplan

Zur besseren Übersicht und Erleichterung bei der Pflanzenauswahl ist das Zeichnen eines Pflanzplanes sehr hilfreich. Dazu mißt man die Beetfläche aus und überträgt sie maßstabsgetreu auf ein Papier. Millimeterpapier eignet sich dazu am besten, denn das feine Grundraster erleichtert die Arbeit.

Zuerst wird der Maßstab festgelegt, mit dem man arbeiten will, und in dem alle Größen im gleichen Verhältnis verkleinert werden. Ein Maßstab 1 : 20, bei dem 5 Zentimeter im Plan einem Meter auf dem Beet entsprechen, eignet sich sehr gut für nicht zu große Pflanzflächen.

Alle Längen, die im Garten ausgemessen werden, müssen entsprechend dem Maßstab verkleinert und aufs Papier übertragen werden. Man beginnt mit den Beeträndern und zeichnet zuerst die Umrisse des geplanten Beetes auf. Hinzu kommen alle schon vorhandenen Pflanzen, auch die Gehölze oder Blumen neben dem Beet.

Diesen Plan kopiert man sich einige Male, damit man mehrere Entwürfe gestalten kann. Ähnlich dem Beispiel auf Seite 39 wird der Plan nach und nach mit Pflanzen gefüllt, die man entsprechend ihres ungefähren Platzbedarfes ebenfalls maßstabsgerecht in den Plan einträgt. Am besten arbeiten Sie auch mit den Farben der gewählten Blumen, dann läßt sich die Farbwirkung schon abschätzen.

Die Auswahl der Pflanzen

Bei der Auswahl und Zusammenstellung der Arten und Sorten für die einzelnen Pflanzungen spielt die unterschiedliche Rangordnung eine wichtige Rolle. Man geht von den beherrschenden Pflanzen, den Leitstauden zu den Begleitpflanzen, den Vorläufern, Nachzüglern und Füllpflanzen über und fügt so Pflanze nach Pflanze auf dem Plan und dann dem Beet ein.

Leit- oder Hauptstauden

Nach den vorher genannten Kriterien wählen Sie zunächst die Leitstauden aus, die den ersten Blick auf sich ziehen, das Beet mit ihrer Gestalt beherrschen sollen (→ Seite 42). Die Leitstaude bestimmt den wichtigsten Blühzeitpunkt und die vorrangige Farbe.

Begleitpflanzen

Zu den Leitstauden werden nun ein oder mehrere Partner ausgesucht, die entweder in derselben Farbe, in abgestufter Tönung oder in Kontrastfarbe zur gleichen Zeit blühen. Ihre Wuchshöhe sollte deutlich geringer sein. Zusätzlich zur Farbabstimmung erfolgt gleichzeitig die Auswahl nach verschiedenen Formen (→ Seite 34/35).

Füllpflanzen

Sofern noch Lücken zwischen den Pflanzen bestehen, werden sie mit möglichst neutralen Füllpflanzen ergänzt, zum Beispiel durch weißblühende Arten oder auch durch Blattschmuckpflanzen wie Gräser und Farne.

Stockrosen (Alcea-Rosea-Hybriden) mit Blüten wie aus Seidenpapier

Die Pflanzung

Nachdem anhand des Pflanzplanes ein ungefähres Bild der Rabatte entstanden ist, besorgt man sich die benötigten Gewächse und bereitet die Pflanzung vor.

Zunächst einmal werden die Pflanzen nach dem Muster des Planes auf das Beet gestellt, um einen Eindruck von der späteren Wirkung zu bekommen. Jetzt können noch Veränderungen vorgenommen werden, zum Beispiel, wenn sich die Pflanzabstände als zu gering erweisen sollten oder eine Gruppe an einer anderen Stelle vielleicht doch besser zur Geltung kommt.

Die Pflanzung wird in den seltensten Fällen von Anfang an so sein, wie wir uns das vorgestellt haben. Sie entwickelt sich erst mit der Zeit und offenbart ihre Stärken und Schwächen.

Checkliste: Schritt für Schritt zum Staudenbeet

- Standortbedingungen prüfen (Licht und Schatten, Boden).
- Gewünschten Charakter der Pflanzung festlegen.
- Maßstabsgetreuen Pflanzplan erstellen.
- Bereits vorhandene Elemente und Pflanzen berücksichtigen.
- Bei der Pflanzenauswahl stets die Standortbedingungen bedenken und auf Einklang mit dem Gesamtbild des Gartens achten.
- Die Pflanzen stets unter Berücksichtigung der Regeln für Farb- und Formgebung, Staffelung und Gruppenbildung zusammenstellen.
- Leitstauden auswählen.
- Begleitpflanzen in Farbe und Form passend aussuchen.
- Vorläufer und Nachzügler wählen.
- Mit Füllpflanzen Lücken schließen.
- Zwiebel- und Knollenpflanzen als Akzente setzen.

Grünpflanzen bilden den dekorativen Hintergrund für farbige Blütenpracht. Hier die blaublättrige Hosta-Hybride 'Feather Boa'

PFLANZEN PFLEGEN VERMEHREN

Experten-Rat und praktische Tips fürs Gärtnern mit Stauden und Sommerblumen. Wer den richtigen Standort wählt, den Boden vor dem Einpflanzen gut vorbereitet und angemessen düngt, kann sich an prächtig blühenden Gartenblumen erfreuen – an Pflanzen, denen Schädlinge und Krankheiten wenig anhaben. Auf Praxis-Seiten: Vielfältige Methoden der Vermehrung. Wichtig das Vermehren durch Samen, denn Einjährige müssen jedes Jahr neu herangezogen werden.

GARTENBLUMEN PFLANZEN UND PFLEGEN

Die langlebigen Christrosen (Helleborus-Hybriden) zählen zu den wenig pflegeaufwendigen Gartenstauden

Wissen wir erst einmal, welche Pflanzen an welcher Stelle im Garten und in welchen Gruppierungen zu pflanzen sind und ob die ausgewählten Pflanzen für die gegebenen Standortbedingungen auch in Frage kommen, dann ist schon viel gewonnen. Es lohnt sich, die ersten Erfahrungen mit Pflegemaßnahmen zu notieren, um allmählich eine Art Pflegeplan oder Pflegekalender zu erstellen. Daraus wird unter Umständen der Pflegeaufwand für einzelne Pflanzungen ersichtlich. Dann kann man entscheiden, ob man ungewöhnlich arbeitsintensive Beete beibehält oder besser auflöst.

Im Hinblick auf den späteren Pflegeaufwand ist es günstig, in einer Pflanzfläche Arten mit gleichen Ansprüchen und gleicher Durchsetzungsfähigkeit (Konkurrenzkraft) zu verwenden. Dadurch müssen Sie nicht eine Pflanze vor der üppigen Wuchskraft einer anderen schützen. Zudem läßt sich die gesamte Pflanzung beim Gießen und Düngen ähnlich behandeln.

Es ist besser, in einem Arbeitsgang die gesamte Fläche zu bepflanzen, damit die Begrünung nicht schon während der Anfangsentwicklung dauernd durch Nachpflanzen gestört wird.

Bodenvorbereitung

Von größter Wichtigkeit ist die Bearbeitung des Bodens vor dem Pflanzen, da die künftige Fläche den Stauden jahrelang als Lebensgrundlage dient. Bodenvorbereitung heißt nicht, daß der Boden vollkommen verändert werden sollte. Im Gegenteil, man hat ja die Pflanzen unter Berücksichtigung des vorhandenen Bodens ausgewählt.

Der Boden muß auf jeden Fall gut gelockert werden, damit mögliche Verdichtungen, die Staunässe verursachen, beseitigt werden und die Wurzeln weit genug eindringen und anwachsen können.

Dauerunkräuter sind vor dem Pflanzen unbedingt zu entfernen! Speziell die widerstandsfähigen und zählebigen Wurzelunkräuter wie Giersch, Acker-Winde, Schachtelhalm und Brennessel müssen sorgfältig mit der Grabgabel ausgegraben werden. Sind sie erst einmal in den Wurzelfilz der Kulturpflanzen hineingewachsen, kann man sie kaum mehr ausmerzen.

Mit dem Jäten geht auch die Lockerung des Bodens einher. Das Einarbeiten von grobem Sand, feinem Splitt, Bims,

Helleborus-Hybriden pflanzt man im Spätsommer, ebenso die Zwiebeln der Schneeglöckchen (Galanthus nivalis)

Blähtonen oder sonstigen feinkörnigen Steinmaterialien lockert die Erde und erleichtert die Wasserführung in schweren Böden. Dies verhindert ein rasches Verschlämmen der Oberfläche nach starken Regenfällen. Zur Verbesserung leichter Sandböden wird Kompost, abgelagerter Pferde- oder Rindermist eingearbeitet. Diese Stoffe begünstigen auch die Krümelstruktur in schweren Böden.

Verschiedene Pflanzengruppen erfordern eine differenzierte Bodenvorbereitung:

Beetstauden und Einjahresblumen benötigen eine lockere, feinkrümelige Bodenstruktur und gute Nährstoffversorgung. Man sollte daher schon bei der Lockerung des Bodens langsam wirkenden organischen Dünger beigeben.

Schattenstauden bevorzugen lockere, humose Böden, daher in die Pflanzfläche genügend Laubkompost und Lockerungsstoffe einarbeiten.

Steingartenstauden fordern einen Boden mit guter Wasserdurchlässigkeit, der die Bildung der meist tiefgehenden Wurzeln begünstigt.

Trockenheitsliebende Stauden sind, wie viele Steingartenpflanzen, Tiefwurzler, die einen gut durchlüfteten Boden mit bester Wasserdurchlässigkeit verlangen.

Die richtige Pflanzzeit

Generell sollte nicht an vollsonnigen, heißen und sehr windigen Tagen gepflanzt werden. Die Pflanzen verdunsten sonst zuviel Wasser, sind aber noch nicht in der Lage, dies durch verstärkte Wasseraufnahme aus dem Boden auszugleichen. Es empfiehlt sich auch nicht, auf sehr nassen Flächen zu pflanzen. Der Boden würde dabei zu stark verdichtet, und die Arbeit ginge auch nur langsam voran. Ansonsten gilt für die verschiedenen Pflanzengruppen:

Einjahresblumen sind äußerst frostempfindlich und dürfen daher erst nach den »Eisheiligen«, also ab Mitte Mai, ausgepflanzt werden, wenn nicht mehr mit Spätfrösten zu rechnen ist.

Gleiche Gartensituation in gleichen Farbtönen im Frühjahr …

… und im Spätsommer

Zweijährige Pflanzen pflanzt man im zeitigen Herbst und läßt sie den Winter über im Freien.

Stauden werden heute vorwiegend in Töpfen (Containern) kultiviert. Bis auf wenige Ausnahmen (→ unten) können sie bei frostfreier Witterung – in der Regel von März bis November – gepflanzt werden.

In schwere Böden pflanzt man sie am besten von Mitte April bis Oktober, da sich das Erdreich nur langsam erwärmt und schon bei den ersten Frösten fest friert.

Sandige Böden besitzen nur ein geringes Wasserhaltevermögen, eine Pflanzung im Hochsommer ist daher ungünstig – man kommt mit dem Gießen nicht mehr nach!

Zur Unterpflanzung von Gehölzen mit Stauden ist der frühe Herbst geeignet. Die Gehölzwurzeln lassen in ihrer Aktivität schon deutlich nach, so daß die Konkurrenzsituation für die Stauden erträglicher wird und sie besser anwachsen.

Einige Herbstblüher wie Herbst-Anemonen, Herbst-Astern, Herbst-Chrysanthemen sowie eine Reihe winternässeempfindlicher Stauden wie Berg-Aster, Fackellilien und Katzenminze sollten ausschließlich im Frühjahr gepflanzt werden.

Bereits vorhandene Stauden verpflanzt man am besten im Frühjahr oder Herbst. Frühjahrs- und Vorsommerblüher versetzt man im Spätsommer und frühen Herbst, damit sie noch gut einwurzeln. Hochsommer- und Herbstblüher werden im Frühjahr umgepflanzt.

Gräser und Farne sollten möglichst nur im Frühjahr ausgebracht werden. Im Herbst sind ihre Wurzeln nur noch wenig aktiv, so daß sie schlecht anwachsen.

Dahlien und Gladiolen sind extrem frostempfindlich. Die Knollen sollten daher nicht zu früh in die Erde kommen. Man pflanzt am besten ab Ende April. Vom Pflanzen bis zum Austreiben der ersten grünen Teile vergehen etwa 3 Wochen.

Frühjahrsblühende Zwiebel- und Knollenpflanzen werden im Herbst in die Erde gelegt, Herbstblüher (zum Beispiel *Crocus speciosus* und *Crocus sativus*) im Hochsommer.

Stauden richtig pflanzen

Die Stauden werden nach dem Pflanzplan ausgelegt – die Gruppierung wird nochmals überprüft. Eventuell müssen die Pflanzabstände geringfügig korrigiert werden, oder man stellt fest, daß manche Gruppen doch besser an einem anderen Platz stehen sollten.

Die Pflanzen dürfen nicht zu lange liegenbleiben, damit die Wurzeln nicht austrocknen!

Containerpflanzen

In Töpfen kultivierte Stauden wässert man vor dem Auspflanzen nochmals gut, indem man den Topf so lange in einen Kübel Wasser taucht, bis keine Luftblasen mehr aufsteigen.

Häufig entwickeln die Containerpflanzen so kräftige Wurzeln, daß diese aus den Löchern des Topfbodens heraustreiben, teilweise so dicht und stark, daß man die Pflanzen nicht mehr aus den Behältern herausbringt.

Diese Wurzeln dürfen abgeschnitten werden. Man kann aber auch die Töpfe seitlich aufschneiden oder aufbrechen und den Wurzelballen vorsichtig aus dem Behälter herausschälen. Meist sind die Wurzeln an den Seiten, dort wo sie aus den Topfwänden nicht herauskonnten, dicht anliegend und nahezu lückenlos ausgebildet. Es empfiehlt sich, diesen Wurzelfilz etwas zu lockern oder aufzureißen. Einen Teil der äußeren Wurzeln können Sie abschneiden, da dadurch das Wurzelsystem zur Neubildung angeregt wird.

Moose, Algen oder Unkraut auf der Substratoberfläche entfernt man ebenso wie verkrustetes Material.

Pflanzen nicht am Stengel aus den Containern herausziehen, sondern vorsichtig – Pflanze nach unten, Topf nach oben – den Topfrand an eine Mauer- oder Tischkante schlagen, damit der Erdballen aus dem Topf rutscht. Sitzt der Ballen zu fest, den Container seitlich aufschneiden.

Einpflanzen

Die Pflanzgrube sticht man am besten mit dem Handspaten aus. Sie muß so groß sein, daß der Wurzelballen ohne Umbiegen eingesetzt werden kann. Die Pflanze darf aber keineswegs tiefer als zuvor im Topf oder in der Erde sitzen. Die Grundknospen sollten dicht unter der Oberfläche liegen. Lange Wurzeln kann man handbreit einkürzen. Pfahlwurzeln müssen jedoch in ganzer Länge senkrecht im Pflanzloch Platz finden.

Jetzt drückt man mit den Händen seitlich Erde an den Wurzelballen heran, so daß die Pflanze senkrecht steht, fest sitzt und dicht von Erde umgeben ist.

Man pflanzt rückwärtsgehend von der Mitte der Fläche zu den Rändern hin. Die durch Trittspuren entstandenen Verdichtungen im Boden können dann gleich wieder aufgelockert werden. Zudem besteht keine Gefahr, frisch gesetzte Pflanzen zu zertreten.

Nach dem Pflanzen muß sofort kräftig angegossen werden.

Dabei erfüllt diese Tätigkeit nur in zweiter Linie die Funktion der Wasserversorgung. Vielmehr soll durch das Angießen Feinerde um den Wurzelballen gespült werden, damit die Wurzeln guten Bodenkontakt bekommen und ungestört an- und weiterwachsen können.

Man gießt die Pflanzen einzeln mit der Gießkanne oder dem Schlauch an.

Damit die Bodenoberfläche nicht verkrustet und die Feuchtigkeit besser erhalten bleibt, mulcht man die Pflanzfläche nach dem Angießen mit Stroh- oder Laubkompost. Empfehlenswert ist eine 3 bis 6 cm hohe Mulchschicht. Zu geringe Mulchschichten lassen das Unkraut durchtreiben, zu hohe ergeben Vernässungszonen, in denen die jungen Pflanzen womöglich ersticken oder abfaulen.

Mulcht man nicht, sollte der Boden bald nach dem Pflanzen oberflächlich gelockert werden.

Regelmäßiges, in Hitzeperioden tägliches Gießen der frischgesetzten Pflanzen versteht sich von selbst.

Zwiebeln und Knollen richtig pflanzen

Mit wenigen Ausnahmen legt man Zwiebeln und Knollen dreimal so tief in die Erde, wie sie selbst groß sind. Kaiserkronen und einige Lilien kommen etwa 25 cm, Steppenkerzen etwa 30 cm tief in den Boden. Bei Dahlien sollten die letztjährigen Stengelreste gerade aus der Erde ragen. Bei einigen aus Wäldern stammenden Knollenpflanzen, wie den Busch-Windröschen, genügt es, die Mullschicht unter den Gehölzen zu entfernen, die Knollen auszulegen und anschließend wieder mit dem zuvor entfernten Material zuzudecken.

Nässeempfindliche Zwiebeln müssen – besonders auf schweren Böden – eine Drainageschicht aus feinem Splitt oder grobem Sand erhalten, damit sie nicht faulen.

Die Pflege

Gleichgültig, ob Natur- oder Schmuckgarten – jede Anlage braucht ein Mindestmaß an Pflege! Das gilt nicht nur fürs Gießen und Düngen. Es ist abzuwägen, ob eine starkwachsende Art sich noch weiter ausbreiten darf, oder ob man sie besser mit dem Spaten reduziert; ob ungeplant aufgegangene Sämlinge die Pflanzung ergänzen, oder ob man sie entfernt. Die Pflege der Pflanzungen erfordert immer wieder neue, situationsabhängige Entscheidungen.

Unkrautbekämpfung

Unmittelbar nach der Pflanzung ist die Gefahr des Verunkrautens am größten.

Wurzelunkräuter sollte man so schnell wie möglich mit der Grabgabel entfernen. Samenunkräuter müssen vor der Fruchtbildung ausgerissen werden, damit sie sich nicht aussamen und weiterverbreiten können.

Am besten lassen sich Unkräuter herausziehen, wenn der Boden feucht (nicht naß!) ist. Bei trockenem Erdreich reißen die Wurzeln allzu leicht ab, und die Pflanzen treiben wieder durch. Während der Bodenlockerung können Sie Unkräuter leicht absammeln. Einige Unkrautarten, wie Löwenzahn oder Ackerdisteln, bilden sehr tiefreichende Pfahlwurzeln. Beim Versuch, sie herauszuziehen oder mit der Hacke zu entfernen, reißen die Wurzeln meist ab, und die Pflanzen wachsen bald nach. Hier muß man Spaten oder Grabgabel einsetzen und die Unkräuter ausgraben.

Mulchen

Mulchen stellt nicht nur einen Schutz gegen starke Verdunstung des Bodenwassers und Verschlämmung der Bodenoberfläche dar, bei geeigneter Wahl des Mulchmaterials keimen auch weniger Unkräuter.

Gießen

Der Wasserbedarf der verschiedenen Gartenblumen ist äußerst unterschiedlich.

Hier einige grundsätzliche Anmerkungen zum Gießen:

• Verwenden Sie möglichst Regenwasser zum Gießen. Es ist »weicher«, das heißt, es enthält nicht so viel Kalk wie Leitungswasser. Außerdem ist Regenwasser in der Regel wärmer und der Lufttemperatur besser angepaßt als Leitungswasser.

• Bei warmer Witterung übt kaltes Wasser geradezu eine »Schockwirkung« auf verschiedene Pflanzen aus. Daher sollte möglichst nur in den frühen Morgenstunden oder am Abend gegossen werden, zumal weniger Feuchtigkeit durch sofortige Verdunstung verlorengeht. Verbrennungen durch den Brennglaseffekt von Wassertropfen werden ebenfalls vermieden.

• Generell ist es besser, einmal durchdringend zu gießen, als ständig nur die Oberfläche zu benetzen. Gewöhnt man die Pflanzen an eine regelmäßige, oberflächliche Wasserversorgung, bilden sie vorzugsweise in den oberen Bodenschichten Saugwurzeln aus. Das hat den Nachteil, daß die Pflanzen oft schon bei kurzzeitiger Trockenheit welken, da die tieferliegenden, noch gut mit Wasser versorgten Bodenschichten nicht durch Saugwurzeln erschlossen sind.

Gleichzeitig werden durch das ständige Feuchthalten der Bodenoberfläche beste Keimbedingungen für Samenunkräuter geboten.

Pflanzen mit unterschiedlichen Ansprüchen erfordern eine besonders sorgfältige Pflege

- Bodenlockerung erspart Gießwasser! Durch das Lockern des Erdreichs beim Abtrocknen der Bodenoberfläche werden gebildete Kapillare zerstört. Das ist vor allem in jungen, nicht abgemulchten Pflanzungen von Bedeutung, wenn die Pflanzen den Boden noch nicht vollständig abdecken. Das Wasser wird nicht an die Erdoberfläche gezogen (Kapillarwirkung), sondern bleibt im Boden erhalten. Zugleich wird die Verkrustung der Oberfläche verhindert.
- Es ist besser (und wassersparend), mit Gießkanne oder Schlauch die Pflanzen gezielt zu bewässern, als sie zu überbrausen.

Düngen
Pflanzen entziehen dem Boden nicht nur Wasser, sondern auch Nährstoffe, die sie zum Wachstum brauchen. Der ständig bepflanzte Boden würde mit der Zeit an Nährstoffen verarmen, würden diese nicht in irgendeiner Form nachgeliefert.
Entsprechend ihrer Bedeutung für die Pflanzen werden die Nährstoffe in Haupt-, Neben- und Spurennährstoffe eingeteilt. Hauptnährstoffe sind Stickstoff, Phosphorsäure und Kalium. Ihr Anteil ist in der genannten Reihenfolge bei den im Handel erhältlichen Düngern auf der Packung vermerkt. Nebennährstoffe sind Magnesium, Calcium und Schwefel. Nur in winzigen Mengen werden die Spurenelemente Eisen, Mangan, Molybdän, Zink, Kupfer oder Bor benötigt. Sie sind in der Regel in ausreichendem Maße im Boden vorhanden, nur auf extrem sandigen Böden treten gelegentlich Mangelerscheinungen auf.
Um genau über den Nährstoffgehalt des Bodens Bescheid zu wissen, empfiehlt es sich, eine Bodenanalyse durchführen zu lassen. Nach deren Ergebissen kann dann die Düngung gezielt vorgenommen werden.
<u>Wann sollte man düngen?</u>
Günstig ist eine Düngung zum Austrieb der Stauden und unmittelbar vor ihrer Blütezeit. Nach August dürfen Stauden – mit Ausnahme der Pfingstrosen und frühjahrsblühenden Zwiebelpflanzen – nicht mehr gedüngt werden, da ihre Triebe sonst schlecht ausreifen und die Pflanzen leicht auswintern. Für einjährige Pflanzen arbei-

tet man einen organischen Dünger oder Mischdünger vor der Pflanzung in den Boden ein. Nach dieser Grunddüngung düngt man am besten bis September monatlich schwach konzentriert nach.

Die Menge der Düngergabe richtet sich nach der jeweiligen Pflanzenart. Prinzipiell haben hochwachsende Gartenblumen einen höheren Nährstoffbedarf als niedere.

<u>Organische Düngung</u>
Organische Dünger verbessern die Humusversorgung und fördern das Bodenleben. Zu den organischen Düngemitteln zählen neben den im Handel erhältlichen Hornspänen Blut- oder Knochenmehl, Kompost und Stallmist (Pferde- oder Rinderdung). Stallmist darf nur in abgelagerter Form eingearbeitet werden, frisch enthält er viel Ammoniak, das Pflanzen schädigen kann.

<u>Mineralische Düngung</u>
Mineralische Dünger liefern rasch verfügbare Pflanzennährstoffe, sieht man von den sogenannten Langzeitdüngern einmal ab. Insbesondere, wenn Pflanzen Mangelerscheinungen zeigen, sind mineralische Dünger wegen der schnellen Wirksamkeit gefragt. Bei den Düngergaben sind unbedingt bereits vorher gegebene organische Düngergaben zu berücksichtigen! Eine Überdüngung führt sonst zu Standschwäche und höherer Krankheitsanfälligkeit der Pflanzen.

Aufbinden und Stäben
Einige hohe Gartenblumen erweisen sich oft als standschwach, vor allem bei Wind und Regen. Es ist daher ratsam, diese Pflanzen rechtzeitig zu stützen. Freistehende Stauden lassen sich durch um die Horste gesteckte, kahle Reisigzweige stabilisieren. Oder man steckt einen Bambus- oder einen Eisenstab neben die Horste und umfährt mit einer daran befestigten Schnur die Stengel. Im Handel werden aber auch spezielle Staudenstützen angeboten, die meist aus grünem Kunststoff bestehen und daher wenig auffallen. Hohe Stengel müssen einzeln festgebunden werden.

Bei allen Maßnahmen zur Unterstützung der Standfestigkeit sollte man darauf achten, daß das natürliche Erscheinungsbild der Pflanzen nicht verlorengeht. Dicht zusammengeschnürte Staudenhorste sehen noch häßlicher aus als umgefallene.

Rückschnitt
Beim Rückschnitt der Stauden muß man individuell vorgehen.
• Bei etlichen Stauden bringt ein völliger Rückschnitt nach der Blütezeit einen erneuten Austrieb mit einem sehr ansehnlichen zweiten Flor (zum Beispiel Rittersporn, Feinstrahl-Aster).
• Einige Stauden (zum Beispiel Frauenmantel, Storchschnabel, Blut-Weiderich) können nach ihrer Blütezeit problemlos abgemäht werden. Sie treiben anschließend wieder aus. In der Regel erzielt man gleichzeitig eine schwächere Zweitblüte.
• Durch das wiederholte Abschneiden oder Ausbrechen verwelkter Blumen wird die Neubildung von Blütenknospen gefördert. Dadurch läßt sich die Blütezeit der meisten Einjahresblumen und verschiedener Stauden um einige Wochen verlängern.
• Vertrocknete Blüten werden entfernt, um Samenansatz zu verhindern. Samenbildung beansprucht Reservestoffe und schwächt die Pflanze, so daß sie im folgenden Jahr weniger blüht.

• Die Standfestigkeit einiger Stauden-Arten (Rauhblatt-Aster, Sonnenbraut, Phlox) wird durch das Stutzen der Horste vor der Blütenbildung auf ihre halbe Höhe deutlich verbessert. Allerdings verzögert sich dadurch der Blütenbeginn.
• Um einen kompakten Wuchs zu erhalten, werden durch den Rückschnitt nach der Blüte auf etwa zwei Drittel ihrer ursprünglichen Größe Halbsträucher wie Lavendel, Garten-Salbei und Heiligenkraut sowie verschiedene Polsterpflanzen aus dem Steingarten zum Austrieb im bodennahen Bereich und zu einer reicheren Verzweigung angeregt.
• Damit das kahle Zweiggerüst den Neuaustrieb nicht stört, schneidet man die Stauden im Spätherbst oder Frühjahr vollkommen zurück.

Umgraben?
Es hat eine lange Tradition, daß Stauden im Herbst zurückgeschnitten werden und anschließend der Boden zwischen den Horsten mit dem Spaten oder der Grabgabel umgegraben wird.

Bedenkt man jedoch, daß nahezu alle Stauden an den Rändern ihrer Horste neue Knospen bilden, sieht man leicht ein, daß man sich diese Arbeit besser spart. Durch das Graben werden die jungen Knospen verletzt oder gar vernichtet.

Aufnehmen älterer Stauden
Während Einjahresblumen jedes Jahr neu herangezogen oder gekauft werden müssen, können Stauden mehrere Jahre lang an ihrem Platz bleiben. Dabei ist die Lebenserwartung der einzelnen Arten sehr unterschiedlich. Wenn die Stauden schwächer wachsen, nur noch spärlich blühen oder von der Mitte her verkahlen, ist es an der Zeit, die Pflanzen aufzu-

Der lichtblaue Frühsommergarten (→ Seite 4/5) zeigt im Herbst schwere Rot- und Goldtöne

nehmen, das heißt auszugraben, in kleine Stücke zu teilen und andernorts wieder einzupflanzen. So verjüngt, sind sie wieder wuchskräftig und blühfreudig.

Winterschutz
Viele wintergrüne Gartenstauden leiden unter der Wintersonne, die die Pflanzen an windigen, strahlungsreichen Tagen zur Verdunstung von Wasser anregt. Da der Boden jedoch gefroren ist und die Wurzeln deshalb kein Wasser aufnehmen können, kommt es zu Trockenschäden (Frosttrocknis).
Derartige Schäden kann man verhindern, wenn man die wintergrünen Stauden an sonnigen und schneefreien Standorten locker mit Reisigzweigen oder Vlies abdeckt. Dies verhindert gleichzeitig einen raschen Neuaustrieb der Pflanzen an den ersten warmen Vorfrühlingstagen. Allzuleicht würden sie sonst Opfer nachfolgender Fröste.
Manche Stauden sind vor allem im Jugendstadium nicht völlig winterhart. Sie sollten daher vor strengen Frösten mit einer lockeren Decke aus trockenem Laub, das man mit Fichtenreisig abdeckt (damit es der Wind nicht wegbläst), geschützt werden. Bei Fackellilien und Pampasgras bindet man die wintergrünen Blattschöpfe zusammen und schüttet den Wurzelbereich mit trockenem Laub ein, das mit Reisig befestigt wird.

Oft meint man es gar zu gut mit den Pflanzen und deckt sie zu üppig und viel zu früh ab. Die Pflanzen erfrieren dann zwar nicht, doch verweichlichen und ersticken sie unter dem gutgemeinten Winterschutz oder verfaulen mangels Durchlüftung. Man kann sich mit dem Abdecken getrost bis zu den ersten scharfen Frösten Zeit lassen.
Im Frühjahr entfernen Sie den Winterschutz, lassen das Reisig aber noch in der Nähe der schutzbedürftigen Pflanzen, so daß man bei Spätfrösten nochmals abdecken kann.
Sehr viele Gartenstauden leiden unter Winternässe. Der beste Schutz hiervor ist, schon vor der Pflanzung für einen guten Wasserabzug am Pflanzort zu sorgen.

Ein Garten besitzt in jeder Jahreszeit ein anderes Gesicht (→ Seite 4/5 und 57). Mit Rauhreif überzuckert kommen Blatt- und

...uchsformen sowie Samenstände gut zur Wirkung

ERSTE HILFE FÜR IHRE PFLANZEN

Marienkäfer sind Blattlausvernichter und deshalb Nützlinge

Liest man von der Unmenge von Krankheiten, die Pflanzen befallen können, mag's auch bald vorbei sein mit der Lust aufs Gärtnern. Doch in der Praxis ist es nicht halb so schlimm, wie es zunächst den Anschein hat. Von einigen Ausnahmen abgesehen, werden die meisten in diesem Buch vorgestellten Gartenblumen nicht oder nicht nennenswert von Schädlingen oder Krankheiten befallen.

Keine Angst vor ein paar Läusen! Sie verurteilen die Pflanzen nicht gleich zu Siechtum und Tod. Man braucht also nicht sofort zur Spritze zu greifen – wenige Läuse können durchaus geduldet oder mit dem Papiertuch zerdrückt werden. Denn mit resoluten Bekämpfungsmaßnahmen werden immer auch die natürlichen Feinde der Schädlinge dezimiert. Ob man etwas gegen Schädlinge oder Krankheitsbefall unternimmt oder nicht, hängt also von der Stärke des Befalls ab. Dabei gilt es, Vorteile und Nachteile der Bekämpfung abzuwägen sowie sämtliche Möglichkeiten zur Bekämpfung sehr genau zu durchdenken. Freilich wird man nicht immer untätig bleiben können. Massenhaftes Auftreten von Schädlingen oder starker Krankheitsbefall erfordern angemessene Gegenmaßnahmen, will man seine Gartenschätze retten. Fallen einige Pflanzen durch regelmäßigen Krankheits- oder Schädlingsbefall auf, stellt sich die Frage, ob diese nicht besser durch andere Sorten oder Arten ersetzt werden sollten.

Vorbeugungsmaßnahmen
Das Vorbeugen gegen Krankheiten und Schädlinge beginnt schon bei der Planung der Pflanzung, der optimalen Standort- und Pflanzenwahl. Gute und ausgewogene Pflanzenernährung hält die Pflanzen gesund und macht sie widerstandsfähiger gegen Krankheiten. Zu viel Stickstoff jedoch macht das Gewebe schwammig und damit pilzanfällig. Eine artgerechte Wasserversorgung trägt ebenfalls zur Gesunderhaltung Ihrer Pflanzen bei. Achten Sie ferner darauf, daß die Abstände zwischen den Pflanzen ausreichend sind und nicht zu viele Pflanzen einer Art auf engem Raum wachsen.

Am richtigen Standort bleiben Pflanzen meist gesund und gedeihen prächtig

Erst Diagnose – dann Bekämpfung

Nicht immer sind Krankheiten und Schädlinge für Schadsymptome an Pflanzen verantwortlich. Oft werden Blattschäden oder auch Welken durch unzureichende oder einseitige Pflanzenernährung, Trockenheit oder Staunässe verursacht (→ Physiologische Schäden, Seite 62). Es gilt also zuerst, eine genaue Diagnose zu erstellen und dann die Ursache für die Pflanzenschädigung zu bekämpfen. Die Praxis-Seite (→ Seite 64/65) hilft Ihnen bei der Ursachenforschung. Falls dennoch Zweifel beim Erkennen der Schadursache bestehen, wenden Sie sich an den Amtlichen Pflanzenschutzdienst.

Bekämpfungsmöglichkeiten

Greifen Sie nicht immer zu den schärfsten Präparaten, in vielen Fällen helfen auch »harmlose« Mittel.

<u>Die mechanische Bekämpfung</u> reicht bei geringem Krankheitsbefall aus. Dazu gehört:
- Entfernen befallener oder kranker Pflanzenteile beziehungsweise Entfernen der ganzen Pflanze.
- Absammeln oder Abstreifen der Tiere. Auch Abwaschen mit Wasser oder Schmierseifenbrühe.

<u>Chemische Mittel</u> setzt man nur dann ein, wenn die anderen Methoden nicht erfolgreich waren oder bei sehr wertvollen Pflanzen, bei denen man kein Risiko eingehen möchte:
- Insektizide wirken gegen Insekten und können gespritzt oder gegossen werden.
- Akarizide werden gegen Spinnentiere eingesetzt. Im Handel sind viele Präparate, die gleichzeitig insektizid und akarizid wirken.
- Molluskizide richten sich gegen Schnecken. In Form kleiner Körner lösen sie sich auch im Regen über längere Zeit nicht auf.
- Fungizide sind pilztötende Mittel.
- Bakterizide sind bei uns nicht zugelassen.

Mittel gegen Viruserkrankungen gibt es nicht.

Rittersporn (Delphinium-Hybriden) und Marien-Glockenblumen (Campanula medium)

Darauf sollten Sie achten!

- Verwenden Sie möglichst keine giftigen Mittel, die mit T, T+, Xn oder Xi gekennzeichnet sind.
- Benutzen Sie keine bienengefährlichen Mittel. Wer meint, nicht umhin zu kommen, sollte sie nur spät abends anwenden.
- Halten Sie sich genau an die Gebrauchsanweisungen und Dosierungsvorschriften.
- Verwenden Sie aus Umweltschutzgründen keine Sprays mit Treibgas.
- Atmen Sie den Sprühnebel nicht ein.
- Beachten Sie die angegebenen Schutzvorkehrungen (Tragen von Handschuhen, Atemschutz etc.).
- Beim Umgang mit Pflanzenschutzmitteln niemals essen, trinken oder rauchen.
- Bewahren Sie Pflanzenschutzmittel grundsätzlich in der Originalverpackung, außer Reichweite von Kindern und Haustieren, nicht zusammen mit Lebens- oder Futtermitteln sowie verschlußsicher auf.
- Reste nicht aufheben (die Wirkung der meisten Präparate baut sich schnell ab) sowie nicht in den Hausmüll werfen, sondern zu Sondermüll-Sammelstellen bringen.
- Benutzte Gefäße nach Verwendung gründlich reinigen. Reinigungswasser zwischen die behandelten Pflanzen spritzen, nicht in den Abfluß und nicht auf den Kompost.

Physiologische Schäden

Die Gesundheit der Gartenblumen ist nur dann gewährleistet, wenn die gegebenen Standortfaktoren wie Temperatur, Licht, Feuchtigkeit und Bodenstruktur mit den Ansprüchen der Pflanzen übereinstimmen. Ist dies nicht der Fall, treten physiologische Schäden auf. Ebenso wird die Anfälligkeit für Krankheiten erhöht. Eine Bekämpfung physiologischer Schäden ist nur be-

schränkt möglich durch die Verbesserung der Standortbedingungen.
Häufig auftretende physiologische Schäden:
Welke durch Wassermangel: Pflanzen ausreichend wässern.
Wurzelfäule durch Staunässe: Nässeempfindliche durch nässeverträgliche Pflanzen ersetzen. Eventuell Standort mit einer Drainageschicht im Boden verbessern.
Blattchlorosen (bleiche Blätter) durch Stickstoff- oder Eisenmangel: Ausgleich durch Düngemaßnahmen nach einer Bodenuntersuchung.
Vergeilung (langgestreckte, standschwache Triebe) und Chlorose (bleiche Blätter) durch Lichtmangel: Standort eignet sich nur für schattenverträgliche Pflanzen.
Rot- oder Gelbfärbung der Blätter und Blattschäden durch Lichtüberschuß: Standort eignet sich nur für sonnenhungrige Pflanzen.
Kümmerwuchs durch Bodenverdichtung: Tiefgründige Lockerung des Bodens.
Frostschäden: Wahl kleinklimatisch günstiger Standorte für frostempfindliche Gewächse, zum Beispiel im Schutz von Mauern. Winterschutz geben (→ Seite 57).
Blühfaulheit durch einseitige Stickstoffernährung: Längere Zeit nicht düngen, Bodenuntersuchung durchführen.

Pilzkrankheiten

Pilzinfektionen werden durch Pilzsporen ausgelöst. Wind, Regen, Tier und Mensch verbreiten diese. Gelangen Sporen auf eine Pflanze, hängt es von ihrem Entwicklungs- und Gesundheitszustand ab, ob es zu einer Infektion kommt oder nicht. Faktoren, die einen Pilzbefall begünstigen, sind beispielsweise Stickstoffüberdüngung, hohe Luftfeuchte und naßkalte Witterung, aber auch Trockenheit.

Die Beseitigung von Pilzkrankheiten erweist sich oft als schwierig, da es sich um die Bekämpfung einer Pflanze (Pilz) handelt, die auf einer anderen Pflanze (Wirtspflanze) schmarotzt. Man setzt daher spezielle Mittel zur Pilzvernichtung (Fungizide) ein. Wer etwas gegen eine Pilzerkrankung tun will, sollte dies möglichst frühzeitig nach einer genauen Diagnose durchführen. Denn sonst ist das Pilzmyzel (Wurzelgeflecht) schon zu tief mit der Wirtspflanze verflochten, so daß eine Bekämpfung erfolglos bleibt.
Wie Sie die jeweilige Pilzkrankheit erkennen und was am besten zu tun ist, erfahren Sie auf Seite 64.

Schädlinge

Der Begriff »Schädlinge« umfaßt alle tierischen Lebewesen, die Schäden an Kulturpflanzen verursachen. Nur in dieser Hinsicht sind die für den Gärtner und Pflanzenliebhaber lästigen Wesen als Schädlinge zu bezeichnen. Sie sind jedoch auch ein Teil der Natur und erfüllen eine wichtige Aufgabe im Naturhaushalt (zum Beispiel in der Nahrungskette). Ob und wie das Auftreten von pflanzenschädigenden Käfern, Läusen, Blattwanzen oder anderen Tieren bekämpft werden sollte, hängt daher entscheidend vom Grad des Befalls ab. Mitunter begünstigen äußere Faktoren das gehäufte Auftreten von Schädlingen: zum Beispiel Luft- und Bodentrockenheit, aber auch anhaltende schwülwarme Witterung, Bodenfeuchtigkeit, milde Winter, einseitige, stickstoffbetonte Pflanzenernährung sowie die Verwendung vieler Pflanzen einer Art. Wo durch optimale Standortwahl und Pflegemaßnahmen einem Schädlingsbefall entgegengewirkt werden kann, sollte man dies tun. Eine Garantie für »Schadensfreiheit« läßt sich jedoch daraus nicht ableiten. Wie Sie die jeweiligen Schädlinge erkennen und am besten bekämpfen, erfahren Sie auf Seite 65.

Bakterien- und Viruserkrankungen

Diese Krankheiten treten nur bei wenigen Gartenblumen auf. Da sie weder chemisch noch sonst auf irgendeine Weise zu bekämpfen sind, müssen befallene Pflanzen sofort entfernt und vernichtet werden, damit sich die Krankheit nicht weiter ausbreitet. Außerdem sollte auf die betroffene Stelle unmittelbar nach der Entfernung einer erkrankten Pflanze nicht mehr die gleiche Pflanzenart gesetzt werden.
Gelegentlich auftretende Virosen bei Gartenblumen sind:
• Stauchekrankheit bei Dahlien: Mosaikartig gefleckte, mißgebildete Blätter und Zwergenwuchs.
• Mosaikvirus bei Lilien: Helle, gelblichgrüne Flecken auf mißgestalteten (gedrehten) Blättern.
• Augustakrankheit bei Tulpen: Verkrüppelte Pflanzen, Blätter mit hellen Flecken.
Gelegentlich auftretende Bakteriosen sind:
• Naßfäule bei Iris: Breiige, faulende Rhizome und Wurzeln.
• Bakterien-Schwarzfleckenkrankheit bei Rittersporn: Schwarze, unregelmäßige Flecken auf Blättern.
• Blattfleckenkrankheit bei Tagetes: Verbrannt aussehende Pflanzen, die später absterben.

PRAXIS

Die häufigsten Krankheiten

Echter Mehltau
Schadbild: Weißlicher, mehliger Belag auf Blättern, Trieben und Blüten. Begünstigende Faktoren: Trockenheit, intensive Sonneneinstrahlung, Stickstoffüberdüngung.
Anfällig sind: Aster, Phlox, Lupine, Rittersporn, Tausendschön, Vergißmeinnicht.
Abhilfe: Frühzeitig Fungizid einsetzen, in kurzen Abständen wiederholen.

Falscher Mehltau
Schadbild: Anfangs gelbliche, später braune Flecken auf der Blattoberseite. Weißgrauer Belag auf der Blattunterseite. Begünstigender Faktor: Hohe Luftfeuchtigkeit.
Anfällig sind: Stiefmütterchen, Vergißmeinnicht, Christrosen.
Abhilfe: Erkrankte Pflanzen entfernen.

Rost
Schadbild: Blattoberseite: helle, gelbliche Flecken. Blattunterseite: hellbraune, orangefarbene oder rostrote Pusteln.
Anfällig sind: Stockrosen, Löwenmäulchen, Glockenblumen, Bart-Nelken, Pfingstrosen.
Abhilfe: Fungizid nur bei ausdauernden Gewächsen während der ersten Jahreshälfte anwenden. Einjahrespflanzen ganz entfernen.

Grauschimmelkrankheit
Schadbild: Weiche Faulstellen mit mausgrauem Schimmel an Trieben, Blättern oder Zwiebeln.
Anfällig sind: Pfingstrosen, Dahlien, Gladiolen, Hyazinthen, Lilien, Tulpen.
Abhilfe: Bekämpfung mit Fungiziden nur bei Pfingstrosen lohnend. Andere kranke Pflanzen entfernen. Platz 2 bis 3 Jahre nicht für die gleiche Art nutzen.

Septoria-Blattfleckenkrankheit
Schadbild: Runde, dunkle (braune oder purpurne) Blattflecken, gelegentlich mit weißer Mitte. Befallene Blätter sterben ab.
Anfällig sind: Chrysanthemen, Phlox, Pfingstrosen.
Abhilfe: Bei Pfingstrosen Fungizid verwenden, da auch Stengel befallen sind. Bei anderen Pflanzen genügt Entfernen befallener Blätter.

Welkekrankheit
Schadbild: Pflanze welkt trotz guter Wasserversorgung.
Anfällig sind: Häufig bei Sommeraster, gelegentlich bei Stauden-Astern, Lupinen, Mauerpfeffer.
Abhilfe: Erkrankte Pflanzen vernichten. Platz über mehrere Jahre für andere Pflanzen nutzen.

Zwiebelfäule
Schadbild: Hellbraune, eingesunkene Stellen, Zwiebel fault, Inneres schokoladenbraun verfärbt.
Anfällig sind: Narzisse, Tulpe.
Abhilfe: Befallene Zwiebel sofort vernichten, bisherigen Standort mehrere Jahre nicht für Zwiebelpflanzen nutzen.

Die häufigsten Schädlinge

Schnecken
Schadbild: Fraß- und Schleimspuren an Blättern.
Anfällig sind: Studentenblumen, Herzlilien, Rittersporn, Ligularien, Aster, Glockenblumen.
Abhilfe: Einzig nachhaltiges Mittel ist wiederholtes Streuen von Schneckenkorn. Nur begrenzt wirksam ist das Absammeln der Schnecken unter Brettern oder feuchten Tüchern.

Blattläuse
Schadbild: Kolonien schwarzer oder grünlicher Läuse, klebrige, mißgebildete Blätter und Triebe. Begünstigende Faktoren: Schlechte Wasserversorgung, Stickstoffüberdüngung.
Anfällig sind: Eisenhut, Sommer-Margerite, Dahlien.
Abhilfe: Triebe mit Wasser oder Schmierseife abwaschen oder abschneiden. Bei starkem Befall Insektizid verwenden.

Blattwanzen
Schadbild: Saugschäden (Löcher) an Knospen, Blättern und jungen Trieben.
Anfällig sind: Chrysanthemen, Dahlien.
Abhilfe: Bei stärkerem Befall Bekämpfung mit Insektiziden.

Spinnmilben
Schadbild: Durch Saugeinstiche kleine, helle Sprenkelungen an Blättern. Später vergilben die mit einem feinen Gespinst überzogenen Blätter (meist Blattunterseite). Begünstigende Faktoren: Trockenwarme Witterung.
Anfällig sind: Chrysanthemen, Leberbalsam, Stockrose.
Abhilfe: Frühzeitiger Einsatz von Insektizid.

Älchen
Schadbild Stengelälchen: Verkürzte oder verdickte Triebe, gekräuselte, verbogene Blätter.
Anfällig sind: Phlox.
Abhilfe: Pflanzen ausgraben, vernichten.
Schadbild Blattälchen: Gelblichbraune, später schwarze, von starken Adern begrenzte Blattflecken. Anfällig sind: Aster, Chrysanthemen.
Abhilfe: Kranke Blätter entfernen und vernichten.

Wühlmäuse
Schadbild: Fraß an Überdauerungsorganen.
Anfällig sind: Zwiebelgewächse wie Krokus, Lilien, Tulpen (Ausnahmen: Kaiserkrone, Zierlauch-Arten, Narzissen) und Stauden wie Taglilien.
Abhilfe: Fallen aufstellen (Vorsicht mit speziellen Ködermitteln. Sie enthalten giftige Substanzen, die auch andere Tiere schädigen können!).

Lilienhähnchen
Schadbild: Schartige, streifige Fraßstellen an Lilienblättern.
Anfällig sind: Lilien, Kaiserkronen.
Abhilfe: Bei leichtem Befall genügt es, die Käfer und Larven regelmäßig abzusammeln. Bei starkem Befall ist die Bekämpfung durch ein Insektizid erforderlich.

GARTENBLUMEN ERFOLGREICH VERMEHREN

Ungefüllte Blüten halten Futter für Bienen und Schmetterlinge bereit

Heute können Hobbygärtner die meisten Gartenblumen selbst heranziehen. Viele im Handel angebotenen Hilfsmaterialien erleichtern dabei das Arbeiten. Natürlich sind nicht alle Pflanzen gleich, doch mit einer minimalen Ausstattung lassen sich etliche erfolgreich und kostengünstig vermehren. Schon ein Spaten genügt, um zum Beispiel zahlreiche Stauden in mehrere Pflanzen zu teilen. Das Vermehren von Pflanzen im eigenen Garten kann zu einem spannenden Vergnügen werden. Das Ausprobieren, Betrachten und Hoffen, wie und ob neue Pflanzen entstehen, die Chance, mit gleichgesinnten Garten- und Pflanzenliebhabern Blumen auszutauschen – das alles bereichert das Gärtnern.

Welche Werkzeuge und Einrichtungen Sie zum Vermehren benötigen, hängt davon ab, auf welche Weise Sie vermehren und wieviele Jungpflanzen Sie aus der Mutterpflanze gewinnen möchten. Im einfachsten Falle genügt ein Spaten. Zur intensiveren Teilung und für den Stecklingsschnitt sind scharfe Messer nötig. Damit sich die Jungpflanzen gut entwickeln, gibt es aber noch einige andere wichtige Hilfsmaterialien.

Kinderstuben für Pflanzen

Manche Stauden lassen sich gut im Freien teilen, die jeweiligen Teilstücke können sofort wieder gepflanzt werden. Auch die Aussaat an Ort und Stelle ist bei einzelnen Gartenblumen möglich. Die Anzucht der meisten Pflanzen muß jedoch vor Witterungseinflüssen geschützt werden. Hier leistet ein Frühbeet wertvolle Dienste. Im Handel gibt es verschiedene Modelle. Man kann es aber auch selbst herstellen:

Frühbeet: Die einfache Ausführung ist ein etwa 40 bis 50 cm hoher Rahmen aus Holz, Eternit oder Beton-Elementen, der leicht in den Boden eingesenkt wird. Man deckt ihn mit Glasfenstern oder mit einer auf den Holzrahmen gespannten Folie ab.

Nicht beheizbare Glas- oder Folienhäuser bieten den Pflanzen mehr Luftraum als ein Frühbeet und haben zudem den Vorteil, daß sie begehbar sind.

In beheizbaren Klein- und Minigewächshäusern lassen sich Gartenblumen schon professionell vermehren.

Am hellen Fenstersims und im Wintergarten kann man eine geringere Stückzahl von Pflanzen heranziehen. Licht und Wärme sind – wie stets – auch hier Voraussetzungen für die erfolgreiche Vermehrung.

Ziergräser wie das imposante Pampasgras (Cortaderia selloana) vermehrt man im Frühjahr durch Teilen

Die richtigen Gefäße

Im Fachhandel wird eine Vielzahl verschiedener Kulturgefäße für die Anzucht von Gartenblumen angeboten. Der Hobbygärtner kann jedoch auch Abfallprodukte aus dem eigenen Haushalt wie Joghurtbecher oder Familieneispackungen zum Aussäen, Pikieren oder Eintopfen verwenden. Selbst niedere Obststeigen mit durchgehendem Boden sind bestens zum Aussäen und Pikieren geeignet. Sorgen Sie aber bei allen Gefäßen für ausreichend große Löcher im Boden, damit überschüssiges Wasser rasch abziehen kann. Wer selbst nicht genügend Behälter hat, findet im Fachhandel sicher das Passende.

Hierzu ein paar Tips:

<u>Flache Schalen</u> genügen zur Aussaat, denn Keimlinge bilden noch keine langen Wurzeln.

<u>Witterungsbeständige Gefäße</u> benötigt, wer Kaltkeimer aussät (→ Seite 69). Dazu eignen sich Ton- oder Blechschalen.

<u>Multitopfplatten</u> bestehen aus einer Vielzahl miteinander verbundener kleiner Töpfe. Es gibt sie mit unterschiedlicher Einzeltopfgröße. Eine Platte faßt zwischen 24 und 96 Jungpflanzen. Sie eignen sich hervorragend
* zum Pikieren
* als Stecklingsgefäße
* zur Aussaat einzelner größerer Samen.

Die Jungpflanzen entwickeln darin einen kompakten, kräftigen Ballen, ohne daß sich das Wurzelwerk zweier benachbarter Pflanzen verflechtet. Mit speziellen Aushebeplatten lassen sich alle Pflanzen auf einmal herausheben.

<u>Tontöpfe</u> sind schwer, daher gut standfest, allerdings schlecht stapelbar.

<u>Plastikcontainer</u> lassen sich leicht stapeln und brauchen weniger Platz. Die stabileren Ausführungen kann man mehrmals benutzen.

<u>Töpfe aus recyceltem Altpapier oder Torf</u> können samt Blumen gepflanzt werden.

Substrate

Gartenpflanzen in unterschiedlichen Kulturstadien brauchen Substrate, die ihrem jeweiligen Entwicklungsstand angepaßt sind.

Keimlinge haben beispielsweise nur einen geringen Nährstoffbedarf, wollen aber stets feucht gehalten werden. Deshalb sollten Sie zur Aussaat ein wenig gedüngtes und wasserhaltefähiges Substrat wählen.

Stecklinge sollen reichlich Wurzeln bilden, deshalb muß ihre Kulturerde besonders gut Luft führen. Nährstoffe sind anfangs noch nicht nötig, da die Pflanze mit den neugebildeten Wurzeln danach suchen soll. Demzufolge werden Stecklinge in einem lockeren sowie äußerst nährstoffarmen Substrat besser Wurzeln bilden als in einem festen, nährstoffreichen.

Heranwachsende, pikierte Pflanzen brauchen mehr Nahrung. Die Pikiererde sollte also geringfügig, die Topferde reichlich Nährstoffe enthalten.

Wichtige Eigenschaften von Substraten

Es gibt zwei Möglichkeiten: Man mischt sich seine jeweils benötigte Kulturerde selbst oder kauft die angebotenen Mischungen. Einige Eigenschaften sollten die Substrate grundsätzlich besitzen:
- Sie sollten Wasser und Nährstoffe möglichst optimal halten können.
- Sie sollten eine hohe Luftdurchlässigkeit und Strukturstabilität aufweisen, damit sie beim Gießen nicht in sich zusammensacken.
- Sie sollten frei von Unkrautsamen, Krankheitserregern und Schädlingen sein.

Bei Fertigprodukten sorgt Torf oder fermentierter Rindenkompost für ein gutes Wasser- und Nährstoffhaltevermögen. Bei eigenen Mischungen kann diese Eigenschaft auch von gut verrottetem Kompost, besonders von Lauberde, übernommen werden. Grober Sand, feiner Splitt, Blähtone, Bimskies, Perlite und sonstige feine Stein- oder steinähnliche Materialien sorgen für eine gute Durchlüftung, Wasserleitfähigkeit und Strukturstabilität.

Kultursubstrate aus dem Fachhandel

Der Grundbestandteil der angebotenen Kulturerden ist Torf. In jüngster Zeit wird versucht, zumindest einen Teil des Torfes durch andere Stoffe wie Rindenkompost, Holzfaserstoffe, Reisspelzen oder Kokosfasern zu ersetzen, um den Abbau von Torf zu reduzieren. Bewährte Substrate sind:

Torfkultursubstrate (TKS).
- TKS 1: Schwach aufgedüngt, für Aussaaten und zum Pikieren.
- TKS 2: Stärker aufgedüngt, zum Teil mit Langzeitdüngern, zum Topfen.

Einheitserden. Sie enthalten als Hauptbestandteile Torf und krümelfesten Ton. Je nach dem Zusatz von Mineraldünger unterscheidet man:
- Einheitserde 0 ist für alle Zwecke geeignet. Sie ist aufgekalkt, enthält aber keinen zusätzlichen Mineraldünger. Die Nährstoffe sind nach dem Entwicklungsstand der Pflanze beizumischen.
- Einheitserde P ist ein leicht aufgedüngtes Pikiersubstrat, das sich auch zum Aussäen eignet.
- Einheitserde VM. Eine Vermehrungserde, die zu einem kleinen Mineraldüngeranteil noch Perlit enthält und dadurch strukturstabiler ist. Sie eignet sich zum Aussäen, Pikieren und zur Stecklingsvermehrung.
- Einheitserde T ist ein stärker aufgedüngtes Substrat zum Eintopfen.

Rindenkultursubstrate. Das sind Topfsubstrate, die einen hohen Anteil Rindenhumus (30 bis 40 %) besitzen.

Darüber hinaus gibt es im Handel noch eine Menge anderer, ebenfalls geeigneter Substrate (wie Aussaaterde, Blumenerde, Topferde).

Unterschiedliche Vermehrungsarten

Es gibt zwei Möglichkeiten, zu neuen Pflanzen zu kommen: durch geschlechtliche (→ Praxis-Seite 70/71) und durch ungeschlechtliche Vermehrung (→ Praxis-Seite 72/73). Welche Vermehrungsart für die einzelnen Pflanzenarten und -sorten am günstigsten ist, erfahren Sie in den jeweiligen Pflanzenbeschreibungen (→ Seite 74 bis 229).

Wissenswertes über Samen

Die Vermehrung aus Samen wird auch geschlechtliche (generative) Vermehrung genannt und besonders häufig bei gängigen Einjahresblumen angewandt. Diese Samen sind leicht erhältlich, zum Beispiel in lokalen Samenhandlungen, Gartencentern und Lagerhäusern. Wer etwas ausgefallenere Pflanzen durch Aussaat vermehren will, muß sich an Spezialbetriebe wenden (→ Adressen, Seite 238).

Eigene Samenernte.
Wer Blumen bereits im eigenen Garten hat, kann von diesen auch Samen abnehmen, zum Beispiel bei Glockenblumen und Akelei. Beachten Sie aber folgendes: Man sollte Samen nur von gesunden Pflanzen abnehmen und nur bei trockener Witterung sammeln. Der günstigste Zeitpunkt für die Ernte ist dann gegeben, wenn die ersten Samen ausfallen. Bei den Einjahresblumen lohnt sich das Ernten von Samen nur bei wenigen Arten (wie Tagetes, Sonnenblumen), da die Nachzuchten nach eini-

ger Zeit oft nicht mehr farbecht sind und auch andere günstige Eigenschaften (Krankheitsresistenz, Standfestigkeit) verlorengehen.

So wird's gemacht:
Die Samenstände abschneiden und in eine Papiertüte geben, auf die man den Namen der Pflanze und das Erntedatum schreibt. Anschließend das Saatgut an einem trockenen, luftigen, kühlen Platz lagern. Dort können noch nicht vollständig ausgereifte Samen nachreifen. Mit Ausnahme der Arten, die man am besten sofort nach der Ernte aussät (→ Schwerkeimer, rechts), kann man das Reinigen des Saatguts auf den Winter verschieben.

Die Reinigung des Saatguts.
Entfernen Sie alle Fremdbestandteile (Samenhüllen, Schoten, Kapseln, trockene Blätter), so daß zum Schluß nur die Samen übrigbleiben. Gröbere Teile am besten herausklauben oder absieben, feinere lassen sich durch Hin- und Herwiegen in einer Schale (Schwinge) und gleichzeitigem leichten Blasen entfernen. Das Fruchtfleisch von Beerenfrüchten wird ausgewaschen. Das gereinigte Saatgut lagern Sie in einem luftdicht verschlossenen, getönten Glas oder schweißen es in eine Folie ein. Nie das Beschriften vergessen!

Unterschiedliches Keimverhalten

Nicht jeder Same keimt leicht und problemlos. Während die meisten Einjahrespflanzen mühelos aus Samen herangezogen werden können, wird man bei einigen Stauden immer wieder erfahren, daß die Aussaat ohne besondere Behandlung nicht zum erwünschten Erfolg führt. Folgende Gruppen lassen sich unterscheiden:

Normalkeimer (wie Schlüsselblume, Spornblume) sind keine Problemkinder. Die Keimung erfolgt bei Temperaturen um 15 °C etwa 2 bis 3 Wochen nach der Aussaat. Am besten sät man sie im Winter oder Frühjahr aus, damit die Jungpflanzen noch im selben Jahr gepflanzt werden können.

Schnellkeimer (wie Lein, Brennende Liebe) keimen bereits wenige Tage nach der Aussaat. Da die Keimlinge sehr schnell wachsen, dürfen Sie mit dem Vereinzeln nicht zu lange warten.

Schwerkeimer (wie Stachelnüsschen) sollten unmittelbar nach der Samenernte ausgesät werden, dann keimen sie in der Regel nach 2 bis 6 Wochen. Ist das nicht der Fall, behandelt man sie wie Kaltkeimer. Mitunter keimen sie dennoch erst nach längerer Zeit.

Kaltkeimer (wie Waldmeister, Graslilie) muß man einige Wochen kühlstellen, daher wird am besten im frühen Winter ausgesät. Unmittelbar nach der Aussaat die Gefäße erst einmal zum Anquellen etwa 2 Wochen warmstellen und gut feuchthalten. Danach brauchen die Samen 6 bis 8 Wochen Temperaturen zwischen 0 und 5 °C. Daher stellt man sie ins Freie oder in den Kühlschrank. Nach der Kühlbehandlung keimt die Saat bei Temperaturen um 12 °C in der Regel recht gut.

Topfen

Haben sich die pikierten Pflanzen (→ Seite 71), Stecklinge (→ Seite 73), Wurzelschnittlinge (→ Seite 73) gut entwickelt und ausreichend Wurzeln gebildet, werden die Jungpflanzen in größere Gefäße getopft. Da die Pflanzen jetzt einen höheren Nährstoffbedarf haben, erhalten sie jetzt ein stärker gedüngtes Substrat wie TKS 2, Einheitserde T oder ein aufgedüngtes Gemisch aus Komposterde/Torf/Sand im Verhältnis 1:1:1. Stellen Sie die Pflanzen nach dem Topfen an einem bewölkten Tag ins Frühbeet. Bei praller Sonne wird anfangs schattiert, in kalten Nächten werden sie mit Fenstern oder Folie abgedeckt – kurz: man paßt sie allmählich der Bedingungen im Freiland an. Achten Sie auf eine gute Wasserversorgung, wobei die Pflanzballen nicht ständig tropfnaß sein sollten. Besonders Arten, die auch im Garten gerne trocken stehen wollen (→ Pflanzenporträts, Seite 74 bis 229), faulen bei Nässe sehr schnell. Werden die Pflanzen längere Zeit nicht ausgepflanzt, sollte man sie gelegentlich schwach konzentriert düngen. Ist das Topfgefäß vollständig durchwurzelt, wird ein Umtopfen in größere Gefäße notwendig.

Zwiebel- und Knollenpflanzen vermehren

Die gezielte Aussaat ist auch bei einigen Zwiebel- und Knollenpflanzen (wie *Allium*) möglich. Man braucht allerdings Geduld, bis sich pflanz- und blühfähige Exemplare gebildet haben. Oft dauert es Jahre, bis aus Samen gezogene Pflanzen endlich blühen! Normalerweise wird die Vermehrung dieser Pflanzengruppe in Spezialbetrieben durchgeführt, da sie ohne spezielle Vermehrungseinrichtungen nur schwer gelingt.

Einige Zwiebel- und Knollenpflanzen (wie Narzissen, Traubenhyazinthe) bilden jedoch reichlich Brutzwiebeln oder -knollen aus, die man ausgraben und an anderer Stelle wieder pflanzen kann. Gleiches gilt für Arten (wie Winterling, Alpenveilchen), die sich selbst leicht aussäen und dadurch ihren Bestand vergrößern.

PRAXIS

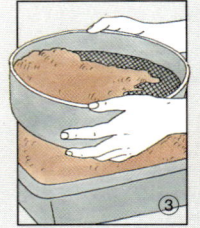

Aussat Schritt für Schritt
① Grobes Substrat einfüllen, feines Substrat darübersieben und mit Brettchen eben andrücken.
② Samenkörner gleichmäßig und nicht zu dicht aussäen.
③ Über gröbere Sämereien eine gut samenkornstarke Schicht des Aussaat-Substrates sieben.
④ Aussaat mit Blumenspritze gut angießen.
⑤ Abdeckung regelmäßig lüften, um Pilzbefall vorzubeugen.

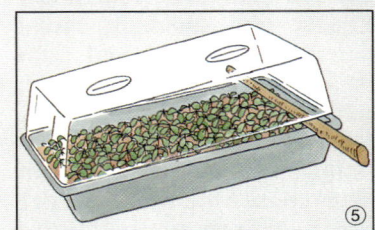

Lampionblumen schmücken mit auffälligen orangefarbenen Früchten. Einfacher noch als durch Aussaat lassen sie sich aber durch Abtrennen der reichlich erscheinenden Ausläufer vermehren

GENERATIVE VERMEHRUNG

Pflanzen, die aus Samen herangezogen werden, sind meist kräftiger und widerstandsfähiger als vegetativ vermehrte. Bei dieser Art der Vermehrung entstehen neue Pflanzen mit zum Teil anderen Eigenschaften. Bei der Vermehrung von Sorten (Zuchtformen) will man jedoch identische Nachkommen der Mutterpflanze erzielen. Deshalb eignen sich für die Vermehrung aus Samen nur Arten und sogenannte »sortenechte« Züchtungen. Nichtsortenechte Züchtungen müssen vegetativ vermehrt werden.

Vorkultur der Sämlinge
Zeichnungen 1 bis 5
Die meisten Gartenblumen können nicht gleich am gewünschten Standort ausgesät werden. Sie müssen im Frühbeet, Kleingewächshaus oder auf dem Fenstersims vorkultiviert werden. In den Garten pflanzt man sie erst mit gut entwickeltem Wurzelwerk und bei entsprechender Größe.
<u>So wird's gemacht:</u>
Große und leicht keimende Samen können einzeln oder zu wenigen in den Endtopf gesät werden, um das arbeitsaufwendige Vereinzeln (→ rechts) und Topfen (→ Seite 69) zu vermeiden. Die meisten Sämereien sät man in spezielle Aussaatgefäße, deren Größe sich nach dem Pflanzenbedarf richtet:
• Substrat (TKS 1 oder Komposterde/Torf/Sand-Gemisch zu gleichen Teilen) mit feinem Sieb sieben.
• Siebrückstand, zu dem noch etwas Split oder Kies gemischt werden kann, als Drainage-Material in ein gut gereinigtes Aussaatgefäß mit Abflußlöchern füllen. Das Gefäß zu einem Drittel damit auffüllen.
• Als zweite Schicht Aussaaterde bis zum Gefäßrand einfüllen. Gefäß kräftig auf den Tisch stoßen und überschüssige Erde mit kleinem Brett entlang

der Oberkante abstreifen (abziehen). Danach Erde leicht andrücken, so entsteht gleichzeitig ein Gießrand (→ Zeichnung 1).
• Samenkörner direkt aus der Samentüte oder mit Hilfe eines geknickten Papiers gleichmäßig und nicht zu dicht aussäen (→ Zeichnung 2).
• Über gröbere Sämereien eine gut samenkornstarke Schicht des Aussaatsubstrates sieben (→ Zeichnung 3) und mit kleinem Brettchen leicht andrücken. Feinsämereien nur leicht festdrücken, nicht übersieben.
• Aussaat mit feinem Brausekopf oder Blumenspritze gut angießen (→ Zeichnung 4) und anschließend feucht (nicht naß!) halten (→ Zeichnung 5). Gefäße mit sehr feinen Samen am besten in eine Wasserschale stellen, damit das Substrat von unten her Wasser ziehen kann und die Saat durch das Angießen nicht abgeschwemmt wird.
• Etikett mit vollständigem Namen der Pflanze, Herkunft des Saatgutes und dem Aussaatdatum in die Saatschale stecken.

Weiterkultur der Sämlinge
Große Samen, die gleich in den Endtopf gesät wurden, können bis zum Erreichen der Pflanzgröße im gleichen Gefäß bleiben.

Bei breitwürfiger Saat in Aussaatgefäße bedrängen sich die Keimlinge jedoch oft schon bald nach dem Aufgehen, daher wird es notwendig, ihnen mehr Standraum zu geben.

Pikieren
Zeichnungen 6 bis 9
Der richtige Zeitpunkt: Man pikiert (vereinzelt oder verzieht) die Keimlinge, wenn sie nach den Keimblättchen das erste Laubblatt entwickelt haben. Mehr Platz bedeutet, daß den Sämlingen mehr Nährstoffe, Wasser und Licht zur Verfügung stehen, sie können sich besser entwickeln. Durch den weiteren Stand wird auch das Risiko eines Krankheitsbefalls herabgesetzt.
Das richtige Gefäß: Zum Pikieren benutzt man am besten Multitopfplatten (→ Seite 67) oder man vereinzelt in 3 bis 5 cm weitem Abstand in Schalen. Besonders schnell wachsende Keimlinge kann man (einzeln oder auch gleich in Gruppen) in Töpfe setzen. Damit erspart man sich das spätere Topfen (→ Seite 69), benötigt aber etwas mehr Stellfläche.
So wird's gemacht:
• Das Pikiergefäß mit Einheitserde P oder mit einem schwach aufgedüngten (1,5g Volldünger pro Liter Substrat) Kompost/Torf/Sand-Gemisch im Verhältnis 1:1:1 bis zum Rand füllen.
• Substrat im Aussaatgefäß lockern, Sämlinge mit Hilfe eines kleinen Holzstabs (Pikier-

holz) vorsichtig aus dem Aussaatgefäß nehmen (→ Zeichnung 6) und auf hellen Karton oder Glasplatte legen (→ Zeichnung 7).
• Einzelnen Sämling (bei langsam wachsenden Pflanzen auch kleinen Tuff) mit einer Hand fassen. Mit der anderen unter Zuhilfenahme des Pikierholzes ein Pflanzloch vorbohren (→ Zeichnung 8).
• Sämling bis zum Keimblattansatz ins Pflanzloch stecken, (→ Zeichnung 9) ohne die Wurzeln zu verbiegen. Substrat seitlich leicht mit Pikierholz andrücken.
• In das fertig pikierte Gefäß ein Etikett, das den vollständigen Namen der Pflanze und das Pikierdatum enthält, stecken.
• Pikiergefäß mit feinem Brausekopf oder Blumenspritze angießen.

Direkt-Aussaat
Nur wenige Pflanzen-Arten können direkt am gewünschten Standort im Garten ausgesät werden wie zum Beispiel Sonnenblumen, Kapuzinerkresse, Ringelblumen und Lupinen. Und so gehen Sie dabei vor:
Einzelkornsaat. Große Samenkörner einzeln in die zuvor gelockerte, feinkrümelige und gejätete Fläche legen und leicht zudecken.
Breitwürfige Saat. Feinkörnige Sämereien streut man nicht zu dicht auf die vorbereiteten Stellen. Gehen zu viele Sämlinge auf, muß man ausdünnen, das heißt, einzelne Keimlinge entnehmen, damit die anderen ausreichend Platz für eine gute Entwicklung haben.
Wichtig: Die Saat darf nicht austrocknen und muß bei trockener Witterung gegossen werden.
Frisch angesäte Stellen am besten mit kleinen Stäben kennzeichnen, damit die vermeintlichen Lücken später nicht noch bepflanzt werden.

Pikieren Schritt für Schritt
⑥ *Substrat mit Pikierstab lockern.*
⑦ *Sämlinge herausnehmen, vorsichtig auseinanderzupfen.*

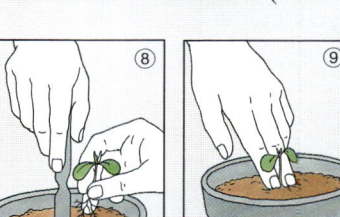

⑧ *Mit dem Pikierstab Pflanzloch vorbohren, Sämling bis zum Keimblattansatz hineinstecken.*
⑨ *Substrat leicht andrücken.*

PRAXIS

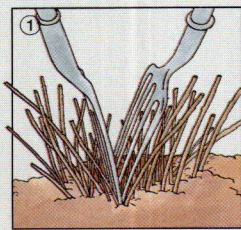

① *Durch Teilen* lassen sich viele Stauden vermehren. Pflanzen im zeitigen Frühjahr oder Herbst ausgraben, Pflanzenhorst mit zwei Rückseite an Rückseite gestellten Grabgabeln teilen.

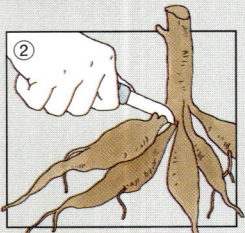

② *Die Wurzelknollen* von Dahlien lassen sich mit einem scharfen Messer zerschneiden. Wichtig ist, daß die Teilstücke jeweils einige treibfähige Augen besitzen.

③ *Absenker* sind oberirdische, bereits bewurzelte Triebe der Mutterpflanze (hier Steinsame). Man kann sie abtrennen und sofort wieder einpflanzen.

VEGETATIVE VERMEHRUNG

Kommt es bei der Vermehrung nicht auf große Stückzahlen an, ist die vegetative (ungeschlechtliche) Vermehrung oft die einfachere und meist auch schnellere Möglichkeit, Jungpflanzen zu erhalten. Wenn Pflanzen-Arten keinen Samen ansetzen oder nicht sortenecht fallen, das heißt keine identischen Nachkommen bilden, bleibt sie ohnehin die einzige Möglichkeit.

Teilung
Zeichnung 1
Die Teilung ist bei Stauden angebracht und wohl die einfachste und schnellste Art, sie zu vermehren. Allerdings können nicht alle Arten geteilt werden. Beispielsweise lassen sich Pflanzen mit Pfahlwurzeln oder verholzendem Wurzelstock nicht auf diese Weise vermehren.
So wird's gemacht:
• Pflanze im zeitigen Frühjahr oder Herbst ausgraben (im Herbst noch zurückschneiden).
• Pflanzenhorst mit den Händen auseinanderreißen oder mit zwei Rückseite an Rückseite gestellten Grabgabeln beziehungsweise einem scharfen Spaten in mehrere, etwa handtellergroße Teile zertrennen.
• Teilstücke an gewünschtem Ort pflanzen und angießen.
Auf dieselbe Weise lassen sich Teilstücke von größeren Pflanzenhorsten abstechen, ohne daß die Pflanze ausgegraben werden muß.
Will man mehr Jungpflanzen erhalten, lassen sich Stauden auch intensiver teilen, indem der ausgegrabene Pflanzenhorst mit dem Messer in etwa eigroße Stücke zerteilt wird, die mindestens je ein gut entwickeltes Auge (austriebsfähige Knospe) haben sollten.

Rißlinge
Die Vermehrung durch Rißlinge ist bei allen Pflanzen mit kriechendem Wurzelsystem oder polsterartigem Wuchs möglich (wie Kissen-Aster, Polster-Phlox, Lungenkraut). Man reißt vom Pflanzenrand einfach kleinste Teilstücke, bestehend aus Sproß und Wurzelstück, ab und topft sie ein.

Stecklinge brauchen »gespannte«, das heißt feuchte Luft, damit sie nicht welken. Um die Feuchtigkeit zu halten, über ein Drahtgerüst einfach eine Klarsichthaube spannen und gut zubinden.

 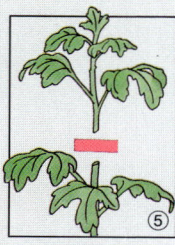

④ *Grundständiger Steckling.* Neben dem Sproß noch ein kleines Stück des verholzten Wurzelstocks abschneiden.

⑤ *Kopfsteckling.* 3 – 7 cm lange Triebspitzen mit 2 bis 3 Blattpaaren abschneiden.

Stecklinge

Mit Ausnahme wintergrüner und verholzender Stauden oder Halbsträucher (wie Steinkraut, Gänsekresse) sowie einiger Sommerblumen (wie Strauch-Margerite, Bartfaden), die im Herbst durch Stecklinge vermehrt werden, ist das Frühjahr der beste Zeitraum für den Stecklingsschnitt.

Krautiger Kopfsteckling
Zeichnung 5
- Kulturgefäße (Multitopfplatten, flache Holzkisten oder Pflanztöpfe) mit einem gut wasserführenden, nährstoffarmen und angefeuchteten Substrat (Torf/Sand im Verhältnis 1:1) füllen.
- Von den Mutterpflanzen etwa 3 bis 7 cm lange Triebspitzen mit mindestens 2 bis 3 Blattpaaren abschneiden, bis zum Stecken in eine angefeuchtete Plastiktüte geben.
- Zum Stecken an einen hellen, aber nicht vollsonnigen Ort bringen.
- Zunächst die untersten Blätter entfernen, dann Steckling unter einem Blattknotenpunkt glatt abschneiden.
- Härtere Triebe ohne vorgebohrtes Loch ins Substrat stecken, für weiche Triebe mit Pikierstab ein Loch vorbohren.
- Steckling hineinstecken, Erde seitlich leicht andrücken.

Grundständiger Steckling
Zeichnung 4
Von Stauden mit hohlen Stengeln (wie Rittersporn, Sonnenbraut) kann man zur Zeit ihres Austriebs grundständige Stecklinge schneiden. Dabei trennt man nicht nur einen Sproß, sondern auch ein kleines Stück des verholzten Wurzelstocks in der Erde mit einem scharfen Messer ab.

Weitere Pflege (→ Zeichnung, Seite 72 unten).
Die Stecklinge brauchen jetzt »gespannte«, das heißt möglichst feuchte Luft. Über dem Gefäß ein Gerüst aus festem Draht fertigen, eine angefeuchtete Klarsichtfolie darüberspannen und luftdicht zubinden. Die Stecklinge an einen hellen Ort stellen. Wenn sie nach einigen Wochen ausreichend Wurzeln und neue Blätter gebildet haben, die »Haube« abnehmen. Nun werden die Jungpflanzen getopft.

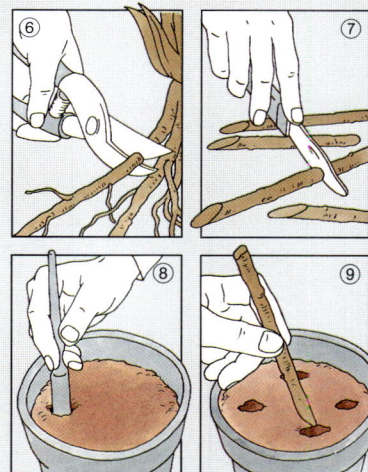

⑥ *Wurzelschnittlinge zum Stecken:* Etwa bleistiftstarke Wurzeln vom Horst abtrennen.

⑦ In etwa 5 cm große Stücke schneiden. Oberes Ende glatt, unteres schräg abschneiden.

⑧ Mit dem Pikierstab ein Pflanzloch vorbohren.

⑨ Wurzelstücke mit dem schrägen Ende nach unten ins Substrat stecken.

Wurzelschnittlinge

Durch diese Art der Vermehrung können Stauden mit austriebsfähigen, sogenannten »schlafenden Augen« an den Wurzeln vermehrt werden.
Zum Schneiden werden die Mutterpflanzen im Spätherbst ausgegraben. Je nachdem, um welche Pflanzenart es sich handelt, werden die Wurzelschnittlinge entweder senkrecht ins Substrat gesteckt oder einfach gestreut. Stauden mit pfahlartigen Wurzeln (wie Türkischer Mohn, Kugeldistel) treiben nur am oberen Wurzelende aus (polarisierte Wurzeln), deshalb müssen die Wurzelschnittlinge in Wuchsrichtung gesteckt werden. Andere Stauden (wie Herbst-Anemonen, Kriechende Waldsteinie) treiben entlang der gesamten Wurzel aus (unpolarisierte Wurzeln).

Wurzelschnittlinge zum Stecken
Zeichnungen 6 bis 9
Methode für polarisierte Wurzeln.
- Bleistiftstarke Wurzeln in etwa 5 cm große Stücke schneiden. Das untere Ende durch einen schrägen Schnitt kennzeichnen, das obere, an dem später der Austrieb erfolgt, glatt abschneiden.
- Wurzelstücke mit dem schrägen Ende nach unten in eine mit durchlässigem Substrat gefüllte, etwa 8 cm tiefe Schale oder Holzkiste stecken.
- Wurzelschnittlinge leicht mit Substrat überstreuen.

Wurzelschnittlinge zum Streuen.
Methode für Pflanzen mit unpolarisierten Wurzeln.
Die Wurzeln werden auf etwa 3 cm Länge geschnitten, nicht zu dicht in eine mit Substrat gefüllte Schale gestreut und 1 cm hoch mit Substrat abgedeckt.

Weitere Pflege
Die Schalen mit den Wurzelschnittlingen sollten nicht zu warm stehen, Temperaturen um 12 °C sind ausreichend.

Die Farbpalette der wohlgeformten Blüten der Bart-Iris umfaßt alle Tönungen außer scharlachrot. Hier ein Porträt der Iris-Barbata-Elatior-Hybride 'Amethyst Flame' aus der Insekten-Perspektive.

PORTRÄTS UND PFLEGE TIPS

Ein buntes Kaleidoskop der schönsten Gartenblumen mit Blütenpracht für jede Jahreszeit. Dazu noch eine Auswahl attraktiver Farne und Gräser. Jeder Pflanzensteckbrief zeigt die Pflanze im Farbfoto und beschreibt Blüte, Blatt und Wuchsform. Darüber hinaus erhalten Sie Informationen über Herkunft der Pflanze und Angaben über Standort, Vermehrung und Pflegeansprüche rund ums Jahr.

Die schönsten Gartenblumen und ihre Pflege

In den folgenden Pflanzenporträts lernen Sie die beliebtesten Gartenblumen kennen, dazu attraktive Gräser und Farne als formschöne Begleiter. Die Farbfotos machen Sie mit dem individuellen Wuchs und der breitgefächerten Palette der Blüten- und Blattfarben bekannt. In den Beschreibungen erhalten Sie das Grundwissen über Herkunft und Botanik der jeweiligen Pflanze sowie Hinweise zu ihrer Pflege rund ums Jahr. Darüber hinaus geben die Autoren wertvolle Anregungen zum Gestalten, wie sich die jeweilige Pflanze im Garten einsetzen läßt und welche Partner gut zu ihr passen. Tips für besonders prächtige oder gesunde Sorten und Verwandte runden die Empfehlungen ab.

Die 4 Gruppen des Beschreibungsteils

Alle beschriebenen Gartenblumen sind – je nach Lebensweise - in einer der folgenden 4 Gruppen untergebracht:

■ Einjährige (→ Seite 78 bis 95), roter Kennstreifen.
■ Stauden (→ Seite 96 bis 191), blauer Kennstreifen.
■ Zwiebel- und Knollenpflanzen (→ Seite 192 bis 221), gelber Kennstreifen.
■ Gräser und Farne → Seite 222 bis 229), grüner Kennstreifen.

<u>Die Reihenfolge innerhalb der Gruppen.</u> Die zu einer Gruppe gehörenden Gartenblumen erscheinen dort in der alphabetischen Reihenfolge ihres botanischen Namens. Wer sich über eine Gartenblume informieren möchte, von der er nur den deutschen Namen kennt, findet die Pflanze über das Register (→ Seite 230 bis 235).

Die Symbole und ihre Bedeutung

Sie geben Auskunft über Blütezeit, Wuchshöhe und Lichtansprüche der Gartenblume. Darüber hinaus erfahren Sie auf einen Blick, ob sich eine Pflanze als Schnittblume eignet und ob sie giftig ist.

<u>Wichtig:</u> Die Symbole über die Lichtbedürfnisse der Pflanzen sind der besseren Lesbarkeit halber auf 3 reduziert. Im beschreibenden Text finden Sie dazu jeweils genauere Angaben.

I–XII Mit römischen Ziffern werden die Blütemonate bezeichnet. I steht für Januar, II für Februar und so weiter.

H 40–120 Gibt die Wuchshöhe der beschriebenen Pflanze an, umfaßt aber auch die aller genannten Sorten und Verwandten.

○ Die Pflanze benötigt einen vollsonnigen bis sonnigen Standort.

◐ Die Pflanze braucht einen absonnigen bis halbschattigen Standort

● Die Pflanze verträgt Schatten.

✂ Die Pflanze liefert gute und haltbare Schnittblumen.

☠ Die Pflanze ist giftig oder enthält hautreizende Stoffe.

Aufbau der Pflanzenporträts

Alle Pflanzen-Beschreibungen sind klar und übersichtlich aufgebaut. Stichworte sorgen dafür, daß Sie sich rasch über die Pflanze informieren können. Da alle Beschreibungen nach dem gleichen Muster angelegt sind, lassen sich die einzelnen Pflanzen gut miteinander vergleichen.

<u>Der deutsche Name</u> steht groß und deutlich lesbar über jeder Beschreibung, denn er ist vielen Pflanzenliebhabern geläufiger. Führt eine Gartenblume mehrere volkstümliche (deutsche) Namen, so sind die wichtigsten Bezeichnungen genannt.

<u>Der botanische Name</u> steht direkt unter dem deutschen. Er ist international gültig und bestimmt daher die alphabetische Reihenfolge der Pflanzendarstellungen. Der botanische Name besteht meist aus 2 Teilen: An erster Stelle steht der Gattungsname (zum Beispiel *Phlox*), an zweiter Stelle folgt der Art-Zusatz (zum Beispiel *Phlox paniculata*). Beide Namen werden kursiv geschrieben. Im Unterschied dazu sind gezüchtete Sorten daran erkennbar, daß man ihre Namen gerade und in Anführungszeichen schreibt (zum Beispiel *Phlox paniculata* 'Flamingo').

<u>Die Symbolleiste</u> vermittelt Grundinformationen auf einen Blick. Sie befindet sich stets unter dem Steckbrief-Foto vor der Pflanzenbeschreibung und ist nach gleichbleibendem Muster aufgebaut (→ Symbol-Erklärungen in der Tabelle, links).

Erläuterung der Stichworte

Jeder Beschreibung geht eine kurze Charakteristik der Pflanze voraus.

Blüte. Sie ist für viele Pflanzenfreunde der wichtigste Teil der Gartenblumen. Beschrieben werden Blütenfarbe, -form, -größe und Blütenstand. Bedenken Sie aber, daß Farbtöne nie gleichbleibend sind, sondern von Wetter und Boden abhängen.

Blatt. Hier werden Form, Farbe und weitere Besonderheiten der Blätter genannt. Über unterschiedliche Blattformen informiert die Praxis-Seite Botanik (→ Seite 16/17).

Wuchs. Hier erfahren Sie Spezielles über Wuchsform, Standfestigkeit und Ausbreitungsdrang.

Heimat. Dieser Absatz nennt die Herkunft der Pflanze und den Naturstandort.

Standort. Angegeben werden die erforderlichen Licht- und Temperaturbedingungen sowie die optimalen Bodenverhältnisse (zum Verständnis der Fachbegriff, → Tabelle, rechts).

Pflege. Dieses Stichwort informiert Sie über wichtige Maßnahmen vom Einpflanzen über Gießen bis zum Düngen und führt die wichtigsten Schädlinge und Krankheiten auf.

Vermehrung. Sie erfahren, ob sich Pflanzen selbst aussäen. Angeführt werden auch die gängigsten Vermehrungsmethoden. Wie es gemacht wird, können Sie im Kapitel über Vermehrung nachlesen (→ Seite 66 bis 73).

Verwendung. Aus ihrer Erfahrung nennen die Autoren die jeweils besten Verwendungsmöglichkeiten der Pflanzen.

Günstige Partner. Unter diesem Stichwort sind Arten und Sorten aufgeführt, mit denen sich die jeweilige Gartenblume gut vergesellschaften läßt. Geordnet sind sie der Reihenfolge nach in Einjährige, Stauden, Zwiebel- und Knollenpflanzen sowie Gehölze.

Sorten/Verwandte. Als Einkaufshilfe oder einfach zum Kennenlernen werden bekannte Züchtungen oder verwandte Arten aufgelistet – und zwar nach Blütenfarben, vom jeweils hellsten zum dunkelsten Ton.

Verwendete Fachbegriffe

Lichtintensitäten: Bei den Angaben zum Standort werden folgende Belichtungsgrade unterschieden:
- volle Sonne = von morgens bis abends von der Sonne beschienener, vollkommen unbeschatteter Wuchsort;
- sonnig = meist in der Sonne befindlicher, am frühen Morgen oder am späten Abend geringfügig beschatteter Platz;
- absonnig = nach oben offener Wuchsort, der nicht direkt von der Sonne getroffen wird, aber nahezu gleich hell wie ein sonniger Stand ist, ohne die Wärmeentwicklung durch die Sonne;
- lichter Schatten = ein heller Schatten, der durch locker stehende Zweige und Blätter von Gehölzen hervorgerufen wird, mit längeren Besonnungsphasen zwischendurch;
- Halbschatten = merklicher Schatten, der durch etwas dichter stehende Gehölze verursacht wird, gelegentlich wandern Sonnenflecken über die Pflanzen hinweg;
- Schatten = dicht stehende Gehölze lassen nur noch selten die Sonne kurzzeitig hindurchdringen; vorwiegend dunkle Schattenpartien.

Bodenart: Im Text werden Böden von leicht bis schwer nach folgenden Stufen unterschieden:
- Sandboden
- Lehmiger Sand
- Sandiger Lehm
- Lehm
- Schwerer Lehm
- Ton

Bodenfeuchte: Ein wichtiges Kriterium für viele Pflanzen. Es gibt folgende Abstufungen:
- trocken
- mäßig feucht
- frisch (= normal)
- feucht
- sehr feucht
- naß

Säuregrad des Bodens: (auch Kalkgehalt, er wird in pH-Werten gemessen):
- stark sauer = pH unter 4,5
- sauer = pH 4,5 - 6
- schwach sauer = pH 6 - 6,5
- neutral = pH 6,5 - 7
- schwach alkalisch = pH 7 - 7,5
- alkalisch = pH 7,5 - 8
- stark alkalisch = pH über 8

Angaben über Frosthärte und Frostschäden bei Gartenblumen:
- mäßig frosthart = Schäden an Knospen, bei Immergrünen auch an Blättern
- frostempfindlich = es sind regelmäßig Frostschäden zu beobachten, die meistens wieder ausgeheilt werden

Warnung steht bei Pflanzen mit giftigen oder hautreizenden Stoffen. Damit gekennzeichnete Pflanzen können je nach Giftigkeitsgrad für Erwachsene, vor allem für Kinder oder Haustiere gesundheitsschädlich bis tödlich sein, wenn sie gegessen werden oder wenn Hautpartien oder Augen mit giftigen Pflanzenteilen in Berührung kommen.

EINJÄHRIGE – BLÜTEN

Abwechslungsreiche und gelungene Pflanzung einjähriger Gräser und Sommerblumen

EINEN SOMMER LANG

Was sind Einjahresblumen?
Als Einjährige oder Annuelle bezeichnet man Pflanzen, die innerhalb einer einzigen Vegetationsperiode aus Samen heranwachsen, Laub und Sproß bilden, blühen und fruchten. Nach der Bildung von Samen sterben sie ab.

Da sie alle nur einen Sommer lang blühen, werden sie häufig auch Sommerblumen genannt. Bei aller Kurzlebigkeit besitzen diese Blumen doch äußerst widerstandsfähige Samen und überdauern damit ungünstige Witterungsbedingungen – bei uns den Winter, in wärmeren Regionen oft lang andauernde Trockenperioden. Die Einjährigen sichern somit ihren Fortbestand durch reiche Samenbildung.

Zur Auswahl der Blumenporträts
Neben den echten Einjährigen finden Sie in der folgenden Auswahl darüber hinaus besonders schön- und reichblühende Blumen mit etwas abweichendem Wachstumsrhythmus.

Pflanzliste:
① *Tagetes tenuifolia*
② *Rudbeckia hirta* 'Marmalade'
③ *Rhynchelytrum repens*
④ *Tithonia rotundifolia*
⑤ *Penstemon*-Hybride 'Southgate Gem'
⑥ *Verbena bonariensis*
⑦ *Rudbeckia hirta* 'Marmalade'

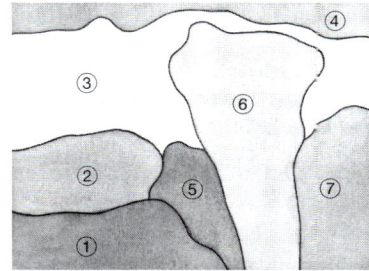

Einjähriger Sonnenhut

Ausdauernde Sträucher und Stauden wärmerer Regionen, die bei uns aufgrund mangelnder Winterhärte als Einjährige kultiviert und jedes Jahr aufs Neue herangezogen werden müssen. Diese Arten halten bei frostfreier Überwinterung aus und werden daher mitunter auch als Kübelpflanzen verwendet.

Zweijährige sind Pflanzen, die im Frühsommer ausgesät, im Spätsommer oder Herbst ausgepflanzt werden, den Winter im Rosettenstadium überstehen, um dann im kommenden Frühjahr zu blühen. Man nennt sie auch Bienne (bienn = zweijährig) oder Winterannuelle.

Tip zur Verwendung: Alle Blumen dieser Gruppe blühen üppig und reich über Wochen, viele sogar über Monate hinweg. Die Kombinationsmöglichkeiten mit ihnen sind äußerst variantenreich. Stimmen Sie die Farbtönungen sorgfältig aufeinander ab, damit Sie ein harmonisches und kein kunterbuntes Sommerbild schaffen.

EINJÄHRIGE

Leberbalsam
Ageratum houstonianum

Ageratum houstonianum

VII–X H 10 – 70 ○ ✂

Breite Palette unterschiedlich hoher Sorten.
Blüte: Sanft mittel- bis himmelblau oder weiß, einige Sorten auch altrosa. Viele Einzelblüten in breiten, endständigen und schirmförmigen Trugdolden.
Blatt: Eiförmig, am Rand gekerbt, frischgrün.
Wuchs: Je nach Sorte niedrig, breitbuschig oder aufrecht. Horstartig mit reich beblätterten Stengeln.
Heimat: Mexiko.
Standort: Sonnig, warm. Boden frisch, nährstoffreich. Keine staunassen Böden!
Pflege: Mittlere Nährstoff- und Wasserversorgung. Die niedrigen Sorten sind anfällig für Fäulnis. Verblühtes ständig abschneiden.
Vermehrung: Von II bis III im Haus aussäen, ab V ins Beet pflanzen. Alternative: Stecklingsvermehrung von überwinterten Pflanzen.
Verwendung: Auf Blumenbeeten mit anderen Einjährigen. Schön auch mit gelben und weißen Stauden auf Rabatten.
Günstige Partner: *Cleome, Cosmos bipinnatus, Verbena,* oder als Kontrast zu den warmen Farben von *Cosmos sulphureus, Calendula, Tagetes. – Helianthus decapetalus, Heliopsis, Helenium, Rudbeckia.*
Sorten/Verwandte:
• 'Schnittstar weiß' reinweiß, 60 cm.
• 'Schnittwunder' sanftes Mittelblau, 70 cm.

Stockrose, Stockmalve
Alcea-Rosea-Hybriden

Alcea-Rosea-Hybriden

VII–IX H 160 – 220 ○

Beliebte Bauerngartenpflanze.
Blüte: Rosa, himbeer, purpurrot, weiß, gelb, auch zweifarbig und gefüllt. Malvenähnliche Blüten in kerzenartigen Blütenständen.
Blatt: Breit-oval bis rund mit kreppapierartiger Oberfläche, mattgrün.
Wuchs: Aufrechte, hohe Zweijahrespflanze.
Heimat: Uralte Kulturpflanze, vermutlich aus dem Orient.
Standort: Sonnig, warm. Boden mäßig trocken bis frisch, durchlässig, nährstoffreich.
Pflege: Im Frühherbst pflanzen, die Blumen blühen im nächsten Sommer. Gute Nährstoffversorgung. Absammeln der häufig auftretenden Springflöhe. Bekämpfung des Malvenrostes nur bei starkem Befall.
Vermehrung: Von IV bis VI im Haus aussäen.
Verwendung: Einzeln oder in kleinen Tuffs. Schön vor Südwänden, in Rabatten und im Bauerngarten.
Günstige Partner: *Cleome, Cosmos bipinnatus, Verbena bonariensis. – Delphinium, Phlox. –* Alte, gefüllte Rosensorten.
Sorten/Verwandte:
• 'Himbeer' himbeerrot.
• 'Nigra' dunkelstes Samtrot.

Löwenmäulchen
Antirrhinum majus

Antirrhinum majus

VI–IX H 20 – 100 ○ ✂

Bekannte Gartenblume mit unzähligen Farbvarianten.
Blüte: Nahezu alle Farben außer Blau, auch zweifarbig in kerzenähnlichen Blütenständen.
Blatt: Schmal eiförmig, zugespitzt, grasgrün.
Wuchs: Aufrecht, buschig.
Heimat: Südeuropa, dort ausdauernd.
Standort: Sonnig. Boden frisch, nährstoffreich, locker.
Pflege: Gute Nährstoff- und Wasserversorgung. Verblühtes abschneiden.
Vermehrung: Von I bis IV im Haus aussäen, ab Ende V ins Beet auspflanzen. Selbstaussaat.
Verwendung: Auf Beeten, mit weiß- und blaublühenden Partnern.
Günstige Partner: *Chrysanthemum frutescens, Cosmos bipinnatus* 'Unschuld', *Lobularia maritima, Salvia uliginosa.*
Sorten/Verwandte: Verschiedene Hybridgruppen mit der Farbbezeichnung der jeweiligen Sorte, zum Beispiel:
• Sonnet F_1-Hybriden blühen früh und lange, 50 cm. 'Sonnet Dunkelrot', 'Sonnet Gelb'.

Begonie, Schiefblatt
Begonia-Semperflorens-Hybriden

Begonia-Semperflorens-Hybride

V–X H 15 – 25 ○

Anspruchslos mit lang anhaltender Blüte.
Blüte: Rosa, lachs-, orangefarben, karmin- oder scharlachrot, weiß. Schalenblüten.
Blatt: Breit oval, fleischig, am Rand leicht eingeschnitten. Je nach Sorte dunkelgrün, bräunlichgrün oder purpurbraun.
Wuchs: Kompakte, niedrige Horstpflanze.
Heimat: Kulturform.
Standort: Sonnig, warm. Boden frisch, locker, nährstoffreich. Keine nassen oder kalten Standorte!
Pflege: Im Winter einpflanzen, da sonst Schwierigkeiten beim Anwachsen.
Vermehrung: Im Winter im Haus aussäen. Die sehr feinen Samen nicht mit Substrat bedecken, Saatgefäß mit Glas abdecken. Keimlinge schattieren und langsam an Licht gewöhnen.
Verwendung: In kleinen Gruppen im Vordergrund von Beeten, für Grabbepflanzungen, Balkonkästen und Schalen.
Günstige Partner: Weißblühende Sommerblumen wie *Cosmos bipinnatus* 'Unschuld', *Lobularia*, *Salvia farinacea* 'Argent'.
Sorten/Verwandte:
• Juwel F_1-Hybriden früh- und reichblühend, grünlaubig.
• Diable F_1-Hybriden reichblühend, dunkellaubig.
• *Begonia*-Knollenbegonien-Hybriden große, meist gefüllte Blüten in leuchtenden Farben. Zweijährige Pflanzen für halbschattige Standorte.

Maßliebchen, Tausendschön
Bellis perennis

Maßliebchen sind gute Schnittblumen

III–V H 15 – 20 ○ ◐ ✂

Frühjahrsblüher mit dichtgefüllten Blütenbällchen. Der Urahn der Pflanzen ist das Gänseblümchen. In Kultur sind die Sorten »zweijährig« (winterannuell).
Blüte: Je nach Sorte weiß, rosa, karminrot oder scharlachrot. Pomponartige Blüten auf kurzen Stielen.
Blatt: Spatelförmig, frischgrün.
Wuchs: Kompakte Blattrosetten.
Heimat: Europa bis Kleinasien. In Wiesen und Rasen. Die Züchtungen sind alte Kulturpflanzen.
Standort: Sonnig bis halbschattig. Pflanze empfindlich gegen Kahlfröste. Boden frisch bis feucht, nährstoffreich und gut gelockert.
Pflege: Nach Herbstpflanzung im Winter durch Fichtenreisig schützen. Im Frühjahr Pflanzen ausputzen. Gute Nährstoffversorgung.
Vermehrung: In VII auf Anzuchtbeete oder ins Frühbeet säen, im Herbst an den gewünschten Standort verpflanzen. Alternative: Im Sommer ins Frühbeet aussäen, dort überwintern und im zeitigen Frühjahr auspflanzen.

Sorte 'Roggli Weiß'

Verwendung: Auf Beeten, Gräbern und in Schalen.
Günstige Partner: *Myosotis sylvestris*, *Viola-Wittrockiana*-Hybriden, *Hyazinthus*, Tulpen oder weiße Narzissen.
Sorten/Verwandte:
• 'Pomponette Weiß'.
• 'Pomponette Rosa'.
• 'Pomponette Rot', alle mit dichtgefüllten Blüten in den Farben der Sortennamen. Reichblütig mit langen Blütenstielen, daher auch zum Schnitt geeignet.

EINJÄHRIGE

Ringelblume
Calendula officinalis

'Cutting and Bending Mix'

VI–IX H 30 – 70 ○ ✂

Uralte Heilpflanze, die sich ohne Zutun durch Selbstaussaat erhält.
Blüte: Gelb, orange oder aprikosenfarben, margeritenähnliche Blüten, meist gefüllt auf langen Stielen.
Blatt: Oval, frischgrün.
Wuchs: Aufrecht, horstartig.
Heimat: Mittelmeergebiet.
Standort: Sonnig, warm. Boden frisch bis mäßig trocken, nährstoffreich und locker.
Pflege: Gute Nährstoffversorgung. Verblühtes regelmäßig abschneiden.
Vermehrung: Bei Direktsaat in IV oder V ins Freie blühen die Ringelblumen ab Ende VII. Alternative: In II oder III im Haus aussäen, in V ins Beet auspflanzen, dann blühen sie früher. Selbstaussaat.
Verwendung: Auf Sommerblumenbeeten, in Lücken von Staudenrabatten, im Bauerngarten.
Günstige Partner: *Ageratum, Salvia farinacea, Tagetes. – Delphinium, Heliopsis, Rudbeckia. – Calamagrostis.*
Sorten/Verwandte:
• Kablouna-Serie mit dichtgefüllten Sorten. Schnittblumen.
• Pacific-Serie halbgefüllt.

Sommeraster
Callistephus chinensis

Callistephus-Chinensis-Hybride

Sorte 'Mylady Melange'

VII–IX H 20 – 90 ○ ✂

Unüberschaubares Sortiment, in dem sich die einzelnen Sorten in Blütenform, Wuchshöhe sowie den Blütezeiten unterscheiden.
Blüte: Je nach Sorte violett, blau, lila, rosa, samt-, karmin- oder purpurrot, weiß oder blaßgelb. Blüten einfach, halbgefüllt, gefüllt oder pomponartig, wobei die einzelnen Blütenblätter schmal und lang röhrenförmig bis zungenförmig sein können.
Blatt: Lanzettlich bis umgekehrt eiförmig, am Rand grob gezähnt oder eingeschnitten, grasgrün.
Wuchs: Je nach Sorte niedrig, breitbuschig oder aufrecht, horstartig.
Heimat: Die völlig unscheinbare und nicht in Kultur befindliche Art stammt aus China.
Standort: Sonnig, warm. Boden frisch bis feucht, nährstoffreich. Keine leicht austrocknenden Böden!
Pflege: Gute Wasser- und Nährstoffversorgung. Dies ist gleichzeitig die beste Vorbeugung gegen die häufig auftretende Asternwelke, bei der die Pflanzen zunächst welk aussehen und am Stengelgrund und Wurzelhals durch abgestorbenes Gewebe schwarzbraun verfärbt sind. Wird dies beobachtet, müssen die erkrankten Pflanzen sofort aus dem Bestand genommen und vernichtet werden (keinesfalls auf den Kompost!). Plätze, an denen die Asternwelke aufgetreten ist, am besten über Jahre hinweg nicht mehr mit Sommerastern bepflanzen. Bei der Auswahl der Sorten sollten weitgehend resistente Züchtungen gewählt werden.
Vermehrung: Von II bis IV im Haus aussäen und Ende V auspflanzen. Alternative: Direktaussaat im Mai ins Beet.
Verwendung: Auf Rabatten und in Bauerngärten sowie als Schnittblume.
Günstige Partner: *Chrysanthemum frutescens, Lobularia, Salvia farinacea.*
Sorten/Verwandte:
Man unterscheidet:
• Niedrige Beet- und Topfastern, sie wachsen breitbuschig, 20–30 cm hoch, im Vordergrund von Rabatten.
• Halbhohe Schnittastern, sie werden 30–60 cm hoch und sind in der Regel gut standfest.
• Hohe, mittelfrühe Astern werden 50–80 cm hoch und blühen Ende VII bis Anfang IX.
• Spätblühende Schnittastern erreichen 30–60 cm und blühen ab Ende VIII.
• Einfache Margaretenastern haben ungefüllte Blüten, Blütezeit VIII bis IX, Höhe 70–80 cm.
Innerhalb der Gruppen gibt es Sorten in allen oben genannten Farben.

Marien-Glockenblume
Campanula medium

Campanula medium

V–VII H 50 – 70 ○

Auffällige und beliebte, doch nur kurz blühende Zweijahresblume.
Blüte: Hellblaue, großglockige Einzelblüten in reichblühenden Trauben.
Blatt: Eiförmig mit unregelmäßig gekerbtem Rand, stumpfgrün.
Wuchs: Im ersten Jahr bildet sich eine Blattrosette, im zweiten Jahr ein aufrechter, kegelförmiger Blütenstand.
Heimat: Südeuropa.
Standort: Sonnig, warm, auf frischen, nährstoffreichen, lockeren Böden.
Pflege: Im Spätsommer pflanzen. In Trockenperioden gießen. Kräftig düngen. Keine staunassen Böden!
Vermehrung: Aussaat von VI bis VII. Pflanzung Ende VIII oder IX.
Verwendung: Sonnige Rabatten, Bauerngärten, Schnittblumenbeete.
Günstige Partner: *Alcea-Rosea*-Hybriden, *Dianthus barbatus*. – Gefüllt blühende Rosen.
Sorten/Verwandte:
- 'Alba' weiß.
- 'Rosea' rosa.

Strauch-Margerite
Chrysanthemum frutescens

'Jamaica Primrose'

VI–X H 40 – 100 ○

Häufig als Kübelpflanze verwendet, weiß die Strauch-Margerite auch auf Beeten zu gefallen.
Blüte: Viele kleine, weiße, bei einigen Sorten auch rosafarbene oder gelbe Margeritenblüten.
Blatt: Je nach Sorte fein geschlitzt bis gelappt, saftig grün bis silbergrau.
Wuchs: Breitbuschig, aufrecht.
Heimat: Kanarische Inseln.
Standort: Sonnig, warm. Boden frisch und durchlässig, nährstoffreich. Keine staunassen Böden!
Pflege: Gute Düngung und regelmäßige Wasserversorgung. Rückschnitt der verwelkten Blüten verlängert die Blütezeit. Helle, kühle Überwinterung im Haus möglich.
Vermehrung: Durch Stecklinge.
Verwendung: Auf Rabatten.
Günstige Partner: Weiße Sorten mit nahezu allen Einjährigen. Gelbe gut zu *Heliotropium*, *Verbena bonariensis*.
Sorten/Verwandte:
- 'Silver Leaf' weiß, feingeschlitztes graues Laub.
- 'Schöne von Nizza' goldgelb, gelapptes, dunkelgrünes Laub.
- 'Rosali' rosa, dunkelgrünes, gelapptes Laub.

Wucherblume
Chrysanthemum parthenium

Sorte 'Santana'

VI–IX H 20 – 60 ○ ✂

Alte Kulturpflanze, von der nur Sorten verwendet werden.
Blüte: Weiße oder gelbe, meist gefüllte Margeritenblüten.
Blatt: Fiederschnittig, stumpfgrün
Wuchs: Aufrecht, breitbuschig, mitunter nicht ganz standfest.
Heimat: Kaukasus, Kleinasien. In fast ganz Europa verwildert.
Standort: Sonnig. Boden frisch bis feucht, locker, nährstoffreich.
Pflege: Gute Nährstoff- und Wasserversorgung. Verblühtes abschneiden. Bei Läusebefall genügt es in der Regel, die stark befallenen Triebe zu entfernen.
Vermehrung: Durch Aussaat Ende II bis Anfang III.
Verwendung: In Sommerblumenpflanzungen und als Füllpflanze in Staudenrabatten.
Günstige Partner: Weiße Sorten mit fast allen Einjährigen und Beetstauden. Gelbe Sorten mit *Cosmos sulphureus*, *Heliotropium*, *Salvia farinacea*, *Tagetes*.
Sorten/Verwandte:
- 'Schneeball' weiß, gefüllt, 30 cm.
- 'Roya' weiß mit gelber Mitte, einfach, 50 cm.
- 'Goldgelb' gefüllt, 25 cm.

EINJÄHRIGE

Spinnenblume
Cleome spinosa

Cleome spinosa 'Helen Campbell' (weiß) und 'Violettkönigin' (violett)

VII–X   H 80 – 140   ○ ✂

Hinreißende, hohe Sommerblume, die im Garten entsprechend Platz braucht.
Blüte: Je nach Sorte weiß, rosa, kirschrot oder violett, mit weit herausragenden Staubgefäßen. Sie stehen in ständig weiterwachsenden, vielblütigen Trauben.
Blatt: Fünf- bis siebenzählig, dunkelgrün.
Wuchs: Aufrecht, Triebe wenig verzweigt, etwas sparrig wirkend.
Heimat: Südamerika.
Standort: Sonnig, warm. Boden mäßig trocken bis frisch, durchlässig.
Pflege: Erst Ende V bis VI auspflanzen, wenn sich der Boden bereits erwärmt hat. Davor die Pflanzen stutzen, damit sie sich besser verzweigen. Gute Nährstoffversorgung.
Vermehrung: Ab III im Haus aussäen, Ende V ins Beet pflanzen.
Verwendung: Sommerblumenbeete und Staudenrabatten, Schnittblumenbeete.
Günstige Partner: *Cosmos bipinnatus, Heliotropium, Verbena bonariensis.* – *Echinacea, Liatris.* – Rosa und weiße Rosen.

Sorte 'Kirschkönigin'

Sorten/Verwandte:
- 'Helen Campbell' weiß.
- 'Rosa Königin' rosa.
- 'Kirschkönigin' karminrosa.
- 'Fliederfarbe' hellviolett.
- 'Violettkönigin' violett.

Kosmee, Schmuckkörbchen
Cosmos bipinnatus

Sorte 'Gloria'

VI–X   H 50 – 110   ○ ✂

Ansehnliche Sommerblumen mit feinem, dekorativem Laub.
Blüte: Weiße, rosa oder karminrote Schalenblüten mit gelber Mitte.
Blatt: Hellgrün, doppelt gefiedert.
Wuchs: Aufrecht, breitbuschig.
Heimat: Mexiko.
Standort: Sonnig, warm. Boden frisch, kräftig, nährstoffreich mit lockerer Struktur.
Pflege: Gute Nährstoff- und Wasserversorgung.
Vermehrung: Ende III oder IV im Haus aussäen, ab Mitte V auspflanzen. Alternative: Direktaussaat ab V ins Beet.
Verwendung: Sommerblumenbeete, als Ergänzung in Staudenrabatten, Schnittblumenbeeten und Bauerngärten.
Günstige Partner: Die weißen Sorten passen zu fast allen Einjährigen und Beetstauden, die rosafarbenen und karminroten Sorten zu *Cleome spinosa, Verbena bonariensis* oder zu *Monarda* und *Phlox*.
Sorten/Verwandte:
- 'Unschuld' reinweiß, 100 cm.
- 'Gloria' rosa mit karminrotem Ring, 90 cm.
- 'Karminkönig' karminrot, 100 cm.

Orangen-Schmuckkörbchen
Cosmos sulphureus

Sorte 'Sunset'

VII–X   H 40 – 70   ○

Sehr schöne, weniger bekannte Sommerblume.
Blüte: Je nach Sorte orangefarbene oder kräftig gelbe Schalenblüten.
Blatt: Frischgrün, einfach gefiedert.
Wuchs: Breitbuschig.
Heimat: Mexiko.
Standort: Sonnig, warm. Boden frisch, locker, nährstoffreich.
Pflege: Gute Wasser- und Nährstoffversorgung.
Vermehrung: Wie bei *Cosmos bipinnatus* (→ Seite 84).
Verwendung: In Staudenrabatten und Sommerblumenbeeten. Paßt gut zu blauen, violetten und gelben Farben.
Günstige Partner: *Calendula, Salvia farinacea, Tagetes, Tithonia, Verbena bonariensis.* – *Delphinium, Helenium, Heliopsis, Rudbeckia.*
Sorten/Verwandte:
• 'Ladybird Yellow' gelb.
• 'Ladybird Orange' orangefarben.

Bart-Nelke
Dianthus barbatus

Sorte von Dianthus barbatus

V–VIII   H 50 – 60   ○

Alte Kulturpflanze mit einer Vielzahl von Sorten.
Blüte: Lachs- und karminrot, rosa, weiß, auch zweifarbig mit weiß, dicht in einem schirmartigen Blütenstand.
Blatt: Breit lanzettlich, dunkelgrün.
Wuchs: Bildet im ersten Jahr eine Blattrosette, im zweiten Jahr aufrechte, lockere Horste.
Heimat: Südeuropa bis China.
Standort: Sonnig. Boden mäßig trocken bis frisch, durchlässig und nahrhaft.
Pflege: Gute Nährstoffversorgung (mineralisch). Winterschutz durch Reisigabdeckung.
Vermehrung: Von V bis VII aussäen, in IX an den endgültigen Standort pflanzen.
Verwendung: Auf Sommerblumenbeeten, im Bauerngarten. Da die Pflanzen nach dem Abblühen Lücken hinterlassen, in die Beetmitte pflanzen.
Günstige Partner: *Alcea-Rosea*-Hybriden, *Campanula medium, Chrysanthemum parthenium.*
Sorten/Verwandte:
• 'Albus' reinweiß.
• 'Pink Beauty' rosa.
• 'Heimatland' samtrot mit weißer Mitte.
• 'Atrosanguineus' samtiges Dunkelpurpur.

Sonnenblume
Helianthus annuus

Sorte 'Estate'

VII–X   H 40 – 250   ○

Wohlbekannte Einjahresblume.
Blüte: Gelbe Strahlenblüten um eine große schwarzbraune Mitte, einzeln auf festen Stielen.
Blatt: Groß, breit oval, rauh, stumpfgrün.
Wuchs: Hoch, aufrecht, mitunter standschwach.
Heimat: Nordamerika; Prärien.
Standort: Sonnig, warm. Boden mäßig trocken bis frisch, nährstoffreich. Keine verdichteten Böden!
Pflege: Gute Nährstoff- und Wasserversorgung. Hohe, standschwache Sorten stützen.
Vermehrung: Direktaussaat ins Beet ab IV.
Verwendung: Im Hintergrund von Rabatten. Gut vor Zäunen, wo sich die Pflanzen anlehnen können.
Günstige Partner: *Ageratum, Heliotropium, Tithonia.* – *Delphinium, Heliopsis, Rudbeckia.*
Sorten/Verwandte:
• 'Holiday' goldgelb mit dunkler Mitte, 120–150 cm, buschig.
• 'Hohes Sonnengold' goldgelbe, gefüllte Blüten, 180 cm.
• 'Sunspot' goldgelb, einfach, 40 cm.
• 'Intermedius Abendsonne' braunrot bis dunkelpurpurfarben, dunkle Mitte, 200 cm.

EINJÄHRIGE

EINJÄHRIGE

Garten-Strohblume
Helichrysum bracteatum

Sorte 'Rosenschimmer'

VII–IX H 30 – 100 ○ ✂

Für Trockensträuße.
Blüte: Weiße, gelbe, orangefarbene, rosa, samtrote oder rotbraune Blütenköpfchen.
Blatt: Lanzettlich, mattgrün.
Wuchs: Aufrecht, horstartig.
Heimat: Australien.
Standort: Sonnig, warm. Boden mäßig trocken bis frisch, durchlässig, nährstoffarm.
Pflege: Nur mäßig düngen, sonst fallen die Pflanzen auseinander. Blumen kurz vor dem Aufblühen schneiden, zum Trocknen mit den Blüten nach unten schattig und luftig aufhängen.
Vermehrung: In III oder IV im Haus aussäen, Ende V auspflanzen. Alternative: Direktsaat Ende IV ins Beet.
Verwendung: Schnittblumenbeete.
Günstige Partner: Andere Trockenblumen.
Sorten/Verwandte:
• 'Album' weiß, 60 cm.
• 'Luteum' gelb, 60 cm.
• 'Kupferorange' orangebraune Farbtöne, 60 cm.
• 'Hotbikini' feuerrot, 30 cm.
• *Limonium sinuatum*, Einjährige Statice, mit blauen, schirmartigen Rispen.
• 'Rosenschimmer' rosa, 60 cm.
• 'Modra Dunkelblau' dunkelblau, 40–50 cm.

Sonnenwende, Vanilleblume
Heliotropium arborescens

Sorte 'Marine'

VI–IX H 30 – 60 ○ ☠

Bezaubernde Rabatten- und Duftpflanze, deren Blüten bei Regen schnell unschön werden.
Blüte: Violettblau mit Vanilleduft. Zahlreiche kleine Einzelblüten in schirmartigen Blütenständen.
Blatt: Eiförmig mit tief eingesenkten Adern, dunkelgrün, violett schimmernd.
Wuchs: Aufrecht, breitbuschig.
Heimat: Peru und Ecuador.
Standort: Sonnig, warm. Boden frisch, durchlässig, nährstoffreich. <u>Keine nassen Standorte!</u> Günstig an regengeschützten Stellen.
Pflege: Gute Nährstoff- und Wasserversorgung.
Vermehrung: Von I bis III im Haus aussäen, ab Mitte V ins Beet pflanzen.
Verwendung: Auf Sommerblumenbeeten und in Staudenrabatten.
Günstige Partner: *Calendula, Helianthus, Tagetes, Tithonia, Verbena bonariensis.* – *Coreopsis, Helenium, Heliopsis, Rudbeckia, Solidago.*
Sorten/Verwandte:
• 'Marine' violettblau, 50–60 cm.
• 'Mini Marine' violettblau, 30 cm.
Warnung: Alle Pflanzenteile sind giftig.

Fleißiges Lieschen, Balsamine
Impatiens-Walleriana-Hybriden

Neuheit 'Expo Picotee'

VI–X H 10 – 30 ○ ◐

Gruppenpflanze, auch für lichtschattige Bereiche.
Blüte: Je nach Sorte weiß, rosa, verschiedene Rottöne und violett. Teilweise auch zweifarbig mit Weiß. Einzelblüten tellerförmig, ungefüllt oder gefüllt.
Blatt: Eiförmig, zugespitzt, am Rand gekerbt, grasgrün.
Wuchs: Niedrig, breit lagernd.
Heimat: Kulturform.
Standort: Sonnig bis lichtschattig, kühl. Boden frisch bis feucht, gut gelockert, nährstoffreich. <u>Keine heißen Standorte!</u>
Pflege: Gute Wasser- und Nährstoffversorgung.
Vermehrung: Im Haus bei 20–24 °C aussäen (II bis III). Ende V ins Beet auspflanzen.
Verwendung: Als Gruppenpflanze auf Sommerblumenbeeten oder als Lückenfüller in Staudenrabatten.
Günstige Partner: *Cosmos,* Fuchsien, *Salvia uliginosa.* – *Phlox, Physostegia.*
Sorten/Verwandte: Unzählige Sorten in verschiedenen Farben.
• *Impatiens*-Neu-Guinea-Hybriden, 40 cm hoch, in allen Teilen größer. Sehr kompakt wachsend mit bronzegrünem bis purpurbraunem, zum Teil auch mehrfarbigem Laub. Sorten in verschiedenen Farben. Vermehrung durch Stecklinge, neuere Sorten auch durch Aussaat.

Wohlriechende Wicke
Lathyrus odoratus

Sorte von Lathyrus odoratus

VII–IX H 100 – 200 ○ ✂

Duft- und Kletterpflanze.
Blüte: Je nach Sorte rosa, karmin- oder scharlachrot, weiß, lavendelfarben und violett mit intensivem Duft.
Blatt: Dreiteilig, stumpf hellgrün und behaart.
Wuchs: Rankende Kletterpflanze.
Heimat: Süditalien.
Standort: Sonnig, warm. Boden frisch, durchlässig, locker, nährstoffreich, kalkhaltig. Keine nassen Standorte!
Pflege: Gute Nährstoffversorgung, in Trockenperioden gießen. Verblühtes ständig abschneiden.
Vermehrung: Ab II im Haus aussäen. Alternative: Direktsaat ins Freiland in IV.
Verwendung: Zum Beranken von Zäunen oder Klettergerüsten. Schnittblume.
Günstige Partner: *Cosmos bipinnatus, Lavatera, Verbena bonariensis.*
Sorten/Verwandte:
• Mammut-Klasse mit 5–6 Blüten auf starken, langen Stielen. Viele Sorten mit der Farbbezeichnung der Blüte, zum Beispiel 'Lavendel'.
• Royal-Klasse mit 5–7 Blüten pro Stiel.

Buschmalve, Bechermalve
Lavatera trimestris

Sorte 'Silver Cup'

VII–IX H 50 – 80 ○ ✂

Großblütige und farbenfrohe Sommerblume.
Blüte: Weiß, rosa- oder karminrot mit meist dunkler Aderung, trichterförmig.
Blatt: Herzförmig, matt dunkelgrün, rauhhaarig.
Wuchs: Aufrecht, breitbuschig.
Heimat: Mittelmeergebiet.
Standort: Sonnig, warm. Boden frisch, locker, durchlässig und nicht zu nährstoffreich. Keine nassen Standorte!
Pflege: Auf 50 cm Abstand pflanzen oder vereinzeln. Mittlere Nährstoffversorgung.
Vermehrung: Direktsaat ins Beet in IV. Alternative: Im Haus aussäen, jedoch nicht vor Mitte III, sonst fallen die Pflanzen häufig um. Mitte V ins Beet auspflanzen.
Verwendung: Auf Sommerblumenbeeten und als Lückenfüller in Staudenpflanzungen.
Günstige Partner: *Cleome, Cosmos bipinnatus, Nicotiana, Salvia farinacea, Verbena bonariensis.*
Sorten/Verwandte:
• 'Mont Blanc' reinweiß, 50 cm.
• 'Silver Cup' rosa mit dunkelroter Aderung, 60 cm.
• 'Ruby Regis' kräftiges Rosa, 60–70 cm.

Männertreu
Lobelia erinus

Mehrfarbige 'Colour Cascade'

VI–IX H 10 – 20 ○

Lange und reichblühende Sorten in intensiven Farben.
Blüte: Leuchtend enzian-, mittel- oder hellblau, auch weiß und rosa, teils mit weißem Auge.
Blatt: Verkehrt eiförmig bis lanzettlich, dunkelgrün.
Wuchs: Niedrig und breitlagernd.
Heimat: Südafrika.
Standort: Sonnig. Boden frisch bis feucht, nährstoffreich, kräftig. Keine staunassen Böden!
Pflege: Gute Wasser- und Nährstoffversorgung. Nicht austrocknen lassen! Zum Ende der Blütezeit um ein Drittel zurückschneiden, dann zweite Blüte.
Vermehrung: Von II bis IV im Haus aussäen. Ab Ende V auspflanzen.
Verwendung: Einfassungs- und Teppichpflanze. Für Tröge und Blumenkästen.
Günstige Partner: *Lobularia, Salvia farinacea, Tagetes.*
Sorten/Verwandte:
• 'Schneeball' reinweiß.
• 'Rosamunde' rosa mit weißem Auge.
• 'Cambridge Blue' hellblau.
• 'Blaue Perle' ultramarinblau, sehr frühblühend.
• 'Kristallpalast' dunkelblau, mit dunklem Laub.

EINJÄHRIGE

EINJÄHRIGE

Scharlach-Lobelie
Lobelia fulgens

Lobelia fulgens

VII–IX H 60 – 80

Leuchtkräftige Sommerblume.
Blüte: Flammend scharlachrot. Asymmetrische Einzelblüten in endständigen Trauben.
Blatt: Lanzettlich, zugespitzt, dunkelgrün.
Wuchs: Aufrecht, wenig verzweigt.
Heimat: Mexiko.
Standort: Sonnig, warm. Boden frisch, nahrhaft, locker. Keine nassen Standorte.
Pflege: Gut düngen, in Trockenperioden regelmäßig gießen. Die Pflanzen lassen sich hell und frostfrei im Haus überwintern.
Vermehrung: In II oder III im Haus aussäen, ab Ende V ins Beet auspflanzen. Nach Überwinterung lassen sich auch Tochterrosetten abtrennen.
Verwendung: In Sommerblumenbeeten und Staudenpflanzungen.
Günstige Partner: *Cosmos sulphureus, Heliotropium, Salvia coccinea.* – *Chrysanthemum maximum, Helenium, Hemerocallis.* – Scharlachrote und orangefarbene *Canna-Indica*-Hybriden, *Dahlia*.
Sorten/Verwandte:
• 'Königin Victoria' blüht scharlachrot und hat tief rotbraunes Laub.

Duftsteinrich, Lobularie
Lobularia maritima

'Snow Cristals'

VI–X H 5 – 15

Prächtige Gruppenpflanze.
Blüte: Weiß, rosa oder purpurviolett mit honigartigem Duft. Reichblühend.
Blatt: Klein, linealisch bis lanzettlich, mittelgrün.
Wuchs: Flache, mehr oder weniger breite Polster.
Heimat: Mittelmeergebiet.
Standort: Sonnig, warm. Boden frisch bis mäßig trocken und durchlässig.
Pflege: Rückschnitt der Blüten verlängert die Blütezeit.
Vermehrung: Im Haus aussäen, aber nicht vor III. Jungpflanzen dabei nicht zu naß halten. Ab V ins Beet auspflanzen. Alternative: Direktaussaat in IV ins Beet, später ausdünnen.
Verwendung: Im Vordergrund von Beeten, wegen des Dufts gut in Terrassennähe. Im Steingarten eine Bereicherung in der blütenarmen Zeit.
Günstige Partner: Alle Einjährigen. – *Phlox, Solidago*.
Sorten/Verwandte:
• 'Snow Crystals' reinweiß, großblütig, sehr breit und gut wachsend.
• 'Wonderland' kräftiges Rosa, klein- und schwachwüchsig.
• 'Orientalische Nächte' purpurviolett, dunkelste Sorte.

Levkoje
Matthiola incana

Gefüllte Form

V–VIII H 30 – 100

Duftende Schnittblume.
Blüte: Je nach Sorte weiß, rosa, karmin- und samtrot, lavendelfarben oder blaßgelb, duftend und meist gefüllt, in endständigen Trauben.
Blatt: Lanzettlich bis spatelförmig, stumpf- bis graugrün.
Wuchs: Aufrecht, mit Ausnahme der Busch-Levkojen wenig verzweigt.
Heimat: Südeuropa, Mittelmeergebiet, Kleinasien.
Standort: Sonnig, warm. Boden frisch, kräftig, durchlässig und kalkhaltig. Keine staunassen oder trockenen Böden!
Pflege: Gute Wasser- und Nährstoffversorgung. Verblühtes regelmäßig abschneiden.
Vermehrung: Ab Anfang II aussäen. Ende V ins Beet auspflanzen.
Verwendung: Auf Rabatten und als Schnittblumen.
Günstige Partner: Am schönsten wirken unterschiedliche Levkojen-Sorten miteinander.
Sorten/Verwandte: Man unterscheidet Stangen- und Busch-Levkojen.
• Stangen-Levkojen sind bestens zum Blumenschnitt geeignet.
• Busch-Levkojen lassen sich auch auf Rabatten verwenden.

Vergißmeinnicht
Myosotis sylvatica

Zier-Tabak
Nicotiana sylvestris

Bartfaden
Penstemon-Hybriden

EINJÄHRIGE

Myosotis sylvatica

Sorte 'Nicki Deep Rose'

Hybride der Earlibird-Serie

Nicotiana sylvestris

IV–VI H 15 – 30

Liebenswerte zweijährige Blume, die sich an geeigneten Standorten selbst aussät.
Blüte: Himmelblau mit gelblichem oder orangefarbenem Auge. Die kleinen Blütchen stehen in endständigen, gebogenen Trauben.
Blatt: Linealisch bis lanzettlich, stumpfgrün und rauh.
Wuchs: Breitbuschig.
Heimat: Europa bis Mittelasien und Nordafrika.
Standort: Sonnig. Boden frisch bis feucht, nährstoffreich, locker und humos.
Pflege: Leichter Winterschutz durch Fichtenzweige oder Vlies ist ratsam. Bei Trockenheit und offenem Boden auch im Winter gießen. Gute Nährstoff- und Wasserversorgung.
Vermehrung: Aussaat in VII, in IX an den endgültigen Standort verpflanzen. Alternative: In VIII aussäen, Jungpflanzen hell und frostfrei überwintern und in III auspflanzen.
Verwendung: Auf Beeten, die nach der Frühjahrsblüte abgeräumt und neu bepflanzt werden.
Günstige Partner: *Bellis.* – Narzissen und Tulpen.
Sorten/Verwandte:
• 'Amethyst' kräftig blau, 15 cm.
• 'Indigo Compacta' intensives, kräftiges Blau, 30 cm.

VI–X H 100 – 150

Dekorative Sommerblume.
Blüte: Weiß, röhrenförmig in lockeren Trauben.
Blatt: Groß, breit eiförmig, frischgrün.
Wuchs: Aufrecht, horstartig.
Heimat: Südamerika.
Standort: Sonnig, warm. Boden frisch, locker, nährstoffreich.
Pflege: In Trockenperioden gießen.
Vermehrung: In III im Haus aussäen, Ende V auspflanzen.
Verwendung: Auf Rabatten.
Günstige Partner: *Cosmos, Verbena bonariensis.* – *Aster novae-angliae, Delphinium.*
Sorten/Verwandte:
• *Nicotiana x sanderae*, nur 30–50 cm, mit breiterem Farbspektrum:
• 'Nicki Lime' hellgelb.
• 'Nicki Rose' karminrosa.
Warnung: Alle Pflanzenteile sind giftig.

VI–X H 50 – 90

In milden Gegenden ausdauernd.
Blüte: Weiß, rosa, karmin-, scharlachrote und lila Glockenblüten, oft mit hellem Schlund.
Blatt: Länglich bis schmal eiförmig, saftig grün, glänzend.
Wuchs: Aufrecht, horstartig. Nicht immer ganz standfest.
Heimat: Südliche USA, Mexiko.
Standort: Sonnig, warm. Boden frisch, nährstoffreich.
Pflege: In Trockenperioden gießen. Hohe Sorten stützen.
Vermehrung: In II im Haus aussäen und Ende V pflanzen. Alternative: Im Herbst Stecklinge von reichblühenden Pflanzen. Jungpflanzen hell und kühl im Haus überwintern.
Verwendung: Auf Rabatten.
Günstige Partner: *Chrysanthemum frutescens, Salvia uliginosa.* – *Aster novi-belgii, Chrysanthemum maximum, Veronica longifolia.*
Sorten/Verwandte:
• 'Scharlachkönigin' scharlachrot mit weiß gesprenkeltem Schlund.
• 'Southgate Gem' rot, 50 cm.
• *Penstemon-Barbatus*-Hybriden sehr ähnlich, etwas niedriger mit schmäleren Blättern:
• 'Alba' weiß, 40 cm.
• 'Evelyn' zartrosa, 40 cm.

EINJÄHRIGE

Sonnenhut
Rudbeckia hirta

Sorte 'Marmalade'

VII–IX   H 40 – 80   ○   ✂

Kann bei uns sehr milde Winter überdauern.
Blüte: Gelbe Zungenblüten um eine dunkelbraune Mitte, einzelne, große Körbchen an den Enden aufrechter Stiele.
Blatt: Lanzettlich bis schmal eiförmig, am Rand gezähnt, mattgrün und wie die Stengel rauhhaarig.
Wuchs: Aufrecht, horstartig.
Heimat: Nordamerika.
Standort: Sonnig, warm. Boden mäßig trocken bis feucht und nährstoffreich.
Pflege: Gute Nährstoffversorgung, verblühte Körbchen laufend abschneiden.
Vermehrung: Von III bis IV im Haus aussäen, in V auspflanzen.
Verwendung: Auf Rabatten, gut mit Stauden zu kombinieren.
Günstige Partner: *Ageratum, Cosmos bipinnatus* 'Unschuld', *Heliotropium, Salvia farinacea, Salvia uliginosa.* – *Delphinium, Helenium.* – *Calamagrostis.*
Sorten/Verwandte:
• 'Meine Freude' goldgelb, 80 cm. Bewährte Standardsorte.
• 'Goldilocks' goldgelb, halbgefüllt, 60 cm.
• 'Marmalade' kräftig orangegelb, 60 cm.

Scharlach-Salbei
Salvia coccinea

Sorte 'Lady in Red'

VI–IX   H 40 – 60   ○

Langblühende Sommerblume mit leuchtend roten Blüten.
Blüte: Scharlachrote Lippenblüten in einer lockeren Ähre.
Blatt: Eiförmig, am Rand gekerbt. Dunkelgrün und schwach glänzend.
Wuchs: Aufrecht, buschig.
Heimat: Südliche USA bis Südamerika.
Standort: Sonnig, warm. Boden frisch, durchlässig und nahrhaft.
Pflege: Gute Nährstoff- und Wasserversorgung.
Vermehrung: Ende III bis IV im Haus aussäen und Ende V ins Beet pflanzen.
Verwendung: In kleinen Gruppen auf Rabatten.
Günstige Partner: *Chrysanthemum frutescens, Cosmos sulphureus, Heliotropium, Salvia farinacea.* – *Delphinium, Rudbeckia.* – *Miscanthus.*
Sorten/Verwandte:
• 'Lady in Red' scharlachrot, frühblühend, 50 cm.
• *Salvia involucrata,* Purpur-Salbei, karminrot, buschig, VII–IX, 80–110 cm.
• *Salvia splendens,* Feuer-Salbei. Leuchtend scharlachrote, gedrungene Blütenstände, die schwierig zu kombinieren sind, VI–IX, 20–50 cm.

Mehl-Salbei
Salvia farinacea

Sorte 'Victoria'

VI–X   H 50 – 80   ○

Anspruchslose und überaus langblühende Sommerblume.
Blüte: Dunkelblaue Lippenblüten in dichten Ähren an den Stengelenden.
Blatt: Lanzettlich, grasgrün.
Wuchs: Aufrechte, reichverzweigte Horste. Stengel flaumig grauweiß, daher »Mehl-Salbei«.
Heimat: Texas und New Mexiko.
Standort: Sonnig. Boden frisch, locker, nährstoffreich.
Pflege: Gute Nährstoff- und Wasserversorgung. Es lohnt sich, schöne Pflanzen hell und kühl zu überwintern, sie blühen dann bereits ab Mai.
Vermehrung: In III bis IV im Haus aussäen, in V ins Beet auspflanzen.
Verwendung: Sehr vielseitig. In Sommerblumenbeeten und als ununterbrochen blühende Füllpflanze in Staudenrabatten. Auch in Pflanzungen mit Rosen.
Günstige Partner: Nahezu alle Einjährigen. Viele Beetstauden wie *Helenium, Heliopsis, Rudbeckia.* – Rosen.
Sorten/Verwandte:
• 'Unschuld' silbrig weiß.
• 'Victoria' dunkelblau, reichblütig.

Azur-Salbei
Salvia patens

Salvia patens

VII–IX   H 60 – 80   ○

Durch die enzianblauen Blüten auffallender, wenn auch nicht überreich blühender Salbei.
Blüte: Leuchtend enzianblaue Lippenblüten in lockeren, endständigen Ähren.
Blatt: Eiförmig, am Rand gekerbt. Tiefgrün, behaart.
Wuchs: Horstartig, aufrecht.
Heimat: Mexiko.
Standort: Sonnig, warm. Boden frisch bis mäßig trocken, durchlässig, locker und nährstoffreich.
Pflege: Gute Nährstoffversorgung, in längeren Trockenperioden gießen.
Vermehrung: Ende I bis II im Haus aussäen, in V ins Beet auspflanzen.
Verwendung: Auf Rabatten vielseitig mit anderen Einjährigen, Stauden und Rosen zu kombinieren.
Günstige Partner: *Cosmos sulphureus, Sanvitalia procumbens, Tagetes, Tithonia.* – *Helenium, Heliopsis, Rudbeckia.* – Auch Rosen.

Sumpf-Salbei
Salvia uliginosa

Salvia uliginosa

VIII–X   H 120 – 160   ○ ◐

Wenig bekannte, jedoch sehr schöne Sommerblume. In milderen Regionen mehrjährig.
Blüte: Hellblaue Lippenblüten mit weißem Auge in endständigen Ähren.
Blatt: Länglich, am Rand tief gesägt, dunkelgrün.
Wuchs: Aufrechte, hohe Horste.
Heimat: Südamerika.
Standort: Sonnig bis halbschattig. Boden frisch bis feucht, nährstoffreich, lehmhaltig. <u>Keine leicht austrocknenden Böden!</u>
Pflege: Gute Wasser- und Nährstoffversorgung. Überwinterung hell und kühl im Haus möglich.
Vermehrung: Stecklinge von IX bis X schneiden, in Kästen hell und kühl überwintern und ab V auspflanzen.
Verwendung: Auf Rabatten mit Stauden und Einjährigen.
Günstige Partner: *Chrysanthemum parthenium, Impatiens, Penstemon, Rudbeckia.* – *Chrysanthemum maximum. Phlox.* – *Miscanthus.*

Buntschopf-Salbei
Salvia viridis

'Pink Sundae'

VII–VIII   H 40 – 70   ○ ✂

Große, auffällige Hochblätter schmücken diese Salbei-Art, die nur wenige Wochen blüht. Sehr gute Schnittblume.
Blüte: Unscheinbar, mit auffälligen violettblauen, karminroten, rosa oder cremeweißen Hochblättern in endständigen Ähren.
Blatt: Eiförmig, frischgrün.
Wuchs: Aufrecht, buschig.
Heimat: Südeuropa bis Westasien.
Standort: Sonnig. Boden frisch bis mäßig trocken, locker und nährstoffreich.
Pflege: Mäßig gießen. Verblühtes abschneiden, um die Blütezeit zu verlängern.
Vermehrung: In III im Haus aussäen, ab Ende V auspflanzen.
Verwendung: Gruppenpflanze auf Rabatten.
Günstige Partner: *Cleome, Cosmos bipinnatus, Salvia farinacea.*
Sorten/Verwandte:
• 'White Swan' cremeweiß, meist jedoch auch einige Pflanzen mit rosa oder violetten Hochblättern, 40–60 cm.
• 'Pink Sundae' altrosa, 50–60 cm.
• 'Oxford Blue' violettblau, 60–70 cm.

EINJÄHRIGE

Tagetes, Studentenblume
Tagetes

Tagetes-Erecta-Hybride

Patula-Hybride 'Bolero'

Tagetes tenuifolia 'Gnom'

VI–X H 15 – 120 ○

Tagetes verdanken ihre Beliebtheit ihrer Blühfreudigkeit, Unempfindlichkeit und guten Wüchsigkeit. Sie zählen zu den formenreichsten Sommerblumen überhaupt. Bei neueren Sorten fehlt der typische Tagetesgeruch.
Blüte: Zitronen- oder goldgelbe, orangefarbene, rotbraune oder braunrote, oft auch zweifarbige Blütenkörbchen. Einfach, halb- oder dichtgefüllt bis ballförmig.
Blatt: Gefiedert mit gekerbtem Rand. Dunkelgrün, leicht glänzend. Bis auf neuere Sorten mit streng aromatischem Geruch.
Wuchs: Je nach Sorte niedrige oder hohe, in der Regel breite Horste.
Heimat: Mexiko und Mittelamerika.
Standort: Sonnig. Boden feucht bis mäßig trocken, mäßig nährstoffreich. Es sind nahezu alle Gartenböden außer extrem tonreichen geeignet.

Pflege: Mittlere Nährstoffversorgung, in längeren Trockenperioden gießen. Tagetes sind Leckerbissen für Schnecken und müssen deshalb vor ihnen geschützt werden.
Vermehrung: Ende III bis IV im Haus aussäen, ab V ins Beet auspflanzen. Alternative: Direktsaat in V, dann aber blühen die Pflanzen deutlich später.
Verwendung: In Gruppen oder kleinen Flächen auf Rabatten.
• Zitronengelbe und orangefarbene Sorten wegen ihrer grellen Farben nicht zu massiert pflanzen.
• Sorten mit ballförmigen Blüten eher zurückhaltend verwenden, sie wirken in der Masse zu plump.
Günstige Partner: *Calendula, Cosmos sulphureus, Heliotropium, Salvia farinacea, Tithonia. – Helenium, Rudbeckia, Solidago.*
Sorten/Verwandte:
• <u>*Tagetes-Erecta-*Hybriden</u> werden 30–120 cm hoch. Sie besitzen große, meist gefüllte, chrysanthemen- oder nelkenartige Blüten. Sie sind eher Schnitt- als Beetpflanzen. Die chrysanthemenblütigen Sorten zeigen ballförmige Blüten aus langen, gekrümmten Zungenblüten. Bei den nelkenblütigen Formen sind zumindest die äußeren Zungenblüten breiter und am Rand oft gewellt. Das Sortiment ist sehr umfangreich, das Farbspektrum erstreckt sich von Hellgelb bis zu sattem Orange.

• <u>*Tagetes-Patula-*Hybriden</u> werden 20–50 cm hoch. Es sind die am meisten verbreiteten Tagetes in den Gärten. Das reichhaltige Sortiment umfaßt einfache, halbgefüllte und gefüllte Sorten. Neben gelben und orangefarbenen Züchtungen bereichern rotbraune, braunrote sowie zweifarbige Sorten das Angebot.
• <u>*Tagetes tenuifolia*</u> und ihre Sorten sind mit 20–30 cm Höhe sehr zierlich. Mit ihren verhältnismäßig kleinen, einfachen, unaufdringlichen Blüten lassen sie sich am leichtesten mit anderen Pflanzen kombinieren. Auch ihr fein gefiedertes Laub ist sehr dekorativ. Einige Sorten:
• 'Lulu' zitronengelb.
• 'Carina' gelb-orange.
• 'Ursula' goldgelb mit rotbrauner Mitte.
• 'Ornament' intensiv rotbraun.

Schwarzäugige Susanne
Thunbergia alata

Tithonie
Tithonia rotundifolia

Kapuzinerkresse
Tropaeolum-Hybriden

Sorte von Thunbergia alata

Tithonia rotundifolia 'Fackel'

Tropaeolum-Hybride

EINJÄHRIGE

VII–X   H 140 – 180   ○

Wärmebedürftige Kletterpflanze.
Blüte: Orangegelb, tellerförmig mit schwarzer Mitte, zart duftend.
Blatt: Herzförmig mit gezähntem Rand, frischgrün.
Wuchs: Windende Kletterpflanze.
Heimat: Südafrika.
Standort: Sonnig, warm, möglichst windgeschützt. Boden frisch bis mäßig trocken, durchlässig, nährstoff- und kalkreich.
Pflege: Gute Nährstoffversorgung. Gitter, Drähte oder Stäbe als Klettergerüste anbringen.
Vermehrung: In III im Haus aussäen, Ende V auspflanzen.
Verwendung: An gitterartigen Klettergerüsten oder Schnüren vor Südwänden, an Kletterpyramiden in Beeten.
Günstige Partner: *Heliotropium, Salvia patens, Sanvitalia procumbens, Tagetes.*
Sorten/Verwandte:
• 'Susi Weiß mit Auge' weiß.
• 'Susi Gelb mit Auge' gelb.
• 'Susi Orange mit Auge' kräftig orangegelb.
Alle genannten Sorten mit dunklem Fleck in der Blütenmitte.

VIII–X   H 120 – 180   ○ ✂

Hochwüchsige Sommerblume, die auch gut in Staudenpflanzungen paßt. Etwas Besonderes!
Blüte: Orangefarbene Margeritenblüten mit gelboranger Mitte an den Enden fester Stiele.
Blatt: Groß und herzförmig. Mattgrün, rauh.
Wuchs: Bildet aufrechte, hohe, buschige Horste.
Heimat: Mexiko.
Standort: Sonnig. Boden frisch, nährstoffreich, nicht zu sandig.
Pflege: Gute Wasser- und Nährstoffversorgung. Stutzen im Jugendstadium fördert die Verzweigung. Verblühtes regelmäßig abschneiden. Insgesamt einfach zu kultivieren, gesund und wenig pflegeaufwendig.
Vermehrung: Ende III im Haus aussäen, Ende V ins Beet auspflanzen.
Verwendung: Als dominierende Pflanze in kleinen Gruppen mit niedrigen Einjahrespflanzen sowie in Staudenrabatten.
Günstige Partner: *Calendula, Heliotropium, Salvia patens, Tagetes, Verbena bonariensis. – Delphinium, Helenium, Rudbeckia.*
Sorten/Verwandte:
• 'Fackel' kräftig orangerot, die beste Sorte.

VII–X   H 30 – 300   ○ ◐

Großblättrige Sommerblumen mit leuchtenden Blüten.
Blüte: Gelb, orangefarben, ziegel- oder scharlachrot, auch halb- oder ganzgefüllt, groß trichterförmig.
Blatt: Groß, rund, oft gelappt. Frisch- bis grasgrün mit helleren Unterseiten, aromatisch.
Wuchs: Je nach Sorte horstig, kriechend oder kletternd.
Heimat: Kulturform.
Standort: Sonnig bis halbschattig, warm. Boden mäßig trocken bis feucht, durchlässig, humos, mit mittlerem Nährstoffgehalt.
Pflege: Bei zu guter Düngung bilden sich zu viele Blätter. Sehr pflegearm, da durch die großen Blätter Unkräuter stark unterdrückt werden.
Vermehrung: Direktsaat Anfang V. Alternative: Im Haus aussäen und Ende V pflanzen.
Verwendung: Rankende Sorten zur Begrünung von Mauern oder als lebende Trennwände an Klettergerüsten, kriechende zur großflächigen Bodenbedeckung, buschige auf Sommerblumenbeeten.
Günstige Partner: *Calendula, Cosmos sulphureus, Heliotropium, Salvia farinacea, Tagetes.*

Schleier-Eisenkraut
Verbena bonariensis

Verbena bonariensis

VII–X H 90 – 120 ○ ✄

Etwas sparrig wachsende Pflanzen, die, in lockeren Gruppen gepflanzt, über ganze Beete einen zarten Schleier legen.
Blüte: Fliederfarben, in dichten, schirmartigen Dolden.
Blatt: Länglich, am Rand gezackt. Satt dunkelgrün, leicht glänzend.
Wuchs: Aufrecht, sparrig verzweigt.
Heimat: Südamerika.
Standort: Sonnig, warm. Boden frisch bis mäßig trocken, nährstoffreich. Keine nassen Standorte oder verdichteten Böden!
Pflege: Keine.
Vermehrung: In II im Haus aussäen. Da die Samen sehr ungleichmäßig keimen, empfiehlt es sich, die Saat einige Tage nach der Aussaat eine Woche bei 4-8 °C kühlzustellen. Die Jungpflanzen Ende V ins Beet setzen.
Verwendung: In Gruppen auf Rabatten mit Sommerblumen und Stauden.
Günstige Partner: *Calendula, Cosmos, Lavatera, Tagetes, Tithonia. – Aster dumosus, Helenium, Rudbeckia, Solidago.*

Eisenkraut, Verbene
Verbena-Hybriden

Hybride 'Novalis Blau mit Auge'

VI–IX H 20 – 30 ○

Farbenprächtige Gruppenpflanzen mit vielen Sorten.
Blüte: Nahezu alle Farbtöne außer Gelb, Orange und reinem Blau, oft mit weißem Auge, reichblütig.
Blatt: Länglich, auffällig gekerbt, mattgrün.
Wuchs: Niedrig, im Umriß nahezu halbkugelförmig.
Standort: Sonnig, warm. Boden frisch bis mäßig trocken, durchlässig, nährstoffreich. Keine nassen Standorte oder schweren Böden!
Pflege: Gute mineralische Nährstoffversorgung. In Trockenperioden gießen.
Vermehrung: In II aussäen. Behandlung wie Kaltkeimer verbessert Keimrate.
Verwendung: In Gruppen auf Rabatten.
Günstige Partner: *Chrysanthemum frutescens, Cleome, Cosmos bipinnatus, Echinacea.*
Sorten/Verwandte: Mehrere gute Hybridgruppen wie Amore, Novalis, Sandy. Die Sortennamen nennen die Blütenfarbe:
• 'Amore Violett'.
• 'Novalis Leuchtscharlach'.
• Sorten der Compacta-Serie wachsen gedrungener, 20 cm.
• 'Kristall' reinweiß.
• 'Delight' rosa.

Eisenkraut, Verbene
Verbena rigida

Sorte 'Polaris'

VI–IX H 20 – 40 ○

Dankbare und wetterfeste Gruppenpflanze. In mildem Klima mit leichtem Winterschutz ausdauernd.
Blüte: Kleine, fliederfarbene Einzelblüten in endständigen Köpfchen.
Blatt: Länglich bis schmal eiförmig, am Rand ungleichmäßig gekerbt. Dunkelgrün mit runzeliger Oberfläche.
Wuchs: Buschige Horste, mit sparriger Verzweigung.
Heimat: Südamerika.
Standort: Sonnig bis leicht beschattet, wärmeliebend. Boden mäßig trocken bis frisch, durchlässig und nährstoffreich.
Pflege: Mäßig mineralisch düngen. Stutzen im Jugendstadium fördert die Verzweigung.
Vermehrung: In II im Haus aussäen, Ende V ins Beet pflanzen.
Verwendung: In kleinen Gruppen auf Rabatten mit Einjährigen und Stauden.
Günstige Partner: *Cleome, Cosmos bipinnatus, Heliotropium, Verbena bonariensis. – Echinacea, Liatris.*

Garten-Stiefmütterchen
Viola-Wittrockiana-Hybriden

Zinnie
Zinnia elegans

Garten-Stiefmütterchen

Zinnien sind dankbare Schnittblumen

III–V H 15 – 25 ○

Robuste, fröhliche Frühlingsblüher.
Blüte: In nahezu allen denkbaren Blütenfarben. Sowohl einfarbige Sorten als auch solche mit dunklem Auge.
Blatt: Eiförmig, am Rand gekerbt, grasgrün.
Wuchs: Niedrig, breitwüchsig.
Heimat: Kulturform.
Standort: Sonnig bis leicht beschattet. Boden frisch bis feucht, locker, nährstoffreich, humos.
Pflege: Nach dem Einpflanzen im Herbst zum Überwintern mit Fichtenreisig abdecken. Gute Nährstoffversorgung.
Vermehrung: In VII aussäen und zeitig im Herbst an den endgültigen Standort setzen. Alternative: Die Jungpflanzen im Kasten kühl und hell überwintern und im zeitigen Frühjahr auspflanzen.
Verwendung: Stets in Gruppen oder flächig. Für Schmuckbeete, auch auf Gräbern.
Günstige Partner: *Bellis, Cheiranthus cheiri, Myosotis.* – Narzissen und Tulpen.
Sorten/Verwandte: Es gibt eine solche Fülle an Sorten, zu denen jährlich neue dazukommen, daß Sie am besten nach Ihren Farbvorstellungen auswählen.

VII–X H 30 – 100 ◐ ✂

Formen- und farbenreiche, wärmeliebende Gartenpflanzen.
Blüte: Je nach Sorte rosa, scharlach- oder karminrot, orange, gelb, weiß. Einfach, halbgefüllt oder gefüllt.
Blatt: Grasgrün, eiförmig, zugespitzt.
Wuchs: Aufrecht, horstartig.
Heimat: Mexiko.
Standort: Sonnig, warm. Boden frisch bis feucht, kräftig und nährstoffreich.
Pflege: Gute Wasser- und Nährstoffversorgung.
Vermehrung: In IV im Haus aussäen und Ende V ins Beet pflanzen.
Verwendung: In Gruppen auf Rabatten. Dabei die Farben auf die Nachbarpflanzen abstimmen.
Günstige Partner: *Ageratum, Chrysanthemum frutescens, Cosmos bipinnatus* 'Unschuld', *Salvia farinacea, Verbena bonariensis.*

Halbgefüllte rote Sorte

Sorten/Verwandte:
• Niedrige Sorten für Beet und Topf: Sorten in allen Zinnien-Farben, meist gefüllt, 30 cm. Viele Hybridgruppen wie die Countdown-, Dasher-, Dreamland- oder Peter Pan-Serie. Die Sorten umfassen das gesamte Farbspektrum der Zinnien und tragen die Farbbezeichnung der Blüten im Namen.
• Halbhohe Sorten für Beet und Schnitt: In verschiedensten Farben, 40–50 cm. Dazu zählen die Ruffles-Hybriden.
• Hohe Sorten für Beet und Schnitt: Dahlienblütige und chrysanthemenblütige Formen in vielen Farbtönen. Etwas steifer Wuchs, über 60 cm. Hervorragend zum Schnitt geeignet.
• *Zinnia angustifolia* gelborange bis orangebraune, einfache oder gefüllte Blüten mit schmaleren Blättern. Schöne Sorte:
• 'Classic' orangegelb, einfachblühend.

STAUDEN –

Prachtstauden-Pflanzung am sonnigen Standort

BLÜTEN JAHR FÜR JAHR

Anemone-Japonica-Hybride 'Prinz Heinrich'

Was sind Stauden?
Stauden sind mehrjährige, krautige Pflanzen. Im Gegensatz zu Bäumen oder Sträuchern lagern sie keine oder nur wenige Holzstoffe in ihren Stengeln ein. Bis auf die Blätter einiger weniger Arten, die auch im Winter grün bleiben, sterben ihre oberirdischen Pflanzenteile alljährlich ab. Doch treiben alle Stauden Jahr für Jahr wieder aus bodennahen oder im Boden liegenden Erneuerungsknospen aus. Durch ihren jährlichen Vegetationszyklus, ihr Austreiben, Blühen, Fruchten und Einziehen spiegeln sie mehr als andere Pflanzen den Lauf des Jahres wider.

Stauden und Standorte
In der Natur kommen Stauden von der Meeresküste bis in die alpinen Regionen der Gebirge an den verschiedensten Plätzen vor. Selbst im Wasser leben einige Arten. Dementsprechend ist es möglich, für jede Stelle im Garten passende Stauden zu finden. Und umgekehrt gibt die Beobachtung des Naturstandortes der einzelnen Pflanzenart gute Hinweise auf ihre Ansprüche im Garten.

Arten und Züchtungen
Durch intensive Züchtungsarbeit sind aus mitunter unscheinbaren Wildarten im Laufe der Zeit prächtigste Gartenblumen hervorgegangen.
- Pracht- oder Beetstauden gedeihen am besten in Beeten und auf Rabatten.
- Wildstauden hingegen wachsen oft noch dort, wo selbst Rasen versagt. Ob im Schatten, ob auf Sonnenflächen, ob an kühlen oder heißen Standorten, ob auf schwerem oder auf leichtem Boden – für jeden Standort gibt es geeignete Spezialisten.

Zur Auswahl der Pflanzenporträts
In den folgenden Beschreibungen finden Sie in alphabetischer Reihenfolge die schönsten Blüten- und Blattstauden. Zusätzlich sind einige Halb- und Zwergsträucher wie Lavendel, Salbei oder Immergrün aufgeführt, die wie Stauden kultiviert und verwendet werden und nicht in Baumschulen, sondern in Staudengärtnereien erhältlich sind.
Sonderformen der Stauden wie Zwiebel- und Knollenpflanzen (→ Seite 192 bis 221) sowie Gräser und Farne (→ Seite 222 bis 229) werden aus praktischen Gründen als eigene Gruppen behandelt.

Pflanzliste:
① *Lychnis coronaria* 'Alba'
② *Salvia nemorosa*
③ *Achillea-Millefolium*-Hybride 'Cerise Queen'
④ *Aster ericoides*
⑤ *Papaver somniferum*
⑥ *Centranthus ruber*
⑦ *Salvia nemorosa*
⑧ *Delphinium-Pacific*-Hybride 'Astolat'
⑨ *Aster divaricatus*

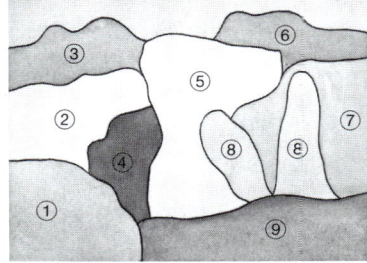

Gold-Garbe
Achillea filipendulina

Sorte 'Parker'

VII–IX H 70 – 130 ○ ✂

Bekannte und weitverbreitete Gartenpflanze.
Blüte: Warmes Gelb. Schirmartige Dolden mit langer Blütezeit.
Blatt: Gefiedert, graugrün, streng aromatisch riechend.
Wuchs: Horstartig, beansprucht durch kurze Ausläufer zunehmend Platz. Mitunter standschwach.
Heimat: Kaukasus und Kleinasien. Bergwiesen.
Standort: Sonnig, warm, hitzeverträglich. Boden mäßig trocken bis frisch, durchlässig, nährstoffreich.
Pflege: Im späten Winter Rückschnitt bis zum Boden. Gelegentlich düngen. Verwelkte Blütenstände etwa 20 cm unter den Blütenschirmen abschneiden, dadurch wird der Flor verlängert. Bei Bedarf stäben.
Vermehrung: Teilung, Rißlinge, Kopfstecklinge in V.
Verwendung: Auf sonnigen Rabatten, im Steppengarten.
Günstige Partner: *Anthemis, Echinops, Salvia nemorosa.* – Verschiedene Gräser.
Sorten/Verwandte:
• 'Parker' goldgelb, flache Blütenschirme, 130 cm.
• 'Coronation Gold' leuchtend goldgelb, kompakt, 70 cm.

Rote Schaf-Garben
Achillea-Millefolium-Hybriden

Hybride 'Paprika'

VI–VIII H 30 – 80 ○ ✂

Züchtungen, an denen die heimische Schaf-Garbe beteiligt war.
Blüte: Rosa bis karminrot oder gelblich, je nach Sorte oft mit weißer Mitte, in schirmartigen Dolden.
Blatt: Feinfiedrig zerteilt, graugrün.
Wuchs: Horstartig, breitet sich durch kurze Ausläufer aus.
Heimat: Kulturform.
Standort: Vollsonnig, warm. Boden mäßig trocken bis frisch, für alle Gartenböden.
Pflege: Regelmäßig düngen. Rückschnitt im Herbst. Sämlinge entfernen, da sie blasse Blütenfarben bringen.
Vermehrung: Durch Teilung, Rißlinge und Kopfstecklinge, die im Mai geschnitten werden.
Verwendung: Auf sonnigen Beeten, mit blauen, rosafarbenen oder weißen Partnern. Warme Gelb-, Orange- und Rottöne in der Nachbarschaft vermeiden, es sei denn, die Sorten sind selbst gelb, kupfer- oder ziegelrot gefärbt.
Günstige Partner: *Artemisia, Campanula carpatica, Centranthus ruber, Salvia nemorosa.*
Sorten/Verwandte:
• 'Schwefelblüte' schwefelgelb, graulaubig, 60 cm.
• 'Orangekönigin' kupfrig orange, 70 cm.
• 'Sammetriese' samtrot, spätblühend, 80 cm.
• 'Kelway' kräftig karminrot mit weißer Mitte, 60 cm.

Sumpf-Garbe, Bertrams-Garbe
Achillea ptarmica

Sorte 'Schneeball'

VII–VIII H 60 – 90 ○ ◐ ✂

Die schönen Blütenstände der Sumpf-Garbe eignen sich hervorragend für Blumensträuße.
Blüte: Strahlend weiße Zungen- und bräunlich-weiße Röhrenblüten. Körbchen in lockeren doldenartigen Blütenständen.
Blatt: Schmal lanzettlich, mit feingesägtem Rand, stumpfgrün.
Wuchs: Unregelmäßig breitbuschig, bildet Ausläufer.
Heimat: Europa bis Westasien. Naßwiesen und Ufergebüsche.
Standort: Sonnig bis leicht beschattet, luftfeucht. Boden frisch bis feucht, kräftig, optimal sind Lehmböden, auch ton- oder humusreiche Böden.
Pflege: Regelmäßig im Frühjahr düngen. Bei zu starkem Wuchern an den Rändern abstechen.
Vermehrung: Teilung, Rhizomschnittlinge und Kopfstecklinge. Die Art auch durch Aussaat.
Verwendung: Am Teichrand und auf feuchten Beeten.
Günstige Partner: *Alchemilla, Hemerocallis, Lythrum.*
Sorten/Verwandte:
• 'Schneeball' gefüllt, reinweiß, kugelförmig.
• 'Nana Compacta' weiß, halbgefüllt, kleinwüchsig, nicht wuchernd.

Herbst-Eisenhut
Aconitum carmichaelii

Aconitum carmichaelii 'Arendsii'

Aconitum x cammarum 'Bicolor'

Blauer Eisenhut, Echter Eisenhut
Aconitum napellus

Aconitum napellus 'Album'

IX–X H 100–140 ◐ ✂ ☠

Mit ihren intensiv blauen Blüten stellen die Eisenhut-Arten wichtige Gartenpflanzen dar. Wegen des starken Giftes wurde der heimische gelb blühende Wolfs-Eisenhut *(Aconitum vulparia)* früher zum Vergiften von Wölfen benutzt.
Blüte: Mittelblau mit zartem rosa Schimmer. Große Einzelblüten in langgestreckten, lockeren Rispen. Erste Fröste schädigen die Blüten nicht.
Blatt: Tief 3-5teilig geschlitzt, glänzend sattgrün.
Wuchs: Horstartig.
Heimat: Kulturform.
Standort: Absonnig bis halbschattig, bei guter Wasserversorgung auch sonnig, kühl. Boden stets ausreichend frisch und nährstoffreich. Keine heißen Standorte!
Pflege: Gute Nährstoffversorgung durch organische oder mineralische Dünger. In Trockenperioden ausreichend wässern. Nach der Blüte ganz zurückschneiden.
Vermehrung: Durch Teilung im späten Herbst oder zeitigen Frühjahr. Dabei Handschuhe benutzen, da die Wurzeln das giftige Aconitin in starker Konzentration enthalten. Bei der Art ist auch Aussaat im Herbst möglich, dabei Saatgut einige Wochen kühlstellen (Kaltkeimer).
Verwendung: Als blauer Herbstblüher im lichten Schatten und wandernden Licht ein äußerst wertvoller Gartenschatz. Auch auf frischen, überwiegend sonnigen Rabatten ein Genuß zum Ausklang des Gartenjahres.
Günstige Partner: *Anemone-Japonica*-Hybriden, *Cimicifuga*. – Farne. – Herbstfärbende Gehölze. – Auf Beeten *Aster ericoides, Aster novae-angliae, Aster novi-belgii.*
Sorten/Verwandte:
• *Aconitum carmichaelii* var. *wilsonii* aus Mittel-China, ebenfalls sehr schön mit lockeren Blütenrispen, 120–180 cm.
• *Aconitum x cammarum* 'Bicolor', Bayerischer Eisenhut, mit weiß-blauen Blüten, VII–VIII, 120 cm.
Warnung: Bereits geringe Mengen des in allen Teilen enthaltenen Giftes Aconitin führen zum Tod.

VI–VII H 90–150 ◐ ✂ ☠

Beliebte Bauerngartenpflanze.
Blüte: Dunkelblaue, helmartige Blüten in dichten Rispen.
Blatt: Handförmig geteilt, fast schwarzgrün.
Wuchs: Aufrechte Horste, gelegentlich standschwach.
Heimat: West- bis Mitteleuropa. In feuchten Gebüschen und Wäldern.
Standort: Lichtschattig bis absonnig, bei guter Wasserversorgung auch sonnig, kühl, luftfeucht. Boden frisch bis feucht, nährstoffreich. Bestens geeignet sind humose Lehmböden. Keine Sand- oder Schotterböden!
Pflege: Gute Nährstoffversorgung. In Trockenperioden wässern, sonst Läusebefall.
Vermehrung: Wie beim Herbst-Eisenhut.
Verwendung: Im lichten Baum- und Strauchschatten, auf absonnigen, bei ausreichend frischen Böden auch sonnigen Beeten.
Günstige Partner: *Aruncus, Astilbe, Hemerocallis, Ligularia, Lysimachia.*
Sorten/Verwandte:
• 'Album' weiße Blüten.

STAUDEN

Steintäschel
Aethionema-Hybride 'Warley Rose'

Hybride 'Warley Rose'

V–VI   H 15 – 20   ○

Wenig bekannte, jedoch prachtvoll blühende Steingartenpflanze, die mit Polster-Phlox und Schleifenblume konkurrieren kann.
Blüte: Kräftiges Rosa, reichblühend, lang anhaltender Flor.
Blatt: Nadelförmig, blaugrün.
Wuchs: Polsterförmiger Halbstrauch.
Heimat: Die Art stammt aus dem anatolischen Hochland.
Standort: Vollsonnig, warm. Boden durchlässig, sandig oder schotterig.
Pflege: Blütenstände nach dem Abblühen entfernen. Leichter Winterschutz durch Abdecken mit Fichtenzweigen ist ratsam.
Vermehrung: Durch Stecklinge nach der Blüte.
Verwendung: Auf Trockenmauern und im Steingarten.
Günstige Partner: *Cerastium, Dianthus gratianopolitanus, Iberis saxatilis,* blaue und violette *Iris-Barbata-Nana*-Hybriden, *Phlox-Subulata*-Hybriden. – *Festuca ovina.*
Sorten/Verwandte:
• *Aethionema grandiflora*, hellrosa Massenblüher, 30 cm hoch. Versamt sich an zusagenden Stellen ohne lästig zu werden, Vermehrung durch Aussaat.

Schmucklilie
Agapanthus 'Headbourne Hybriden'

Agapanthus 'Headbourne Hybride'

VII–VIII   H 70 – 90   ○ ✂

Schmucklilien sind meist nur als Kübelpflanzen bekannt. Die sommergrünen *Agapanthus campanulatus* und 'Headbourne Hybriden' sind jedoch auch im Freiland mit leichtem Schutz vor Winternässe und strengen Frösten ausdauernd. Mit ihren blauen Blütenständen wichtiger Farbträger im Hochsommer.
Blüte: Mittelblau, annähernd halbkugelförmige Dolden mit wochenlanger Blüte.
Blatt: Breit linealisch, dunkelgrün.
Wuchs: Horstartig, mit bodennahem Blattschopf und aufrechten Blütenstengeln.
Heimat: Kulturform.
Standort: Vollsonnig, warm. Boden tiefgründig, durchlässig, aber nährstoffreich, ausreichend feucht im Frühjahr und Sommer. <u>Keinesfalls winternasse Plätze!</u>
Pflege: Pflanzung ausschließlich im Frühjahr. Während der Vegetationszeit reichlich düngen und wässern. Abgeblühte Blumen zurückschneiden. Winterschutz aus trockenem Laub und Fichtenzweigen geben.
Vermehrung: Durch Aussaat oder Teilung älterer Pflanzen im Frühjahr.
Verwendung: Auf sonnigen Beeten, günstig vor einer warmen Südwand.
Günstige Partner: *Kniphofia, Crocosmia x cocosmiiflora.* Auch in der Nähe von Rosen.
Sorten/Verwandte:
• 'Albus' weißblühend.

Kriechender Günsel
Ajuga reptans

Ajuga reptans

IV–V   H 15 – 20   ◐

Weit verbreitete heimische Wildstaude.
Blüte: Stahlblau, in dichten Blütenkerzen.
Blatt: Spatelförmig, leicht bräunlichgrün, wintergrün.
Wuchs: Wächst durch Absenker rasch zu einem flächendeckenden Teppich zusammen.
Heimat: Europa, Kleinasien bis zum Iran. Auf Wiesen und in lichten Wäldern.
Standort: Lichtschatten bis halbschattig, bei ausreichender Feuchte auch sonnig, kühl. Boden frisch bis feucht, nährstoffreich, lehmig.
Pflege: Regelmäßige Düngung im Frühjahr, sonst nur kurzlebig. In Trockenperioden gießen. In der Nähe schwachwüchsiger Partner zurücknehmen, sonst werden diese vom Günsel leicht überwachsen.
Vermehrung: Durch Abtrennung der Absenker.
Verwendung: Kleinflächig im wandernden Licht von Bäumen, nicht im unmittelbaren Wurzelbereich! Im Mauerschatten, am Teichufer.
Günstige Partner: *Alchemilla, Epimedium, Waldsteinia.*
Sorten/Verwandte:
• 'Atropurpurea' mit rotbraunem Laub, für lichten Schatten.

Schleier-Frauenmantel
Alchemilla mollis

Alchemilla mollis läßt sich vielseitig kombinieren

Felsen-Steinkraut
Alyssum saxatile

Alyssum saxatile

VI–VIII H 30–50 ○ ◐

Nur wenige Gartenpflanzen sind so vielseitig und problemlos zu verwenden wie der überaus attraktive Schleier-Frauenmantel. Dabei wurde der Wert dieser Staude lange nicht genügend erkannt. Erst in den letzten Jahren hat er endgültig Einzug in unsere Gärten gehalten.
Blüte: Grüngelb, honigartig duftend. Viele kleine Einzelblüten in lockeren Trugdolden, die zarte Schleier über den dekorativen Blatthorsten bilden.
Blatt: Im Umriß rund, fächerartig gefaltet und an den Rändern eingebuchtet, sehr zierend. Stumpfgrün mit einem Hauch von Olivbraun, früh austreibend. Bei hoher Luftfeuchte sitzen Wassertropfen an den Blatträndern, die durch Drüsen ausgeschieden werden.
Wuchs: Halbkugelförmige, kompakte Horste.
Heimat: Karpaten bis Kaukasus. Auf frischen Wiesen.
Standort: Vollsonnig bis halbschattig, bei genügend feuchtem Stand auch heiße, sonst aber vorwiegend kühle Plätze. Boden frisch und nährstoffreich, optimal auf Lehmböden. Auch stark tonhaltige Böden sind möglich. <u>Keine nährstoffarmen Sandböden!</u> Empfindlich gegen Schwarzen Rußtau von Bäumen, daher <u>nicht unter Eichen und Linden pflanzen!</u>
Pflege: Der Frauenmantel zählt zu den pflegeleichten Stauden, da der Boden von seiner Blattmasse vollständig abgedeckt wird und so kaum Unkraut erscheint. Restliches Laub vor dem Austrieb im März entfernen. Gute organische oder mineralische Nährstoffversorgung. Bei Trockenheit gießen. Rückschnitt oder Abmähen nach der Blüte.
Vermehrung: Durch Teilung zu jeder Jahreszeit oder durch Abstechen von Teilstücken. Auch Aussaat möglich.
Verwendung: Sehr vielseitig: Auf frischen Beeten, am Teichrand und im lichten Schatten von Gehölzen, ja selbst im Mauerschatten oder in Plattenfugen. Die grünlich-gelben Blüten harmonieren mit fast jeder anderen Blütenfarbe.
Günstige Partner: *Campanula, Chrysanthemum maximum, Delphinium, Geranium x magnificum, Hemerocallis, Paeonia, Polemonium, Solidago* und viele andere.

IV–V H 25 – 40 ○

Beliebte Steingartenpflanze.
Blüte: Sattgelb mit angenehm honigartigem Duft.
Blatt: Spatelförmig, stumpf- oder graugrün.
Wuchs: Polsterförmiger Halbstrauch, fällt im Alter leicht auseinander.
Heimat: Mitteleuropa bis Kleinasien. In Felsfugen und auf steinigem Untergrund.
Standort: Vollsonnig, warm, auch heiß und trocken. Boden mäßig trocken bis frisch, gut durchlässig.
Pflege: Zählt zu den langlebigen und pflegeleichten Steingartenpflanzen. Leichter Rückschnitt nach der Blüte hält die Pflanzen kompakt, sonst keine weiteren Maßnahmen notwendig. Überalterte Pflanzen stark auf etwa 5–10 cm zurückschneiden.
Vermehrung: Durch Aussaat oder Stecklinge im Sommer. Verpflanzen und Teilen älterer Pflanzen schwierig.
Verwendung: Im Steingarten, auf Kanten und in Fugen von Trockenmauern. Im Vordergrund vollsonniger Rabatten.
Günstige Partner: *Aubrieta, Iberis.* – Tulpen.
Sorten/Verwandte:
• 'Compactus' gedrungener Wuchs, 20–30 cm.

Silber-Perlkörbchen
Anaphalis triplinervis

Anaphalis triplinervis

VII–IX   H 20 – 50   ○

Pflegeleichte Staude mit geringen Bodenansprüchen, die sich gut als Trockenblume eignet.
Blüte: Silbrig-weiße, perlenartige Köpfchen in einer doldenartigen Traube am Ende aufrechter Triebe.
Blatt: Lanzettlich, dreinervig, graufilzig.
Wuchs: Aufrechte, reich beblätterte Triebe, etwa genauso breite wie hohe Horste.
Heimat: Himalaja. Auf steinigen Bergwiesen.
Standort: Vollsonnig, warm, auch heiß. Boden mäßig trocken bis frisch, durchlässig.
Pflege: Im Herbst Rückschnitt bis auf den Boden.
Vermehrung: Durch Teilung außerhalb der Blütezeit.
Verwendung: Kleinflächig auf trockenen Beeten und im Steingarten.
Günstige Partner: *Aster amellus, Campanula glomerata, Nepeta* und andere trockenheitsverträgliche Stauden.
Sorten/Verwandte:
• *Anaphalis margaritacea* aus Nordamerika und Nordost-Asien, bildet Ausläufer und wird etwa 30 bis 60 cm hoch. Gelegentlich standschwach, Blätter schmaler und oberseits weniger grau, gut auf sandigen Böden.

Herbst-Anemone
Anemone-Japonica-Hybriden

Herbst-Anemonen bilden weißflaumige Früchte – hier 'Ouvertüre'

VIII–X   H 60 – 140   ◐ ✂

Von den etwa 60 verschiedenen Anemonen haben einige besonders schöne Arten Eingang in unsere Gärten gefunden.
Blüte: Je nach Sorte rosafarbene oder weiße, einfache oder halbgefüllte große Schalenblüten in lockeren, reichblütigen Rispen. Ansehnlicher Fruchtschmuck aus weißen, flaumigen Büscheln, die gut mit dem dunkelbraunen Herbstlaub kontrastieren.
Blatt: Groß, dreiteilig mit unregelmäßig gesägtem bis gelapptem Rand, stumpfgrün.
Wuchs: Bildet kurze Ausläufer und beansprucht so allmählich immer mehr Platz. Kann bis über 1 m breit werden.
Heimat: Uralte Kulturpflanzen aus Ostasien.
Standort: Im wandernden Licht und lichten Schatten von Gehölzen, auf kühlen bis mäßig warmen Plätzen. Boden frisch bis feucht, nährstoff- und humusreich. Keine leicht austrocknenden Böden!
Pflege: In Trockenperioden ausreichend gießen. Gute organische Düngung durch Abdecken mit Laubkompost oder abgelagertem Mist. Bei starken Frösten ohne schützende Schneedecke vor allem junge Pflanzen abdecken. Rückschnitt im zeitigen Frühjahr. Zu breit gewordene Pflanzen gelegentlich mit dem Spaten abstechen.
Vermehrung: Durch Teilung und Rhizomschnittlinge.
Verwendung: Im lichten Schatten hoher Bäume und im Mauerschatten. Nicht in direkter Nähe von Baumwurzeln pflanzen!
Günstige Partner: *Aconitum carmichaelii, Cimicifuga ramosa. – Carex morrowii* 'Variegata', Farne.
Sorten/Verwandte:
• 'Wirbelwind' weiß, halbgefüllt; stäben, da weniger standfest, 80–100 cm.
• 'Königin Charlotte' zartrosa, halbgefüllt, spätblühend, 90 cm.
• 'Prinz Heinrich' kräftig rosa, halbgefüllt, 60 cm.
• *Anemone hupehensis* 'Septembercharme' zartrosa, einfachblühend, 80 cm.
• 'Praecox' kräftig rosa, einfache Blüten, 80 cm.
• *Anemone tomentosa* 'Robustissima' hellrosa, einfach und sehr früh blühend, äußerst robust und standfest, 100 cm.

Färberkamille
Anthemis tinctoria

Sorte 'Wargrave'

VI–IX H 40 –100 ○

Der Name der Pflanze geht auf die Verwendung der gelben Blütenfarbstoffe als Färbemittel für Wolle zurück.
Blüte: Goldgelbe Margeritenblüten in Massen.
Blatt: Gefiedert, oberseits stumpfgrün und unterseits graugrün, aromatisch duftend.
Wuchs: Horstartig, locker halbkugelförmig, meist standschwach.
Heimat: Europa bis Westasien. Auf trockenen, durchlässigen Sandböden, Felsbändern und trockenen Rasen.
Standort: Vollsonnig, warm. Boden trocken bis mäßig trocken, gut durchlässig. Keine schweren Böden!
Pflege: Kräftiger Rückschnitt nach der Blüte, um die Lebensdauer der Pflanzen zu verlängern. Trotzdem muß alle 3 bis 4 Jahre nachgepflanzt werden.
Vermehrung: Durch Stecklinge im Sommer. Vermehrt sich ohne Zutun durch Selbstaussaat.
Verwendung: Vor Südwänden und auf trockenen Böschungen, auf Mauerkronen und Dachgärten.
Günstige Partner: *Calamintha, Nepeta, Salvia nemorosa, Stachys byzantina.*
Sorten/Verwandte:
• 'Wargrave' cremegelb, großblütig, 100 cm.
• 'Beauty of Grallagh' dottergelb, 60–80 cm.
• 'Grallagh Gold' gelborange, 70 cm.

Akelei
Aquilegia-Hybriden

'Crimson Star'

'Blue Star'

V–VI H 40 – 70 ◐ ✂ ☠

Meist kurzlebige Stauden mit hübscher Blütenform.
Blüte: In vielen verschiedenen Farben, oft zweifarbig, gelegentlich auch gefüllt. Nickende, gespornte, glockenförmige Blüten, dreizählig.
Blatt: Blättchen zusammengesetzt, bläulichgrün, bald nach der Blütezeit vergilbend.
Wuchs: Aufrecht, locker horstartig, gelegentlich standschwach.
Standort: Licht- bis halbschattig, kühl bis warm. Boden frisch, humos. Keine heißen Standorte!
Pflege: In Trockenperioden wässern. Nicht alle durch Selbstaussaat entstandenen Sämlinge entfernen, sonst müssen die Akeleien nach einigen Jahren nachgepflanzt werden.
Vermehrung: Durch Aussaat. Vermehrt sich ohne Zutun durch Selbstaussaat.

Aquilegia vulgaris

Verwendung: Auf halbschattigen Rabatten, im lichten Schatter von Mauern und Gehölzen. Stets in kleineren Gruppen pflanzen, so daß die Lücken, die die Akeleien nach ihrer Blütezeit hinterlassen, von anderen Pflanzen verdeckt werden.
Günstige Partner: *Anemone, Astilbe, Brunnera, Geum*-Hybriden, *Hosta.* – Farne.
Sorten/Verwandte:
• 'Nivea' mit reinweißen Blüten.
• 'Olympica' blau-weiße Blüten.
• 'Biedermeier' blau, gefüllt.
• *Aquilegia vulgaris,* Gewöhnliche Akelei, mit blauen, aber auch rosa oder weißen Blüten. Versamt sich gerne. Heimisch.
• *Aquilegia-Caerulea*-Hybriden, Höhe 40–60 cm:
• 'Kristall' reinweiß.
• 'Blue Star' hellblau-weiß.
• 'Crimson Star' rot-weiß.
• 'Olympia Rot-Gold' rot-gelb.
• *Aquilegia chrysantha* kräftig gelb, 70 cm.
Warnung: Die Akelei enthält giftige Verbindungen.

Gänsekresse
Arabis caucasica

Sorte 'Schneeball'

IV–V H 15 – 30 ○

Eine der dankbarsten und pflegeleichtesten Steingartenstauden.
Blüte: Weiße, kleine Blüten in reichblühenden Trauben.
Blatt: Spatelförmig, graugrün, in Rosetten.
Wuchs: Durch Ausläufer langsam kriechend, teppichartig.
Heimat: Mittelmeergebiet bis zum Kaukasus. Auf sonnigen Schutthängen.
Standort: Vollsonnig, warm. Boden mäßig trocken bis frisch, durchlässig. Keine schweren Böden, sonst verfaulend.
Pflege: Abgeblühtes entfernen. Bei zu üppigem Wachstum zurücknehmen. Sonst keine weitere Pflege notwendig.
Vermehrung: Durch Abtrennen einzelner Blattrosetten leicht möglich. Auch durch Stecklinge.
Verwendung: Im Steingarten und im Randbereich sonniger Beete. Schön in Aussparungen von Plattenwegen.
Günstige Partner: *Alyssum, Aubrieta, Iris-Barbata*-Hybriden.
Sorten/Verwandte:
- 'Schneehaube' kompaktwüchsig, nur 15 cm hoch.
- 'Plena' gefüllte Blüten.
- *Arabis procurrens* bildet immergrüne Teppiche.

Grasnelke
Armeria maritima

Sorte 'Frühlingszauber'

V–VI H 20 – 30 ○

Trotz des Namens keine Nelke.
Blüte: Je nach Sorte karminrot, rosa oder weiß.
Blatt: Grasartig, dunkelgrün.
Wuchs: Dichte, gewölbte Blattpolster mit vielen aufrechten Blütenstielen.
Heimat: Europa bis Rußland. Sandige Meeresküsten, Salzwiesen, Magerrasen.
Standort: Vollsonnig. Boden mäßig trocken bis frisch, durchlässig. Keine schweren Böden, sonst verfaulend.
Pflege: Blüten zum Ende der Blütezeit abschneiden, um Selbstaussaat zu vermeiden. In schneelosen Wintern leicht mit Reisig abdecken. Wenn die Polster nach einigen Jahren von der Mitte heraus verkahlen, die Pflanzen aufnehmen und teilen.
Vermehrung: Durch Teilung.
Verwendung: In kleinen Gruppen, nie flächig. Im Steingarten, auf Heideflächen, in Plattenfugen und Steintrögen.
Günstige Partner: *Campanula carpatica, Cerastium, Thymus.*
Sorten/Verwandte:
- 'Alba' weiß.
- 'Frühlingszauber' rosa.
- 'Düsseldorfer Stolz' karmin.

Wald-Geißbart
Aruncus dioicus

Aruncus dioicus

VI–VII H 150 – 200 ◐

Überaus stattliche und beeindruckende Staude.
Blüte: Weiß bis rahmgelb. Große verzweigte Rispen mit einer Masse von kleinen Blüten.
Blatt: Groß, gefiedert, die Blättchen spitz und gesägt, frischgrün. Gelbe Herbstfärbung.
Wuchs: Wuchtige Horste.
Heimat: Gemäßigte Breiten der Nordhalbkugel. In Waldschluchten, an schattigen Quellen und Bachläufen.
Standort: Lichtschattig bis halbschattig, nur bei gleichmäßiger Bodenfeuchte auch sonnig, kühl; Boden frisch bis feucht, nährstoff- und humusreich, lehmig.
Pflege: In Trockenperioden gießen. Rückschnitt im Herbst. Anspruchslos und langlebig.
Vermehrung: Durch Aussaat. Teilung älterer Pflanzen schwierig, da der Wurzelstock verholzt ist. Selbstaussaat.
Verwendung: Im lichten Schatten von Gehölzen und Mauern. Bei ausreichender Wasserversorgung auch auf Rabatten.
Günstige Partner: *Campanula lactiflora, Campanula latifolia. Aconitum napellus, Geranium, Rodgersia.* Auf sonnig-kühlen Rabatten mit *Delphinium-Elatum*-Hybriden.

Aster-Arten und Hybriden ASTER

Astern-Potpourri – die violett blühende Berg-Aster 'Weltfriede' und die weiß blühende Myrten-Aster 'Brimstone'

Innerhalb der riesigen, etwa 600 Arten umfassenden Gattung der Astern gibt es eine Reihe außergewöhnlich schöner Gartenpflanzen. Kennzeichnend sind die sternförmigen, oft zweifarbigen Körbchenblüten.
Für die Verwendung im Garten stehen frühjahrs-, sommer- und herbstblühende Arten zur Verfügung. Fast alle sind Sonnenpflanzen. Speziell die September- und Oktoberblüher lassen das Herz eines jeden Gartenfreundes höher schlagen, da sie dem Garten am Ende des Jahres nochmals zu prachtvollem Glanz verhelfen. Einen Schmuckgarten ohne die reichblühenden und überaus attraktiven Astern kann man sich kaum vorstellen.

Während sich die großblumigen Spätblüher seit langem großer Wertschätzung erfreuen, wurden die kleinblütigen Schleier-Astern *(Aster ericoides* und andere Arten) sowie die in Gemeinschaft mit Gehölzen zu verwendenden Arten (wie *Aster divaricatus)* lange Zeit nicht genügend gewürdigt. Auch heute finden diese Pflanzen in den Gärten noch nicht den Platz, den sie eigentlich verdienen.
Im Garten können Astern von Älchen und der Asternwelke, die durch den Pilz *Verticillium* verursacht wird, befallen werden. Am stärksten gefährdet sind die Sorten von *Aster dumosus* und *Aster novi-belgii*. Alte und schlecht ernährte Pflanzen werden besonders häufig befallen. Als Vorbeugung sollte man diese Astern daher ausreichend düngen sowie alle drei bis fünf Jahre ausgraben, intensiv teilen und an anderer Stelle wieder einpflanzen. Frühzeitiges Vergreisen wird außerdem durch Ausbringen einer etwa 3 cm hohen Kompostschicht im zeitigen Frühjahr verzögert.
Werden trotz bester Standortwahl die Pflanzen von der Welke befallen, so muß man diese Exemplare entfernen und in die Mülltonne werfen. Keinesfalls jedoch auf den Kompost geben, da sich dort der Pilz weiter ausbreiten kann. Außerdem sollten auf den befallenen Flächen einige Jahre keine Astern gepflanzt werden, um eine erneute Infektion zu verhindern.

Alpen-Aster
Aster alpinus

Sorte 'Albus'

V–VI   H 20 – 30   ○

Kurzlebige, doch reichblühende Staude für den Steingarten.
Blüte: Violett-gelb, margeritenähnlich, einzeln auf aufrechten, beblätterten Stielen.
Blatt: Spatelförmig, stumpfgrün, rauhhaarig.
Wuchs: Bildet kompakte Blattpolster, über die sich die Blütenstiele erheben.
Heimat: Gebirge der Nordhalbkugel. In sonnigen Steinrasen der alpinen Stufe.
Standort: Vollsonnig. Boden frisch, gut durchlässig.
Pflege: In Trockenperioden gießen. Rückschnitt der Blütenstiele nach dem Flor. Oft nur kurzlebig, daher nach 3 bis 4 Jahren teilen und neu pflanzen.
Vermehrung: Durch Teilung nach der Blüte. Die Art und viele gängige Sorten auch durch Aussaat.
Verwendung: Im Steingarten, auf Mauerbrüstungen.
Günstige Partner: *Dianthus gratianopolitanus, Gypsophila repens, Iberis sempervirens*.
Sorten/Verwandte:
• 'Albus' weiß-gelb.
• 'Happy End' lavendelblau bis rosa.
• 'Dunkle Schöne' dunkelviolett-gelb.

Berg-Aster, Kalk-Aster
Aster amellus

Sorte 'Lady Hindlip'

VIII–IX   H 40 – 60   ○ ✂

Heimische Wildstaude mit vielen, schönen Sorten.
Blüte: Lila, violettblau oder rosa, mit gelber Mitte, margeritenähnlich.
Blatt: Breit lanzettlich, stumpfgrün, rauhhaarig.
Wuchs: Aufrechte Horste.
Heimat: Europa bis Klein- und Westasien. An trockenen, sonnigen Waldrändern, in Kalkmagerrasen und Steppenrasen.
Standort: Vollsonnige, warme, auch heiße und trockene Plätze. Boden mäßig trocken bis frisch, durchlässig, kalkhaltig.
Pflege: Nur im Frühjahr pflanzen, bei Herbstpflanzung häufig Ausfälle. Mäßig düngen. Auf fetten Böden sind sie kurzlebig und müssen nach 3 Jahren geteilt werden. Im Herbst gleich nach der Blüte zurückschneiden.
Vermehrung: Durch Stecklinge, durch Teilung im Frühjahr.
Verwendung: Sonnige, überwiegend trockene Rabatten.
Günstige Partner: *Achillea filipendulina, Anaphalis. – Calamagrostis x acutiflora*.
Sorten/Verwandte:
• 'Lady Hindlip' rosa.
• 'Dr. Otto Petschek' lavendelblau.
• 'Sonora' kräftig violett.
• 'Veilchenkönigin' dunkelviolett, spätblühend.
• *Aster pyrenaeus* 'Lutetia' lavendelrosa, 50 cm.
• *Aster x frikartii* 'Wunder von Stäfa' zartblau mit gelber Mitte, wochenlang blühend, 60–80 cm.

Kissen-Aster
Aster-Dumosus-Hybriden

Hybride 'Prof. Anton Kippenberg'

Hybride 'Silberteppich'

IX–X   H 15 – 50   ○

Das ganze Jahr ansehnliche Stauden.
Blüte: Violett bis lila, rosa, karminrot, weiß, Mitte meist gelb.
Blatt: Lanzettlich, dunkelgrün.
Wuchs: Kriechend, teppichartig.
Heimat: Kulturform.
Standort: Vollsonnig, kühl, bei reichlicher Wasserversorgung auch wärmeverträglich. Boden frisch bis feucht, lehmig-humos.
Pflege: In Trockenperioden gut wässern, das ist gleichzeitig die beste Vorbeugung gegen Mehltau. Rückschnitt der Pflanzen nach der Blüte, damit keine Selbstaussaat erfolgt.
Vermehrung: Teilung.
Verwendung: Im Vordergrund von Rabatten. Nicht vor warmen Hausmauern, dadurch verstärkter Mehltaubefall.
Günstige Partner: Herbstblühende Stauden.
Sorten/Verwandte:
• 'Schneekissen' weiß, 30 cm.
• 'Heinz Richard' kräftiges Rosa, 20 cm.
• 'Kassel' karminrot, 40 cm.
• 'Prof. Anton Kippenberg' blau, 40 cm.
• 'Silberblaukissen' helles Silber- bis Lavendelblau, 40 cm.

Myrten-Aster
Aster ericoides

Aster ericoides 'Erlkönig'

IX–X   H 80 – 120

Klein-, aber reichblütige Herbst-Aster.
Blüte: Unzählige weiße, zartrosa oder zartviolette Körbchenblüten in reichverzweigten, schleierartigen Rispen.
Blatt: Schmal linealisch bis fast nadelförmig, dunkelgrün.
Wuchs: Locker horstartig.
Heimat: Nordamerika; Prärien.
Standort: Sonnig, warm. Boden mäßig trocken bis frisch. Keine staunassen Böden!
Pflege: Im Frühjahr düngen. Nach der Blüte ganz zurückschneiden.
Vermehrung: Durch Teilung im Frühjahr und grundständige Stecklinge.
Verwendung: In sonnigen Rabatten. Gut in der Nähe von herbstfärbenden Gehölzen. Als dominierende Stauden in Pflanzungen mit niedrigen Begleitern.
Günstige Partner: *Aster-Dumosus*-Hybriden, *Aster novae-angliae*, *Chrysanthemum-Indicum*-Hybriden, auch graulaubige Stauden wie *Nepeta*. – *Panicum virgatum*.
Sorten/Verwandte:
- 'Schneetanne' weiß, 120 cm.
- 'Ringdove' rosa-lila, 80 cm.
- 'Erlkönig' zart violett, 120 cm.
- *Aster cordifolius* 'Ideal' lavendelblau, 100 cm, mit herzförmigen Blättern.
- *Aster pringlei* 'Monte Cassino', das bekannte Septemberkraut der Floristen, blüht weiß bis in den November, 120 cm.

Himmels-Aster
Aster laevis

Aster laevis

IX–X   H 130 – 160

Wunderschöne, aber kaum bekannte Herbst-Aster.
Blüte: Zart mittelblau mit einem leichten Hauch von Lila. In reichblütigen, elegant übergeneigten Blütenrispen.
Blatt: Breit lanzettlich bis schmal eiförmig, grün.
Wuchs: Horstartig, breitet sich durch kurze Ausläufer langsam aus, ohne daß die Nachbarn bedrängt werden.
Heimat: Nordamerika. In lichten, meist trockenen Wäldern.
Standort: Vollsonnig, überwiegend warm. Für jeden frischen Gartenboden. Kurzzeitige Trockenheit wird ertragen. Keine reinen Sand- und Tonböden.
Pflege: Im Frühjahr düngen. Nach der Blüte abschneiden.
Vermehrung: Teilung im Frühjahr; durch grundständige Stecklinge.
Verwendung: Auf sonnigen Rabatten.
Günstige Partner: *Aster-Dumosus*-Hybriden, *Aster novae-angliae*, *Chrysanthemum-Indicum*-Hybriden, *Helianthus decapetalus*, *Rudbeckia fulgida* var. *sullivantii* 'Goldsturm', *Solidago caesia*. – *Panicum virgatum*

Rauhblatt-Aster
Aster novae-angliae

Sorte 'Rosa Sieger'

IX–X   H 100 – 160

Robuster als die Glattblatt-Astern.
Blüte: Karmin- und purpurrot, rosa, violett, weiß, lavendelblau, margeritenähnlich.
Blatt: Breit lineal, stumpfgrün, behaart und daher rauh.
Wuchs: Straff aufrechte Horste, bildet keine Ausläufer.
Heimat: Östliches und mittleres Nordamerika. An sonnigen Waldrändern und auf Wiesen.
Standort: Vollsonnig, warme, auch kurzzeitig trockene Plätze. Boden frisch, nährstoffreich. Keine schweren Böden, dort fallen die Horste auseinander!
Pflege: Ausgewogen, kalibetont düngen. In Trockenperioden gießen. Rückschnitt nach der Blüte.
Vermehrung: Teilung.
Verwendung: Auf sonnigen Rabatten.
Günstige Partner: *Aconitum carmichaelii*, *Aster ericoides*, *Chrysanthemum serotinum*. – *Panicum virgatum*. Herbstfärbende Gehölze.
Sorten/Verwandte:
- 'Herbstschnee' weiß, 140 cm.
- 'Rudelsburg' rosa, 120 cm.
- 'Rubinschatz' kräftig rubinrot, 150 cm.
- 'Andenken an Paul Gerber' karminrot, 140 cm.

Glattblatt-Aster
Aster novi-belgii

Wilde Zwerg-Aster
Aster sedifolius

Über und über blühend – Glattblatt-Aster 'Rubinkuppel'

Aster sedifolius 'Nanus'

IX–X H 80 – 140 ○ ✂

Sorte 'Sailor Boy'

IX–X H 30 ○

Von diesen wohl wichtigsten Herbst-Astern gibt es eine breite Sortenpalette. Ihre Blüten bleiben auch bei Regenwetter und am Abend geöffnet.
Blüte: Je nach Sorte blau, violett, lila, weiß, rosa oder karminrot. In lockeren, kuppelförmigen, reichblühenden Rispen.
Blatt: Lanzettlich, dunkelgrün, glatt.
Wuchs: Aufrechte Horste, durch kurze Ausläufer kriechend, mitunter nicht ganz standfest.
Heimat: Östliches Nordamerika. In Feucht- und Auenwiesen.
Standort: Sonnig, kühl. Boden frisch bis feucht, nährstoffreich, humos, lehmig. <u>Keine heißen Standorte oder sandigen Böden!</u>
Pflege: Gut düngen, aber nicht zu sehr stickstoffbetont. In Trockenperioden durchdringend gießen. Dies ist gleichzeitig die beste Vorbeugung gegen Mehltaubefall, von dem die rotblühenden Sorten am stärksten bedroht sind. Standschwache Sorten stäben. Rückschnitt sofort nach dem Abblühen, um Samenansatz zu verhindern.
Vermehrung: Durch Teilung, Rißlinge oder grundständige Stecklinge, die im Frühjahr geschnitten werden.

Verwendung: Auf sonnigen Rabatten.
Günstige Partner: *Aster-Dumosus*-Hybriden, die blauen Sorten auch zu *Helianthus atrorubens* und spätblühenden *Helenium*-Sorten. – *Miscanthus sinensis.*
Sorten/Verwandte:
• 'Bonningdale White' weiß, gefüllt, 100 cm.
• 'Patricia Ballard' karminrosa, gefüllt, 120 cm.
• 'Royal Ruby' rubinrot, gefüllt, nur 60 cm.
• 'Dauerblau' sanftes Mittelblau, lange Zeit blühend, 120 cm, eine einzigartige Sorte.
• 'Sailor Boy' dunkles Blau mit einem Hauch von Violett, halbgefüllt, 90 cm.
• 'Schöne von Dietlikon' dunkles Violettblau mit gelber Mitte, 90 cm. Prächtige, alte Gartenpflanze.
• 'Fuldatal' kräftig purpurviolett, halbgefüllt, 100 cm.

Schöne Herbst-Aster, deren Sorte 'Nanus' im Gegensatz zur höherwüchsigen Art gut standfest ist.
Blüte: Lavendelblau mit gelber Mitte, zahlreiche kleine Körbchenblüten.
Blatt: Schmal lineal, fast nadelförmig, hell mattgrün.
Wuchs: Horstartig, sehr kompakt, fast halbkugelig, fällt im Gegensatz zur Art nicht auseinander.
Heimat: Die Art aus Südeuropa bis zum Kaukasus und Westasien. Auf trockenen Plätzen, oft an Südhängen.
Standort: Vollsonnig, warm. Boden frisch bis mäßig trocken, durchlässig, nährstoffarm.
Pflege: Mäßig düngen. Nur in längeren Trockenperioden gießen. Im Frühjahr zurückschneiden, da die weißlichen Fruchtstände im Winter sehr gut wirken.
Vermehrung: Durch Teilung.
Verwendung: Auf trockenen Rabatten, im Steppengarten und auf Südböschungen.
Günstige Partner: *Achillea filipendulina, Aster amellus, Scabiosa caucasica.* – *Achnatherum calamagrostis, Calamagrostis x acutiflora.*

Astilbe PRACHTSPIERE

Mit ihren Farben und Formen beleben Astilben lichtschattige Stellen im Garten

VI–IX   H 20 – 120

Es gibt kaum eine andere Pflanzengattung, die im lichten Schatten über einen vergleichbar langen Zeitraum mit einem derartig auffälligen Blütenschmuck ziert wie die Prachtspieren. Durch geschickte Arten- und Sortenwahl ist es möglich, die federartigen Rispen von Juni bis September aufeinander folgen und abwechseln zu lassen.

Blüte: Rosa, lachsrosa, karminrot, rot, rotviolett, fliederfarben, cremefarben oder weiß. Zahlreiche Einzelblüten in Rispen. Austrieb bei vielen Sorten rötlich.
Blatt: Mehrfach gefiedert und unregelmäßig gezähnt, dunkelgrün, matt glänzend. Austrieb bei vielen Sorten rötlich.
Wuchs: Horstartig, aufrecht bis breitwüchsig.
Heimat: Ostasien. Berg- und Schluchtwälder, Bergränder.
Standort: Lichtschattig bis halbschattig, kühl, luftfeucht. Keine lufttrockenen Plätze, Pflanzen sind hitzeempfindlich! Boden frisch bis feucht, nährstoffreich, lehmig-humos.
Pflege: In Trockenperioden durchdringend gießen und öfter übersprühen. Regelmäßig organisch düngen. Rückschnitt der Fruchtstiele im Frühjahr. Mit häufigen Kompostgaben die herauswachsenden Wurzelansätze anfüllen und einfüttern.
Vermehrung: Durch Teilung im Winter oder Frühjahr.
Verwendung: Im wandernden Licht unter hohen Bäumen oder im Mauerschatten. Starker Wurzeldruck der Bäume wird nicht vertragen.

Astilbe thunbergii 'Moerheimii'

Günstige Partner: *Aconitum, Astrantia, Campanula lactiflora, Campanula latifolia, Cimicifuga, Epimedium, Hosta, Rodgersia, Tiarella.* – Schattengräser und Farne.

Prachtspiere, Astilbe
Astilbe-Arten und -Hybriden

Arendsii-Hybride 'Erica'

Japonica-Hybride 'Europa'

Astilbe chinensis var. pumila

Die wichtigsten Arten und Sortengruppen sind:
<u>Astilbe-Arendsii-Hybriden</u>, Garten-Astilben: Wichtigste Astilben für den Garten mit variablen Blütenfarben und -formen, VII–IX, horstförmig, 60–120 cm.
• 'Brautschleier' weiß, VII, 70 cm. Beste weiße Sorte.
• 'Grete Püngel' hellrosa, VII, 80 cm. Treibt spät aus, mit bronzegrünem Laub.
• 'Cathleya' karminrosa, VIII–IX, 100 cm. Gilt als die beste Astilben-Sorte.
• 'Amethyst' violettrosa, VII, 90 cm. Schönste Sorte in diesem Farbton.
• 'Feuer' leuchtend rubinrot, spätblühend, VII–VIII, 80 cm.
• 'Fanal' dunkelrot, VII, 60 cm, mit gefälligem, bronzefarbenem Laub.
<u>Astilbe chinensis</u>, Teppich-Astilben: Wertvolle, spätblühende Stauden, die sich durch Ausläufer ausbreiten, aber keinesfalls lästig werden. Gut als Bodendecker.
• var. *pumila*, Zwerg-Prachtspiere, lilarosa, VIII–IX, 20 cm. Sehr anpassungsfähig, für sonnige bis halbschattige Plätze. Bildet flache Teppiche. Weniger trockenheitsempfindlich als die anderen Prachtspieren.
• var. *taquetii* 'Superba', purpurrosa, VII–VIII. Mit schmal kegeligen, straff aufrechten Blütenständen, 110 cm hoch. Verträgt etwas Trockenheit und kann bei ausreichender Bodenfeuchte auch sonnig stehen.
• 'Finale' hellrosa, VIII–IX, 60 cm.
• 'Serenade' rosa, IX, 40 cm.
<u>Astilbe-Japonica-Hybriden</u>, Japanische Astilben: Frühblühende, kleinwüchsige Horstpflanzen mit kegelförmigen Rispen, VI–VII, 40–60 cm.
• 'Deutschland' milchig weiß, 50 cm.
• 'Red Sentinel' tief karminrot, spätblühend, 50 cm, Laub bronzegrün.
• 'Mainz' kräftig lilarosa, 50 cm.
<u>Astilbe-Thunbergii-Hybriden</u>, Wald-Astilben: Mit locker überhängenden Rispenästen, VII–VIII, starkwüchsig, 80–120 cm.
• 'Van der Wielen' milchweiß, 120 cm.
• 'Straußenfeder' lachsrosa, 80 cm.

Große Sterndolde
Astrantia major

Astrantia major

VI–VIII   H 50 – 70

Hübsche heimische Wildstaude.
Blüte: Silbrig weiß, leicht rosa angehaucht, knopfähnliche Blütenstände.
Blatt: Handförmig geteilt, gesägt, glänzend dunkelgrün.
Wuchs: Horstartig, allmählich breitwüchsig und üppig.
Heimat: Mittel- und Osteuropa. Auf Bergwiesen, in Schluchtwäldern und Erlengebüschen.
Standort: Licht- bis halbschattig, bei guter Wasserversorgung auch sonnig, kühl. Boden frisch bis feucht, nährstoffreich, lehmig-humos. <u>Keine sandigen Böden oder heiße Standorte!</u>
Pflege: Im Frühjahr düngen. Nach der Blüte können die Pflanzen abgemäht werden. Dadurch wird aber Selbstaussaat verhindert, die an manchen Stellen erwünscht sein kann.
Vermehrung: Teilung nach der Blüte, Aussaat bei der Art.
Verwendung: Im lichten Unterwuchs oder am Gehölzrand. Für wiesenähnliche Pflanzungen im Naturgarten auf feuchtem Untergrund. Auch auf licht- oder halbschattigen Rabatten.
Günstige Partner: Frühblühende weiße oder rosa *Astilbe*-Hybriden, *Geranium pratense*, *Hosta*, *Polemonium foliosissimum*. – *Dryopteris filix-mas*.

Blaukissen
Aubrieta-Hybriden

Bergenie, Riesensteinbrech
Bergenia cordifolia

Aubrieta-Hybride

Hybride 'Silberlicht'

IV–V H 5 – 15 ○

IV–V H 30 – 40

Die Blaukissen sind bekannte und beliebte Gartenblumen, ohne die ein Steingarten unvollständig wäre.
Blüte: Lilablau, violett, samtrot, oder rosa. Überreich und lange Zeit blühende Teppiche.
Blatt: Klein, elliptisch bis lanzettlich, immergrün, graugrün.
Wuchs: Niedrige Polster, die sich durch bewurzelnde Triebe vergrößern.
Standort: Vollsonnig, warm. Boden mäßig trocken bis frisch, durchlässig, jedoch nahrhaft, kalkhaltig. <u>Keine schweren Böden!</u>
Pflege: Im Frühjahr vorsichtig düngen. Die Blaukissen dürfen nicht zu stark und zu spät gedüngt werden, da sie sonst im Winter erfrieren. Nur in längeren Trockenperioden gießen. Scharfer Rückschnitt nach der Blüte auf etwa 10–15 cm Trieblänge, damit sich die von innen her verkahlenden Polster regenerieren. Sämlinge entfernen, da sie meist nur blaßlila blühen. Im Spätherbst mit Reisig abdecken, um Frostschäden zu verhindern.
Vermehrung: Durch Rißlinge im Spätherbst und Teilung im Frühjahr.

Verwendung: Im Steingarten, auf Trockenmauern, in Aussparungen in Plattenwegen. Die langlebigen lila- und violettblauen Sorten sind vielfältiger zu verwenden. Die kurzlebigeren rosa und karminroten Formen sollten nicht mit gelben, orange- oder scharlachrot blühenden Nachbarn kombiniert werden.
Günstige Partner: *Arabis caucasica, Iberis sempervirens, Iris-Barbata-Nana*-Hybriden, *Phlox-Subulata*-Hybriden, blaue Sorten auch zu *Alyssum saxatile, Euphorbia myrsinites, Euphorbia polychroma*.
Sorten/Verwandte:
- 'Rosenteppich' dunkelrosa.
- 'Vesuv' karminrot.
- 'Red Carpet' samtrot.
- 'Tauricula' mittelblau.
- 'Schloß Echberg' blauviolett.
- 'Dr. Mules' dunkel-blau-violett.

Mit ihren großen, fleischigen Blättern wirken die Bergenien oft etwas fremd.
Blüte: Karminrot, in dichten Trugdolden.
Blatt: Rund bis herzförmig, derb ledrig, glänzend dunkelgrün. Zum Schnitt geeignet.
Wuchs: Rhizompflanze, breitet sich allmählich flächig aus.
Heimat: Mongolei bis Sibirien. Lärchen- und Kiefernwälder.
Standort: Licht- oder halbschattig, gelegentlich schattig, bei guter Wasserversorgung auch sonnig, Blüten spätfrostgefährdet. Boden mäßig trocken bis frisch, in jedem Gartenboden.
Pflege: Zählebige, pflegearme Stauden, bei denen nur das Laub im Frühjahr gesäubert werden sollte. Zu lange Triebe einkürzen.
Vermehrung: Durch Wurzelschnittlinge und Teilung.
Verwendung: Im Wurzelbereich von Gehölzen. Auch im Schatten von Mauern.
Günstige Partner: *Astilbe, Geranium, Vinca. – Carex.*
Sorten/Verwandte:
- *Bergenia*-Hybriden, zahlreiche Sorten mit weißen, rosa und karminroten Blüten. Bisweilen auch mit purpurroten Blättern.

Kaukasusvergißmeinnicht
Brunnera macrophylla

Brunnera macrophylla 'Blaukuppel'

III–V H 30 – 50

Problemlose, langlebige Staude, auch für Anfänger geeignet.
Blüte: Reines leuchtendes Blau, schwach duftend, kleine vergißmeinnicht-ähnliche Blüten in lockeren Rispen. Blüht wochenlang.
Blatt: Herzförmig, bis 20 cm groß, langgestielt, rauh, sehr attraktiv, frischgrün.
Wuchs: Horstförmig, breitet sich allmählich aus und besiedelt große Flächen.
Heimat: Kaukasus. Auf Bergwiesen und in Bergwäldern.
Standort: Lichtschatten, bei feuchtem Boden auch sonnig, windgeschützt. Boden frisch bis feucht, lehmig, auch tonig. Keine heißen Standorte oder leichten Sandböden!
Pflege: Wenn sich die Pflanze zu stark aussät, sollte man nach der Blüte im Mai die Samenstände abschneiden.
Vermehrung: Durch Aussaat, Teilung oder Wurzelschnittlinge im Herbst. Vermehrt sich ohne Zutun durch Selbstaussaat.
Verwendung: Als Flächendecker unter Gehölzen und am sonnigen Gehölzrand.
Günstige Partner: *Aquilegia, Dicentra, Doronicum, Paeonia, Trollius*-Hybriden. – Narzissen.

Blauroter Steinsame
Buglossoides purpurocaerulea

Buglossoides purpurocaerulea

V–VI H 20 – 30

Heimische Wildpflanze, die sich gut als Bodendecker eignet.
Blüte: Leuchtend enzianblau. Die kleinen Blüten stehen zu mehreren in einer endständigen Doldentraube.
Blatt: Lanzettlich, klein, graugrün, behaart.
Wuchs: Breitet sich durch lange, rankenartige Absenker aus und bildet dichte Teppiche. Über Mauerkronen locker herabhängend.
Heimat: Europa bis Kleinasien. Laubwälder und lichte Gebüsche.
Standort: Sonnig bis lichtschattig, hitzeverträglich. Im Schatten blühfaul und wenig dicht. Boden mäßig trocken bis frisch.
Pflege: Pflegearme Staude. Oft schwer anwachsend, Pflanzung im Frühjahr. Danach regelmäßig gießen. Rückschnitt im Herbst.
Vermehrung: Absenker und Teilung, Stecklinge.
Verwendung: Bodendecker unter lichtschattigen Gehölzen. Auch auf Mauerkronen.
Günstige Partner: Wenig gesellig, daher alleine oder mit konkurrenzstarken Partnern wie *Geranium macrorrhizum* oder *G. sanguinum*.

Sumpf-Dotterblume
Caltha palustris

Caltha palustris

IV–V H 20 – 30 ○ ◐ ☠

Weit verbreitete und bekannte Sumpfpflanze.
Blüte: Glänzend gelbe, mittelgroße Schalenblüten.
Blatt: Fast rund bis herzförmig, dunkelgrün, stark glänzend.
Wuchs: Bildet breite, bodennahe Horste.
Heimat: Gemäßigte Breiten der Nordhalbkugel. Sumpfwiesen, Bach- und Flußufer, Auenwälder.
Standort: Vollsonnig bis lichtschattig. Boden frisch bis naß, lehmig oder tonig. Auch im seichten Wasser bis zu 10 cm Wasserstand. Keine leicht austrocknenden Böden!
Pflege: Säuberung der Horste im späten Herbst. Gelegentlich düngen. In Feuchtwiesen des Naturgartens ab Juni abmähen, treibt dann wieder durch.
Vermehrung: Durch Teilung nach der Blütezeit oder Aussaat nach der Samenernte.
Verwendung: Am Teichrand, auf feuchten Beeten und im Naturgarten.
Günstige Partner: *Iris pseudacorus* und *sibirica, Polemonium.* – *Fritillaria meleagris.*
Sorten/Verwandte:
• 'Alba' mit milchweißen Blüten und gelben Staubblättern.
Warnung: Alle Teile sind giftig!

Campanula GLOCKENBLUMEN

Campanula persicifolia und die weiße Sorte 'Grandiflora Alba'

Etwa 300 Arten umfaßt die Gattung der Glockenblumen. Die meisten davon sind Stauden, die überwiegend aus Europa und Vorderasien stammen. Es sind Gebirgs-, Wiesen- oder Waldbesiedler. Die Glockenblumen blühen in verschiedenen Blautönen oder Weiß, seltener rosafarben. Ihren Namen verdanken die Pflanzen ihrer Blütenform: Typisch ist die fünfzipfelige Glocke, manche Arten zeigen jedoch auch trichter- oder sternförmige Blüten.
So ähnlich die Einzelblüten der Glockenblumen in Form und Farbe sind, so unterschiedlich sind die Pflanzen in Wuchs und ihren Ansprüchen.

Während die kleinwüchsigen Arten vorwiegend in Steingärten und Trockenmauern Verwendung finden, eignen sich die höherwüchsigen gut für halbschattige Standorte im Naturgarten oder auch für sonnige Rabatten. Zudem passen sie hervorragend zu alten Rosen-Sorten. Wegen ihres lichten Blaus, das sie in die Gärten bringen, sind Glockenblumen nicht hoch genug zu schätzen.

Tips für Glockenblumen-Freunde

- Gemeinsam ist allen Glockenblumen, daß ihr Laub von Schnecken gerne gefressen wird. Schneckenfraß führt vor allem bei den kleinwüchsigen Arten oft zum Absterben der ganzen Pflanze. Deshalb müssen diese anmutigen Blütenpflanzen vor Schneckenfraß geschützt werden.

- *Campanula*-Samen haben nur eine winzige Korngröße. Sie sollten daher bei der Aussaat nicht oder nur hauchdünn mit feiner Erde überdeckt werden. Die meisten hier genannten Glockenblumen keimen dann problemlos. Nur wenige Arten wie *Campanula latifolia* zählen zu den Kaltkeimern. *Campanula portenschlagiana* keimt unregelmäßig. Es erfordert Geduld, bis die ersten Sämlinge erscheinen. Daher vermehrt man die Dalmatiner-Glockenblume wie andere niederwüchsige Formen besser durch Teilung oder Rißlinge. Bei vielen Arten und Sorten ist dies durch die Abtrennung von Ausläufern besonders einfach.

Karpaten-Glockenblume
Campanula carpatica

Campanula carpatica

VI–VIII H 20 – 30 ○ ◐

Empfehlenswerter Dauerblüher.
Blüte: Violett bis blau. Breit glocken- bis schalenförmig.
Blatt: Herz-eiförmig, etwa 3 cm groß, frischgrün.
Wuchs: Niedrig, horstförmig, breitet sich nicht durch Ausläufer aus.
Heimat: Karpaten. Auf Kalkfelsen.
Standort: Sonnig, warm. Boden durchlässig. Keine staunassen Böden!
Pflege: Vor Schneckenfraß schützen. Gießen nur in Trockenperioden. Mäßig düngen, denn bei zu guter Nährstoffversorgung fallen die Pflanzen auseinander. Nach der Hauptblüte zurückschneiden!
Vermehrung: Durch Aussaat oder Rißlinge. Alte Pflanzen lassen sich nur schwer teilen. An zusagenden Stellen versamt sich die Art.
Verwendung: Im Vordergrund vollsonniger Rabatten, im Steingarten.
Günstige Partner: *Geranium dalmaticum*, *Helianthemum*-Hybriden, *Iris-Barbata*-Hybriden.
Sorten/Verwandte:
- 'Weiße Clips' weiß, → 'Blaue Clips'.
- 'Blaue Clips' hellblau, sortenecht durch Aussaat vermehrbar.
- 'Karpatenkrone' hellblau schimmernd.
- 'Kobaltglocke' dunkelviolett.

Zwerg-Glockenblume
Campanula cochleariifolia

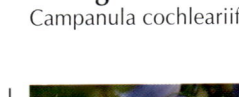

Campanula cochleariifolia

VI–VIII H 10 – 15 ○

Kleinblütige Polsterstaude.
Blüte: Blau, glockenförmig, einzeln oder bis zu dreien an kurzen, aufrechten Stengeln, reichblühend.
Blatt: Klein, die grundständigen oval, die Stengelblätter länglich, mit grobgezähntem Rand, frischgrün.
Wuchs: Kleine, aber starkwüchsige Staude, die sich durch unterirdische Ausläufer fast rasig ausbreitet.
Heimat: Gebirge Europas. An Felsen, im Geröll oder an sonnigen Hängen auf kalkreichem Untergrund, von den Tälern bis in 3000 m Höhe.
Standort: Vollsonnig und warm. Boden frisch, durchlässig, kalkhaltig, auch nährstoffarm. Keine schweren Lehm- und Tonböden mit stauender Nässe!
Pflege: In Trockenperioden gelegentlich gießen. Düngen ist nicht nötig. Schutz vor Schneckenfraß. Wenn die wüchsige Pflanze ihre Nachbarn zu überwuchern droht, muß sie an den Rändern abgestochen werden.
Vermehrung: Durch Abstechen von Ausläufern, Teilung jüngerer Pflanzen.
Verwendung: Im Steingarten, in Fels- und Mauerfugen sowie in Trockenmauern.
Günstige Partner: *Cerastium*, *Saponaria*, *Thymus*.
Sorten/Verwandte:
- 'Alba' weiß, sonst wie die Art.

Knäuel-Glockenblume, Büschel-Glockenblume
Campanula glomerata

Art sowie weiße Sorte 'Schneekrone'

VI–VIII H 15 – 60 ○ ◐ ✂

Attraktive und problemlose heimische Glockenblume.
Blüte: Dunkelviolett, trichterförmig, zu 10 bis 20 in dichten Knäueln.
Blatt: Länglich herzförmig, matt dunkelgrün, behaart.
Wuchs: Rosetten mit straff aufrechten, dicht beblätterten Stengeln. Bildet zahlreiche Ausläufer.
Heimat: Europa bis Vorderasien. In Wiesen und lichten Wäldern.
Standort: Sonnig, warm. Boden mäßig trocken bis frisch, auch nährstoffarm. Keine staunassen Böden!
Pflege: Gießen nur in Trockenperioden. Nach dem Abblühen vollständiger Rückschnitt.
Vermehrung: Aussaat oder Teilung.
Verwendung: Im Naturgarten, in artenreichen Blumenwiesen, auf Beeten. Schnittblume.
Günstige Partner: *Aster amellus*, *Centranthus*, *Nepeta* x *faassenii*, *Oenothera missouriensis*.
Sorten/Verwandte:
- 'Schneekrone' reinweiß, 50 cm, durch Samen vermehrbar.
- 'Acaulis' dunkelviolett, 15 cm.
- 'Superba' dunkler als die Art, höher und kompakter.

Riesen-Glockenblume
Campanula lactiflora

Sorte 'Loddon Anne'

Breitblättrige Glockenblume, Wald-Glockenblume
Campanula latifolia

Campanula latifolia var. macrantha und die weiße Form 'Alba'

VI–VIII   H 80 – 150   ○ ◐

Hochwachsende Glockenblume.
Blüte: Milchig-blau, zartrosa überhaucht. Sternförmige Blüten in Rispen.
Blatt: Eiförmig bis lanzettlich, frischgrün.
Wuchs: Horstartig, mit aufrechten bis übergeneigten Stengeln, mitunter standschwach.
Heimat: Kaukasus. In feuchten Wäldern, Lichtungen und Bergwiesen.
Standort: Im lichten Schatten größerer Gehölze, kühl, luftfeucht, bei ausreichender Wasserversorgung auch sonnig. Windgeschützt. Boden frisch bis feucht, nährstoffreich, humos, lehmhaltig. <u>Keine Sandböden!</u>
Pflege: Gut düngen und wässern. Vor Schneckenfraß schützen. Hochwüchsige Sorten stützen. Im Herbst abschneiden.
Vermehrung: Durch Aussaat nach der Samenernte. Auch Selbstaussaat.
Verwendung: Siehe *Campanula latifolia*.
Günstige Partner: *Aconitum, Aruncus, Astilbe, Lysimachia*.
Sorten/Verwandte:
• 'Alba' weiß.
• 'Loddon Anne' lilarosa , 90 cm.
• 'Prichard' violett, 50 cm.

VI–VII   H 80 – 100   ◐

Heimische Wildstaude mit attraktiven Blütenständen.
Blüte: Blauviolett, groß, langgestreckt glockenförmig, in lockeren Trauben.
Blatt: Grundblätter groß, herzeiförmig, die Stengelblätter kleiner, länglich-eiförmig, spitz. Mattgrün und aufgrund der Behaarung rauh.
Wuchs: Große Horste, aufrecht, bildet keine Ausläufer.
Heimat: Europa bis Vorderasien und Sibirien. In Berg- und Schluchtwäldern, nicht selten in Quellnähe.
Standort: Licht- bis halbschattig, kühl. Boden frisch bis feucht, nahrhaft und humos.
Pflege: In Trockenzeiten ist Wässern notwendig. Organisch düngen, am besten mit abgelagertem Rinderdung. Vor Schneckenfraß schützen.
Vermehrung: Durch Aussaat, am besten gleich nach der Samenernte. Wenn die Samen schlecht keimen, sollte die Saat 4 Wochen kaltgestellt werden. Teilung ist wegen der Pfahlwurzeln nicht möglich. An geeigneten Standorten sät sich die Art selbst aus.

Verwendung: Im lichten Schatten von Bäumen; im Mauerschatten, bei ausreichend frischen Böden auf absonnigen Beeten, im Naturgarten. Vorzüglich zur Verbindung zwischen Rasenpflanzungen und Gehölzen.
Günstige Partner: *Aruncus, Cimicifuga, Hosta.* – Waldgräser und Farne.
Sorten/Verwandte:
• *Campanula latifolia* var. *macrantha*, großblütiger und starkwüchsiger als die Art, wird daher in Gärten häufiger verwendet. Ihre Blüten sind dunkler, sie verträgt Trockenheit besser.
• *Campanula latifolia* var. *macrantha* 'Alba' reinstes Weiß, sehr schön.

Pfirsichblättrige Glockenblume
Campanula persicifolia

Campanula persicifolia

VI–VIII H 50 – 100 ○ ◐

Wüchsige, heimische Art.
Blüte: Zartblau mit weißen Griffeln, über 3 cm groß, in lockeren Trauben.
Blatt: Schmal länglich, glänzend dunkelgrün.
Wuchs: Beblätterte Blütentriebe aus grundständiger Blattrosette. Bildet kurze Ausläufer.
Heimat: Europa. In lichten Wäldern, Waldlichtungen und Gebüschen.
Standort: Leicht beschattet, bei ausreichender Bodenfeuchte auch vollsonnig. Optimal auf Lehmböden. Keine stark sandigen oder tonigen Böden!
Pflege: Auf sonnigen Rabatten wässern. Nach der Blüte Stengel bis zu den Blattschöpfen zurückschneiden, um Selbstaussaat zu verhindern. In Gehölznähe Fallaub entfernen, da die Pflanzen sonst ersticken.
Vermehrung: Durch Teilung. An günstigen Standorten erfolgt Selbstaussaat.
Verwendung: In lichten Gehölzbeständen und auf überwiegend sonnigen Beeten.
Günstige Partner: *Alchemilla, Chrysanthemum maximum, Geranium psilostemon.*
Sorten/Verwandte:
• 'Grandiflora Alba' weiß, fast meterhoch.

Dalmatiner Glockenblume
Campanula portenschlagiana

Campanula portenschlagiana

VI–VII/VIII–IX H 40 – 60
○ ◐

Anspruchslose Glockenblume für den Steingarten.
Blüte: Hellviolett, breitzipfelig, voll geöffnet fast sternförmig. Wochenlange Blüte.
Blatt: Herzförmig, gekräuselt, gezähnt, frischgrün.
Wuchs: Polsterförmig.
Heimat: Dalmatien. An Felshängen.
Standort: Sonnig, auch absonnig, warm. Boden mäßig trocken bis frisch, mäßig nährstoffreich, am besten sandiger Lehm. Keine Tonböden!
Pflege: Gelegentlich gießen. Vor Schneckenfraß schützen.
Vermehrung: Durch Stecklinge oder Teilung im Frühjahr.
Verwendung: In Trockenmauern und Steingärten.
Günstige Partner: *Dianthus, Geranium dalmaticum, Stachys byzantina. – Festuca ovina.*
Sorten/Verwandte:
• 'Birch Hybrid' etwas dunklere und größere Blüten als die Art, wüchsiger.
• *Campanula poscharskyana,* Balkan-Glockenblume, lavendelblau, sternförmig, 10–20 cm. Wirkt oft etwas zerzaust, bildet bis 80 cm lange, am Boden liegende Triebe. Breitet sich durch Wuchern und Selbstaussaat stark aus, daher nicht mit schwachwüchsigen Nachbarn kombinieren. Im Steingarten, sehr schön von Mauerkronen herabhängend. Viele Sorten in Blau, Lila, Weiß und Rosa.

Kleeblättriges Schaumkraut
Cardamine trifolia

Cardamine trifolia

V–VI H 20 – 30 ◐ ○

Bodendecker für kleine Flächen.
Blüte: Weiß, klein, in lockeren Trugdolden.
Blatt: Dreiteilig, Austrieb frischgrün, im Sommer sattgrün, im Winter bronzefarben überlaufen.
Wuchs: Bildet durch kurze Ausläufer niedrige Blatteppiche aus.
Heimat: Gebirge Mittel- und Südeuropas. In frischen bis feuchten Bergwäldern.
Standort: Lichtschatig bis schattig, kühl. Boden frisch bis feucht, humos. Keine Standorte in direkter Nähe von Gehölzen oder wuchernden Stauden!
Pflege: In Trockenperioden gießen. Empfindlich gegen starke Laubeinschüttung, deswegen in der Nähe von Gehölzen einen Teil des Fallaubs (nicht alles!) entfernen.
Vermehrung: Durch Teilung und Blattstecklinge außerhalb der Blütezeit leicht möglich.
Verwendung: Zur Verwilderung im schattigen Naturgarten, unter Gehölzen, auch im Mauerschatten.
Günstige Partner: *Dicentra eximia, Epimedium, Saxifraga x urbium. – Carex morrowii,* Farne.

Gelbe Riesen-Flockenblume
Centaurea macrocephala

Centaurea macrocephala

VII–VIII   H 100–110 ○ ✂

Gattung mit einer Reihe genügsamer Gartenstauden.
Blüte: Gelb. Artischockenähnliche, faustgroße, mit bräunlichen Schuppen besetzte Knospen.
Blatt: Eiförmig bis länglich, groß, mattgrün mit einem Hauch von Ockergelb, rauh.
Wuchs: Horstartige, hohe Büsche.
Heimat: Armenien und Kaukasus. Auf Bergwiesen.
Standort: Vollsonnig, warm. Boden mäßig trocken bis frisch, nährstoffreich, locker. Keine nassen Standorte!
Pflege: Nach dem Abblühen Totalrückschnitt, da die Pflanzen dann verbräunen. Ältere Pflanzen lassen sich kaum versetzen.
Vermehrung: Durch Aussaat im Frühjahr.
Verwendung: Auf sonnigen, trockenen Rabatten und Böschungen, als Solitärstaude, im Kiesbeet und Felsensteingarten.
Günstige Partner: *Echinops, Eryngium, Inula, Nepeta x faassenii, Scabiosa caucasica. – Achnatherum calamagrostis.*

Berg-Flockenblume
Centaurea montana

'Grandiflora'

V–VII   H 40–50 ○ ◐ ✂

Heimische Art mit formschönen Blüten.
Blüte: Blau, kornblumenähnlich, einzeln auf straffen Stielen.
Blatt: Breit lanzettlich, dunkel graugrün.
Wuchs: Aufrechte Horste, die sich durch den kriechenden Wurzelstock vergrößern. Fallen mitunter auseinander.
Heimat: Europa bis Kleinasien. Auf Waldlichtungen und sonnigen Waldrändern im Bergland.
Standort: Halbschattig, bei ausreichender Wasserversorgung auch sonnig, mäßig warm. Boden mäßig trocken bis frisch. Keine staunassen oder verdichteten Böden!
Pflege: Nur gelegentlich und mäßig düngen, da sonst standschwach. Nach dem Abblühen Rückschnitt der Blütenstiele oder Abmähen.
Vermehrung: Teilung im Frühjahr und Wurzelschnittlinge.
Verwendung: Auf der Ost- und Westseite von Gehölzen, in halbschattigen Rabatten oder auf frischen, sonnigen Beeten. Im Steingarten und im waldartigen Naturgarten.
Günstige Partner: *Anemone sylvestris, Digitalis grandiflora, Geum coccineum, Lamium, Lysimachia.*
Sorten/Verwandte:
- 'Alba' weiß.
- 'Grandiflora' blauviolett, mit größeren Blüten.

Spornblume
Centranthus ruber

Centranthus ruber

VI–VII/VIII–IX   H 50–70 ○

Genügsame, pflegearme Staude für sonnige Standorte.
Blüte: Karminrosa, reichblühend, in Trugdolden an aufrechten, verzweigten Stengeln.
Blatt: Länglich eiförmig, blau- oder graugrün.
Wuchs: Horste mit gebogenen, nach oben strebenden Stengeln.
Heimat: Mittelmeerraum und Portugal. Warme, steinige Plätze, Mauern und Felshänge.
Standort: Vollsonnig, warm, auch heiß. Boden mäßig trocken bis frisch, durchlässig.
Pflege: Rückschnitt nach der Hauptblüte fördert Zweitblüte. Sämlinge lassen sich leicht entfernen.
Vermehrung: Durch Aussaat. Häufig starke Selbstaussaat.
Verwendung: Auf trockenen Böschungen, in Steingärten und in Trockenmauern. Zum Verwildern im Steppengarten. Auf Dachgärten, in Formsteinwänden und Pflasterfugen.
Günstige Partner: *Aster amellus, Centaurea dealbata, Echinops, Nepeta, Salvia nemorosa. – Achnatherum calamagrostis.*
Sorten/Verwandte:
- 'Albiflorus' weiß.
- 'Coccineus' karminrot.

Filziges Hornkraut
Cerastium tomentosum var. columnae

Cerastium tomentosum var. columnae

V–VI   H 10 – 15   ○

Attraktive, silbergraue Polsterstaude.
Blüte: Weiß, klein, sternförmig, in lockeren Trugdolden.
Blatt: Klein, länglich, silbergrau filzig behaart.
Wuchs: Niedrige polster- bis teppichbildende Staude.
Heimat: Süditalien. Auf kargen Plätzen, in Felsspalten.
Standort: Vollsonnig, warm, auch heiße Plätze. Boden trocken bis frisch, durchlässig, lehmig-sandig oder steinhaltig.
Pflege: Je karger und heißer der Standort, desto geringer ist der Pflegeaufwand. Im zeitigen Frühjahr die Horste säubern. Zu große Polster kräftig zurückschneiden.
Vermehrung: Durch Teilung oder Aussaat.
Verwendung: Im Steingarten, in Trockenmauern und Steinfugen, in Trögen und auf Dachgärten. Schön in Lücken von Steintreppen und Plattenwegen.
Günstige Partner: Alle Steingartenstauden. Paßt gut zu *Campanula portenschlagiana*. – *Festuca cinerea*.
Sorten/Verwandte:
• *Cerastium biebersteinii*, Silber-Hornkraut, weiß. Weniger graufilzig, sehr stark wuchernd. Nur für größere Flächen.

Enzianbleiwurz, Hornnarbe
Ceratostigma plumbaginoides

Ceratostigma plumbaginoides

IX–X   H 20 – 30   ○ ◐

Bodendecker mit prächtiger Herbstfärbung.
Blüte: Rein azurblau, klein, zu mehreren am Ende der Triebe.
Blatt: Verkehrt eiförmig, spät austreibend, oben sattgrün, unterseits graugrün, im Herbst bronzefarben bis orangerot.
Wuchs: Rasenartig, breitet sich durch Ausläufer aus, anfänglich langsam wachsend.
Heimat: West-China. An sonnigen Waldrändern.
Standort: Vollsonnig bis halbschattig, warme, auch heiße und trockene Plätze. Boden mäßig trocken, durchlässig. Keine nassen Standorte, keine Ton- oder schweren Lehmböden!
Pflege: Vor der Pflanzung Boden ausreichend lockern. Die flachstreichenden Wurzeln nicht durch Hacken verletzen. In rauhen Lagen mit Reisig abdecken.
Vermehrung: Durch Stecklinge im Vorsommer oder Teilung.
Verwendung: Kleinflächig, auf der Südseite von Gehölzen. Auf Böschungen, im Steingarten, auf Mauerkanten und in Plattenfugen.
Günstige Partner: *Solidago caesia, Stachys byzantina*. Schön am Fuß von Wacholdern und einzeln stehenden Kiefern.

Schlangenkopf, Schildblume
Chelone obliqua

Chelone obliqua

VII–IX   H 50 – 80   ○ ◐ ✂

Wenig bekannte Staude für feuchte Gartenplätze.
Blüte: Hell- bis dunkelrosa, helmähnlich, in dichten kerzenartigen Ähren.
Blatt: Breit lanzettlich, am Rand gezähnt, ungestielt, glänzend dunkelgrün.
Wuchs: Horstartig, straff aufrecht, steif wirkend.
Heimat: Östliches Nordamerika. An feuchten Waldrändern und auf Wiesen.
Standort: Sonnig bis absonnig, kühl, luftfeucht. Boden frisch bis feucht, nährstoffreich, optimal sind schwere Lehmböden.
Pflege: In Trockenperioden ausreichend gießen. Im Herbst zurückschneiden.
Vermehrung: Durch Teilung und Aussaat.
Verwendung: Auf feuchten Rabatten, am Teichrand.
Günstige Partner: *Filipendula purpurea, Polygonum amplexicaule, Veronica virginica*. – *Molinia arundinacea*.
Sorten/Verwandte:
• 'Alba' weiß.
• *Chelone lyonii*, karminrot, mit gestielten Blättern, 50–70 cm.

Chrysanthemum CHRYSANTHEME

Chrysanthemum-Indicum-Hybride 'Bronce Elegance' (vorne) und Aster lateriflorus var. horizontalis (hinten)

Die Gattung *Chrysanthemum* beinhaltet knapp 200 verschiedene einjährige, staudige oder halbstrauchige Arten. Während die Halbsträucher bei uns wenig winterhart sind, zählen zahlreiche Stauden und Einjahresblumen der Gattung zu den bekanntesten Gartenpflanzen. Durch Züchtung einzelner Arten entstanden große Sortimente mit zahllosen Formen. Allein die Herbst-Chrysanthemen umfassen über 5000 verschiedene Sorten. Sie sind eine der ältesten Kulturpflanzen des Menschen. Bereits vor über 2000 Jahren wurden sie in China kultiviert. Seit langer Zeit ist die Chrysantheme die Wappenblume der japanischen Kaiser. Noch heute ziert sie den Thron und das Staatswappen des Landes.

Mit ihren Blüten beenden späte Sorten der Herbst-Chrysanthemen das Gartenjahr und signalisieren den nahen Winter. Die Schnitt-Chrysanthemen in den Blumenläden werden zum größten Teil unter Glas kultiviert. Diese Sorten sind nicht winterhart.
Nach ihrer unterschiedlichen Abstammung werden die Herbst-Chrysanthemen gewöhnlich in *Chrysanthemum-Indicum-*, *Chrysanthemum-Koreanum-* und *Chrysanthemum-Rubellum*-Hybriden unterschieden. Da die Übergänge zwischen den einzelnen Gruppen fließend sind und die Einteilung wenig Bedeutung für die gärtnerische Praxis hat, wurde bei der Beschreibung der Sorten auf ihre Nennung verzichtet. Stattdessen wurden die Züchtungen entsprechend ihrer Blütezeit und Blütenform aufgelistet.

Bei aller Wertschätzung der Herbst-Chrysanthemen sollten die anderen Arten und Züchtungen nicht außer Acht gelassen werden. Vom Frühsommer bis zum Spätherbst kann die Blüte der Chrysanthemen den Garten bereichern. Alle hier genannten Arten liefern zudem gute Schnittblumen für die Vase.

Bunte Margerite
Chrysanthemum coccineum

Sorte 'Laurin'

V–VII   H 50 – 80

Früher als *Pyrethrum* bekannt.
Blüte: Rosa bis weinrot oder weiß, Margeritenblüten mit gelber Mitte, einfach oder gefüllt.
Blatt: Feingeschlitzt, stumpf grün.
Wuchs: Horstartig, häufig standschwach.
Heimat: Kaukasus, Armenien und Iran. Auf Bergwiesen.
Standort: Vollsonnig, warm. Boden mäßig trocken bis frisch, gut durchlässig, mäßig nährstoffreich. Auf schweren Böden kurzlebig.
Pflege: Im Frühjahr düngen, nach der Blüte zurückschneiden. Standschwache Stiele stäben. Die Pflanzen lassen sich schwer versetzen.
Vermehrung: Durch Teilung und Rißlinge.
Verwendung: Auf sonnigen Rabatten, Schnittblumenbeete.
Günstige Partner: *Achillea-Millefolium*-Hybriden, *Campanula glomerata, Salvia nemorosa, Scabiosa caucasica*.
Sorten/Verwandte:
- 'Robinson's Rosa' verschiedene Rosatöne, einfach, durch Samen vermehrbar.
- 'Robinson's Rot' rot, einfach, durch Samen vermehrbar.
- 'Regent' weinrot, einfach.
- 'Alfred' kirschrot, gefüllt.

Sommer-Margerite
Chrysanthemum maximum

Chrysanthemum maximum 'Wirral Supreme'

VI–IX   H 50 – 90

Stauden mit großen, weißen Margeritenblüten, die nach dem Rückschnitt zum Ende des ersten Flors ein zweites Mal blüht.
Blüte: Weiß, je nach Sorte einfach, halbgefüllt oder gefüllt, bei einfach blühenden Sorten mit gelber Mitte. Große Margeritenblüten auf hohen Stielen.
Blatt: Lanzettlich, glänzend dunkelgrün.
Wuchs: Breit horstförmig, mitunter standschwach.
Heimat: Pyrenäen. Auf Bergwiesen.
Standort: Vollsonnig, mäßig warm bis kühl. Boden frisch, nährstoffreich. Keine leichten Sand- oder schweren Tonböden und winternasse Standorte!
Pflege: In Trockenperioden gießen. Ausreichend düngen. Vollständiger Rückschnitt nach der ersten Blütezeit, anschließend gut wässern und düngen, um eine reiche Zweitblüte anzuregen. Alle 3 bis 4 Jahre Horste teilen, sonst kurzlebig.
Vermehrung: Durch Teilung im Frühjahr leicht möglich, auch durch Rißlinge im Spätsommer.
Verwendung: In kleinen Gruppen auf Rabatten mit vielen anderen Stauden kombinierbar.
Günstige Partner: *Alchemilla, Campanula persicifolia, Delphinium, Geranium* x *magnificum, Lychnis chalcedonica,* auch *Phlox paniculata* und *Physostegia*.
Sorten/Verwandte:
<u>Einfache Blüten:</u>
- 'Beethoven' groß- und reichblütig, sehr gute Sorte, 80 cm.
- 'Gruppenstolz' niedrige Sorte, kann kleinflächig verwendet werden, 50 cm.

<u>Halbgefüllte Blüten:</u>
- 'Julischnee' spätblühend, 80 cm.

<u>Gefüllte Blüten:</u>
- 'Christine Hagemann' großblütig, hervorragende Schnittblume, 70 cm.
- 'Schwabengruß' schneeweiß, 80 cm.
- 'Wirral Supreme' frühblühend, sehr gute Schnittsorte, 80 cm.
- *Chrysanthemum leucanthemum* (=*Leucanthemum vulgare*) 'Maistern' weiß, V–VI, großblütige Sorte der heimischen Wiesen-Margerite, 50–60 cm.

Herbst-Chrysantheme, Winteraster
Chrysanthemum-Indicum-Hybriden

Chrysanthemum-Indicum-Hybride 'Anastasia'

VIII–XI   H 40 – 100   ○   ✂

Formenreiches Sortiment.
Blüte: In allen Farben außer Blau, einfach, halbgefüllt, gefüllt, ballförmig oder pomponartig.
Blatt: Tief eingeschnitten, stumpf- bis graugrün, streng aromatisch duftend.
Wuchs: Horstartig, breitet sich durch kurze Ausläufer aus, gelegentlich standschwach.
Standort: Sonnig, warm. Boden mäßig trocken bis frisch, durchlässig, gut nährstoffversorgt.
Pflege: Im Frühjahr pflanzen. Gut düngen. Die schweren Blütenstände stäben. Leichten Winterschutz durch Reisig geben.
Vermehrung: Teilung und grundständige Stecklinge.
Verwendung: Auf Beeten vor Mauern, in der Nähe herbstfärbender Gehölze.
Günstige Partner: Gräser.
Sorten/Verwandte:
Blütezeit VIII–IX:
Einfache Büten:
• 'L'Innocence' zartrosa bis fast weiß, 70 cm.
• 'Clara Curtis' rosa, 60 cm.
Halbgefüllt:
• 'Citrus' zitronengelb, 80 cm.
• 'Gold Marianne' gelb, 80 cm.
Gefüllt:
• 'Orchid Helen' rosa, 50 cm.
• 'Altgold' bronze-gold, 50 cm, bewährte Sorte.
• 'Anastasia' violettrosa, kugelförmige Blüten, 50 cm.
Blütezeit IX–X:
Einfache Büten:
• 'Fellbacher Wein' rot, 60 cm.
• 'Arcadia' lachsrosa, 90 cm.
Halbgefüllt:
• 'Edelweiß' milchweiß, 70 cm
• 'Rosennymphe' rosa, 80 cm.
Gefüllt:
• 'Ordensstern' bronze-orange, sehr lange blühend, 80 cm.
• 'Red Velvet' dunkel samtrot, 70 cm.
Pomponartig:
• 'White Bouquet' weiß, 50 cm.
• 'Bienchen' gelb, 70 cm.
Blütezeit X–XI:
Einfache Blüten:
• 'Ceddie Mason' rot, 80 cm.
• 'Rotfuchs' rotbraun, 70 cm.
Halbgefüllt:
• 'Schneewolke' weiß, 60 cm.
• 'Vreneli' orange, 90 cm.
Gefüllt:
• 'Novembersonne' goldgelb, 80 cm.
• 'Nebelrose' rosa, rote Herbstfärbung, 90 cm.
• 'Schwyz' ziegelrot, 60 cm.
Pomponartig:
• 'Herbströschen' lilarosa, 80 cm.

Oktober-Margerite
Chrysanthemum serotinum

Sorte 'Herbststern'

IX–X   H 130 – 160   ○   ✂

Durch die späte Blütezeit wertvolle Großstaude, die zu wenig verwendet wird.
Blüte: Weiß mit grünlich-gelber Mitte, große Margeritenblüten in vielblütigen Trugdolden.
Blatt: Lanzettlich mit tief gezähnten Rändern, saftig grün.
Wuchs: Horstartig, aufrecht, standfest.
Heimat: Südosteuropa. In Auen und Feuchtwiesen.
Standort: Sonnig bis lichtschattig. Boden frisch bis feucht (kurzzeitige Trockenheit wird ertragen), lehmig oder lehmig-humos, nährstoffreich.
Pflege: Gute Nährstoffversorgung. In längeren Trockenperioden gießen. Nach dem Abblühen im Herbst zurückschneiden. Sonst sehr pflegearm.
Vermehrung: Durch Teilung leicht möglich.
Verwendung: Zusammen mit anderen Herbstblühern auf Rabatten, auch in Teichnähe, sehr schön zu herbstfärbenden Gehölzen.
Günstige Partner: *Aconitum carmichaelii, Aster novi-belgii, Delphinium, Vernonia crinita. – Miscanthus.*
Sorten/Verwandte:
• 'Herbststern' reinweiß mit gelber Mitte, reichblühend.

Juli-Silberkerze
Cimicifuga racemosa

Cimicifuga racemosa

VII–VIII   H 150 – 200

Beeindruckende und langlebige Stauden, die einige Jahre brauchen, bis sie sich zu voller Schönheit entwickeln.
Blüte: Weiß, mit herbem Duft, viele kleine Blütchen stehen in dichten, walzenförmigen Trauben zusammen, die wie Flaschenbürsten aussehen und bis 60 cm lang werden können. Die Blütenstände überragen auf langen Stielen die Blatthorste deutlich. Sie sind häufig gebogen und elegant übergeneigt.
Blatt: Gefiedert, die Blättchen länglich eiförmig und grob gesägt, dunkelgrün.
Wuchs: Horstartig, nicht immer ganz standfest.
Heimat: Östliches Nordamerika. In Laub- und Mischwäldern.
Standort: Lichtschattig oder im wandernden Licht, kühl, luftfeucht, windgeschützt. Boden frisch bis feucht, locker, humos. Keine heißen Standorte oder leicht austrocknende Böden!
Pflege: Mehrmals schwach organisch düngen. In Trockenperioden durchdringend wässern.
Vermehrung: Durch Teilung im Frühjahr.
Verwendung: Im lichten Schatten hoher Bäume oder auf der Nordseite von Mauern. Die Silberkerzen sollen möglichst ungestört stehen, nicht in die Nähe starkwüchsiger Nachbarn pflanzen.
Günstige Partner: *Aconitum napellus, Astilbe, Campanula lactiflora, Hosta.* – Schön auch vor immergrünen Gehölzen.
Sorten/Verwandte:
• var. *cordifolia*, Lanzen-Silberkerze, cremegelb, in verzweigten Trauben, ab August. Etwas kleiner als die Juli-Silberkerze.
• *Cimicifuga ramosa*, September-Silberkerze, ebenfalls cremeweiß. Wochenlange Blüte von September bis Oktober, bis über 2 m Höhe. Sehr schön mit herbstfärbenden Gehölzen, *Aconitum carmichaelii* und *Anemone-Japonica*-Hybriden.
• 'Atropurpurea' mit purpurbraunem Laub.
• *Cimicifuga simplex*, Oktober-Silberkerze, weiß, blüht ab Ende X. Mit höchstens 150 cm deutlich kleiner als die Juli-Silberkerze.
• 'Armleuchter' reinweiß, reich verzweigte Blütenkerzen.

Bodendeckende Waldrebe
Clematis x jouiniana

Sorte 'Praecox'

VII–IX   H 20 – 30

Neben den bekannten Klettergehölzen umfaßt die Gattung der Waldreben auch kaum bekannte Stauden.
Blüte: Weiß-blau, duftend, mittelgroße Strahlenblüten in dichten Trugdolden. Fedrig-flauschige Früchte.
Blatt: Dreiteilig, dunkelgrün, lange grün bleibend.
Wuchs: Reich und dicht beblätterte, dem Boden aufliegende und oft über 1 m lange Triebe. Sie bedecken den Boden lückenlos, können auch überhängend oder kletternd wachsen.
Standort: Sonnig bis halbschattig, warme, auch kurzzeitig austrocknende Plätze. Boden mäßig trocken bis frisch, humos, kalkhaltig.
Pflege: Im Frühjahr zurückschneiden, die abgeschnittenen Triebe einfach liegenlassen, sie verrotten schnell.
Vermehrung: Durch Stecklinge im Vorsommer.
Verwendung: Als Bodendecker vor einzelnen Sträuchern oder am Rand lichter Gehölzgruppen. Sehr schön auch von Mauerbrüstungen herabhängend. Auch als Kletterpflanze geeignet, wenn man die Triebe aufbindet.
Günstige Partner: *Aster divaricatus, Ceratostigma, Geranium sanguineum.*

Großblütiges Mädchenauge
Coreopsis grandiflora

Sorte 'Schnittgold'

VI–IX H 60 – 90 ○ ✂

Meist kurzlebige Staude.
Blüte: Gelb, bis 5 cm große Körbchenblüten, einzeln an langen Stielen.
Blatt: Sehr variabel, gefiedert oder lanzettlich, saftig grün.
Wuchs: Horstartig, teilweise auseinanderfallend.
Heimat: Östliches Nordamerika. An trockenen und sandigen Plätzen der Prärien.
Standort: Sonnig, warm. Boden mäßig trocken bis frisch, mäßig nährstoffreich. Je schwerer und nährstoffreicher die Böden, desto weniger standfest die Pflanzen.
Pflege: Völliger Rückschnitt unmittelbar nach der Blüte vergrößert die Frosthärte. Da die Art kurzlebig ist, muß sie häufiger geteilt und umgepflanzt werden.
Vermehrung: Teilung und grundständige Stecklinge.
Verwendung: Auf Rabatten und Schnittblumenbeeten.
Günstige Partner: *Achillea filipendulina*, *Aster amellus*, rotblühende *Helenium*, *Salvia*, *Scabiosa caucasica*.
Sorten/Verwandte:
• 'Badengold' goldgelb, mit bis zu 10 cm breiten Blüten.

Nadelblättriges Mädchenauge
Coreopsis verticillata

Sorte 'Zagreb'

VI–IX H 30 – 70 ○

Den ganzen Sommer über reichblühend.
Blüte: Goldgelb, 4 cm breite, sternförmige Körbchenblüten.
Blatt: Dreiteilig bis gefiedert, mit nadelartigen, hellgrünen Abschnitten.
Wuchs: Straff aufrecht, bildet durch viele kleine Ausläufer dichte Büsche, wird aber niemals lästig, langlebig.
Heimat: Östliches Nordamerika. Lichte Wälder.
Standort: Sonnig. Boden frisch, mäßig nährstoffreich, für alle außer sandige Böden.
Pflege: Im Frühjahr düngen, in Trockenperioden gelegentlich gießen. Gleich nach der Blüte zurückschneiden. Wenig pflegeaufwendig.
Vermehrung: Durch Teilung.
Verwendung: Auf sonnigen Rabatten.
Günstige Partner: *Delphinium*, *Solidago*, *Veronica*. – *Calamagrostis* x *acutiflora*.
Sorten/Verwandte:
• 'Moonbeam' helles, kaltes Gelb, etwas schwierig zu verwenden, nur 30 cm hoch.
• 'Zagreb' goldgelb, 30 cm.
• 'Grandiflora' goldgelb, wie die Art, aber noch blühfreudiger. Die häufigste Kulturform.

Riesenschleierkraut
Crambe cordifolia

Crambe cordifolia

VI–VII H 140 – 200 ○ ✂

Langlebige, eindrucksvolle Staude, die sich erst nach etwa 3 Jahren zu voller Größe und Schönheit entwickelt.
Blüte: Weiß, streng duftend, unzählige kleine Blütchen in riesigen, stark verästelten Rispen.
Blatt: Sehr groß, herzförmig, im Austrieb violett, später glänzend schwarzgrün.
Wuchs: Bildet stattliche Horste, die mitunter standschwach sind und auseinanderfallen.
Heimat: Kaukasus. Steppen und Steinschuttfluren.
Standort: Vollsonnig, warm. Boden mäßig trocken bis frisch, mit guter Nährstoffversorgung. Keine nassen Standorte, dort verfaulend!
Pflege: Gut düngen, vorwiegend mineralisch. Blütenstiele stäben. Abgeblühte Blütenstiele abschneiden, um kraftzehrenden Fruchtansatz zu verhindern.
Vermehrung: Durch Rhizomschnittlinge, auch Aussaat möglich, aber langwierig.
Verwendung: Solitärstaude an markanten Plätzen. Paßt gut zu Rosen.
Günstige Partner: *Iris-Barbata-Elatior*-Hybriden. *Kniphofia*-Hybriden, *Nepeta*, *Stachys byzantina*, *Yucca*. – *Helictotrichon*.– Rosen.

RITTERSPORN
Delphinium-Hybriden

Delphinium-Belladonna-Hybriden 'Völkerfrieden' (blau) und 'Kleine Nachtmusik' (violett) mit Rose 'Bantry Bay'

Rittersporne mit ihren klaren blauen Blütentürmen sind als Farbträger für den Garten unentbehrlich.

Blüte: In vielen verschiedenen Blautönen oder Weiß, bei den Pacific-Hybriden auch in Rosa. Dichte, große, kerzenartige, meist schwach verzweigte Blütentrauben. Nach der Hauptblüte erhält man durch völligen Rückschnitt bis kurz über dem Boden im Herbst eine schöne zweite Blüte.

Blatt: Tief gelappt bis handförmig geteilt, frischgrün.

Wuchs: Große, aufrechte Horste. Bisweilen standschwach.

Heimat: Kulturform.

Standort: Sonnig bis absonnig, kühl. Günstig sind leicht nach Norden geneigte Hänge. Boden frisch, nährstoffreich, tiefgründig, lehmig. <u>Keine heißen Plätze oder leichten Sandböden! Nicht in die Nähe starkwüchsiger Stauden oder Gehölze pflanzen!</u>

Pflege: Jeweils zum Austrieb ausreichend düngen, etwa 100 g Volldünger pro Quadratmeter und Jahr, gleichzeitig Schutz vor Schneckenfraß. In Trockenperioden gießen. Rittersporne sind anfällig für Mehltau, was allerdings sortenabhängig ist. Besonders an warmen Plätzen, etwa vor Mauern und bei zu dichtem Stand, sind sie gefährdet. Standschwache Sorten stäben, vor allem die Pacific-Hybriden. Gleich zum Ende der Hauptblüte bis knapp über den Boden zurückschneiden, um eine Zweitblüte zu erhalten. Im Spätherbst erneut zurückschneiden.

Vermehrung: Durch Teilung oder grundständige Stecklinge.

Verwendung: Als dominierende Pflanzen auf Rabatten, mit anderen Stauden vielfältig kombinierbar.

Günstige Partner: Zur Hauptblüte: *Alchemilla, Chrysanthemum maximum, Hemerocallis, Heliopsis, Lychnis chalcedonica.* – Lilien. – Rosen.
Zur zweiten Blüte: *Aster novae-angliae, Aster novi-belgii, Chrysanthemum serotinum, Heliopsis helianthoides* var. *scabra.* – *Calamagrostis, Miscanthus.* – Rosen.

Warnung: Die gesamte Pflanze ist giftig!.

Rittersporn
Delphinium-Belladonna-Hybriden

Hybride 'Piccolo'

VI–VII/VIII–IX
H 80 – 120

Grazile, kleinwüchsige Garten-Rittersporne. Kennzeichnend sind ihre lockeren, reichverzweigten, standfesten Blütenstände. Sie wirken daher weniger streng als die anderen Hybrid-Gruppen. Die Pflanzen blühen früh und treiben nach dem Rückschnitt wieder gut aus. Sie blühen teilweise schon ab Ende August zum zweiten Mal.
Sorten/Verwandte:
• 'Casablanca' reinweiß, 130 cm.
• 'Capri' hellblau mit weißem Auge, 100 cm.
• 'Piccolo' reines Azurblau, 80 cm.
• 'Völkerfriede' azurblau, 110 cm.
• 'Kleine Nachtmusik' dunkelviolett. 80 cm.

Rittersporn
Delphinium-Elatum-Hybriden

Hybride 'Ouvertüre'

VI–VII/VIII–X
H 120 – 200

Die am meisten verwendeten Garten-Rittersporne, mit hohen, kerzenartigen dichten Blütenständen.
Sorten/Verwandte:
• 'Abgesang' azurblau mit weißem Auge, spät, 180 cm.
• 'Berghimmel' klar hellblau mit weißem Auge, mittlere Blütezeit, 170 cm.
• 'Fernzünder' strahlend mittelblau mit weißem Auge, mittlere Blütezeit, 150 cm.
• 'Jubelruf' hellblau mit weißem Auge, 180 cm.
• 'Lanzenträger' mittelblau mit weißem Auge, mittlere Blütezeit, 200 cm hoch, standfest.
• 'Ouvertüre' mittelblau mit rosa Schleier und dunklem Auge, frühblühend, 160 cm.
• 'Perlmutterbaum' hellblau mit rosa, dunkles Auge, mittlere Blütezeit, 180 cm.
• 'Polarnacht' dunkel enzianblau mit weißem Auge, mittlere Blütezeit, 160 cm.
• 'Schildknappe' dunkel blauviolett mit weißem Auge, mittlere Blütezeit, 170 cm.
• 'Sommernachtstraum' enzianblau, früh, 160 cm.
• 'Zauberflöte' blau mit rosa, weißes Auge, spät, 180 cm.

Rittersporn
Delphinium-Pacific-Hybriden

Hybride 'Percival'

VI–VII/VIII–IX
H 150 – 180

Die dicht besetzten Blütenkerzen bei den Sorten dieser Hybridgruppe wirken etwas wuchtig und dadurch weniger elegant als die anderen Rittersporn-Hybriden. Wenn sie nicht geteilt und neu gepflanzt werden, halten sie nicht länger als drei bis vier Jahre im Garten aus.
Als Schnittblumen sind die Pacific-Hybriden allen anderen Rittersporne klar überlegen. Aus den pastellfarbenen Sorten lassen sich zusammen mit alten, dichtgefüllten Rosensorten schöne Pflanz-Gruppen kombinieren.
Pflege: Die Pflanzen müssen gestäbt werden.
Vermehrung: Durch Aussaat, Teilung und grundständige Stecklinge.
Sorten/Verwandte:
• 'Gallahad' reinweiß, 150 cm.
• 'Rosa Sensation' pastellrosa, 160 cm.
• 'Blue Bird' mittelblau mit weißem Auge, 150 cm.
• 'Summer Skies' himmelblau mit weißem Auge, 170 cm.
• 'Black Knight' schwarzviolett mit dunklem Auge, 160 cm.

STAUDEN

Heide-Nelke
Dianthus deltoides

Dianthus deltoides

VI–IX   H 10 – 20   ○

Neben den einjährigen Bart-Nelken gibt es unter den Nelken auch viele hübsche Polsterstauden für den Steingarten.
Blüte: Karmin- oder blutrot, rosa, weiß, oft mit dunklem Auge.
Blatt: Linealisch, stumpfgrün, nach der Blüte verbraunend.
Wuchs: Lockerrasig kriechend. Ältere Polster verkahlen.
Heimat: Europa bis Asien. Heideflächen, Waldränder und Kahlschlagflächen.
Standort: Vollsonnig, warm. Boden mäßig trocken bis frisch, durchlässig, nährstoffarm, sauer, sonst kurzlebig.
Pflege: Nach der Blüte zurückschneiden, um Verkahlen zu vermeiden. Da kurzlebig, häufig nachpflanzen.
Vermehrung: Durch Aussaat, auch bei den Sorten.
Verwendung: Kleinflächig im Heide- und Steingarten, in Trögen und Plattenfugen.
Günstige Partner: *Campanula, Thymus.* –*Festuca, Molinia.* Keine starkwüchsigen Nachbarn!
Sorten/Verwandte:
• 'Albus' weiß mit rotem Ring.
• 'Vampir' karminrot.
• 'Heideglut' weinrot.
• 'Brillant' samtrot.

Pfingst-Nelke
Dianthus gratianopolitanus

Sorte 'Stäfa'

V–VII   H 5 – 20   ○

Beliebteste Polster-Nelke.
Blüte: Weiß, rosa, karmin- oder samtrot, teilweise zweifarbig oder gefüllt, duftend. Tellerförmig, oft gefranst.
Blatt: Grasartig, je nach Sorte graugrün bis silbergrau.
Wuchs: Polsterförmig.
Heimat: Europa. Fels und lichte Kiefernwälder.
Standort: Vollsonnig, warm, auch heiß. Boden mäßig trocken, gut durchlässig, mäßig nährstoffreich. Keine schweren, feuchten Böden, dort verfaulend.
Pflege: Die Blütenstiele nach dem Abblühen zurückschneiden. Nur schwach düngen, sonst vergrünen die Polster.
Vermehrung: Durch Teilung.
Verwendung: Im Steingarten, in Trockenmauern und Plattenwegen.
Günstige Partner: *Campanula, Cerastium, Gypsophila.*
Sorten/Verwandte:
• 'Blaureif' rosa, 15 cm.
• 'La Bourbille' rosa, 5 cm.
• 'Badenia' blutrot 10 cm.
• 'Rotkäppchen' samtrot, 15 cm.
• *Dianthus plumarius,* Feder-Nelke, größere intensiv duftende, federartige Blüten, 15–35 cm.
• 'Ine' weiß mit rot, gefüllt.
• 'Heidi' blutrot, gefüllt.

Farn-Herzblume
Dicentra eximia

Dicentra eximia

V–VI   H 20 – 30   ◐

Verwandte des Tränenden Herzens.
Blüte: Pastellfarben karminrot, klein, herzförmig, in einer lockeren Traube.
Blatt: Farnartig gefiedert, blaugrün bis hechtblau.
Wuchs: Bildet durch kurze Ausläufer dichte Teppiche.
Heimat: Östliches Nordamerika. Frische, lichte Wälder.
Standort: Lichtschattig, kühl, luftfeucht. Boden frisch, locker, humos.
Pflege: In Trockenperioden gießen.
Vermehrung: Durch Abtrennen von Ausläufern und grundständige Stecklinge.
Verwendung: In Schattenpflanzungen.
Günstige Partner: *Epimedium, Lamium, Pulmonaria, Saxifraga x urbium. Tiarella.* – *Carex.*
Sorten/Verwandte:
• 'Alba' weiß, auffälliger.
• 'Bountiful' dunkelrosa, größere Blüte.
• *Dicentra formosa,* aus Nordamerika, sehr ähnlich. Die dunkelroten Blüten stehen höher über dem grünen Laub und erscheinen 3 Wochen später.
• 'Luxuriant' über Monate hinweg blühend, 40 cm.

Tränendes Herz, Herzerlstock
Dicentra spectabilis

Dicentra spectabilis

V–VI H 60 – 90

Altbekannte Bauerngartenstaude.
Blüte: Zweifarbig rosa und weiß. Die Blüten gleichen einem Herzen, aus dem eine weiße Träne hervorquillt. In eleganten übergeneigten Trauben.
Blatt: Gefiedert, stumpf blaugrün. Zieht bald nach der Blüte ein.
Wuchs: Locker horstartig, nicht immer standfest.
Heimat: China und Korea. In lichten Wäldern.
Standort: Lichtschatten bis halbschattig, bei ausreichend feuchten Böden auch sonnig, kühl und luftfeucht. Boden frisch bis feucht, locker.
Pflege: Zu sonnig gepflanzte Exemplare müssen durch Abdecken vor Spätfrösten geschützt werden, da sie oft zu früh austreiben.
Vermehrung: Durch grundständige Stecklinge.
Verwendung: Auf Rabatten und in Bauerngärten. Da sie früh einziehen und Lücken hinterlassen, nicht in den Vordergrund setzen, sondern nach hinten pflanzen. Nur in wenigen, verstreuten Einzelexemplaren verwenden.
Günstige Partner: *Myosotis.* – *Brunnera.* – Spätblühende weiße Narzissen, rosa und weiße Tulpen.
Sorten/Verwandte:
• 'Alba' weniger bekannte, bezaubernd reinweiß blühende Form. Konkurrenzkräftiger und vielseitiger, auch mit gelben Farben zu kombinieren.

Roter Fingerhut
Digitalis purpurea

Digitalis purpurea 'Gloxiniaeflora'

VI–VII H 100 –140

Sehr dekorative Pflanze, die leider recht kurzlebig, oft nur zweijährig ist. Wie alle Fingerhut-Arten sehr giftig!
Blüte: Pastellrosa bis purpurrot mit braunen Flecken im Blüteninneren, glockig-fingerhutartig, in aufrechten Blütenkerzen.
Blatt: Eiförmig spitz, groß, stumpfgrün, rauh behaart.
Wuchs: Blattrosette mit langen, straff aufrechten Blütenstielen.
Heimat: Europa. Typische Pflanze in Kahlschlägen und an lichten, warmen Waldrändern.
Standort: Halbschattig, warm. Boden mäßig trocken bis frisch, sauer, humusreich, lehmig. Nicht unter sommergrünen Gehölzen, da Herbstlaub nicht vertragen wird.
Pflege: Nach der Blüte zurückschneiden, um die Lebenszeit der Pflanzen zu verlängern. Dies verhindert gleichzeitig Selbstaussaat.
Vermehrung: Durch Aussaat, vermehrt sich an zusagenden Wuchsorten durch Selbstaussaat.
Verwendung: Auf halbschattigen Rabatten, in naturnahen, waldrandartigen Gartenbereichen
Günstige Partner: *Geranium macrorhizum, Geranium x magnificum* und *Geranium wlassovianum, Monarda*-Hybriden.
Sorten/Verwandte:
• 'Gelbe Lanze' milchig hellgelb, 120 cm.
• 'Gloxiniaeflora', Farbmischung mit größeren, hellpurpur-weiß gefleckten Blüten.
• *Digitalis x mertonensis* lachsrosa, großblütig, 80–100 cm.
• *Digitalis grandiflora*, Großblütiger Fingerhut, ähnlich dem Roten Fingerhut, aber mit gelben Blüten, VI–VII, langlebig. Locker horstartig, 60 – 100 cm. Kommt in Mitteleuropa bis Westasien in warmen, lichten Gehölzbeständen, an Böschungen und Steinhalden vor.
Warnung: Die Pflanzen sind stark giftig!

Gemswurz
Doronicum orientale

Doronicum orientale

IV–V H 40 – 60 ○ ◐ ✂

Wegen ihrer frühen Blütezeit weitverbreitete Gartenstaude, die sich gut als Schnittblume eignet.
Blüte: Leuchtend gelbe, große Margeritenblüten am Ende aufrechter Stiele.
Blatt: Rund bis herzförmig, auffällig gekerbt, frischgrün.
Wuchs: Horstartig.
Heimat: Südosteuropa bis Kleinasien. In lockeren Gehölzformationen.
Standort: Licht- bis halbschattig, bei ausreichender Wasserversorgung auch sonnig, kühl. Boden frisch, locker, lehmig, humos.
Pflege: Vor Schneckenfraß schützen. Gelegentlich düngen. In Trockenperioden wässern. Die Blüten abschneiden, um die Blütezeit zu verlängern.
Vermehrung: Durch Teilung außerhalb der Blütezeit.
Verwendung: Auf Rabatten, im lichten Mauerschatten und im Streuschatten von Gehölzen.
Günstige Partner: *Brunnera*. – *Muscari*, Narzissen, Tulpen.
Sorten/Verwandte:
• 'Frühlingspracht' gefüllt.
• 'Riedels Goldkranz' mit zwei Reihen von Strahlenblüten.
• *Doronicum plantagineum* 'Excelsum' 60 – 80 cm. Zieht nach der Blüte ein.

Purpur-Sonnenhut
Echinacea purpurea

Echinacea purpurea

VII–IX H 70 – 100 ○

Beliebte Schmetterlingspflanze.
Blüte: Matt karminrote Strahlenblüten um eine orange-braune Mitte. Große, einzeln stehende Margeritenblüten auf straffen Stielen.
Blatt: Spitz eiförmig, dunkelgrün, wie alle Teile rauh behaart.
Wuchs: Horstig mit starren Blütentrieben, nicht immer standfest.
Heimat: Nordamerika. Auf Prärien und Ödflächen.
Standort: Vollsonnig, warm. Boden frisch, nährstoffreich, lehmig.
Pflege: Am besten im Frühjahr pflanzen. Vor Schneckenfraß schützen. Nach der Blüte zurückschneiden. Sämlinge entfernen, da sie meist in anderen Farben blühen. Kurzlebig, muß alle 3 bis 4 Jahre nachgepflanzt werden.
Vermehrung: Samenanzucht meist enttäuschend, Teilung der fleischigen Wurzeln schwierig.
Verwendung: Rabatten.
Günstige Partner: Herbstblühende *Aster, Liatris, Monarda*-Hybriden, rosa oder weißer *Phlox*.
Sorten/Verwandte:
• 'Abendsonne' karminrot.
• 'Magnus' intensiv rot, durch Aussaat vermehrbar.
• 'Rubinstern' purpurrot.

Kugeldistel
Echinops bannaticus

Echinops bannaticus 'Taplow Blue'

VII–IX H 80 – 120 ○ ✂

Attraktive Staude mit auffälligen, eigenartigen Blütenköpfen.
Blüte: Schimmernd blau, kugelig, an den Enden aufrechter Stiele. Bienennährpflanze.
Blatt: Tief gelappt mit stacheligem Rand, oberseits stumpfgrün, unterseits weiß filzig.
Wuchs: Locker horstartig, nicht immer standfest.
Heimat: Südost-Europa. In Wiesensteppen.
Standort: Sonnig, warm, auch heiß, windgeschützt. Boden trocken bis frisch, durchlässig, kalkhaltig. Keine feuchten, schweren Böden, sonst verfaulend und standschwach.
Pflege: Bei Bedarf stäben. Nach der Blüte scharf zurückschneiden, da sonst zu viele Sämlinge aufgehen und die Kugeldisteln überhand nehmen.
Vermehrung: Durch Aussaat und Wurzelschnittlinge.
Verwendung: Nur in geringer Zahl pflanzen, sonst dickichtartig. Auf Rabatten.
Günstige Partner: Auffälliger Farbkontrast zu rotlaubigen Ziergehölzen. Dazu weiße Stauden wie *Gypsophila paniculata*. Ohne die rotblättrigen Sträucher sehr schön zu gelben Stauden wie *Achillea filipendulina*.

Großblumige Elfenblume
Epimedium grandiflorum

Sorte 'Lilofee'

IV–V   H 15 – 25

Lange Zeit waren die Elfenblumen nur als Bodendecker und ihrer hübschen Blätter wegen bekannt. Inzwischen gibt es jedoch neue Formen mit duftig-eleganten Blüten.
Blüte: Weiß oder rosa, langgespornt, zu vier bis fünfzehn an drahtigen Stielen.
Blatt: Dreizählig, die Teilblättchen asymmetrisch mit dornig gezähntem Rand, im Austrieb bronzefarben, später frischgrün.
Wuchs: Breit polsterförmig, mit kriechendem Wurzelstock.
Heimat: Mandschurei und Japan. Im Rhododendrongebüsch der alpinen Zone.
Standort: Lichtschattig bis halbschattig, luftfeucht, kühl. Boden frisch bis feucht, durchlässig, sandig oder lehmig-humos.
Pflege: Die abgestorbenen Blätter im Vorfrühling abschneiden.
Vermehrung: Durch Teilung.
Verwendung: Im Unterwuchs lichter Gehölzbestände. Gruppenpflanze.
Günstige Partner: *Hosta, Saxifraga, Tiarella.* – Gräser.
Sorten/Verwandte:
• 'Rose Queen' kräftig rosa.
• 'Lilofee' violett.
• *Epimedium* x *rubrum*, Rote Elfenblume, kleine, zweifarbige, rot-gelbe Blüten, IV–V. Rötlich überhauchtes Blatt, guter Bodendecker, 25–35 cm.

Immergrüne Elfenblume
Epimedium pinnatum ssp. colchicum

Epimedium pinnatum ssp. colchicum

IV–V   H 20 – 30

Guter Bodendecker mit auffallend hübscher Herbstfärbung.
Blüte: Klares Gelb, in lockeren Trauben.
Blatt: Drei- bis fünfteilig, die Einzelblättchen spitz herzförmig, wintergrün, in milden Wintern auch immergrün. Glänzend grün, im Spätherbst in vielen metallisch glänzenden Farbtönen.
Wuchs: Bildet durch Ausläufer allmählich große Teppiche.
Heimat: Westlicher Kaukasus. In feuchten Bergwäldern.
Standort: Lichtschattig bis schattig, Boden mäßig trocken bis feucht, nährstoffreich, humos, lehmig.
Pflege: Im Frühjahr alte Blätter abschneiden. In schneearmen Wintern frieren die Blätter ab, im Frühjahr treiben die Pflanzen jedoch wieder durch.
Vermehrung: Durch Teilung.
Verwendung: Als Bodendecker im Unterwuchs von Gehölzen.
Günstige Partner: *Galium, Hosta, Waldsteinia.* – Gräser.
Sorten/Verwandte:
• *Epimedium* x *perralchicum* 'Frohnleiten' leuchtend gelb, kompakt, mäßig frosthart.
• *Epimedium* x *warleyense*, Kupfer-Elfenblume, mit ungewöhnlich kupferorangen Blüten. Blätter im Austrieb und im Herbst rötlich überlaufen, wintergrün. Stark-, aber lockerwüchsig. Beide Arten sind mehr Gruppenpflanzen als Bodendecker.

Polster-Elfenblume
Epimedium x youngianum

Epimedium x versicolor 'Sulphureum'

IV–V   H 20 – 25

Kleine Gruppe polsterförmiger Elfenblumen.
Blüte: Weiß, rosa oder lila, glockig, hängend, zu mehreren an den Stengelenden.
Blatt: Gefiedert mit 3 bis 6 asymmetrischen Blättchen, im Austrieb bronzefarben, später vergrünend.
Wuchs: Niedrig, polsterförmig, langsamwüchsig.
Standort: Lichtschattig bis halbschattig, kühl, luftfeucht. Boden locker, sandig-humos.
Pflege: In Trockenperioden übersprühen.
Vermehrung: Durch Teilung.
Verwendung: Im Unterwuchs lichter Sträucher und Bäume, zusammen mit niedrigen Partnern.
Günstige Partner: Niedrige *Hosta-*, *Primula-* und *Saxifraga-*Arten. – Niedrige *Carex-*Arten, schwachwüchsige Farne.
Sorten/Verwandte:
• 'Niveum' weiß, kleinbleibende Sorte, 15 cm.
• 'Lilacinum' rosalila, wirkt während des Blattaustriebs sehr dunkel.
• *Epimedium* x *versicolor* 'Sulphureum', Hellgelbe Elfenblume, schwefelgelb, IV–V. Blätter teilweise wintergrün, guter Bodendecker, 30–35 cm.

Feinstrahlaster
Erigeron-Hybriden

Hybride 'Sommerneuschnee'

Hybride 'Mrs. E. H. Beale'

Alpen-Edeldistel
Eryngium alpinum

Eryngium x zabelii 'Violetta'

VI–VII/IX H 50 – 80

Die Feinstrahlastern sehen den Astern nicht nur ähnlich, sondern sind auch nahe mit ihnen verwandt. Die Elternformen der Züchtungen stammen aus den nordamerikanischen Prärien.
Blüte: Violette, lilafarbene, karminrote oder weiße Zungenblüten um eine orange-gelbe Mitte. Asternähnliche Körbchenblüten, die Zungenblüten feiner als bei den Astern. Reichblühend. Nach Rückschnitt zeigen sie eine Zweitblüte im September.
Blatt: Lanzettlich, stumpfgrün.
Wuchs: Horstförmig mit straffen, aber häufig standschwachen Stielen.
Heimat: Kulturform.
Standort: Sonnig, warm. Boden frisch bis feucht, durchlässig. Auf schweren Böden wenig frohwüchsig.
Pflege: Nach der Blüte im Frühsommer sofort bis zum Boden zurückschneiden, um die Zweitblüte im Herbst anzuregen. Nach der ersten Blüte nochmals düngen, da die Nachblüte umso üppiger ausfällt, je besser die Ernährung der Pflanzen. Nicht standfeste Sorten durch dürre, verästelte Zweige stützen. Ältere Pflanzen lassen in der Blühfreudigkeit nach. Daher häufiger teilen und verpflanzen.
Vermehrung: Durch Teilung.
Verwendung: In Staudenrabatten, zusammen mit anderen Sommer- und Herbststauden, als Schnittblume; nicht knospig, sondern mit geöffneten Blüten schneiden.
Günstige Partner: *Chrysanthemum maximum, Coreopsis, Delphinium, Gypsophila paniculata, Monarda*-Hybriden, *Rudbeckia fulgida* 'Goldsturm'.
Sorten/Verwandte:
Violette Farbtöne:
• 'Dunkelste Aller' dunkelblau-violett.
• 'Schwarzes Meer' tiefviolett.
Blau-violette Farbtöne:
• 'Mrs. E. H. Beale' hell lila, lange blühend.
• 'Adria' hellblau-violett, halbgefüllt, gute Zweitblüte.
• 'Strahlenmeer' hell blauviolett, lockerwüchsig.
Rosa- und Karmintöne:
• 'Rosa Triumph' leuchtend rosa, im Verblühen heller, halbgefüllt.
• 'Rotes Meer' karminrot.
Weiße Farben:
• 'Sommerneuschnee' weiß, im Verblühen weißlich-rosa, sehr schöne, altbewährte Sorte.

VI–VII H 60 – 80

Distelartiger Doldenblütler. Trockenblume.
Blüte: Stahlblaue, längliche Blütenköpfe mit hellvioletten, zerschlitzten Hochblättern an den Enden straffer Stiele. Im Winter attraktive Fruchtstände.
Blatt: Groß, gelappt, derb ledrig und stachelig, graugrün.
Wuchs: Horstartig, locker verzweigt mit wenigen Trieben.
Heimat: Alpen, nördlicher Balkan. Auf rasigen Hängen.
Standort: Sonnig, warm, auch heiß. Boden trocken bis mäßig trocken, durchlässig, sandig-kiesig oder schwach lehmig, kalkhaltig. Auf nassen Standorten faulen die fleischigen Pfahlwurzeln.
Pflege: Im Frühjahr zurückschneiden. Standschwache Sorten stäben. Kurzlebig.
Vermehrung: Durch Aussaat und Wurzelschnittlinge.
Verwendung: Im Steppenbeet und Geröllsteingarten.
Günstige Partner: *Achillea, Artemisia, Lavandula, Linum, Salvia, Veronica spicata.*
Sorten/Verwandte:
• 'Blue Star' tiefblau.
• 'Opal' silbrig-lila.
• 'Amethyst' silbrig-violett.
• *Eryngium x zabelii* 'Violetta' bizarre, tiefviolette Blütenköpfe, 60–80 cm. Kurzlebig.

Purpurdost
Eupatorium fistulosum 'Atropurpureum'

Sorte 'Atropurpureum'

Euphorbia WOLFSMILCH

Gold-Wolfsmilch (Euphorbia polychroma) und blaublühende Mertensia virginica

STAUDEN

VIII–X H 150 – 200 ○ ◐

Dekorative, reichblühende Riesenstaude. Schmetterlingspflanze.
Blüte: Graurosa bis purpur-karminrot, gedämpfte Farben, herber Geruch. Mächtige Blütenkuppeln mit 25 bis 40 cm Durchmesser. Herber Geruch.
Blatt: Lanzettlich, quirlständig, dunkelgrün mit roter Mittelrippe, im Herbst leuchtend gelb.
Wuchs: Horstartig mit straff aufrechten, kräftig purpurroten Blütenstengeln.
Heimat: Nordamerika. Auf Feuchtwiesen.
Standort: Sonnig bis lichtschattig, warm. Boden frisch bis feucht, auch kurzzeitig austrocknend, nährstoffreich, schwer.
Pflege: Im Winter oder Vorfrühling Triebe bis zum Boden zurückschneiden. Erstaunlich windfest, muß nicht gestäbt werden.
Vermehrung: Durch Teilung.
Verwendung: Als Solitärstaude am Teichrand und im Hintergrund kleinerer Stauden.
Günstige Partner: Schön mit anderen Spätblühern wie *Aconitum carmichaelii* oder *Chrysanthemum serotinum*.
Sorten/Verwandte:
- 'Album' weiß.

Von der Gattung *Euphorbia* kennt man über 1000 Arten. Darunter befinden sich nicht nur eigenartig gefärbte Stauden, die als Pflanzenjuwelen Eingang in die Gärten gefunden haben, sondern auch zahlreiche ein- und zweijährige oder halbstrauchige Wildarten der Mischwälder, Wiesen und Felder, die noch auf ihre Entdeckung für den Naturgarten warten. Bekannt sind einige exotische, meist strauchige Wolfsmilchgewächse geworden, die hierzulande als Zimmerpflanzen kultiviert werden. Der Weihnachtsstern ist ein vertrautes Beispiel hierfür. Auch kakteenähnliche, dicht mit Dornen besetzte Formen gibt es.
Die eigentlichen Blüten der Wolfsmilchgewächse sind meist grün getönt, winzig klein und unauffällig. Die blütenähnlichen Pflanzenteile, die so prächtig gefärbt erscheinen, sind Hochblätter, die anstelle der Blüten die Insekten anlocken sollen.

Alle Wolfsmilchgewächse zählen zu den für Mensch und Tier stark giftigen Gewächsen. Alle Pflanzenteile – ob in grünem oder verwelktem Zustand – sind gefährlich. Bei Arbeiten mit den Wolfsmilch-Stauden sollte man daher unbedingt Handschuhe anziehen, um nicht in Kontakt mit dem giftigen, weißen Milchsaft zu kommen, der bei Verletzungen der Pflanze hervorquillt. Grundsätzlich nicht mit den Handschuhen ins Gesicht fassen oder an den Blütenständen schnuppern, denn sonst können Augenschäden und Gesichtsschwellungen auftreten. Wir arbeiten seit Jahrzehnten auf unseren Versuchsflächen mit den attraktiven Pflanzen. Wenn man sich entsprechend verhält, kann überhaupt nichts passieren, und man braucht auf diese Schmuckstücke nicht zu verzichten.

Feuer-Wolfsmilch, Himalaja-Wolfsmilch
Euphorbia griffithii

Sorte 'Fireglow'

V–VI   H 50 – 80   ○ ◐ ☠

Fremdartige Gartenstaude.
Blüte: Feurig orangerote Hochblätter an endständigen Blütendolden. Lange blühend, in der Sonne am besten ausfärbend.
Blatt: Lanzettlich, stumpfgrün, im Herbst gelblich-orange.
Wuchs: Horstartig, mit straff aufrechten Trieben. Bildet durch Ausläufer allmählich größere Bestände.
Heimat: Himalaja, Westchina. An Waldsäumen und felsigen Hängen.
Standort: Sonnig bis lichtschattig, warm. Boden trocken bis frisch, durchlässig, nährstoffreich. Keine feuchten Böden, sonst im Winter verfaulend. Keine zu schattigen Wuchsorte, dort zu starke Ausläuferbildung.
Pflege: Handschuhe anziehen! Im Spätherbst vertrocknete Triebe abschneiden und zu große Bestände mit dem Spaten abstechen. Im ersten Pflanzjahr als Winterschutz ab XI bis XII mit Zweigen abdecken, da nur mäßig frosthart.
Vermehrung: Durch Teilung und Aussaat.
Verwendung: Auf sonnigen Beeten, auch am Gehölzrand, dort aber stark wuchernd.
Günstige Partner: *Artemisia, Geranium x magnificum, Nepeta, Salvia, Stachys byzantina.*
Warnung: Alle Pflanzenteile sind stark giftig!

Walzen-Wolfsmilch
Euphorbia myrsinites

Euphorbia myrsinites

IV–V   H 15 – 25   ○ ☠

Eigenartig geformte Blattschmuckstaude.
Blüte: Grüngelbe Hochblätter.
Blatt: Dreieckig, fleischig, blaugrün, spiralig um die dicken Triebe angeordnet, daher »Walzen-Wolfsmilch«. Wintergrün.
Wuchs: Polsterförmig, im Alter überhängend. Die dicken Triebe verkahlen.
Heimat: Südeuropa. An trocken-heißen Geröllhängen.
Standort: Sonnig, warm, auch heiß. Boden trocken bis frisch, durchlässig, kalkhaltig. Keine schweren oder feuchten Böden, sonst verfaulend.
Pflege: Handschuhe anziehen! Verkahlte, zu lang gewordene Triebe nach der Blüte bis auf kurze Stücke zurückschneiden. Dadurch bilden sich an der Basis neue Blattrosetten, die im nächsten Frühjahr blühen. Die Pflanze ist frosthart.
Vermehrung: Durch Aussaat und Stecklinge. Diese zuerst einige Minuten in Wasser stellen, damit der Milchsaft herausläuft und die Schnittwunde nicht verkleben kann.
Verwendung: Im Steingarten, auf Mauerkronen und in Mauerfugen, in Geröllflächen.
Günstige Partner: *Iberis sempervirens, Phlox-Subulata*-Hybriden. – *Iris pumila*, Wild-Tulpen.
Warnung: Alle Pflanzenteile sind stark giftig!

Gold-Wolfsmilch
Euphorbia polychroma

Euphorbia polychroma

IV–V   H 30 – 50   ○ ◐ ☠

Heimische Waldrandstaude.
Blüte: Leuchtend grüngoldene Hochblätter. Blüht wochenlang.
Blatt: Eiförmig, samtig grün, weichhaarig. Im Herbst gelb, orange und ziegelrot.
Wuchs: Horstartig, mit roten Trieben.
Heimat: Mittel- bis Südosteuropa. Trockengebüsche, sonnige Waldsäume.
Standort: Sonnig bis halbschattig, warm. Boden mäßig trocken bis frisch, durchlässig, sandig-kiesig, lehmig, kalkhaltig. Auch normale, nicht zu feuchte Gartenböden.
Pflege: Handschuhe anziehen! Im Spätherbst zurückschneiden.
Vermehrung: Durch Teilung und Aussaat.
Verwendung: Im Stein- und Frühlingsgarten, in Plattenfugen.
Günstige Partner: *Alyssum, Aubrieta, Iberis. – Muscari.*
Sorten/Verwandte:
• *Euphorbia amygdaloides*, Mandel-Wolfsmilch, VI–V, Blüten gelbgrün, Blatt dunkelgrün, oft rötlich überlaufen, derb, wintergrün, horstig, 30 – 60 cm. Heimische Waldpflanze für feuchte Stellen. Giftig!
Warnung: Alle Pflanzenteile sind stark giftig!

Riesen-Mädesüß
Filipendula kamtschatica

Filipendula kamtschatica ist eine wuchtige Riesenstaude

VII–VIII H 150 – 300 ○ ◐

Die Mädesüß-Arten sind meist eindrucksvolle, hochwüchsige Stauden, die nicht immer standfest bleiben. Sie bilden große, endständige, angenehm duftende Blütenrispen und dekorativ gelappte oder gefiederte Blätter. Der Name »Mädesüß« kommt vom süßlichen Geruch der Blätter und Stengel, der vor allem nach dem Abmähen oder beim Verwelken verströmt.
Das Riesen-Mädesüß ist eine außergewöhnliche Riesenstaude für Freunde wuchtiger Gartenpflanzen.
Blüte: Cremeweiße, winzige Blüten in einer großen Doldenrispe.
Blatt: Sehr groß, drei- bis fünflappig, dunkelgrün, im Herbst gelblich.
Wuchs: Hohe und breite, starkwüchsige Staude, meist standfest.
Heimat: Kamtschatka und Nord-Japan. In Sumpfwäldern.
Standort: Sonnig bis lichtschattig, auch stärker beschattet, dann aber standschwach. Kühl, luftfeucht, windgeschützt. Boden feucht bis naß, auch überschwemmt, nährstoffreich, schwer, lehmig oder tonig.
Pflege: Abgestorbene Triebe im Spätherbst zurückschneiden. Bei Bedarf stäben. Sonst keine Maßnahmen notwendig.
Vermehrung: Durch Teilung.
Verwendung: An Teichrändern, in feuchten Senken, an sumpfigen Stellen und sonstigen, nicht austrocknenden Plätzen.
Günstige Partner: *Hemerocallis, Hosta, Iris pseudacorus, Lysichiton*-Arten, *Lysimachia, Lytrum.* – *Carex pendula.*
Sorten/Verwandte:
• *Filipendula rubra* 'Venusta' und 'Venusta Magnifica', Amerikanisches Mädesüß, leuchtend rosa, angenehm süß duftend, große, federartige Blütenstände. Blütezeit VII – VIII, breitet sich allmählich aus.

Rosa Mädesüß
Filipendula palmata

Filipendula palmata

VI–VII H 30 – 100 ○ ◐

Ornamentale Staude für feuchte Gartenbereiche.
Blüte: Hellrosa, zart duftend, in federartigen Doldenrispen.
Blatt: Gefiedert mit großen, gelappten Endblättchen, dunkelgrün, unterseits weißlich-grün.
Wuchs: Horstartig mit straff aufrechten Blütenstielen.
Heimat: Sibirien bis Kamtschatka. In regen- und nebelreichen Gebieten.
Standort: Sonnig bis lichtschattig, kühl. Boden frisch bis feucht, nährstoffreich, lehmig oder tonig. <u>Keine heißen, trockenen Standorte!</u>
Pflege: Verblühtes abschneiden.
Vermehrung: Durch Teilung.
Verwendung: An feuchten, zeitweise beschatteten Plätzen, am Teichrand und am Ufer.
Günstige Partner: *Aconitum, Iris sibirica, Tradescantia-Andersoniana*-Hybriden.
Sorten/Verwandte:
• 'Nana' sehr intensives, fast grelles Rosa, lieblich duftend, reichblühend. Nur 30–50 cm.
• *Filipendula purpurea,* Purpur-Mädesüß, purpurn bis karminrot, VII – VIII, duftend, 60 – 100 cm.
• 'Elegans' karminrot.

Waldmeister
Galium odoratum

Galium odoratum

IV–V H 15 – 20

Heimische Wildstaude, die im Schatten jahrzehntelang aushält.
Blüte: Zartweiße Sternchenblüten, wohlriechend, in doldenähnlichen Blütenständen.
Blatt: Quirlig, hellgrün. Treiben sehr frühzeitig und überdauern teilweise den Winter. Getrocknet duften sie angenehm süßlich-aromatisch.
Wuchs: Zahllose, dünne, hohe Triebe aus unterirdischen, flachwurzelnden Ausläufern, allmählich große Teppiche bildend.
Heimat: Europa. In Laubmischwäldern.
Standort: Halb- bis vollschattig, kühl. Boden frisch bis gelegentlich feucht, locker, humos, lehmig. Günstig im Fallaub größerer Bäume. Keine verdichteten Böden!
Pflege: Kann das ganze Jahr über gepflanzt werden. In Ruhe lassen!
Vermehrung: Durch Teilung.
Verwendung: Als vielseitiger Bodendecker, auch in direkter Nähe von Baumwurzeln.
Günstige Partner: *Astrantia, Hepatica, Lathyrus, Polygonatum, Pulmonaria. – Anemone.*
Warnung: Waldmeister ist in größeren Mengen leicht giftig!

Stengelloser Enzian
Gentiana acaulis

Gentiana dinarica

IV–VI H 3 – 8

Im Steingarten sind Enziane zwar außerordentlich beliebt, aber gerade die spektakulärsten Züchtungen mit ihren fast überirdischen Blautönen sind heikel und nur etwas für Spezialisten. Als »Stengelloser Enzian« wird im Handel meist nicht die reine Art, sondern ein Gemisch verwandter Typen verkauft, das leichter zu kultivieren ist.
Blüte: Enzianblau, glockenförmig, kurzstielig.
Blatt: Lanzettlich, klein, kräftig grün, wintergrün.
Wuchs: Niedrige, lockerrasige Polster, bildet kurze Ausläufer.
Heimat: Alpen und Gebirge Südeuropas. Matten und Magerrasen.
Standort: Sonnig, kühl. Boden frisch, torfig-humos, lehmig, nicht zu schwer.
Pflege: Empfindlich gegen Austrocknen, daher bei Bedarf übersprühen. Nur mit langsam wirkendem Dünger behandeln, am besten mit verrottetem Kuhmist. In schneearmen Wintern mit Zweigen abdecken.
Vermehrung: Durch Aussaat nach Samenreife oder Teilung.
Verwendung: Im Steingarten, nicht mit konkurrenzstarken Stauden zusammenpflanzen.
Günstige Partner: Schwachwüchsige Steingartenstauden.
Sorten/Verwandte:
• *Gentiana dinarica* tiefblau, weniger trockenheitsempfindlich, 5 – 8 cm.

Schwalbenwurz-Enzian
Gentiana asclepiadea

Gentiana asclepiadea

VII–X H 20 – 60

Einfacher zu kultivierende Enzian-Art.
Blüte: Dunkelblau, becherförmig, einzeln oder zu dreien in den Blattachseln.
Blatt: Eiförmig-lanzettlich, dunkelgrün, im Herbst frischgelb.
Wuchs: Vieltriebig, aufrecht bis übergeneigt. Bildet größere Bestände.
Heimat: Mitteleuropa bis Vorderasien. In Hochstaudenfluren, Bergmischwäldern, Moor- und Feuchtwiesen.
Standort: Absonnig bis lichtschattig, kühl. Boden frisch bis feucht, nährstoffreich, lehmig.
Pflege: Anpassungsfähige Art. Um Tau zu ersetzen, sollte sie an trockenen Spätsommer- oder Herbsttagen ab und zu morgens oder abends überbraust werden. Fruchtstände erst im Winter oder Frühjahr abschneiden, damit sich die Pflanzen aussäen können.
Vermehrung: Durch Aussaat und Teilen. Ältere und größere Bestände können weder verpflanzt noch geteilt werden.
Verwendung: Gebüschsäume, lichter Gebäudeschatten und an Nordseiten von Steingärten.
Günstige Partner: *Saxifraga.* – Gräser und Farne.

Geranium STORCHSCHNABEL

Die Blätter von Geranium macrorrhizum 'Spessart' färben sich im Herbst intensiv orangerot.

Lange Zeit sind die Storchschnabel-Arten nur etwas für eingeweihte Pflanzenliebhaber gewesen. Das hat sich in den letzten Jahren entscheidend geändert, inzwischen gibt es eine regelrechte *Geranium*-Mode. Man entdeckt und schätzt die hohe Qualität der Blüten- und Blattschmuckstauden, laufend finden sich neue Sorten und Farbvarianten.
Im Garten sind sie recht vielseitig verwendbar: Unterwuchs und am Rand von Gehölzen, als Bodendecker, in Wiesen, im Steingarten und in Trögen sowie als Partner zu vielerlei Stauden in der Rabatte.
Typisch für die Gattung sind die runden, handförmig oder hahnenfußähnlichen mehr oder weniger stark zerteilten Blätter.

Die schalenförmigen, aus fünf Blütenblättern bestehenden Blüten stehen in großer Zahl über den Blattschöpfen und zeigen teils leuchtend grelle, teils auch zurückhaltendere Farben. Es sind alles sogenannte »kalte Farben«, also blaue, lila, violette, rosa und purpurrote Töne.

Pflege:
Gegen Mehltaubefall kann man vorbeugen, indem man die Pflanzen nach dem Abblühen oder wenn sie zu verwelken beginnen, ganz zurückschneidet, um einen kräftigen Durchtrieb zu erzielen. Dann bilden sich für den Rest des Jahres neue Blattschöpfe, die teilweise den Winter überdauern. Große, horstig wachsende Arten können nach der Blüte auch gut mit der Sense abgemäht werden. Sie treiben dann ebenfalls wieder gut durch, zeigen häufig sogar eine Nachblüte.

Vermehrung:
Alle Arten und Sorten lassen sich während der Vegetationsperiode von Mai bis August teilen. Bewurzelte Teilstücke kann man in einzelne fingerdicke Triebe auseinandernehmen. Sie wachsen gut an, vorausgesetzt, sie werden gleich nach dem Aufteilen gepflanzt und häufig gegossen, denn sonst beginnen sie schnell zu welken. Im Frühjahr (III – IV) können auch unbewurzelte Teilstücke abgenommen werden. Einige Arten lassen sich durch Wurzelstecklinge vermehren.

Dalmatiner Storchschnabel
Geranium dalmaticum

Geranium dalmaticum

VII–VIII H 10 – 15 ○

Sommerblüher für den Steingarten.
Blüte: Leuchtend rosa, 1 bis 2 cm groß, schalenförmig.
Blatt: Rundlich, tief eingeschnitten, klein. Glänzend grün, bei zunehmender Trockenheit und im Herbst teilweise kupfrig-rot überlaufen. Aromatisch duftend, überdauert in milden Wintern.
Wuchs: Dichte, niedrige, bis 50 cm breite Polster.
Heimat: Dalmatien und Albanien. An Felshängen.
Standort: Sonnig, warm. Boden frisch bis mäßig trocken, durchlässig, sandig- oder kiesiglehmig.
Pflege: Nach der Blüte nicht zurückschneiden. Mit Topfballen jederzeit leicht verpflanzbar.
Vermehrung: → Seite 135.
Verwendung: In Steingärten, auf Mauern, in Mauerfugen und -nischen, auch in nur 2 cm breiten Plattenfugen. In Trögen und auf Dachgärten. Gerne vor wärmespeicherndem Gestein.
Günstige Partner: Andere Steingartenstauden wie *Campanula, Dianthus, Nepeta x faassenii*.

Sorten/Verwandte:
• 'Album' weiß, kleinbleibend, etwa 10 cm groß.
• 'Bressingham Pink' auffällig rosa.
• *Geranium x cantabrigiense* 'Biokovo' kräftig rosa, in allen Teilen größer, sehr robust, 25 cm.
• 'Karmina' hübsch karminrot, üppig wachsend, 25 cm. Sehr gute Sorte mit aromatisch duftendem Laub.
• *Geranium cinereum* 'Ballerina', Felsen-Storchschnabel, lilarosa, auffällig geadert, VI – IX, 15 cm.
• *Geranium cinereum* ssp. *subcaulescens* 'Purpureum' purpurrot, VI – IX, 15 cm.
• 'Splendens' karminrosa, VI – VIII, 15 cm.

Pyrenäen-Storchschnabel
Geranium endressii

Geranium endressii

VI–IX H 30 – 50 ○ ◐

Wüchsige Art, die sich vor allem für Gehölzrandbereiche eignet.
Blüte: Rosa, breit trichterförmig, wochenlang blühend. Hauptblüte Ende VI bis Anfang VII, dann nachblühend.
Blatt: Tief eingeschnitten, dunkelgrün, mit grober Oberfläche.
Wuchs: Bedeckt großflächig den Boden und klettert gerne mit ständig nachwachsenden Trieben in Sträucher. Fällt bei kräftigem Wuchs leicht auseinander.
Heimat: Pyrenäen. An feuchten Gebüschrändern.
Standort: Sonnig bis halbschattig, kühl bis warm. Boden frisch bis feucht, lehmig, nährstoffreich.
Pflege: Nach der Hauptblüte zurückschneiden, damit die Horste nicht auseinanderfallen. Kann auch abgemäht werden.
Vermehrung: → Seite 135.
Verwendung: In größeren Gruppen oder als Bodendecker im Gehölzbereich.
Günstige Partner: Andere *Geranium*-Arten wie *Geranium magnificum* oder *Geranium sylvaticum*. – Höhere Gräser.
Sorten/Verwandte:
• 'Wageningen' rosa, dicht wachsend, neue Sorte.

Himalaja-Storchschnabel
Geranium himalayense

Geranium himalayense 'Gravetye'

V–VI H 30 – 60

Ansehnliche Art mit herrlich blauen Blüten und dekorativen Blättern.
Blüte: Duftiges Blau in verschiedenen Tönen, große Schalenblüten.
Blatt: Handförmig eingeschnitten, elegant filigranartig, frischgrün, verfärbt sich im Herbst auf mageren Böden gelblich oder angedeutet orange.
Wuchs: Horstig bis flächig, durch Ausläufer bodenbedeckend.
Heimat: Himalaja. Auf Bergwiesen und an Waldrändern.
Standort: Absonnig bis lichtschattig, kühl-feucht. Boden frisch, sandig-lehmig oder lehmig. Keine heißen, trockenen Standorte oder verdichteten Böden!
Pflege: → Seite 135.
Vermehrung: → Seite 135.
Verwendung: Am besten unter lockeren Sträuchern. Auch als Bodendecker, wofür es aber bessere *Geranium*-Arten gibt.
Günstige Partner: Wirkt phantastisch mit öfter blühenden rosa, weißen oder gelben Parkrosen.
Sorten/Verwandte:
• 'Gravetye' leuchtend hellblau, in der Mitte leicht purpurn.
• 'Johnson's Blue' schön lilablau, besonders leuchtend, reich- und langblütig. Wird mit 40–60 cm etwas höher, zieht frühzeitig ein. Die Blütenstände abschneiden, um die Nachblüte anzuregen.
• *Geranium nodosum,* Knotiger Storchschnabel, ein Dauerblüher mit kleinen, lila Blüten, V – IX. Blatt glänzend hellgrün. Treibt Ausläufer und sät sich aus, besiedelt große Flächen im Unterwuchs von Gehölzen sowie im Naturgarten und ist auch für schwere Böden geeignet.
• *Geranium wlassovianum,* Mandschurischer Storchschnabel, samtig blauviolett mit großen Blüten, VII–IX. Blüht weniger üppig, aber ausdauernder. Matt dunkelgrüne Blätter mit schöner Herbstfärbung. Gut für den sonnigen Gehölzrand.

Balkan-Storchschnabel
Geranium macrorrhizum

Geranium macrorrhizum 'Album'

V–VII H 20 – 30

Langlebig und problemlos.
Blüte: Weißlich-rosa bis karminrot, tellerförmig, gelegentlich nachblühend.
Blatt: Tief handförmig zerteilt, groß, frischgrün, klebrig und aromatisch duftend. Ziegelrote Herbstfärbung.
Wuchs: Mit dicken Rhizomen kriechender Bodendecker.
Heimat: Südalpen bis Balkan. Hochgelegene Wälder, in Gebüschen und zwischen Felsen.
Standort: Sonnig bis halbschattig, optimal im lichten Schatten vor Gehölzen, warm. Boden mäßig trocken bis frisch.
Pflege: Rückschnitt im Frühjahr nicht unbedingt nötig, alte Blätter werden von jungen schnell überwachsen.
Vermehrung: → Seite 135. Sät sich selbst aus.
Verwendung: Langlebiger Bodendecker unter Sträuchern und Bäumen.
Günstige Partner: Andere *Geranium*-Arten. – *Carex pendula*, Farne. Sonst für sich alleine.
Sorten/Verwandte:
• 'Spessart' weiß mit Rosa. Wüchsig, mit Herbstfärbung. Empfehlenswert.
• 'Ingwersen' blaßrosa, reichblühend.
• 'Czakor' purpurrot, wächst mehr horstig.

Pracht-Storchschnabel
Geranium × magnificum

Geranium × magnificum

VI–VII H 40 – 60

Schon seit über 100 Jahren bekannt. Der Pracht-Storchschnabel entfacht zur Hauptblütezeit mit entsprechenden Partnern ein Farbfestival ohnegleichen.
Blüte: Leuchtend blau-violett, große Blütenschalen, reichblütig. Setzt keine Samen an, da steril.
Blatt: Vielfach gelappt und eingeschnitten, groß, stumpfgrün, zottig behaart. Im Herbst lebhaft orange-gelb oder ziegelrot.
Wuchs: Starkwüchsige Horste, durch kurze Ausläufer flächig. Große Pflanzen fallen manchmal auseinander.
Heimat: Kulturform.
Standort: Sonnig bis lichtschattig, warm. Boden mäßig trocken bis feucht, für jeden Gartenboden.
Pflege: Problemlos und langlebig. Zu große Flächen einfach mit dem Spaten abstechen.
Vermehrung: → Seite 135.
Verwendung: Vor und zwischen lichten Gehölzen oder zusammen mit anderen Stauden.
Günstige Partner: *Alchemilla, Chrysanthemum maximum, Lysimachia punctata,* rosa- oder karminrote *Paeonia*. Mit weißen, gelben oder rosa Strauch- und Parkrosen.

Wiesen-Storchschnabel
Geranium pratense

Sorte 'Mrs. Kendall Clark'

VI–VII H 50 – 120

Heimische Wildstaude für bodenfrische Gartenbereiche.
Blüte: Hell blauviolette Schalenblüten, lange blühend.
Blatt: Tief fächerartig eingeschnitten, grün.
Wuchs: Horstig, hochwüchsig, nicht immer standfest.
Heimat: Europa bis Mittelasien und Sibirien. In Wiesen, feuchten Senken und Gräben.
Standort: Sonnig bis lichtschattig, kühl-feucht. Boden frisch bis feucht, nährstoffreich, schwer, lehmig oder auch tonig.
Pflege: In Trockenperioden wässern! Wenn Sie Aussaat verhindern wollen, müssen die Samenstände sofort nach der Blüte zurückgeschnitten werden, da die Samen sonst weit in die Umgebung geschleudert werden.
Vermehrung: Durch Aussaat, vermehrt sich leicht durch Selbstaussaat.
Verwendung: Zum Verwildern im Naturgarten. Gut mit anderen feuchtigkeitsliebenden Stauden kombinierbar.
Günstige Partner: *Filipendula, Iris sibirica, Lysimachia, Lythrum.* – Gräser.
Sorten/Verwandte:
• 'Mrs. Kendall Clark' fahl graublau mit einem blaßrosa Hauch, reichblühend, 50–60 cm.
• *Geranium clarkei* 'Kashmir White' weiß mit rötlicher Aderung.

Schwarzäugiger Storchschnabel
Geranium psilostemon

Geranium psilostemon

VI–VII H 60 – 120

Spektakulärer Blüher.
Blüte: Kräftig karmin- oder magentarot mit schwarzem Auge und dunkler Aderung, große Schalenblüten.
Blatt: Handartig zerteilt, am Grund 20–25 cm groß, Stengelblätter deutlich kleiner, grün. Gelbe Herbstfärbung.
Wuchs: Hohe Horste, nicht immer standfest.
Heimat: Türkisch-Armenisches Hochland. In feuchten Birkenbeständen oder Hochstaudenfluren bis in über 2000 m Höhe.
Standort: Vollsonnig bis lichtschattig, kühl, luftfeucht, geschützt. Boden gleichmäßig feucht, nährstoff- und humusreich, leicht sauer. <u>Keine heißen Standorte!</u>
Pflege: Meist ist Stützen nötig. Nach der Blüte grundsätzlich bis zum Boden zurückschneiden, um die Pflanzen nicht zu schwächen, treibt dann nochmal durch. In kalten Wintern sorgfältig abdecken. Anspruchsvoll.
Vermehrung: → Seite 135.
Verwendung: Die auffällige Farbe ist schwierig zu kombinieren. Günstig mit weiß- oder hellrosa blühenden Stauden.
Günstige Partner: *Astilbe*-Hybriden, *Astrantia major.*

Grauer Storchschnabel
Geranium renardii

Geranium renardii

VI–VI H 20 – 25 ○ ◐

Reichblühender Bodendecker mit dekorativem Blattschmuck.
Blüte: Matt weißlich-rosa mit violetter Aderung. Reichblütig.
Blatt: Zerteilt, samtig graugrün bis grau, mit auffällig gerunzelter Aderung.
Wuchs: Breit polster- bis teppichförmig, bis weit in den Herbst hinein voll belaubt.
Heimat: Kaukasus. An sonnigen Felshängen und Gebüschrändern.
Standort: Sonnig bis lichtschattig, warm, auch heiß. Boden durchlässig, mäßig trocken bis frisch. Keine nassen, schweren Böden!
Pflege: Rückschnitt im Frühjahr nicht unbedingt nötig.
Vermehrung: → Seite 135.
Verwendung: Guter Bodendecker unter Sträuchern und licht stehenden Gehölzen.
Günstige Partner: Andere *Geranium*-Arten. – *Carex pendula*, Farne. Sonst für sich alleine.

Blut-Storchschnabel
Geranium sanguineum

Geranium sanguineum

V–VIII H 10 – 50 ○ ◐

Heimische Wildstaude mit intensiv gefärbten Blüten.
Blüte: Leuchtend karminrote Schalenblüten, reich- und langblühend.
Blatt: Tief eingeschnitten, klein, dunkelgrün mit roter Herbstfärbung.
Wuchs: Breitwüchsig mit drahtig dünnen Trieben.
Heimat: Europa bis Kleinasien. Sonnige, lichte Waldrandbereiche, trockene Gebüsche.
Standort: Sonnig bis halbschattig, warm, auch heiß. Boden trocken bis frisch, sandig-lehmig oder kiesig, bevorzugt kalkhaltig.
Pflege: Gelegentlich zurücknehmen.
Vermehrung: → Seite 135. Selbstaussaat.
Verwendung: An Gebüschrändern und vor Gehölzen.
Günstige Partner: *Buglossoides, Campanula persicifolia, Stachys officinalis, Veronica.* – Gräser. – Mit Buchsbaum, Kiefern und Wacholder.
Sorten/Verwandte:
• 'Album' weiß, mit gelber Herbstfärbung.
• 'Compactum' wie die Art, aber gedrungen polsterförmig wachsend, 10–15 cm, für extensive Dachbegrünung, im Alpinum oder in Trögen.

Wald-Storchschnabel
Geranium sylvaticum

Sorte 'Mayflower'

VI–VII H 30 – 60 ◐

Dankbare Art für Blumenwiesen.
Blüte: Bläulich- oder rot-violett mit weißer Mitte, veränderliche Farbe, reichblühend.
Blatt: Handförmig gelappt, tief eingeschnitten.
Wuchs: Horstig, hochwüchsig, mitunter auseinanderfallend.
Heimat: Europa bis Westasien. Bodenfeuchte Mischwälder, Bergwiesen, Hochstaudenfluren und Gebüschsäume.
Standort: Lichtschattig bis halbschattig, kühl-feucht. Boden frisch bis feucht, nährstoffreich, kräftig, lehmig oder auch tonig.
Pflege: → Seite 135.
Vermehrung: → Seite 135.
Verwendung: Für Blumenwiesen und großflächige Pflanzungen im lichten Schatten. Zum Verwildern im Naturgarten.
Günstige Partner: Die verschiedenen Sorten miteinander gemischt. *Filipendula, Ligularia, Lysimachia clethroides.* – *Molinia*.
Sorten/Verwandte:
• 'Album' Knospen rosa, Blüten reinweiß.
• 'Birch Lilac' lilablau.
• 'Mayflower' klares Blauviolett mit weißlicher Mitte.

STAUDEN

Rote Nelkenwurz
Geum coccineum

Sorte 'Werner Arends'

V–VIII H 20 – 40

Blüht wochenlang in leuchtenden Farben.
Blüte: Intensiv orangerot, langgestielte Schalenblüten.
Blatt: Rundlich, unregelmäßig gefiedert. Wintergrün.
Wuchs: Polsterförmig bis flächig, oberirdisch kriechend.
Heimat: Südost-Europa. Auf feuchten Bergwiesen und an Gebüschrändern.
Standort: Lichtschattig oder kurzzeitig besonnt, auch warm. Boden frisch bis feucht, nährstoffreich, humos, sandig-lehmig.
Pflege: Welke Blüten entfernen, um die Blühdauer zu verlängern.
Vermehrung: Durch Teilung.
Verwendung: In Gruppen zwischen lichten Gehölzen.
Günstige Partner: *Brunnera*, *Campanula* oder *Omphalodes*.
Sorten/Verwandte:
• 'Borisii' schön orangerot.
• 'Feuermeer' brennend orangerot.
• 'Werner Arends' orangerot und halbgefüllt.
• *Geum*-Hybriden: Farbenprächtige Sorten, 40–50 cm, kurzlebig. Vor Winternässe schützen.
• 'Bernstein' goldgelb, halbgefüllt.
• 'Goldball' goldgelb, gefüllt.
• 'Georgenberg' orangegelb, ab Ende April, 20–25 cm.
• 'Feuerball' scharlachrot, halbgefüllt.
• 'Rubin' karminrot, halbgefüllt.

Steppen-Schleierkraut
Gypsophila paniculata

Gypsophila paniculata

VI–VIII H 80 – 120

Trockenheitliebende Staude.
Blüte: Weiß, sternförmig, in vielästigen, lockeren Rispen.
Blatt: Lineal-lanzettlich, grau.
Wuchs: Kugelig buschartig mit brüchigen Blütenstengeln.
Heimat: Südosteuropa, West- und Zentralasien. In Steppen.
Standort: Vollsonnig, warm bis heiß. Boden trocken bis frisch, unbedingt durchlässig, lehmig-sandig oder sandig-kiesiger Lehm, kalkhaltig. <u>Keine ständig winternassen Stellen!</u>
Pflege: Rückschnitt nach der Blüte.
Vermehrung: Wegen der tiefreichenden Pfahlwurzeln lassen sich nur junge Exemplare verpflanzen, auch Teilung ist nicht möglich. Die Art durch Aussaat, Sorten durch Stecklinge vermehren.
Verwendung: Als duftige Ergänzung zwischen anderen trockenheitsliebenden Stauden.
Günstige Partner: *Achillea, Echinops, Eryngium, Salvia, Nepeta, Veronica spicata* und andere. – Steppengräser wie *Stipa*-Arten.
Sorten/Verwandte:
• 'Bristol Fairy' weiß, gefüllt.
• 'Flamingo' weißlich-rosa, gefüllt, bis 120 cm.

Kriechendes Schleierkraut
Gypsophila repens

Sorte 'Letchworth'

V–VII H 10 – 25

Steingartenpflanze.
Blüte: Weißlich-rosa in lockeren, gegabelten, reichverzweigten Blütenständen.
Blatt: Lineal-lanzettlich, graugrün bis grau.
Wuchs: Dichte Polster, an Mauerkanten überhängend.
Heimat: Mittel- und Südeuropa. Auf Sand- und Schotterflächen sowie steinigen Hängen.
Standort: Sonnig, warm. Boden trocken bis frisch, durchlässig, lehmig-sandig oder lehmig-kiesig, kalkhaltig. Auf schweren Böden verfaulend.
Pflege: Keine.
Vermehrung: Durch Teilung und Stecklinge.
Verwendung: Im Steingarten, auf Mauerkronen, in Mauer- und Plattenfugen. In Trögen.
Günstige Partner: *Campanula, Nepeta*.
Sorten/Verwandte:
• 'Rosea' zartrosa.
• 'Rosa Schönheit' rosa.
• 'Letchworth' rosarot, in großen Polstern.
• *Gypsophila*-Hybriden.
• 'Rosenschleier' zartrosa, gefüllt, lang blühend, 30 cm.
• 'Pink Star' dunkelrosa, gefüllt, 30–40 cm.

Helenium-Hybriden
SONNENBRAUT

Helenium-Hybride 'Zimbelstern'

Helenium-Sorte 'Waltraud'

VI–IX H 60 – 150

Die Sonnenbraut-Sorten zählen zu den Prachtgestalten im Hochsommer. Mit ihren warmen, samtigen Farben spiegeln sie die Augustsonne wider. Es sind durchweg kräftige, reichblühende, extrem langlebige und pflegearme Gartenstauden, die auch für den Gartenanfänger sehr geeignet sind. Außerdem lassen sich mit ihnen sowie anderen Spätsommerstauden wie *Heliopsis*, *Monarda* und *Phlox* prachtvolle, farbenreiche Sträuße zusammenstellen. Als Vasenblumen sind sie sehr dauerhaft, teilweise gehen sogar die jüngsten Knospen noch auf.
Blüte: Gelb, Orange- und Rottöne bis braunrot, mit einer schwarzen, später gelblich-braunen, kugelförmigen Mitte. Mittelgroße Körbchenblüten in üppigen, vielblütigen, doldenähnlichen Blütensträußen.
Blatt: Lanzettlich, frischgrün.
Wuchs: Kräftig horstartig, im Alter hoch und breit.
Heimat: Kulturform.
Standort: Vollsonnig, warm. Boden frisch bis feucht, nährstoffreich, lehmig. Keine trockenen Standorte! Auf schweren Böden dünntriebig und standschwach.

Pflege: Bei Trockenheit unbedingt wässern! Verblühte Triebe sofort ausschneiden, um die Blütezeit zu verlängern. Hohe Sorten bei Bedarf stäben.
Vermehrung: Durch Teilung.
Verwendung: Auf sonnigen Beeten. Mit kleineren Pflanzen kombinieren, damit sie nicht bedrängt werden. Sorten nach Blütezeit staffeln, dann durchgehende Blüte von Juli bis September.
Günstige Partner: Mit blauen *Aster*-Sorten, *Delphinium*, *Heliopsis*, weißen oder violetten *Monarda*-Hybriden, *Phlox* und *Rudbeckia*. Auch mit Sommerblumen wie *Cosmos sulphureus*, *Salvia*, *Tagetes* und *Verbena*.
Sorten/Verwandte:
Frühblühend (ab Juli):
• 'Blütentisch' sattgelb mit brauner Mitte, 80–100 cm.
• 'Moerheim Beauty' ziegelrot, 70–80 cm, sehr gute Sorte, aber gelegentlich auseinanderfallend.
• 'Crimson Beauty' mahagonibraun, 50–60 cm, alte englische Sorte.

Mittlere Blütezeit (Ende Juli/Anfang August):
• 'Canaria' reingelb, 100–120 cm.
• 'Flammenrad' goldgelb, rot gestreift, 120–150 cm.
• 'Waltraud' goldbraun mit Gelb, gedrungen, 80–100 cm. Eine der besten alten Sorten.
• 'Kupfersprudel' samtig kupferrot, 110 cm, sehr schöne alte Sorte.
• 'Goldlackzwerg' gelblich rotbraun, kleinbleibend, 70–80 cm.
• 'Margot' rotbraun mit gelbem Rand, 80–120 cm, eine moderne Sorte.
Späte Blütezeit (August):
• 'Königstiger' gelb mit rotem Rand, 120–140 cm. Sehr gute, wüchsige Sorte.
• 'Baudirektor Linne' ziegelrot bis rotbraun, 120–150 cm, hervorragende Sorte.
Sehr späte Blütezeit (September):
• 'Sonnenwunder' hellgelb, 150 cm, eine der größten Sorten.
• 'Septembergold' leuchtend gelb, 110 cm, blüht zusammen mit den Herbstastern.
• 'Septemberfuchs' ziegelrot, 120 cm.

Sonnenröschen
Helianthemum-Hybriden

Hybride 'Heufield Brilliant'

V–IX H 15 – 20 ○

Vielblütige, staudenähnliche Halbsträucher.
Blüte: In vielen Farbtönen von Gelb, Orange, Rot bis Braun, Rosa, Weiß, einfach oder gefüllt. Schalenblüten, jeden Morgen aufblühend und am Nachmittag abfallend.
Blatt: Linealisch bis eiförmig, dunkel- oder graugrün. Meist wintergrün.
Wuchs: Breite Polster mit dünnen Trieben. Fallen im Alter auseinander.
Heimat: Kulturform.
Standort: Vollsonnig, warm oder heiß. Boden mäßig trocken, durchlässig, steinig-lehmig, kalkhaltig.
Pflege: Nach der Blüte zurückschneiden, um kräftigen Durchtrieb zu erzielen. Die empfindlicheren, graulaubigen Sorten durch Abdecken im Winter vor Frost schützen.
Vermehrung: Durch Stecklinge.
Verwendung: Im Steingarten, auf Mauerkronen, zwischen Plattenfugen, in Steintrögen.
Günstige Partner: *Campanula, Linum, Sedum, Veronica.*
Sorten/Verwandte:
• 'Eisbär' weiß.
• 'Lawrenson's Pink' rosa.
• 'Sterntaler' gelb, robust.
• 'Rubin' dunkelrot.

Rotstiel-Sonnenblume
Helianthus atrorubens 'Monarch'

Helianthus atrorubens 'Monarch'

VII–X H 180 – 200

Prächtige, aber kurzlebige Stauden-Sonnenblume.
Blüte: Goldgelbe, 8 cm große Körbchenblüten in verschwenderischer Fülle.
Blatt: Eiförmig, dunkelgrün, rauh.
Wuchs: Mächtige, aufstrebende Staude mit dunkelroten Trieben, nicht immer standfest.
Heimat: Östliches Nordamerika. In sonnig-trockenen Kiefernwäldern.
Standort: Vollsonnig, warm, windgeschützt. Boden mäßig trocken bis frisch, nährstoffreich, sandig-lehmig. Auf <u>schweren, feuchten Böden</u> nicht standfest.
Pflege: Verblühtes ausschneiden, um die Blütenneubildung anzuregen. In windigen Lagen stäben. Im Herbst mit Reisig abdecken, Teilstücke frostfrei überwintern.
Vermehrung: Durch Teilung.
Verwendung: Auf großen Beetflächen und als Solitärstaude in Hausnähe.
Günstige Partner: Herbst-Astern, *Chrysanthemum, Cosmos sulphureus, Verbena.* – Hohe Gräser.

Garten-Sonnenblume
Helianthus decapetalus

Sorte 'Capenoch Star'

VIII–IX H 120 – 150 ○

Eine unermüdlich blühende Sommerstaude.
Blüte: Gelb, für Sonnenblumen relativ kleine Körbchenblüten.
Blatt: Länglich eiförmig, mattgrün, rauh behaart.
Wuchs: Dicht horstartig mit aufrechten Trieben, langlebig.
Heimat: Östliches Nordamerika. Auf Wiesen.
Standort: Vollsonnig, warm. Boden frisch bis feucht, durchlässig, nährstoffreich, lehmig.
Pflege: Verblühte Triebe ausschneiden, dann laufend neue Blüten. Vor Schneckenfraß schützen. Alle 5 bis 8 Jahre teilen und umsetzen.
Vermehrung: Durch Teilung.
Verwendung: Sonnige Beete.
Günstige Partner: *Cosmos sulphureus* 'Sunset', *Salvia, Tagetes, Verbena bonariensis. Aster, Delphinium, Helenium* und *Heliopsis.*
Sorten/Verwandte:
• 'Capenoch Star' lichtgelb, ungefüllt, reichblühend, beste Sorte.
• 'Meteor' goldgelb, halbgefüllt.
• 'Soleil d'Or' goldgelb, gefüllt, mit ballförmigen Blüten.

Sonnenauge
Heliopsis helianthoides var. scabra

Heliopsis helianthoides var. scabra 'Hohlspiegel'

Sorte 'Goldgrünherz'

Sorte 'Venus'

VII–IX H 80 – 150

Das Sortiment der Sonnenaugen zeigt nicht die farbliche Variationsbreite wie andere Gruppen, es sind alles gelbblühende Züchtungen. Die Unterschiede äußern sich allein in der Blütenfülle. Von einfachen, sonnenblumenähnlichen Blüten bis zu kugelförmigen Goldbällen ist das gesamte Spektrum einfacher, halb- und vollgefüllter Blüten vertreten. Aber das leuchtende Goldgelb der unermüdlichen Blüher ist unverzichtbar für jeden Gartenliebhaber, denn es sind alles üppige Sommerblütenstauden, die sich, einmal eingewachsen, jahrzehntelang an einem Platz halten können. Auch diese Stauden sind, wie die damit verwandten *Helenium*-Hybriden, so einfach zu handhaben, daß sie dem Gartenneuling keine Schwierigkeiten bereiten.
Blüte: Gelb, mitunter goldorange oder auch grüngelb, sonnenblumenähnlich, einfach bis gefüllt.
Blatt: Spitz eiförmig, dunkelgrün, etwas rauh.
Wuchs: Breitbuschig horstartig, die starkwüchsigen, gefülltblühenden Sorten gelegentlich standschwach. Braucht einige Jahre, um zu vollem Blütenreichtum zu kommen.
Heimat: Nordamerika. In Hochgrasprärien und feuchten Senken.
Standort: Sonnig, warm, windgeschützt. Boden frisch, durchlässig, nährstoffreich, lehmig. Keine leicht austrocknenden Böden!
Pflege: Abgeblühte Stiele regelmäßig herausschneiden. Dadurch kann bei günstiger Witterung die Blütezeit bis Anfang X verlängert werden. Nach dem Verblühen bis zum Boden zurückschneiden.
Vermehrung: Durch Stecklinge und Teilung.
Verwendung: Beetstaude, die jahrzehntelang am selben Platz ausharrt. Zusammen mit anderen spätblühenden Stauden verwenden.
Günstige Partner: *Ageratum, Salvia, Tagetes* und *Verbena bonariensis*. – Schön mit lila- und blaublühenden *Aster novae-angliae* und *Aster novi-belgii*, dunkelvioletten *Delphinium* in der Zweitblüte, gelben oder, noch schöner, rotbraunen *Helenium*-Hybriden, *Rudbeckia*. – *Buddleja daviddii* in Blau oder Violett, sommerblühenden *Clematis x durandii*.

Sorten/Verwandte:
- 'Sonnenzwerg' gelb, halbgefüllt, eine der niedrigsten Sorten, 60–80 cm.
- 'Karat' sattgelb, ungefüllt. Exzellente Schnittblume.
- 'Goldgrünherz' gelb mit grünlicher Mitte, gefüllt, 80–100 cm. Eine der klassischen Sorten.
- 'Hohlspiegel' goldgelb, halbgefüllt, 120–130 cm, alte Sorte.
- 'Goldgefieder' goldgelb, gefüllt. Dankbare und sehr empfehlenswerte Sorte, 120–130 cm.
- 'Venus' leuchtend goldgelb, ungefüllt, wunderschöne Schnittblume.
- 'Sonnenschild' gelborange, ballförmig gefüllt, alte Sorte.
- 'Spitzentänzerin' orangegelb, halbgefüllt, die beste Sorte.

Christrose, Lenzrose, Nieswurz
Helleborus-Hybriden

Helleborus-Hybride 'Atrorubens'

Helleborus foetidus

II–IV H 25 – 40

Die Christrosen werden in Gärten immer beliebter. Es sind hübsche Frühjahrsblüher, die ihre weißen, rosaroten oder purpurnen Blüten kurz nach der Schneeschmelze öffnen.
Blüte: Gelblich-grün bis purpurrot mit metallischem Schimmer, teilweise gefleckt oder violett geadert, variabel gefärbt und gezeichnet. Große, übergeneigte Schalen bildend, die während der Samenbildung vergrünen. Die Sämlinge zeigen oft überraschend unterschiedliche Farben.
Blatt: Fächerförmig zerteilt, ledrig, dunkelgrün. Die Blätter treiben sehr früh aus und überwintern grün als dichte, hübsche Blattschöpfe.
Wuchs: Dichte Horste aus unterirdisch kriechenden Rhizomen, halten jahrzehntelang am gleichen Platz aus.
Heimat: Kulturform.

Standort: Halbschattig bis schattig, kühle bis mäßig warme Plätze. Boden frisch, humos, lehmig, kalkhaltig.
Pflege: Unansehnlich gewordene überwinterte Blätter nach der Blüte abschneiden. Die ersten Blüten können durch Frühjahrsfröste geschädigt werden. Ungestört wachsen lassen.
Vermehrung: Durch Aussaat gleich nach der Samenreife. Die Blütenfarben der Sämlinge sind meist anders als die der Eltern. Wenn daher einheitliche Farben gewünscht werden, empfiehlt sich Teilung der Horste im Sommer.
Verwendung: Im Unterwuchs blühender Sträucher des Vorfrühlings.
Günstige Partner: Sträucher: *Corylopsis, Corylus avellana, Hamamelis, Viburnum bodnantense*. Sehr schön mit frühjahrsblühenden Stauden wie *Epimedium, Hepatica* und *Pulmonaria* oder Zwiebelpflanzen wie *Corydalis, Galanthus* und *Leucojum*.
Sorten/Verwandte:
• 'Atrorubens' purpurrot, blüht schon ab Februar.
• 'Burgunder Blut' dunkelpurpur, 30 cm.
• 'Sirius' hellgelb, 25 cm.
• 'Taurus' weiß bis rosa, gepunktet, 25 cm.
• *Helleborus foetidus*, Stinkende Nieswurz, blüht gelbgrün von Februar bis April in verzweigten Blütenständen. Blatt tief fingerartig eingeschnitten, dunkelgrün, ledrig, wintergrün. 30–60 cm, heimische Staude für den Wald- und Gebüschrand auf lehmigen Böden für wintermilde Lagen.
• *Helleborus niger*, Christrose, blüht ab Dezember weiß. Allmählich große Horste bildend, langlebig. Für warme, geschütze Standorte auf steinig-lehmigen, unbedingt durchlässigen, gut durchlüfteten Kalkböden. An feuchten Stellen oder in nassen Sommern pilzanfällig.
• 'Praecox', Allerheiligen-Christrose, weißlich-rosa, X–XII, 30 cm.
Warnung: Die ganze Pflanze ist giftig.

Taglilie
Hemerocallis-Hybriden

Hybride 'Chicago Two Bits'

Hybride 'Goldarama'

V–VIII H 40 – 110 ○ ◐

Bereits im 16. Jahrhundert wurden zwei Taglilien-Arten aus Ostasien nach Europa eingeführt. Sie stammten aus Auenwäldern und von feuchten Bergwiesen. Aus den bescheidenen Farbtönen dieser hellgelb und rostrot blühenden Stammformen sind in den letzten Jahrzehnten dank der großartigen Züchtungserfolge amerikanischer und europäischer *Hemerocallis*-Spezialisten inzwischen Tausende von farbprächtigen Taglilien entstanden.
Blüte: Sternförmig, lilienähnlich. Die einzelnen Blüten öffnen sich jeweils nur für einen Tag – daher der Name. Fortwährend werden neue Blütenknospen gebildet. Für einen wochenlangen Blütenflor ist dadurch gesorgt.
Gelb gibt es in Tönungen von Hell-, Zitronen-, Gold-, Melonen- bis Sattgelb. Das Orange variiert von gold-, kupfrig-, braun-, über aprikosenfarben bis hin zu leuchtendem Orangerot, von Zinnober-, Samt- bis Braunrot. Besonders exklusive Rottöne sind Purpur-, Mahagoni- und Schwärzlichrot. Das Rosa überrascht mit hellen, lila- und pfirsich- oder lachsfarbenen Schattierungen. Dem reinen Weiß ist man zwar schon nahe, aber es ist immer noch grünlich oder gelblich getönt. Ausgefallen wirken lavendelfarbene, zweifarbige oder gar gebänderte Blüten. Die Blütenform ist sor-

Hybride 'Lanning Roper'

tenabhängig: Weit geöffnet oder glockig, trichter-, stern- oder schalenförmig mit glattem oder gekräuseltem Rand. Viele Sorten duften angenehm.
Blatt: Grasartig schmal. Die Blätter treiben bereits zeitig in III aus, ohne daß sie unter Kälte leiden. Ansprechende, gelbe Herbstfärbung.
Wuchs: Breit horstartig.
Standort: Sonnig bis halbschattig, die Pflanze ist bei zunehmender Beschattung weniger blühfreudig. Boden mäßig trocken bis frisch, auch feucht, optimal auf nährstoffreichen Lehmböden.
Pflege: Pflegearm, nur abgeblühte Stiele und später das Herbstlaub entfernen. Sehr leicht verpflanzbar.
Vermehrung: Durch Teilung.
Verwendung: Universell verwendbar. In Beeten, am sonnigen oder lichtschattigen Gehölzrand, am Teichrand.

Hemerocallis-Hybride

Günstige Partner: Andere Prachtstauden.
Sorten/Verwandte: Es gibt heute an die 10 000 Sorten. Jährlich kommen Dutzende, manchmal Hunderte dazu. Viele Sorten verschwinden nach kurzer Zeit wieder, da sie von besseren verdrängt werden. Deshalb unterbleiben an dieser Stelle spezielle Sortenangaben. Das Sortiment wird in folgende Gruppen gegliedert:
<u>Miniaturblütige Sorten:</u> Meist frühblühend, ab Ende V. Blüten mit 5–7,5 cm Durchmesser. 30–80 cm hoch. Bestechend ist die lange Blütezeit der meisten Sorten. Die Miniatur-*Hemerocallis* sollten getrennt von den Großblütigen Sorten gepflanzt werden, da sie einen anderen, zierlicheren Charakter haben.
<u>Kleinblütige Sorten:</u> Blüte ab Anfang VI, meist bis Ende VII, aber auch noch später. Blüten mit 8–11 cm Durchmesser. Viele der Sorten weisen einen andersfarbigen, meist grünlichen Blütenschlund auf. 50–90 cm hoch.
<u>Großblütige Sorten:</u> Blüte ab VI bis VIII/IX, Blüten mit 12–18 cm Durchmesser. Hierunter finden sich überaus wertvolle und blühfreudige Sorten. Höhe 40–100 cm.

Siebenbürger Leberblümchen
Hepatica transsylvanica

Hepatica transsylvanica

III–IV H 10 – 20

Frühlingsblüher mit anemonenähnlichen Blüten.
Blüte: Reinblau, schalenförmig, reichblühend.
Blatt: Drei- bis fünflappig, frischgrün, glänzend. Treibt frühzeitig aus und bleibt lange grün.
Wuchs: Polsterförmig, bildet durch Ausläufer allmählich Teppiche.
Heimat: Südosteuropa. In Wäldern.
Standort: Halbschattig bis schattig, auch warm. Boden mäßig trocken bis frisch, humos, lehmig.
Pflege: Ungestört wachsen lassen.
Vermehrung: Durch Teilung.
Verwendung: Im Frühlingsgarten unter Sträuchern und zum Verwildern im Gehölzbestand. Verträgt Wurzeldruck von Gehölzen.
Günstige Partner: Sträucher wie *Corylus avelana. – Helleborus, Lathyrus vernus. – Anemone nemorosa.*
Sorten/Verwandte:
• 'Buis' hellblau, großblütig.
• *Hepatica nobilis,* Dreilappiges Leberblümchen, blau, III–IV. Heimisch. Blätter dreilappig, frühzeitig einziehend, 10 cm hoch. Für lockere, humose Kalkböden. Wächst nicht teppichartig, sondern locker verstreut.

Nachtviole
Hesperis matronalis

Hesperis matronalis

V–VI H 60 – 100

Eine schattenverträgliche, heimische Wildstaude.
Blüte: Weißlich-rosa bis tief violett, bei Sämlingen variabel, abends mit weitstreichendem, intensivem Duft. Blüten in dichten Trauben.
Blatt: Dreieckig-herzförmig, grün.
Wuchs: Aufrecht, vielästig, gelegentlich standschwach.
Heimat: Südeuropa bis Mittelasien, in Mitteleuropa eingebürgert. In lichten Wäldern.
Standort: Lichtschattig bis schattig, warm, windgeschützt. Boden frisch, durchlässig, nährstoffreich, kalkhaltig. Auf nassen Standorten verfaulend.
Pflege: Um die Blütezeit zu verlängern, alle abgeblühten Stiele sofort herausschneiden. Die Nachtviole ist kurzlebig und wird meist nur 2 Jahre alt.
Vermehrung: Durch Aussaat, Selbstaussaat.
Verwendung: In schattigen Rabatten, zum Verwildern im Naturgarten.
Günstige Partner: *Campanula lactiflora, Geranium, Primula japonica, Thalictrum.* Schattengräser und Farne.

Purpurglöckchen
Heuchera-Hybriden

Heuchera-Hybride 'Lady Romney'

V–VII H 40 – 70

Hübsche Staude mit zierlichen Glöckchenblüten.
Blüte: Rosa, rot, karminrot und weiß. Winzige, glöckchenartige Blüten in schmalen Rispen.
Blatt: Herzförmig, stumpfgrün, teilweise mit heller Zeichnung.
Wuchs: Polsterförmig.
Heimat: Kulturform.
Standort: Sonnig bis lichtschattig, kühl, luftfeucht. Boden frisch bis feucht, durchlässig, steinig-humos oder steinig-lehmig.
Pflege: In Trockenperioden wässern. In frostgefährdeten Lagen abdecken.
Vermehrung: Durch Teilung und Stecklinge.
Verwendung: Im absonnigen Steingarten, im Vordergrund auf Rabatten, als Einfassung. Kleinflächig unter lichten Sträuchern.
Günstige Partner: *Campanula, Saxifraga-Arendsii*-Hybriden, Steingartenstauden.
Sorten/Verwandte:
• 'Schneewittchen' weiß.
• 'Gracillima' lachsrosa, alte Bauerngarten-Sorte.
• 'Red Spangles' scharlachrot.
• *Heuchera micrantha* 'Palace Purple' weiße, unauffällige, kleine Blüten. Prächtig purpurfarbenes Laub.

Hosta FUNKIE, HERZLILIE

Hosta-Hybride 'Snowdown' zwischen *Geranium himalayense*

VI–VIII H 5 – 120 ◐ ○

Lange Zeit galten die Herzlilien als altmodische Stauden aus den Vorgärten der Urgroßeltern. Das Bild hat sich gänzlich gewandelt. Inzwischen werden für die modernen, dekorativen amerikanischen und deutschen Sorten Höchstpreise gezahlt, denn die Züchtung spektakulärer Kreuzungen läuft auch hierzulande auf Hochtouren. Die Ergebnisse sind sowohl klassische wie neue *Hosta*-Formen, die zum Feinsten zählen, was es an Blattschmuckpflanzen gibt. Keine andere Staude ist so überraschend vielgestaltig und gleichzeitig anspruchslos. Schnecken können zum Problem werden, da sie sich in der feuchten Luft unter den großen Blättern besonders wohl fühlen. Der Austrieb ist bisweilen spätfrostgefährdet.

Blüte: Weiß, violettblau, lila oder purpurviolett, mit leichtem bis starkem, angenehmem Duft. Glocken- oder röhrenförmig in Trauben, auf straffen Stielen über den Blättern.
Blatt: Sehr variabel von schmallanzettlich bis breit-rund herzförmig, in den Farben Blau, Grau, Grün, Gelb und Weiß. Die vertieften, parallel laufenden Blattnerven fügen ein schönes Linienspiel hinzu. Viele der großblättrigen Formen zeigen im Oktober eine ansehnliche hell- bis goldgelbe Herbstfärbung. Die Blätter eignen sich als haltbarer Vasenschmuck.
Wuchs: Horstartig mit regelmäßigem, halbrundem Umriß. Manche zwergige Arten zeigen dagegen einen eher lockeren rasenartigen Wuchs.
Heimat: Meist Japan, bei einigen Arten auch China und Korea. In Bergwäldern, Erlen- und Weidengebüschen, auf Moorwiesen und in feuchten Felsspalten.
Standort: Lichtschattig bis schattig, abhängig von der Blattfarbe. *Hosta* entwickeln im Halbschatten weniger, dafür umso größere Blätter. Kühl, mit gleichmäßiger Luft- und Bodenfeuchte, bei vielen Sorten auch teilweise besonnt oder etwas trockener. Boden frisch, humos, lehmig.
Pflege: Gelegentlich leicht organisch düngen, etwa durch Aufstreuen von altem Rindenhäcksel oder Torfersatzstoffen. Schnecken sind unbedingt zu bekämpfen, speziell in feuchten Frühjahren. Sonst keine Maßnahmen notwendig. Alte *Hosta*-Pflanzen am besten in Ruhe lassen, sie werden jahrzehntealt.

Blühende Hosta-Hybride

Vermehrung: Aussaat ist möglich, die Sämlingspflanzen weichen teilweise stark von den Ausgangsformen ab. Manche Züchtungen sind steril. Teilung günstiger, am besten im Herbst, auch im Frühjahr möglich, dann aber auf die jungen, brüchigen Triebe achten.
Verwendung: An Gebüschrändern, unter lichten Baumgruppen, auf schattigen Beeten, am Teichrand, die kleinen Formen im absonnigen Steingarten.
Günstige Partner:
Oft wirken die verschieden gefärbten Formen am besten zusammen. Zu den breiten Blättern eignen sich gut schmalblättrige Partner wie verschiedene Waldgräser, etwa *Carex*, *Deschampsia*, *Luzula* oder filigrane Farne. Dazu auch blühende Waldstauden wie *Aconitum*, *Astilbe*, *Cimicifuga*, *Kirengeshoma* oder *Tiarella*.
Einteilung der Gruppen: Im Handel werden über 100 Sorten und Formen angeboten. Die Namensgebung ist verwirrend. Um der Vielfalt der *Hosta* gerecht zu werden, empfiehlt sich eine Gruppierung nach den Hauptblattfarben.

Grünblatt-Funkien
Hosta

Hosta plantaginea 'Honeybells'

VII–VIII H 5 – 80

Attraktive grünblättrige Blattschmuckstauden.
Sorten/Verwandte:
Hosta elata hellblau-violett, VII–VIII. Blatt groß, breit herzeiförmig, kräftig geadert. Mächtige, breite Horste, 60–80 cm.
Hosta fortunei 'Freising' weiß, VII, große, breite, dunkelgrüne Blätter, kuppelförmige Horste, 50–60 cm.
Hosta lancifolia, Lanzenblatt-Funkie, blau, VII–VIII, Blatt schmal eiförmig, glänzend dunkelgrün. Kissenartige Horste, 30–50 cm.
Hosta longissima, Sumpf-Funkie, blau, VII–VIII, lang zugespitzte, dunkelgrüne Blätter. Kleine Horste, 30 cm. Nur für feuchte bis nasse Böden.
Hosta plantaginea, Lilien-Funkie, weiß, duftend, reichblütig, VIII. Blatt frischgrün, herzförmig, große Horste, 50–70 cm. Für helle Lagen, sehr schön!
Hosta tardiflora, September-Funkie, hellviolett, reichblütig, IX. Blatt lanzettlich, olivgrün, ledrig. Niedrige Horste, 20–30 cm.
Hosta ventricosa, Glocken-Funkie, lila-violett, glockig, VII. Blatt rund bis herzförmig, glänzend grün. Horste locker, halbrund, 50–60 cm. Für helle, nicht zu sonnige Standorte.
Hosta venusta, Zwerg-Funkie, lila, VII. Blätter zierlich, herzförmig. Ausläufertreibend, bildet kleine Teppiche, 5–15 cm.

Weißblatt-Funkien
Hosta

Hosta crispula

Hosta undulata 'Undulata'

VII–VIII H 20 – 60

Es gibt Formen mit grünen Blättern und weißen Blatträndern sowie weißblättrige mit grünen Rändern. Die weißen Stellen verbraunen bei zu starker Sonneneinstrahlung.
Sorten/Verwandte:
Hosta crispula, Riesen-Weißrandfunkie, lila, VII–VIII. Blatt lang zugespitzt, herzförmig, schön geadert, am Rand weiß, aufgebogen und gewellt. Massige Horste, 50–60 cm.
Hosta undulata, Wellblatt-Funkie, lila auf langen Blütenstielen, VII–VIII, Blätter groß.
• 'Undulata', frühaustreibend, Blatt spitz elliptisch, weiß mit schmalem, grünem Saum, 20–30 cm.
• 'Univittata', Schneefeder-Funkie, Blattmitte weiß, breiter, grüner Rand, 30–40 cm.
Hosta sieboldii, Weißrand-Funkie, lila, VII–VIII. Spitze, löffelförmige, grüne Blätter mit schmalem, weißem Rand. Lockere Horste, 30–60 cm. Nur an feuchten Stellen.

Gelbblatt-Funkien
Hosta

Hosta fortunei 'Aureo-Maculata'

VII–VIII H 40 – 60

Blätter einheitlich goldgrün oder gelb mit grünem Rand, auch grüne Blätter mit gelbem Saum. Das Gelb ist nach dem Austrieb am intensivsten.
Sorten/Verwandte:
Hosta fortunei 'Aurea', Gold-Funkie, Blüten lila in reichen Trauben, VII. Blatt fest, ebenmäßig herzförmig, schön geadert und gerippt. Nach dem Austrieb leuchtend goldgelb, im Sommer zitronengelb. Prächtige Horste, 40–60 cm.
• 'Aureo-Marginata', Gelbrand-Funkie, Blatt grün mit gelbem Saum.
Hosta sieboldiana 'Semperaurea', Dauer-Goldfunkie, lila, VII–VIII. Breit herzförmige Blätter, anfangs fahl gelb, im Sommer zunehmend kräfig gelb. Horste flach gewölbt, 40–60 cm.
Hosta ventricosa 'Aureo-Maculata', Gelbweiße Funkie, lila, VII. Blatt wellig, herzförmig, grün mit unregelmäßigem, gelbem Rand, teilweise gelb, cremegelb und weißlich gestreift. Nur bis zum Vorsommer auffällig gefärbt, dann allmählich vergrünend.

Blaublatt-Funkien
Hosta

Hosta sieboldiana 'Elegans'

VI–VIII H 20 – 100

An zu sonnigen Stellen verbrennen die blauen Blätter, im tiefen Schatten werden sie grün. Gegen Tropfenfall aus Dachrinnen oder aus Bäumen sind die Blätter empfindlich, nicht aber gegen Regen. Das Blau färbt sich nur im kühlen, luftfeuchten Schatten. Der Boden sollte nicht austrocknen.
Sorten/Verwandte:
Hosta sieboldiana, hellila, trichterförmig, vielblütig, VII–VIII. Blatt groß, herzförmig, derb, auffällig gerippt, graugrün bis blaugrau. Breite Horste, 50–80 cm.
• 'Elegans' Blatt stahlblau, Horste 60 cm hoch. Bewährte Sorte.
• 'Francis Williams' Blatt tiefblau mit gelbem Rand.
• 'Herkules' Blatt blaugrün, sehr groß, fast tellerförmig. Horste 80–100 cm hoch.
Hosta fortunei 'Hyacinthina', Hyazinthen-Funkie, dunkelviolett, VII–VIII. Blatt herzförmig, stumpf graublau. Kompakte Horste, 40–50 cm.
Hosta-Hybriden: Hiervon gibt es inzwischen Dutzende von aufregend blau gefärbten Sorten, meist mit breiten oder rundlichen, herzförmigen Blättern.

Hosta sieboldiana 'Francis Williams'

• 'Blaue Wolke' Blatt tiefblau, gedrungene Horste, 40 cm.
• 'Blue Boy' lila, VI. Blatt klein, stahlblau. Horste 40 cm hoch.
• 'Blue Cadet' lila, VI. Blatt rund, klein, graublau. Zwergform, 25 cm hoch.
Hosta x tardiana, Tauben-Funkie, lila, VII–VIII. Blätter herzförmig, dick ledrig. Niedrige, taubenblaue bis stahlgraue, kompakte Horste, 20–40 cm hoch
• 'Blaue Venus' Blatt tiefblau, exklusive Sorte.
• 'Hadspen Blue' wundervolle, samtig-blaue Sorte.
• 'Halcyon' eine der besten blauen Sorten für gleichmäßig schattige Plätze.

STAUDEN

Schleifenblume
Iberis sempervirens

Sorte 'Snowflake'

IV–V   H 15 – 30   ○

Unentbehrlicher Halbstrauch für den Steingarten.
Blüte: Weiß, in dichten endständigen Trugdolden.
Blatt: Schmal länglich, kräftig dunkelgrün, immergrün.
Wuchs: Niedriger, breitbuschiger, polsterförmiger Halbstrauch, der jahrzehntealt werden und bis 1,5 m Durchmesser erreichen kann.
Heimat: Mittelmeergebiet bis Südalpen. Auf Felsfluren.
Standort: Sonnig, warm,. Boden trocken bis frisch, durchlässig, humusarm.
Pflege: Gelegentlich mineralisch düngen. Alte, auseinanderfallende Polster scharf bis auf 10 cm Trieblänge zurückschneiden, oder, besser, regelmäßig nach der Blüte um ein Drittel zurückschneiden. Im Winter leicht mit Reisig abdecken.
Vermehrung: Durch Stecklinge.
Verwendung: Im Steingarten, auf Trockenmauern und nach Süden geneigten Böschungen, im Vordergrund vollsonniger Rabatten.
Günstige Partner: *Alyssum, Aubrieta, Iris-Barbata-Nana-*Hybriden. – Tulpen. – *Festuca.*
Sorten/Verwandte:
- 'Findel' 20 cm.
- 'Schneeflocke' (='Snowflake'), 30 cm.
- 'Zwergschneeflocke' 15 cm.
- *Iberis saxatilis* weiß, etwa 2–3 Wochen vor *Iberis sempervirens* blühend. 10–15 cm hoch, Wuchs lockerer, niederliegend, breitet sich allmählich aus.

Zwerg-Alant
Inula ensifolia 'Compacta'

Inula ensifolia 'Compacta'

VII–VIII   H 20 – 30   ○ ✂

Kompakt wachsender Sommerblüher mit reichem Flor.
Blüte: Goldgelbe Margeritenblüten an den Enden aufrechter Stiele. Üppig blühend.
Blatt: Schmal lineal, am Ende zugespitzt, matt dunkelgrün.
Wuchs: Gedrungene, dichte Horste.
Heimat: Osteuropa und Kaukasus. Auf sonnigen Berghängen und Trockenrasen.
Standort: Vollsonnig, warm. Boden mäßig trocken bis frisch, durchlässig, auch nährstoffarm.
Pflege: Im Herbst zurückschneiden. Sonst keine Maßnahmen notwendig.
Vermehrung: Durch Teilung.
Verwendung: Auf Rabatten im Steingarten, auf sonnigen Böschungen und im Dachgarten.
Günstige Partner: *Achillea, Anaphalis, Anchusa azurea, Echinops, Eryngium, Nepeta, Salvia, Stachys byzantina. – Helictotrichon.*

Riesen-Alant
Inula magnifica

Inula magnifica

VII–VIII   H 140 – 180   ○

Wuchtige Staude, nur für größere Gärten zu empfehlen.
Blüte: Leuchtend gelb, margeritenartig, mit feinen Strahlenblüten in doldenartigen Blütenständen.
Blatt: Riesige, breit eiförmige Grundblätter und kleinere, sitzende Stengelblätter, mattgrün mit leicht behaarten Unterseiten.
Wuchs: Mächtige, aufrechte, breitbuschige Horste.
Heimat: Kaukasus. In lichten Birkenwäldern und in Hochstaudenfluren.
Standort: Sonnig bis lichtschattig, kühl, auch warm. Boden frisch bis feucht, durchlässig, nährstoffreich.
Pflege: Gelegentlich mäßig düngen. Nach der Blüte zurückschneiden, da die Blätter verbräunen.
Vermehrung: Durch Aussaat und Teilung.
Verwendung: Auf Rabatten und sonnigen Böschungen, vor lichten Gehölzgruppen.
Günstige Partner: *Aconitum, Campanula lactiflora, Rudbeckia, Solidago, Veronica virginica. – Calamagrostis.*

BART-IRIS
Iris-Barbata-Hybriden

STAUDEN

Iris-Barbata-Media 'Annikins' zwischen Schleifenblume (vorne) und Gold-Wolfsmilch (hinten)

V–VI   H 10 – 120   ○

Die Gattung *Iris* umfaßt über 200 verschiedene Arten und zahllose Züchtungen. Unter ihnen nehmen die Bart-Iris eine herausragende Stellung ein. Ihr ungeheuer großes Sortiment ist selbst für Kenner kaum noch zu überblicken. Es wird nach Wuchshöhe und Blütezeit in drei Gruppen unterteilt:
• Hohe Bart-Iris *(Iris-Barbata-Elatior*-Hybriden), über 70 cm hoch, spät, ab Ende Mai, blühend. Blütenstengel verzweigt.
• Mittelhohe Bart-Iris *(Iris-Barbata-Media*-Hybriden), 40–70 cm hoch und zwischen den Zwerg- und hohen Bart-Iris blühend.
• Niedrige Bart-Iris oder Zwerg-Schwertlilien *(Iris-Barbata-Nana*-Hybriden), etwa 15–30 cm hoch und früh, ab der 2. Aprilhälfte, blühend.

Blüte: In sämtlichen Farbtönen außer reinem Scharlach- und Orangerot, oft zweifarbig, Hängeblätter mit auffälliger Behaarung, dem sogenannten Bart. Duftend. An den Enden straff aufrechter Stiele.
Blatt: Aufrecht schwertförmig, fest und steif, graugrün, wintergrün.
Wuchs: Horstartig, mit langsam nahe der Erdoberfläche kriechenden, dicken Rhizomen.
Standort: Vollsonnig, warm, auch heiß. Boden trocken bis frisch, durchlässig, nährstoffreich, mineralisch, humusarm, kalkhaltig.
Pflege: Die Rhizome waagerecht flach an oder gerade unter der Erdoberfläche pflanzen. Beste Pflanzzeit nach der Blüte. Wenn sie zu tief gesetzt werden, kümmern die Bart-Iris. Braune Blätter im Frühjahr entfernen. Abgeblühte Blütenstände zurückschneiden, um kraftzehrende Samenbildung zu vermeiden. Im Frühherbst mineralisch düngen.
Vermehrung: Durch Teilung der Rhizome mit dem Messer oder Spaten nach der Blüte bis zum Spätsommer.
Verwendung: Auf Rabatten und im Steppengarten. Die Zwerg-Schwertlilien auch im Steingarten und zur Dachbegrünung.
Günstige Partner: *Anaphalis, Linum, Papaver orientale, Salvia Stachys byzantina* und andere graulaubige Stauden.

Bart-Iris, Schwertlilie
Iris-Barbata-Hybriden

Elatior-Hybride 'Fresno Frolic'

Eliator-Hybride 'Amethyst Flame'

Nana-Hybride 'Tonya'

Iris-Barbata-Elatior-Hybriden,
Hohe Bart-Iris, V–VII,
60–120 cm:
Weiße Blüten:
• 'Cliffs of Dover' 80 cm.
• 'White Knight' 70 cm.
Weiß-gelbe Blüten:
• 'Glacier Gold' 70 cm.
• 'Tulip Festival' 70 cm.
Weiß-rosa Blüten:
• 'Crinoline' 70 cm.
• 'Mod Mode' 80 cm.
Weiß-blaue Blüten:
• 'Mystique' 90 cm.
• 'Stepping Out' 80 cm.
Gelbe Blüten:
• 'Acapulco Gold' 80 cm.
• 'Carolina Gold' 90 cm.
• 'West Coast' 60 cm.
Aprikosenfarbene Blüten:
• 'Peach Frost' mit weißer Mitte 90 cm.
• 'Sparking Sunrise' mit orangerotem Bart 100 cm.
Rosa Blüten:
• 'Heartbreaker' 80 cm.
Samtrote Blüten:
• 'Ruby Mine' 90 cm.
• 'Spartan' 60 cm.
Bronzefarbene Blüten:
• 'Happy Harvest' 70 cm.
• 'Olympic Torch' 80 cm.
Hellblaue Blüten:
• 'Azure Apogee' 80 cm.
• 'Blue Reflection' 90 cm.
• 'Sea Bright' 90 cm.

Mittelblaue Blüten:
• 'Blue Luster' 80 cm.
• 'Shipshape' 90 cm.
• 'Tyrolean Blue' 70 cm.
Dunkelblaue Blüten:
• 'Dusky Dancer' 80 cm.
• 'Night Owl' 90 cm.
Hell- und dunkelblaue Blüten:
• 'Dialogue' 80 cm.
• 'Lord Baltimore' 80 cm.
Violette Blüten:
• 'Mysterious' 80 cm.
• 'Spectabilis' 70 cm.

Iris-Barbata-Media-Hybriden,
Mittelhohe Bart-Iris, V,
40–70 cm:
Weiße Blüten:
• 'Avanelle' 50 cm.
• 'Snow Festival' 60 cm.
Gelbe Blüten:
• 'Dandelion' tiefgelb, 50 cm.
• 'Frosted Cream' 60 cm.
Aprikosenfarbene Blüten:
• 'Peachy Face' 50 cm.
Rosa Blüten:
• 'Pink Kitten' 50 cm.
• 'Sweetie' 40 cm.
Samtrote Blüten:
• 'Foxcote' 50 cm.
• 'Vamp' 50 cm.
Braunrote Blüten:
• 'Brown Doll' 50 cm.
Bronzefarbene Blüten:
• 'Boy Wonder' 60 cm.
Hellblaue Blüten:
• 'Bluekeeta' 60 cm.
• 'Morgendämmerung' 60 cm.
Dunkelblaue Blüten:
• 'Annikins' 50 cm.
Hellblau-violette Blüten:
• 'Gypsy Jump' 60 cm.

Iris-Barbata-Nana-Hybriden,
Niedrige Bart-Iris, Zwerg-Schwertlilie, IV–V, 10–30 cm:
Weiße Blüten:
• 'Chalk Mark' 20 cm.
• 'White Gem' 30 cm.
Weiß-violette Blüten:
• 'Sky and Snow' 35 cm.
Gelbe Blüten:
• 'Eyebright' dunkel geadert, 35 cm.
• 'Lemon Puff' 15 cm.
• 'Orange Caper' orangegelb, 30 cm.
Aprikosenfarbene Blüten:
• 'Melon Honey' 30 cm.
Rosa Blüten:
• 'Little Dream' 30 cm.
• 'Orchid Flair' 10 cm.
Samtrote Blüten:
• 'Fairy Ballet' 30 cm.
• 'Lollipop' 30 cm.
Bronzefarbene Blüten:
• 'Gingerbread Man' 25 cm.
• 'Little Bill' 20 cm.
Hellblaue Blüten:
• 'Himmelsauge' 10 cm.
• 'Saphire Gem' 25 cm.
• 'Tinkerbell' 30 cm.
Mittelblaue Blüten:
• 'Baby Baron' 25 cm.
• 'Puppet' 25 cm.
Dunkelblaue Blüten:
• 'Demon' 30 cm.
• 'Myras Child' 20 cm.
Violettblaue Blüten:
• 'Cyanea' 15 cm.
• 'Tease' 20 cm.

Sumpf-Schwertlilie, Gelbe Schwertlilie
Iris pseudacorus

Iris pseudacorus

V–VI H 80 – 120

Heimische *Iris*-Art, die auch im Garten in Wassernähe gepflanzt werden sollte.
Blüte: Gelb, die Hängeblätter dunkel geadert, in einer lockeren Traube an straff aufrechten Stielen.
Blatt: Schwertförmig, groß, frischgrün mit leichtem Wachsüberzug.
Wuchs: Horstartig, breitet sich über Rhizome stark aus.
Heimat: Europa bis Westasien und Nordafrika. An Ufern und nassen Gräben, in Waldsümpfen.
Standort: Sonnig bis lichtschattig. Boden naß bis feucht, auch überschwemmt, nährstoffreich, vorzugsweise schwere Lehmböden.
Pflege: Die Horste im Frühjahr ausputzen. Sonst keine Maßnahmen notwendig.
Vermehrung: Durch Teilung im Frühjahr.
Verwendung: In flachen Bereichen von Teichen und Wasserbecken, auf feuchten Beeten, im Naturgarten an Bachufern.
Günstige Partner: *Caltha, Ligularia, Lythrum, Trollius*.
Sorten/Verwandte:
- 'Bastardii' fahlgelb.
- 'Beuron' mittelgelb.

Wiesen-Iris
Iris sibirica

Iris sibirica 'Soft Blue'

V–VI H 40 – 90

Formenreiche Iris-Art für feuchte Beete.
Blüte: Kräftig violettblau, teilweise mit auffallender Zeichnung, duftend.
Blatt: Grasartig, im Herbst bronze- oder orangefarben.
Wuchs: Dichte Horste, die von den schlanken Blütenstielen weit überragt werden.
Heimat: Europa bis Sibirien. Auf feuchten Wiesen.
Standort: Sonnig bis halbschattig, kühl, luftfeucht. Boden frisch bis feucht, nährstoffreich, lehmig.
Pflege: Die Horste im Frühjahr säubern. Reichlich wässern und gut düngen.
Vermehrung: Durch Teilung.
Verwendung: Naturgärten, Rabatten.
Günstige Partner: *Achillea ptarmica, Alchemilla, Polemonium, Primula japonica, Thalictrum, Trollius chinensis*.
Sorten/Verwandte:
- 'White Swirl' weiß, 70 cm.
- 'Cambridge' hellblau, großblütig, 70 cm.
- 'Strandperle' hellblau, 80 cm.
- 'My Love' mittelblau, 90 cm.
- 'Cäsar' violettblau, 90 cm.

Steppen-Iris
Iris-Spuria-Hybriden

Hybride 'Landscape Blue'

VI–VII H 80 – 140

Weniger bekannte, prächtige Schwertlilien.
Blüte: Violett, blau, gelb, weiß oder bronzefarben, mitunter mehrfarbig. Blüten an straffen Stielen.
Blatt: Schwertförmig, aufrecht und steif wirkend, frischgrün.
Wuchs: Horstartig.
Standort: Sonnig, warm. Boden frisch, nährstoffreich, lehmig.
Pflege: Im Herbst 5–8 cm tief pflanzen. Die Horste im Frühjahr säubern. Regelmäßig düngen und in Trockenperioden gießen. Nach der Blüte die Stiele abschneiden. Mäßig frosthart.
Vermehrung: Durch Teilung im zeitigen Herbst.
Verwendung: Rabatten.
Günstige Partner: *Alchemila, Delphinium, Geranium*. Weiße Rosen.
Sorten/Verwandte:
- 'Lydia Jane' weiß, 100 cm.
- 'Chachie Owen' goldgelb, 100 cm.
- 'Imperial Bronze' kräftig gelb bis bronzefarben, 80 cm.
- 'Red Oak' rotbraun, 80 cm.
- 'Highline Lavender' lavendelblau mit Gelb, 90 cm.

Wachsglocke
Kirengeshoma palmata

Kirengeshoma palmata

VIII–IX H 60 – 90

Prächtige Blattschmuckstaude mit auffälligen, wachsartigen Blüten.
Blüte: Hellgelb, breit glockenförmig in lockeren, übergeneigten Trugdolden.
Blatt: Groß, ahornähnlich, frisch- bis gelblichgrün.
Wuchs: Horstartig, aufrecht.
Heimat: Japan. Auf feuchten Berghängen und in farnreichen, luftfeuchten Buchenwäldern.
Standort: Licht- bis halbschattig, kühl, luftfeucht. Boden frisch bis feucht, humus- und nährstoffreich. Keine verdichteten Böden!
Pflege: Vor Schneckenfraß schützen. Im Herbst zurückschneiden. In kalten Lagen durch Abdecken leichten Winterschutz geben.
Vermehrung: Durch Teilung oder Stecklinge im Frühjahr.
Verwendung: Im lichten Schatten von Gehölzen und Mauern.
Günstige Partner: *Aconitum, Cimicifuga, Hosta, Rodgersia, Saxifraga cortusifolia, Tricyrtis. – Carex morrowii, Dryopteris.*

Fackellilie, Fackelkerze
Kniphofia-Hybriden

Kniphofia-Hybride 'Alcazar'

VII–IX H 60 – 140

Wirkungsvolle Blütenstaude.
Blüte: Gelb, orange, ziegel- oder scharlachrot, lachsrosa, auch zweifarbig, röhrenförmig in fackelähnlichen Blütenkolben.
Blatt: Grasartig, mit scharfem Rand, graugrün, wintergrün.
Wuchs: Horstige Blattschöpfe.
Heimat: Kulturform.
Standort: Sonnig, warm, auch heiß. Boden frisch, nährstoffreich, durchlässig.
Pflege: Im Frühjahr pflanzen. Mineralisch, möglichst kalibetont düngen. Blütenstiele im Herbst abschneiden, das wintergrüne Laub belassen. Mäßig frosthart, trockenen Winterschutz geben.
Vermehrung: Teilung.
Verwendung: In kleinen Gruppen auf Rabatten und Böschungen.
Günstige Partner: *Nepeta, Salvia, Sedum, Stachys.*
Sorten/Verwandte:
• 'Canary' hellgelb, 60 cm.
• 'Fyrwerkery' orange, 90 cm.
• „Abendsonne' orange, spätblühend, 120 cm.
• 'Safranvogel' lachsrosa, frühblühend, 80 cm.
• 'Royal Standard' scharlachrot, untere Blüten gelb, 90 cm.
• 'Alcazar' rot, 80 cm.

Gefleckte Taubnessel
Lamium maculatum

Sorte 'Chequers'

V–VI H 15 – 40

Heimische Wildstaude.
Blüte: Lilapurpurne Lippenblüten in Quirlen.
Blatt: Eiförmig, gezähnt, mit weißen Flecken.
Wuchs: Durch Ausläufer kriechend, ohne zu wuchern.
Heimat: Europa bis Kleinasien. In Auwäldern, an Waldrändern.
Standort: Licht- bis halbschattig, kühl. Boden frisch bis feucht, locker, nährstoffreich.
Pflege: Gelegentlich Humus aufbringen. Kann abgemäht werden.
Vermehrung: Durch Teilung und Stecklinge.
Verwendung: Kleinflächig im lichten Schatten von Mauern und Gehölzen.
Günstige Partner: *Brunnera, Polygonatum, Pulmonaria, Tiarella, Waldsteinia. – Luzula.*
Sorten/Verwandte:
• 'Album' weiß, mit stark silbrigweiß gezeichneten Blättern.
• 'Silbergroschen' hellviolett mit silbrigweißen Blättern.
• *Lamiastrum galeobdolon* 'Florentinum', Florentiner Goldnessel, gelb, VI–VII, 20–30 cm hoch. Mit silbrigweiß geflecktem Laub. Wuchert stark, im Unterwuchs von Gehölzen, als Bodendecker.

Frühlings-Platterbse
Lathyrus vernus

Lathyrus vernus

IV–V   H 20 – 30

Heimischer Frühlingsblüher für schattige Gartenpartien.
Blüte: Zweifarbig karmin- bis purpurrote und blauviolette Schmetterlingsblüten.
Blatt: Gefiedert mit schmalen Teilblättchen, zunächst hellgrün, dann grasgrün, glänzend.
Wuchs: Kleine buschige Horste.
Heimat: Europa bis Sibirien. In Buchen- und Mischwäldern.
Standort: Lichtschatten bis halbschattig. Boden mäßig trocken bis frisch, humos, mit durchschnittlichem Nährstoffgehalt, auch kalkhaltig.
Pflege: Ungestört wachsen lassen, stark wuchernde Nachbarn zurücknehmen.
Vermehrung: Durch Aussaat, die Sorten durch Teilung. Vermehrt sich durch Selbstaussaat.
Verwendung: Anspruchslose und dankbare Staude für den schattigen Naturgarten und im lichten Schatten von Mauern.
Günstige Partner: *Anemone apennina* und *Anemone nemorosa* 'Plena'. – *Epimedium, Pulmonaria saccharata*. – *Carex*.
Sorten/Verwandte:
- 'Alboroseus' weiß-rosa.
- 'Roseus' rosa.

Lavendel
Lavandula angustifolia

Sorte 'Hidcote Blue'

VI–VIII   H 30 – 80

Aromatischer Halbstrauch.
Blüte: Violettblau bis lila, angenehm duftende Lippenblüten in langgestielten Blütenähren.
Blatt: Linealisch, silbergrau, aromatisch, immergrün.
Wuchs: Polsterförmig, im Alter auseinanderfallend.
Heimat: Als Kulturpflanze in ganz Südeuropa verbreitet.
Standort: Vollsonnig, warm bis heiß. Boden trocken bis frisch, durchlässig, kiesig oder sandig-lehmig, mäßig nährstoffreich, kalkhaltig.
Pflege: Im Frühjahr regelmäßig zurückschneiden. Die Pflanze ist nur mäßig frosthart.
Vermehrung: Durch Stecklinge.
Verwendung: An Terrassen, im Duft- und Kräutergarten, als geschnittene Einfassungspflanze, im Bauerngarten, in Plattenfugen.
Günstige Partner: Trockenheitsliebende Stauden oder Halbsträucher, auch mit Rosen.
Sorten/Verwandte:
- 'Alba' weiß, 50 cm.
- 'Rosea' lilarosa, 40 cm.
- 'Munstead' tiefblau, 40 cm, kompakt, bewährt.
- 'Hidcote Blue' violettblau, 40 cm, kompakt, bewährt.

Prachtscharte, Kansasfeder
Liatris spicata

Liatris spicata

VII–IX   H 40 – 90

Präriestaude mit extravaganten Blütenkolben.
Blüte: Violettrosa, in schlanken, flaschenbürstenähnlichen Kerzen. Mitunter standschwach.
Blatt: Linealisch, dunkelgrün.
Wuchs: Grasartige Horste.
Heimat: Nordamerika. In Prärien und auf Felsbändern.
Standort: Sonnig, warm, heiß. Boden mäßig trocken bis frisch, durchlässig, nährstoffreich. Auf schweren, nassen Böden verfaulend.
Pflege: Die Horste im Frühjahr säubern. Gut düngen. Blütenähren nach dem Abblühen zurückschneiden. Der Wurzelstock wird gerne von Wühlmäusen gefressen.
Vermehrung: Durch Teilung im zeitigen Frühjahr.
Verwendung: Auf Beeten und Böschungen, im Kiesbeet, im Steingarten.
Günstige Partner: *Anaphalis, Echinacea, Gypsophila, Salvia, Sedum*.
Sorten/Verwandte:
- 'Floristan Weiß' weiß, 90 cm.
- 'Kobold' violettrosa, 40 cm.
- 'Floristan Violett' leuchtend violett, 80 cm.

Strauß-Ligularie, Goldkolben
Ligularia dentata

Kerzen-Ligularie
Ligularia przewalskii

Ligularia dentata

Ligularia-Hybride 'Zepter'

VIII–IX H 100 – 120

Großstauden, die nur an feuchten Stellen gedeihen.
Blüte: Orangegelb, margeritenähnlich in lockeren, straußartigen Trugdolden.
Blatt: Groß, rund bis nierenförmig, am Grund herzförmig mit scharfgezähntem Rand, derb ledrig, dunkelgrün.
Wuchs: Eindrucksvolle aufrechte, buschige Horste.
Heimat: China und Japan. In Hochstaudenfluren und an Bachufern.
Standort: Halb- bis lichtschattig, kühl, luftfeucht. Boden feucht bis naß, nährstoffreich.
Pflege: Beste Wasser- und Nährstoffversorgung, welkt schon nach kurzer Trockenheit. Vor Schneckenfraß schützen. Im Herbst zurückschneiden.
Vermehrung: Durch Teilung, die Art auch durch Aussaat.
Verwendung: Am Wasserrand und an sumpfigen Gartenplätzen, am feuchten Waldrand.
Günstige Partner: *Alchemilla.* – *Miscanthus.*
Sorten/Verwandte:
• 'Othello' hellorange mit purpurbraunen Blättern.
• 'Desdemona' kräftig orangegelb mit purpurroten Blättern.
• *Ligularia x hessei* goldgelb mit grünen Blättern, VII.

VII–VIII H 100 – 150

Gegenstück zur Strauß-Ligularie mit aufrechten, kerzenartigen Blütenständen.
Blüte: Sattgelbe, kleine Blütenkörbchen mit jeweils 2 Strahlenblüten in aufrechten Blütenkerzen.
Blatt: Tief handförmig eingeschnitten, dunkelgrün, mit langen, schwärzlichen Stielen.
Wuchs: Aufrechte, große Horste.
Heimat: Nordchina. An Uferrändern.
Standort: Vollsonnig bis halbschattig, kühl. Die Pflanze ist hitze- und trockenheitsempfindlich. Boden feucht bis naß, nährstoffreich.
Pflege: Den Austrieb vor Schneckenfraß schützen. Gute Wasser- und Nährstoffversorgung. Im Herbst zurückschneiden.
Vermehrung: Durch Teilung oder Aussaat. Gelegentlich Selbstaussaat.
Verwendung: Auf feuchten Beeten, am Rand von Bachläufen oder Teichen, geeignet für alle sonst schwierig zu bepflanzenden staunassen Plätze.
Günstige Partner: *Alchemilla, Chrysanthemum maximum, Ligularia dentata, Lysimachia, Rodgersia, Tradescantia-Andersoniana*-Hybriden. – *Miscanthus.* Bambus, *Molinia.*
Sorten/Verwandte:
'The Rocket' gelb, säulenförmige Blütenstände, 180 cm.
• *Ligularia*-Hybride 'Weihenstephan' goldgelb mit je 5 Strahlenblüten pro Köpfchen in etwas breiteren Blütenähren, 140–170 cm. Sehr schöne, wüchsige Form für feuchte Rabatten.
• *Ligularia stenocephala* gelb, Blütenstände ähnlich wie bei *Ligularia przewalskii*, VII–VIII. Blätter herz- bis nierenförmig, auffällig gezähnt, nicht eingeschnitten. Stammt aus Ostasien; dort auf feuchten Bergwiesen.

Stauden-Lein
Linum narbonense

Linum perenne

V–VII H 30 – 50 ○

Zartblaue Staude für trockene Plätze.
Blüte: Blaue Tellerblüten in lockeren Sträußen.
Blatt: Schmal lanzettlich, hell blaugrün.
Wuchs: Durchsichtig wirkende Horste.
Heimat: Mittelmeergebiet. An steinig-felsigen Abhängen.
Standort: Vollsonnig, warm bis heiß. Boden mäßig trocken, durchlässig, nährstoffarm.
Pflege: Da meist kurzlebig, alle 4–5 Jahre nachpflanzen.
Vermehrung: Durch Aussaat, die Sorten durch Stecklinge im August.
Verwendung: Auf sonnigen Beeten, im Stein- und Steppengarten. Auf der Südseite von Mauern, im Kiesbeet und zur Dachbegrünung.
Günstige Partner: *Alyssum, Anaphalis, Iberis sempervirens, Iris-Barbata-Elatior*-Hybriden, *Papaver orientale, Stachys byzantina. – Festuca ovina.*
Sorten/Verwandte:
- 'Heavenly Blue' dunkles, sattes Himmelblau.
- *Linum perenne*, Ausdauernder Lein, kurzlebige, heimische Art mit hellblauen, kleineren, nickenden Blüten und fast nadelartigen Blättern.
- *Linum perenne* 'Album' weiß.

Lupine
Lupinus-Polyphyllus-Hybriden

Lupinus-Polyphyllus-Hybride 'Schloßfrau'

VI–VII H 80 – 100 ○

Weitverbreitete und üppig blühende Rabattenstaude.
Blüte: Blaue oder violette, weiße, gelbe, rosa, ziegel- oder kaminrote, teilweise zweifarbige, leicht duftende, große Schmetterlingsblüten in dichten, walzenförmigen Trauben an den Enden aufrechter Stengel.
Blatt: Handförmig geteilt mit lanzettlichen Teilblättchen, stumpf blaugrün.
Wuchs: Aufrecht, horstartig, gelegentlich standschwach. Ziehen nach der Blüte ein.
Heimat: Kulturform.
Standort: Sonnig, warm. Boden mäßig trocken bis frisch, durchlässig, sandig-humos, sauer. Keine stark kalkhaltigen Böden!
Pflege: Verwelkte Blüten ständig abschneiden. Totalrückschnitt nach der Blüte sorgt für Neuaustrieb und schwache Zweitblüte. Nicht zurückgeschnittene Pflanzen ziehen bald nach der Hauptblüte ein. Ältere Exemplare lassen sich nicht verpflanzen.
Vermehrung: Durch Aussaat oder Teilung jüngerer Pflanzen und durch grundständige Stecklinge.
Verwendung: Auf Rabatten in rhythmisch wiederkehrenden, kleinen Gruppen. Da die Pflanzen einziehen, in den Mittelgrund setzen.
Günstige Partner: Verschiedene Sorten miteinander kombinieren. *Alchemilla, Geranium* x *magnificum. Paeonia lactiflora.*
Sorten/Verwandte:
- 'Fräulein' cremeweiß.
- 'Schloßfrau' zweifarbig rosa-weiß.
- 'Kastellan' zweifarbig blau-weiß.
- 'Kronleuchter' gelb.
- 'Mein Schloß' ziegelrot.
- 'Edelknabe' karminrot.
- 'Rote Flamme' karminrot.

Brennende Liebe
Lychnis chalcedonica

Lychnis chalcedonica

VI–VII H 80 – 100 ○ ✂

Rabattenstaude mit feurig roten Blüten.
Blüte: Leuchtend scharlachrot, sternförmig, in endständigen, schirmartigen Dolden.
Blatt: Eiförmig, dunkelgrün, leicht glänzend.
Wuchs: Horstartig, aufrecht und etwas steif wirkend.
Heimat: Westrußland bis Nordchina. In lichten, bodenfeuchten Wäldern.
Standort: Sonnig, kühl bis mäßig warm. Boden frisch, nährstoff- und humusreich.
Pflege: Gut düngen und ausreichend wässern, dann langlebig. Längere Trockenperioden werden nicht ertragen. Nach der Blüte vollständig zurückschneiden, dann erfolgt Neuaustrieb mit schwacher Zweitblüte.
Vermehrung: Durch Aussaat, die Sorten durch Teilung.
Verwendung: Als Begleitstaude in Staudenrabatten. Die intensive Blütenfarbe beim Kombinieren beachten!
Günstige Partner: *Cosmos bipinnatus* 'Unschuld', *Nicotiana sylvestris*, *Salvia farinacea*. – *Chrysanthemum maximum*, *Delphinium*.
Sorten/Verwandte: Keine der folgenden Sorten erreicht die Schönheit und Leuchtkraft der Art.
• 'Alba' weiß, 80 cm.
• 'Rauhreif' weiß, 100 cm, auch durch Samen vermehrbar.
• 'Rosea' blaßrosa, 80 cm.
• 'Carnea' fleischrosa, 80 cm.

Schnee-Felberich, Entenschnabel
Lysimachia clethroides

Lysimachia clethroides

VII–VIII H 70 – 100 ○ ◐

Staude mit eigenartig geschwungenen Blütentrauben und auffälliger Herbstfärbung. Sehr beliebt bei Schmetterlingen.
Blüte: Reinweiße, kleine, sternförmige Blüten mit leichtem Duft, in schmal kegelförmigen Trauben, die anfangs nach unten gebogen sind und sich mit dem Erblühen allmählich aufrichten.
Blatt: Eiförmig bis lanzettlich, grün mit ansehnlicher, hell orangebrauner Herbstfärbung.
Wuchs: In aufrechten, vieltriebigen Horsten.
Heimat: Ostasien. Auf feuchten Wiesen und in Bergwäldern.
Standort: Sonnig bis lichtschattig, kühl, luftfeucht. Boden feucht bis frisch, nährstoffreich.
Pflege: Die Horste im zeitigen Frühjahr säubern. Ausreichend wässern und in Trockenperioden übersprühen. Gut düngen.
Vermehrung: Durch Teilung im Frühjahr und Aussaat.
Verwendung: Am Gehölz- und Teichrand, auf feuchten Rabatten.
Günstige Partner: *Aconitum*, *Filipendula rubra*, *Geranium pratense*, *Ligularia*, *Lysimachia punctata*, *Tradescantia*.
Sorten/Verwandte:
• *Lysimachia ephemerum*, ebenfalls weiß, aber mit aufrechten, lockeren Blütentrauben und grauschimmernden, schmal lanzettlichen Blättern. Mäßig frosthart.

Gold-Felberich, Tüpfelstern
Lysimachia punctata

Lysimachia punctata

VI–IX H 80 – 120 ○ ◐

Prächtig blühende Staude, die sich an geeigneten Standorten stark ausbreitet.
Blüte: Goldgelb, zart duftend, trichterförmig, in langgestreckten Trauben.
Blatt: Eiförmig bis breit lanzettlich, stumpfgrün, behaart.
Wuchs: Aufrecht, sich durch Ausläufer dickichtartig ausbreitend.
Heimat: Mitteleurpa bis Kleinasien. Auf Auenwiesen, an Ufern und Waldrändern.
Standort: Sonnig bis halbschattig, kühl bis mäßig warm. Boden frisch bis feucht, nährstoffreich, bevorzugt lehmig oder tonig.
Pflege: Horste immer wieder vom Rand her mit dem Spaten verkleinern, damit Nachbarpflanzen nicht bedrängt werden.
Vermehrung: Durch Teilung im Frühjahr und Herbst leicht möglich, auch durch Aussaat.
Verwendung: Am Teichrand und an Wasserbecken, auf feuchten Rabatten, im lichten Schatten zwischen Gehölzen, großflächig zum Verwildern in auenartigen Naturwiesen.
Günstige Partner: *Aconitum*, *Alchemilla*, *Geranium*, *Geum*. – *Miscanthus*.

Blut-Weiderich
Lythrum salicaria

Indianernessel
Monarda-Hybriden

Lythrum salicaria

Monarda-Hybride 'Fish'

Monarda-Hybride 'Cambridge Scarlet'

Monarda-Hybride 'Blaustrumpf'

VII–IX H 80 – 140 ○ ◐

Heimische Staude für feuchte Gartenbereiche. Bienen- und Schmetterlingspflanze.
Blüte: Violettrot, sternförmig, klein, sehr zahlreich in dichten, kerzenförmigen Ähren.
Blatt: Lanzettlich, grün mit roter Herbstfärbung.
Wuchs: Straff aufrechte Horste.
Heimat: Europa und Asien. Auf Naßwiesen, an Ufern.
Standort: Sonnig bis halbschattig. Boden frisch bis naß, auch überflutet, nährstoffreich, kräftig.
Pflege: Gut wässern und düngen. Verblühte Ähren sofort abschneiden, um Samenansatz zu vermeiden. Abmähen ist möglich.
Vermehrung: Durch Stecklinge im Vorsommer.
Verwendung: Am Teichrand und an Wasserbecken, auf Rabatten.
Günstige Partner: *Alchemilla, Filipendula rubra, Hemerocallis. – Miscanthus.*
Sorten/Verwandte:
• 'Stichflamme' purpurrosa, 140 cm.
• 'Zigeunerblut' leuchtend dunkelrot, 120 cm.

VII–IX H 70 – 130 ○ ✄

Hochsommerblüher mit eigenartigen Blüten und aromatischem Laub. Bienen- und Schmetterlingspflanze.
Blüte: Karmin-, purpur-, scharlachrote, rosafarbene, violettblaue oder weiße Lippenblüten mit aromatischem Duft in endständigen, flachen Quirlen.
Blatt: Schmal eiförmig, grob gezähnt, dunkel blaugrün, mit aromatischem, minzeartigem Duft.
Wuchs: Horstartig, straff aufrecht, teilweise standschwach.
Heimat: Kulturform, die Elternarten aus Nordamerika.
Standort: Sonnig bis leicht beschattet, warm. Boden frisch, nährstoffreich. Auf schweren Böden standschwach und kurzlebig.
Pflege: In Trockenperioden gießen, sonst anfällig für Mehltau. Gut düngen. Im Herbst zurückschneiden.
Vermehrung: Durch Teilung und Stecklinge im Frühjahr.
Verwendung: Auf sonnigen Rabatten, wobei die Farbtöne der Sorten sorgfältig mit den Partnerpflanzen abgestimmt werden sollten.

Günstige Partner: *Campanula persicifolia, Erigeron-*Hybriden, *Gypsophila paniculata, Iris-Spuria-*Hybriden. – *Miscanthus sinensis.*
Sorten/Verwandte:
• 'Schneewittchen' weiß, 100 cm.
• 'Croftway Pink' zart lachsrosa, 110 cm.
• 'Mrs. Perry' hellrot, 75 cm.
• 'Squaw' scharlachrot, 100 cm.
• 'Präriebrand' leuchtend dunkel karminrot, 120 cm.
• 'Cambridge Scarlet' scharlachrot, 120 cm.
• 'Blaustrumpf' dunkellila, 110 cm. Auch für schwere Böden.

Katzenminze
Nepeta mussinii (= N. racemosa)

Nepeta mussinii

V–IX H 20

Aromatische Staude, deren Geruch Katzen anzieht.
Blüte: Lavendelblaue Lippenblüten in lockeren Quirlen.
Blatt: Breit herz-eiförmig, grau, aromatisch duftend.
Wuchs: Niedrige Polster.
Heimat: Kleinasien und Kaukasus. Auf Gebirgsweiden.
Standort: Vollsonnig, warm. Boden trocken bis frisch, nicht winternaß. Keine schweren Böden!
Pflege: Gelegentlich mineralisch düngen. Nach der ersten Blüte im Juli auf halbe Größe zurückschneiden, dann zweite Blüte und kompakterer Wuchs.
Vermehrung: Durch Teilung und Stecklinge im Mai.
Verwendung: In Steingärten, auf Böschungen, in Kiesbeeten, Trögen und zur Dachbegrünung.
Günstige Partner: *Achillea, Anaphalis, Lavandula, Phlomis, Salvia, Santolina. – Helictotrichon.* Rosen.
Sorten/Verwandte:
• *Nepeta* x *faassenii* Dauerblüher mit schmaleren Blättchen, V–IX, 30 cm.
• *Nepeta* x *faassenii* 'Six Hills Giant' über 40 cm hoch.

Hohe Nachtkerze
Oenothera tetragona

Oenothera tetragona 'Sonnenwende'

VI–VIII H 40 – 70

Leuchtend gelber Hochsommerblüher mit langer Blütezeit.
Blüte: Kanariengelbe Schalenblüten in Büscheln; duftend.
Blatt: Oval, blaugrün mit rötlicher Herbstfärbung.
Wuchs: Aufrecht, horstartig.
Heimat: Östliches Nordamerika. Feuchte Wiesen und Waldränder.
Standort: Sonnig, warm. Boden frisch, nährstoffreich.
Pflege: Gute Nährstoffversorgung. Welke Blüten laufend entfernen.
Vermehrung: Durch Teilung und Kopfstecklinge im Mai.
Verwendung: Auf sonnigen Rabatten und nach Süden geneigten Böschungen.
Günstige Partner: *Monarda, Veronica. – Calamagrostis.*
Sorten/Verwandte:
• 'Fryverkeri' goldgelb, Knospen und Stiele rot, 40 cm.
• 'Hohes Licht' kanariengelb, 60 cm.
• 'Sonnenwende' goldgelb mit dunkelgrünem Laub, 60 cm.
• *Oenothera missouriensis*, Teppich-Nachtkerze, mit zitronengelben, bis 12 cm großen, duftenden Schalenblüten, die sich erst am Abend öffnen. VI–IX, 20–30 cm hoch. Für sonnige Steingärten, Kiesbeete, Trockenmauern und Dachgärten. Boden mäßig trocken und durchlässig. Auch durch Aussaat vermehrbar.

Frühlings-Gedenkemein
Omphalodes verna

Omphalodes verna

III–V H 15 – 25

Frühlingsblüher mit vergißmeinnichtähnlichen Blüten.
Blüte: Leuchtend mittelblau mit weißer Mitte, klein, in lockeren Trauben.
Blatt: Eiförmig, zugespitzt, frischgrün.
Wuchs: Bildet durch Ausläufer Teppiche. Starkwüchsig, überwuchert schwächere Nachbarn.
Heimat: Südostalpen bis Rumänien, in Mitteleuropa eingebürgert. Feuchte Bergwälder.
Standort: Licht- bis halbschattig, warm. Boden frisch bis feucht, jeder lockere Boden.
Pflege: Im Spätwinter flach mit Humus oder humusreichem Substrat überdecken. Wenn Nachbarpflanzen bedrängt werden, das Frühlings-Gedenkemein mit dem Spaten abstechen.
Vermehrung: Durch Teilung, das ganze Jahr möglich.
Verwendung: Als Bodendecker unter Gehölzen. Unempfindlich gegen herbstlichen Laubfall, im lichten Mauerschatten.
Günstige Partner: *Epimedium, Lamium maculatum, Tiarella, Vinca, Waldsteinia. Carex.*
Sorten/Verwandte:
• *Omphalodes cappadocica* himmelblau, IV–V. Wuchert weniger und bildet nur kurze Ausläufer. Mäßig frosthart.

Edel-Pfingstrosen, Chinesische Pfingstrosen
Paeonia lactiflora

Paeonia lactiflora 'Mme Claude Tain' (weiß), 'Sarah Bernard' (rosa) und 'Gold Medall' (rot)

V–VI H 50 – 110 ○ ☠

Paeonia lactiflora 'Pomponette'

Eine der wichtigsten Stauden mit herrlichen Blüten und das ganze Jahr über mit dekorativem Laub. Pfingstrosen sind pflegeleichte und langlebige Gartenpflanzen. Sie können jahrzehntelang am gleichen Platz stehen. In China, dem Heimatland der Ausgangsart des inzwischen unüberschaubaren Sortiments, wurden bereits vor mehr als tausend Jahren Sorten gezüchtet. Erst gegen Ende des 19. Jahrhunderts kamen die ersten Edel-Pfingstrosen nach Europa, wo sie heute aus den Gärten nicht mehr wegzudenken sind. Besonders viele Sorten stammen aus Frankreich.

Blüte: Weiß, rosa, samt-, blut- oder weinrot, einfach, halbgefüllt oder gefüllt.
Gefüllte Sorten blühen länger als einfache.
Der Duft ist unterschiedlich ausgeprägt und bei hellen, gefüllten Sorten am intensivsten.
Blatt: Doppelt dreizählig mit ellipitischen bis lanzettlichen Teilblättchen, sehr zierend. Kräftig grün, im Austrieb rötlichbraun, bei vielen Sorten im Herbst kupferrot.
Wuchs: Breit horstartig. Mitunter standschwach.
Heimat: Kulturform.
Standort: Sonnig, mäßig warm. Boden mäßig trocken bis frisch, nährstoffreich, kräftig. <u>Keine verdichteten Böden!</u>

STAUDEN

Edel-Pfingstrosen, Chinesische Pfingstrosen
Paeonia-Lactiflora-Hybriden

Paeonia lactiflora 'Karl Rosenfield'

Sorte 'Sarah Bernard'

Sorte 'Ball of Beauty'

Weiße Sorte 'Jan van Leeuwen'

Pflege: Im Frühherbst pflanzen. Dabei unbedingt flach einsetzen und höchstens mit 3 cm Erde überdecken, um guten Austrieb und Blütenansatz zu erreichen. Im Frühjahr vor dem Austrieb mäßig mit gut verrottetem, organischem Dünger wie Knochenmehl oder Volldünger mit niedrigem Stickstoffanteil versorgen. Die Horste im zeitigen Frühjahr säubern. Keine dicke Mulchschicht, sonst häufig Stengelfäule! Abgeblühte Blumen abschneiden, um kraftraubenden Fruchtansatz zu vermeiden. Im September zur Entwicklung der knollenartigen Wurzeln nochmals mäßig düngen. Möglichst lange am selben Platz belassen, denn erst nach 3–4 Jahren entwickeln sie sich zu voller Schönheit.
Vermehrung: Durch Teilung im Herbst. Aus einer Mutterpflanze lassen sich nur wenige Tochterpflanzen erzielen.
Verwendung: Auf Rabatten, als Schnittblumen. Farbkombinationen sind nicht nur mit den Blüten, sondern auch mit den herbstfärbenden Blättern möglich.

Günstige Partner: *Alchemilla*, frühblühende *Delphinium-Elatum*-Hybriden und *Erigeron*-Hybriden, *Geranium x magnificum*, *Salvia nemorosa*. *Allium giganteum*. Herbstblühende Stauden zu den verfärbten Blättern: *Aster*, *Chrysanthemum serotinum*, *Vernonia*.
Sorten/Verwandte:
Einfache Blüten:
- 'Dürer' weiß, frühblühend, 80 cm.
- 'Holbein' rosa, mittlere Blütezeit, 100 cm.
- 'L'Étincelante' rosa, mittlere Blütezeit, 100 cm.
- 'Hogarth' purpurrot, frühblühend, 100 cm.
- 'Torpilleur' purpurrot, frühblühend, 90 cm.

Halbgefüllte Blüten:
- 'Lady Alexander Duff' rosa, mittlere Blütezeit, 90 cm.

Gefüllte Blüten:
- 'Avalanche' weiß, mittlere Blütezeit, stark duftend, 90 cm.
- 'Le Cygne' weiß, frühblühend, 100 cm.
- 'Madame de Verneville' cremeweiß, frühblühend, 100 cm.
- 'Reine Hortense' rosa, frühblühend, 70 cm.
- 'Wiesbaden' rosa, frühblühend, 80 cm.
- 'La Perle' rosa, spätblühend, 80 cm.
- 'Sarah Bernard' rosa, spätblühend, 100 cm, sehr gute Schnittsorte.
- 'Solange' rosa, spätblühend, 100 cm.
- 'Bunker Hill' karminrot, frühblühend, 80 cm.
- 'Felix Crousse' karminrot, mittlere Blütezeit, 100 cm.
- 'Monsieur Martin Cahuzac' samtrot, dunkelste Sorte, mittlere Blütezeit, 100 cm.

Warnung: Pfingstrosen enthalten giftige Stoffe!

Pracht-Pfingstrosen
Paeonia-Hybriden

Hybride 'Claire de Lune'

V–VI H 70 – 120 ○ ✂ ☠

Durch Kreuzungen mit weiteren Pfingstrosen-Arten und -Sorten entstand aus den Edel-Pfingstrosen eine Gruppe neuartiger Formen mit außergewöhnlichen Farben und zum Teil riesigen Blüten mit bis zu 25 cm Durchmesser.
Blüte: Verschiedene Gelb-, Rosa- und Rottöne sowie Weiß, einfach, halbgefüllt oder gefüllt, groß.
Blatt: Wie bei den Edel-Pfingstrosen.
Wuchs: Aufrecht, breit horstartig.
Heimat: Kulturform.
Standort, Pflege, Vermehrung und Verwendung: Wie bei den Edel-Pfingstrosen.
Sorten/Verwandte:
- 'Chalice' cremeweiß, einfache, riesige Schalenblüten, frühblühend. Starkwüchsig, bis 120 cm.
- 'Coral Charm' lachsrosa bis lachsorange in veränderlicher Farbe, halbgefüllt, 70 cm.
- 'Carina' scharlachrot, halbgefüllt, frühblühend, 80 cm.
- 'Blaze' leuchtend rot, einfache Blüten, frühblühend, 80 cm.

Warnung: Pfingstrosen enthalten giftige Stoffe!

Bauerngarten-Pfingstrose, Gewöhnliche Pfingstrose
Paeonia officinalis

Paeonia officinalis

V H 40 – 100 ○ ✂ ☠

Langlebige, seit alters her kultivierte Heilpflanze. Blüht etwa 2 Wochen vor den Edel-Pfingstrosen. Die gefüllten Sorten sind typische Bauerngartenpflanzen.
Blüte: Blutrote, duftende, große Schalenblüten mit auffälligen gelben Staubgefäßen auf straffen Stielen bei der Art.
Blatt: Doppelt dreizählig, fest, dunkelgrün mit leichtem grauem Schimmer, zierend.
Wuchs: Aufrecht, breit horstförmig, teilweise standschwach, vor allem die gefüllten Sorten. Langlebig.
Heimat: Süd- und südliches Mitteleuropa, mit Schwerpunkt im italienischen Alpenraum. In lichten Eßkastanienwäldern, an felsigen Berghängen und auf trockenen Bergwiesen, meist auf Kalkböden.
Standort: Sonnig bis lichtschattig, warm. Boden mäßig trocken bis frisch, tiefgründig, nährstoffreich, kalkhaltig.
Pflege: Im Frühherbst pflanzen. Die Horste im Frühjahr säubern. Regelmäßig düngen. Verblühte Stiele abschneiden, um kraftzehrende Samenbildung zu vermeiden. Standschwache Formen mit dürren, verästelten Reisigzweigen stützen. Pfingstrosen zeigen erst nach einigen Jahren ihre volle Schönheit. Daher möglichst lange am gleichen Platz belassen und nur verpflanzen, wenn die Blühfreudigkeit nachläßt.
Vermehrung: Durch Teilung im Frühherbst.
Verwendung: Auf Rabatten, am Rand von Strauchpflanzungen, im Bauerngarten, als Schnittblume.
Günstige Partner: *Campanula glomerata, Cerastium tomentosum, Geranium x magnificum, Iberis sempervirens,* blaue und weiße *Iris*-Barbata-Elatior-Hybriden, *Scabiosa caucasica.* – Hohe *Allium*-Arten.
Sorten/Verwandte:
- 'Alba Plena' weiß, gefülltblühend.
- 'Rosea Plena' rosarot, gefülltblühend.
- 'Mollis' dunkelrosa, ungefüllt, 60 cm.
- 'China Rose' leuchtend lachsrot, ungefüllt, 100 cm.
- 'Crimson Globe' leuchtend karminrot, ungefüllt, 60 cm.
- 'Rubra Plena' blutrot, gefülltblühend.

Warnung: Pfingstrosen enthalten giftige Stoffe!

Paeonia officinalis 'Rubra Plena'

Türkischer Mohn
Papaver orientale

Papaver orientale 'Catharina'

Papaver orientale 'Feuerriese'

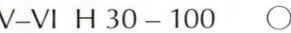

Staude mit riesigen, leuchtenden Blüten, die für die kurze Blütezeit dieser Art entschädigen.
Blüte: Leuchtend orangefarbene oder scharlachrote, rosafarbene oder weiße Schalenblüten mit schwarzen Staubfäden. Blütendurchmesser bis 20 cm. Einzeln auf straff aufrechten Stielen.
Blatt: Groß, tief fiederartig eingeschnitten, stumpfgrün und dicht borstig behaart, mit giftigem Milchsaft.
Wuchs: Horstartig, manche Sorten nicht standfest.
Heimat: Kaukasus, Nordosttürkei und Nordiran. Auf felsigen Hängen und trockenen, alpinen Matten in 2000 bis 2800 m Höhe.
Standort: Vollsonnig, warm bis heiß. Boden trocken bis frisch, durchlässig, nährstoffreich. Keine nassen Standorte oder schweren Böden, dort Fäulnis der Pfahlwurzeln.

Pflege: Regelmäßig mineralisch düngen. Nach der Blüte zurückschneiden, um Neuaustrieb anzuregen. Sonst vergilben die alten Blätter. Wegen der tiefreichenden Pfahlwurzel sind nur kleine Exemplare verpflanzbar. Die Wurzeln werden gerne von Wühlmäusen gefressen, daher rechtzeitig Fallen aufstellen.
Vermehrung: Durch Wurzelschnittlinge nach der Blüte oder im Winter, einige Sorten auch durch Aussaat.
Verwendung: Einzeln oder in kleinen Gruppen auf sonnigen Rabatten und Böschungen. Nicht in den Vordergrund pflanzen, weil die Pflanzen unschöne Lücken nach dem Einziehen hinterlassen. Da die leuchtkräftigen Blüten fast alle anderen Stauden übertreffen, am besten Partner mit zurückhaltenden Blütenfarben wählen. Günstig sind blau- und weißblütige Pflanzen oder graulaubige Blattschmuckstauden.
Günstige Partner: *Anchusa azurea*, blau- und weißblühende *Iris-Barbata-Elatior*-Hybriden, *Lavandula, Linum narbonense, Salvia nemorosa* und *Salvia officinalis, Stachys byzantina*.

Sorten/Verwandte:
- 'Perrys White' gedämpftes Weiß mit schwarzroten Flecken am Grund, 70 cm.
- 'Karine' rosa mit dunklen, samtroten Flecken am Grund, kleinblütig, 60 cm.
- 'Catharina' lachsrosa, großblütig, 80 cm.
- 'Kleine Tänzerin' lachsrosa, klein-, aber reichblütig, nur 30–50 cm.
- 'Marcus Perry' leuchtend orange, 60 cm.
- 'Feuerriese' ziegelrot, aufrechte, starkwüchsige Sorte, 80 cm.
- 'Aladin' leuchtend rot mit schwarzen Flecken am Grund und gewellten Blütenblättern, großblütig, 90 cm.
- 'Beauty of Livermere' dunkel scharlachrot, lange blühend, 100 cm. Sehr empfehlenswerte, absolut standfeste Sorte, die durch Aussaat vermehrbar ist.
- 'Türkenlouis' flammend rot mit schwarzen Flecken am Grund und gefranstem Blütenrand, 70 cm, eine der schönsten Sorten.

Warnung: Die ganze Pflanze ist schwach giftig!

Brandkraut
Phlomis russeliana

Phlomis russeliana

VI–VIII H 60 – 80 ○ ◐

Äußerst pflegeleichter Bodendecker für sonnige Plätze. In den Gärtnereien wird diese Art meist unter dem Namen *Phlomis samia* angeboten.
Blüte: Blaßgelbe Lippenblüten, zu mehreren in dichten Quirlen, die in Etagen übereinanderstehen und einen 20–40 cm langen, lockeren Blütenstand bilden. Prächtig wirkende Fruchtstände in Rauhreif und Schnee.
Blatt: Groß, spitz herzförmig, stumpfgrün mit einem Hauch Ockergelb, früh austreibend.
Wuchs: Breitet sich langsam, aber stetig durch Ausläufer aus. Die grundständigen Blätter bilden einen dichten Teppich, über den sich die aufrechten Blütentriebe erheben.
Heimat: Südeuropa bis Kleinasien. In Kiefern- und Zedernwäldern, in immergrünen Gebüschbeständen.
Standort: Vollsonnig bis überwiegend sonnig, warm, auch heiß. Boden mäßig trocken bis frisch, für jeden Gartenboden.
Pflege: Die Fruchtstände im Frühjahr abschneiden. Zu groß gewordene Teppiche mit dem Spaten eingrenzen.
Vermehrung: Durch Teilung, auch durch Aussaat.
Verwendung: Im Steppen- und Geröllsteingarten, auf sonnigen Böschungen und im Kiesbeet.
Günstige Partner: *Echinops, Eryngium, Oenothera missouriensis, Salvia nemorosa, Santolina, Verbascum.* – *Festuca mairei.*

Phlox paniculata PHLOX

Die Sorten 'Schneeferner' (weiß), 'Rosa Pastell' (rosa) und 'Flamingo' (rot)

Die Gattung *Phlox* umfaßt etwa 50 Stauden und wenige Einjahrespflanzen, die allesamt in Nordamerika beheimatet sind. Innerhalb der Gattung lassen sich zwei Gruppen unterscheiden:
• Niedrige, meist polsterförmig wachsende Arten. Sie blühen im Frühjahr und sind trockenheitsverträglich. Zu dieser Klasse zählen neben ausgesprochenen Liebhaberpflanzen auch die bekannten *Phlox-Subulata*-Hybriden. Es sind formenreiche, anspruchslose Steingartenstauden.
• Höherwüchsige, horstartige Arten, die vom Vorsommer bis zum Herbst blühen. Im Gegensatz zu den niederen Arten, benötigen sie stets einen frischen Boden.
Eine herausragende Stellung innerhalb der Gruppe nimmt *Phlox paniculata* ein. Aus einer unscheinbar blühenden, in der Blütenfarbe variierenden Art hat sich durch rege Züchtungsarbeit mittlerweile ein breitgefächertes, farbenreiches Sortiment prächtigster Rabattenstauden entwickelt.
Im Garten sind die üppigen Blüher aufgrund ihrer Anfälligkeit für Mehltau und Stengelälchen nicht immer problemlos zu kultivieren.

Älchenbefall äußert sich anfangs durch Kräuseln und Verbräunen der unteren Blätter und kann bis zum Ausfall der Pflanzen führen. Erkrankte Horste müssen entfernt werden. An mit Älchen verseuchten Plätzen dürfen wegen Krankheitsgefahr über Jahre hinweg keine Phloxe gepflanzt werden. Die Anfälligkeit des Phlox für Älchen und Mehltau wird durch schlechte Durchlüftung, Wasser- und Nährstoffmangel erhöht. Daher nicht zu dicht, nicht zwischen hohen Partnern und nicht vor windschützenden Mauern pflanzen!

Hoher Phlox, Stauden-Phlox, Hohe Flammenblume
Phlox paniculata

Sorte 'Landhochzeit'

Sorte 'Graf Zeppelin'

VI–IX H 50 – 150 ○

Prächtige und wohlbekannte Rabattenstaude.
Blüte: Weiß, rosa, lachsrosa, ziegel-, karmin-, purpurrot oder hellviolett, auch zweifarbig, duftend, tellerartig mit langer, dünner Röhre, in dichten, kuppelförmigen Doldentrauben.
Blatt: Lanzettlich bis schmal, eiförmig, grasgrün.
Wuchs: Aufrechte Horste.
Heimat: Kulturform. Die Eltern aus dem östlichen Nordamerika. In frischen, lichten Wäldern und an Flußufern.
Standort: Sonnig, vorwiegend kühl, windgeschützt. Boden frisch bis feucht, durchlässig, nährstoffreich, humos. Keine heißen Standorte oder leicht austrocknenden, nährstoffarmen Böden, sonst verstärkter Älchenbefall.
Pflege: Stets feucht halten, regelmäßig gießen. Neben optimalen Standortbedingungen ist dies die beste Vorbeugung gegen Stengelälchen und Mehltau. Gleichzeitig wird das rasche Welken der Blüten an warmen Tagen verhindert.
Wenn man die Stengel Mitte Juni um ein Drittel zurückschneidet, verschiebt sich die Blütezeit in den September. Damit und durch die Wahl entsprechender Sorten läßt sich die Blühperiode erheblich ausdehnen. Verblühte Blütenstände entfernen, da sonst Selbstaussaat erfolgt. Die Sämlinge tragen jedoch nur kleinere Blüten in blasseren Farben, sind zugleich aber sehr wüchsig und überwachsen die Sorten rasch.
Vermehrung: Durch Teilung, Stecklinge im Frühjahr und Wurzelschnittlinge im Winter.
Verwendung: Auf sonnigen Rabatten, in Bauerngärten. Die Blütenfarben sind nicht immer leicht zu kombinieren, und Sorten mit auffälligen lachs- und orangeroten Blüten sollten durch weiße oder zartblaue Nachbarpflanzen sowie Blattschmuckstauden in den Garten eingebunden werden.
Günstige Partner: Schön wirken Gruppen verschiedener, farblich aufeinander abgestimmter Sorten. Dabei genügend Abstand zwischen den einzelnen Horsten einhalten. *Chrysanthemum parthenium, Lobularia.* – *Achillea ptarmica, Chrysanthemum maximum, Delphinium, Monarda*-Hybriden, *Physostegia, Veronica longifolia.* – Gräser wie *Pennisetum.*

Sorten/Verwandte:
Frühblühende Sorten:
• 'Frauenlob' hellrosa mit samtrotem Auge, 120 cm.
• 'Württembergia' intensiv rosa, alte Bauerngarten-Sorte und noch immer eine der besten, 80 cm.
• 'Sommerfreude' rosa mit samtrotem Auge, 90 cm.
• 'Düsterlohe' dunkel violettrot, 120 cm.
• 'Look Again' violett, 110 cm.
Sorten mit mittlerer Blütezeit:
• 'Schneeferner' weiß, 100 cm.
• 'Schaumkrone' weiß mit karminrotem Auge, 100 cm.
• 'Dorffreude' rosa mit purpurrotem Auge, 120 cm.
• 'Landhochzeit' hell violettrosa mit kräftig rotem Auge, 140 cm. Eine der besten Züchtungen.
• 'Starfire' leuchtend rot, 90 cm.
• 'Kirchenfürst' dunkel karminrot, 110 cm.
• 'Frau Alfred von Mauthner' (= 'Spitfire') ziegelrot mit karminrotem Auge, Signalfarbe mit Fernwirkung, 100 cm.
• 'Aida' violettrot, 90 cm.
• 'Violetta Gloriosa' hellstes Blauviolett mit weißem Auge, 140 cm, starkwüchsig.
• 'Sternhimmel' hellviolett mit weißem Auge, 100 cm.
Spätblühende Sorten:
• 'Pax' weiß, 90 cm.
• 'Nymphenburg' weiß, 140 cm.
• 'Kirmesländler' weiß mit blutrotem Auge, 120 cm.
• 'Orange' leuchtend orangerot, Signalfarbe, 140 cm.
• 'Flammenkuppel' kräftig rosarot, 100 cm.

Polster-Phlox, Moos-Phlox
Phlox-Subulata-Hybriden

Hybride 'Ronsdorfer Schöne'

IV–V H 5 – 15 ○

Reichblühende Polsterstauden.
Blüte: Lilablau oder violett, weiß, rosa, karminrot, oft mit andersfarbigem Auge, duftend, sternförmig.
Blatt: Linealisch, mattgrün.
Wuchs: Polsterförmig bis teppichartig.
Heimat: Kulturform.
Standort: Sonnig, warm. Boden mäßig trocken bis frisch, durchlässig, nährstoffreich.
Pflege: Nach der Blüte auf etwa zwei Drittel der ursprünglichen Höhe zurückschneiden.
Vermehrung: Durch Teilung oder Rißlinge.
Verwendung: Im Steingarten und auf Mauerbrüstungen.
Günstige Partner: *Aubrieta, Gypsophila, Iberis.*
Sorten/Verwandte:
• 'White Delight' reinweiß, wüchsig, die beste weißblühende Sorte.
• 'Avalanche' weiß.
• 'Moerheimii' rosa mit samtrotem Auge.
• 'Samson' lachsrosa.
• 'Daisy Hill' pinkfarben.
• 'Atropurpurea' karminrot.
• 'G.F. Wilson' hell lilablau.
• 'Thomasini' violettblau.
• *Phlox-Douglasii*-Hybriden, sehr ähnlich, mit flacheren Blüten, halbkugelförmige Polster, weniger dichtwüchsig.
• 'Red Admiral' karminrot.
• 'Crackerjack' leuchtend karminrot, beste Sorte.
• 'Georg Arends' lilarosa mit dunklem Auge.
• 'Lilac Cloud' lilablau.

Rosenwaldmeister
Phuopsis stylosa

Phuopsis stylosa

VI–VIII H 15 – 25 ○ ◐ ☠

Wüchsige und anspruchslose Kleinstaude.
Blüte: Altrosa, duftend, kleine Sternblüten in halbkugelförmigen Scheindolden.
Blatt: Lanzettlich, in Quirlen, frischgrün, aromatisch.
Wuchs: Niederliegend, teppichartig, teilweise wuchernd.
Heimat: Kaukasus und Nordiran. In lichten Wäldern.
Standort: Sonnig bis lichtschattig, warm. Boden mäßig trocken bis frisch, locker, sonst auf allen Böden.
Pflege: Im Herbst völlig zurückschneiden. Gelegentlich mit leichten Humusgaben überstreuen. Zu üppige Teppiche abstechen.
Vermehrung: Durch Teilung.
Verwendung: Flächig, in großen Steingärten, unter lichtstehenden Gehölzen, auf Böschungen und im Duftgarten.
Günstige Partner: Nicht mit schwachwüchsigen Partnern kombinieren. Geeignet sind *Aruncus, Geranium.*
Sorten/Verwandte:
• 'Purpurea' purpurrosa blühend.
Warnung: Schwach giftig.

Fünferling, Kapfuchsie
Phygelius capensis

Phygelius capensis

VII–IX H 80 – 120 ○

Fremdländische Staude mit langer Blütezeit im Hochsommer.
Blüte: Ziegelrot, röhrenförmig, bis 5 cm lang, hängend in einer lockeren, breit kegelförmigen Rispe.
Blatt: Breit oval, am Rand gekerbt, dunkelgrün.
Wuchs: Horstartig, in der Heimat verholzend.
Heimat: Südafrika. Auf Felsen, an Wasserläufen und feuchten Hängen im Bergland.
Standort: Sonnig, warm bis heiß. Boden mäßig trocken bis frisch, durchlässig, nährstoffreich.
Pflege: Im Frühjahr zurückschneiden. Gelegentlich düngen. Im Winter leicht mit Reisig abdecken.
Vermehrung: Durch Stecklinge im Frühsommer, Teilung im Frühjahr oder Aussaat im Warmhaus.
Verwendung: Auf sonnigen Rabatten, auch als Staudenspalier vor Südwänden.
Günstige Partner: In Teppichen aus graulaubigen Stauden wie *Nepeta* oder *Stachys byzantina*. Auch mit *Agapanthus, Euphorbia griffithii* und *Kniphofia.*

Gelenkblume
Physostegia virginiana

Sorte 'Bouquet Rose'

VII–IX H 60 – 120 ○ ✂

Staude mit beweglichen Einzelblüten.
Blüte: Hellrosa, röhrenförmige Lippenblüten in endständigen Ähren.
Blatt: Schmal lanzettlich, gesägt, grasgrün, glänzend.
Wuchs: Aufrecht, kurze Ausläufer bildend.
Heimat: Östliches Nordamerika. Auenwiesen, Flußufer.
Standort: Sonnig, zeitweilig beschattet. Boden frisch bis feucht, nährstoffreich, kräftig.
Pflege: Gut wässern und düngen. Standschwache Triebe stäben. Im Herbst zurückschneiden. Zu groß gewordene Horste durch Abstechen verkleinern.
Vermehrung: Teilung und Stecklinge.
Verwendung: Auf Rabatten und in Teichnähe.
Günstige Partner: *Eupatorium, Filipendula, Geranium, Phlox, Tradescantia.*
Sorten/Verwandte:
• 'Summersnow' reinweiß, 80 cm.
• 'Vivid' purpurrosa, 60 cm.
• 'Bouquet Rose' violettrosa, 80 cm, wertvolle Sorte.

Ballonblume
Platycodon grandiflorus

Platycodon grandiflorus

VII–VIII H 20 – 70 ○

Ein sommerblühendes Glockenblumengewächs mit eigenartigen, ballonartigen Blütenknospen.
Blüte: Mittelblau, bei den Sorten auch weiß oder rosa, breit glockenförmig in lockeren Trauben an den Enden dicht beblätterter Stiele.
Blatt: Lanzettlich bis schmal eiförmig, am Rand gezähnt, ledrig, bläulich-grün.
Wuchs: Bildet aus einem fleischigen Wurzelstock aufrechte, nicht immer standfeste Horste, treibt spät aus.
Heimat: Nordostasien. Bergwiesen.
Standort: Sonnig. Boden mäßig trocken bis frisch, durchlässig, nährstoffreich.
Pflege: Mäßig wässern und düngen. Im Herbst zurückschneiden.
Vermehrung: Durch Aussaat im zeitigen Frühjahr, auch bei den Sorten möglich.
Verwendung: Auf Rabatten und im Steingarten, dort einer der wenigen Sommerblüher.
Günstige Partner: *Gypsophila paniculata, Liatris, Saponaria x lempergii.*
Sorten/Verwandte:
• 'Album' weiß mit blauen Adern, 60 cm.
• 'Perlmutterschale' perlmuttrosa, 60 cm.
• 'Mariesii' blau, reichblütig, 50 cm.
• 'Apoyama' violettblau, 20 cm, Zwergsorte für den Steingarten.

Himmelsleiter, Jakobsleiter
Polemonium x richardsonii

Polemonium x richardsonii

V–VI/IX H 40 – 70 ○ ◐

Frühlingsblüher mit Blättern, die an eine Leiter erinnern.
Blüte: Himmelblau, süßlich duftend, breit glockig in endständigen Büscheln.
Blatt: Gefiedert, frischgrün.
Wuchs: Horstartig mit dichten Blattschöpfen und aufrechten Blütenstielen.
Heimat: Europa bis Asien. In Auwäldern, auf Feuchtwiesen und in Flachmoren.
Standort: Sonnig bis halbschattig, kühl, luftfeucht. Boden feucht, nährstoffreich. <u>Keine leicht austrocknenden Böden!</u>
Pflege: Nach der Blüte ganz zurückschneiden. Dadurch kräftiger Nachtrieb und zweite Blüte. Kann abgemäht werden.
Vermehrung: Durch Teilung außerhalb der Blütezeit, Aussaat, grundständige Stecklinge.
Verwendung: Auf feuchten Beeten, am Teich- und feuchten Gehölzrand, mosaikartig im Naturgarten eingestreut.
Günstige Partner: *Brunnera, Iris sibirica, Trollius.*
Sorten/Verwandte:
• 'Album' weiß, 40 cm.
• 'Superbum' violettblau, 50 cm.
• *Polemonium foliosissimum* lavendelblau, V–VIII, 60–80 cm. Wüchsigere Art, die mehr Trockenheit verträgt und sehr schön zu Pfingstrosen paßt.

Salomonssiegel, Weißwurz
Polygonatum-Hybride 'Weihenstephan'

Hybride 'Weihenstephan'

V–VI H 60 – 100

Eigenartige Waldstaude.
Blüte: Milchweiß, duftend, röhrenförmig, aus den Blattachseln übergeneigter Stengel.
Blatt: Breit lanzettlich, parallelnervig.
Wuchs: Vieltriebig, bogenförmig.
Heimat: Kulturform.
Standort: Lichtschattig bis halbschattig, bei ausreichender Bodenfeuchte auch sonnig. Boden frisch bis feucht, locker, humos.
Pflege: In Trockenperioden wässern. Vor Schneckenfraß schützen.
Vermehrung: Durch Teilung, Rhizomschnittlinge.
Verwendung: Vor Gehölzen und Mauern.
Günstige Partner: *Brunnera, Epimedium, Hosta, Omphalodes, Symphytum grandiflorum, Waldsteinia. – Convallaria.*
Sorten/Verwandte:
- *Polygonatum multiflorum*, Vielblütige Weißwurz, grünlichweiß, V–VI, 30–60 cm. Heimische Staude der Mischwälder, für waldartige Pflanzungen auf humosem Boden. Durch Schneckenfraß stark gefährdet!
Warnung: Die ganze Pflanze ist giftig.

Teppich-Knöterich, Schecken-Knöterich
Polygonum affine

Polygonum affine

VI–IX H 15 – 25

Kurzlebiger Bodendecker.
Blüte: Im Aufblühen weißlich, später rosa. Winzige Blüten in dichten, endständigen Ähren. Im Alter blühfaul.
Blatt: Lanzettlich, grasgrün, im Herbst bronzefarben.
Wuchs: Teppichartig, allmählich lückenhaft. Treibt spät aus.
Heimat: Himalaja. Auf Bergwiesen und felsigen Hängen.
Standort: Licht- bis halbschattig, kühl, luftfeucht. Boden frisch bis feucht, nährstoffreich.
Pflege: Die braunen Blätter im Frühjahr ausputzen. Zu große Teppiche abstechen. Lückige Teppiche mit Erde auffüllen und düngen oder teilen und neupflanzen.
Vermehrung: Teilung und Stecklinge.
Verwendung: Kleinflächig im Vordergrund von Rabatten.
Günstige Partner: Nur mit wuchskräftigen Pflanzen kombinieren. *Campanula persicifolia, Eupatorium fistulosum, Filipendula purpurea* 'Elegans', *Veronica virginica*.
Sorten/Verwandte:
- 'Superbum' hellrosa.
- 'Darjeeling Red' tiefrosa mit kompaktem Wuchs.

Kerzen-Knöterich
Polygonum amplexicaule

Polygonum amplexicaule

VIII–X H 80 – 120

Herbstblüher für bodenfrische Standorte.
Blüte: Rubinrot, in langgezogenen, endständigen Ähren.
Blatt: Breit lanzettlich, grün, gelbe Herbstfärbung.
Wuchs: Aufrechte Horste, die sich mit der Zeit ausbreiten.
Heimat: Himalaja. Auf Bergwiesen und an Wasserläufen.
Standort: Sonnig bis halbschattig, kühl. Boden frisch bis feucht, nährstoffreich.
Pflege: Gut wässern und düngen. Im Spätherbst zurückschneiden. Bei Bedarf die Horste durch Abstechen verkleinern.
Vermehrung: Teilung.
Verwendung: Rabatten, Teichrand.
Günstige Partner: *Aconitum, Chelone, Eupatorium, Filipendula, Lysimachia. – Miscanthus.*
Sorten/Verwandte:
- 'Firetail' leuchtend weinrot.
- *Polygonum bistorta*, Wiesen-Knöterich, rosafarben in walzenförmigen, langgestielten Blütenständen, V–VI. Heimisch. Für feuchte Böden. Neigt zum Wuchern, 50–90 cm, schön im Naturgarten.

Primula PRIMEL

Etagen-Primeln lieben feuchte, halbschattige Standorte

Die Gattung *Primula* umfaßt etwa 550 vorwiegend in Europa und Asien beheimatete Arten, von denen einige zu den bekanntesten Frühlingsboten in unseren Gärten und in freier Natur zählen. Neben den einheimischen lassen sich auch zahlreiche weitere Arten problemlos im Garten pflanzen. Viele davon zählen zum Standardsortiment der Gärtnereien. Daneben gibt es aber auch eine größere Zahl von Arten mit ganz speziellen Standortansprüchen, die nur etwas für ausgesprochene, erfahrene Primelliebhaber sind.

Bei den folgenden Steckbriefen werden nur die wichtigsten Arten und Gruppen behandelt, die meist ohne größere Schwierigkeiten zu kultivieren sind.

Die teller- bis trichterförmigen Blüten der Primeln verengen sich in eine schmale Röhre. Ihre Farbpalette ist breit gefächert. Außer reinem Enzianblau findet man nahezu alle Tönungen unter den zahlreichen Arten und Züchtungen.

Charakteristisch für viele Primeln sind die riemen- bis zungenförmigen Blätter. Häufig sind sie auffällig gerunzelt. Fraß- und Schleimspuren von Schnecken an den Blattspreiten sind nicht selten zu beobachten. Mitunter werden ganze Pflanzen bis auf die Blattrippen abgefressen. Man muß sie also vor Schneckenfraß schützen.

Unter den vielfältigen Arten und Formen finden sich keine spektakulären Schmuckpflanzen für Rabatten. Es sind in der Regel wenig konkurrenzkräftige Gewächse für den lichten Gehölz- oder Wasserrand, für schüttere Rasen und für den Steingarten. Als Partner oder Nachbarn sollte man Primeln nur ebenfalls gering durchsetzungsfähige Stauden zugesellen.

Warnung: Primeln enthalten giftige Stoffe, die bei empfindlicher Haut starke Reizungen hervorrufen können. Durch das Tragen von Handschuhen beim Umgang mit den Pflanzen lassen sich Allergien vermeiden.

Kugel-Primel
Primula denticulata

Primula denticulata

IV–V H 15 – 25 ○ ◐

Frühlingsblüher.
Blüte: Hell- bis dunkellila, bei den Sorten auch weiß, in kugeligen Köpfen an den Enden straff aufrechter Stiele.
Blatt: Langgestreckt, verkehrt eiförmig oder spatelförmig, runzelig und am Rand gezähnt, matt hellgrün. Entwickelt sich erst nach der Blüte zur endgültigen Größe.
Wuchs: Breite Blattrosetten.
Heimat: Himalaja bis Westchina. Auf feuchten Bergwiesen.
Standort: Licht- oder halbschattig, bei feuchten Böden auch sonnig, kühle Plätze. Boden frisch bis feucht, humos, lehmig. Keine heißen Standorte!
Pflege: In Trockenperioden gießen. Ab und zu mit Kompost überstreuen.
Vermehrung: Durch Aussaat im Winter, die Sorten durch Wurzelschnittlinge.
Verwendung: Im lichten Schatten von Bäumen und Mauern und am Teichrand.
Günstige Partner: *Muscari*, Narzissen. – *Cardamine trifolia, Primula-Juliae*-Hybriden. Mandelbäumchen
Sorten/Verwandte:
• 'Alba' weiß.
• 'Rubin' rubinrot.

Hohe Schlüsselblume
Primula elatior

Primula elatior

III–V H 15 – 25 ○ ◐ ✂

Heimische Schlüsselblume, die sich selbst aussät.
Blüte: Hellgelb, in vielblütigen Dolden.
Blatt: Zungenförmig, gerunzelt mit welligem oder gekerbtem Rand, hellgrün.
Wuchs: Bildet Blattrosetten.
Heimat: Europa und Kleinasien. In Wäldern und feuchten Wiesen.
Standort: Licht- oder halbschattig, bei ausreichender Bodenfeuchte auch sonnig, kühl. Boden frisch bis feucht, nährstoffreich, lehmig.
Pflege: Bei Trockenheit wässern. Ungestört lassen.
Vermehrung: Durch Aussaat oder Teilung.
Verwendung: Im Naturgarten, im lichten Schatten von Mauern und am Teichrand, im schütteren Rasen.
Günstige Partner: Narzissen. – *Brunnera, Dicentra spectabilis* 'Alba', *Omphalodes, Pulmonaria*.
Sorten/Verwandte:
• *Primula-Elatior*-Hybriden weiß, gelb, rosa, scharlachrot und braun, mit größeren, dichter stehenden Blüten, IV–V.
• *Primula veris*, Duftende Schlüsselblume, heimisch, goldgelb mit orangen Flecken und angenehmem Duft, IV–V. Für trockenere Standorte, geeignet für den Steingarten oder für sonnige Böschungen.

Japanische Etagen-Primel
Primula japonica

Primula japonica

V–VII H 30 – 60 ○ ◐

Primel-Art, die sich an Bachläufen wohl fühlt.
Blüte: Karminrot, in etagenartig übereinander stehenden Quirlen.
Blatt: Groß, langgestreckt, verkehrt eiförmig, frischgrün.
Wuchs: Grundständige Blattrosetten.
Heimat: Japan, Taiwan. In feuchten Tälern.
Standort: Licht- bis halbschattig, bei ausreichender Feuchte auch sonnig, kühl, luftfeucht. Boden frisch bis feucht, locker, humos.
Pflege: Genügend wässern und regelmäßig mit humosem Substrat überstreuen.
Vor Schneckenfraß schützen.
Vermehrung: Aussaat (Kaltkeimer) oder durch Teilung großer Exemplare, Selbstaussaat.
Verwendung: In größeren Tuffs an Bachläufen oder im lichten Schatten von Gehölzen.
Günstige Partner: *Epimedium, Rodgersia*. – *Carex morrowii*, Farne. Rhododendren.
Sorten/Verwandte:
• 'Alba' weiß mit rotem Auge.
• *Primula-Bullesiana*-Hybriden, Terrakotta-Primeln, buntes Farbspektrum von Rosa, Lachs-, Karminrot, Lila bis Violett, VI–VII.

Teppich-Primel
Primula-Juliae-Hybriden

Primula-Juliae-Hybride

III–V H 5 – 15

Zierliche Frühlingsblüher.
Blüte: Violett, purpurrot, rosa oder weiß, etwa 2 cm groß. Kurz gestielte Dolden.
Blatt: Klein, verkehrt eiförmig bis rundlich, am Rand deutlich gekerbt, sattgrün.
Wuchs: Kriechend bis rasenartig, bildet kleine Teppiche.
Standort: Lichtschattig, kühl. Boden frisch, durchlässig, mäßig nährstoffreich. Keine heißen Standorte!
Pflege: In Trockenperioden gießen. Regelmäßig organisch in geringer Konzentration düngen.
Vermehrung: Durch Teilung nach der Blüte.
Verwendung: Für leicht beschattete Steingärten und im Schatten von Mauern.
Günstige Partner: *Muscari*, Narzissen. – *Cardamine trifolia, Primula denticulata, Saxifraga-Arendsii*-Hybriden, *Viola odorata*.
Sorten/Verwandte:
• 'Schneewittchen' weiß.
• 'Blütenkissen' karminrot.
• 'Frühlingsbote' samtrot.
• 'Gartenmeister Bartens' leuchtend purpurrot.
• 'Gruß an Königslutter' purpurviolett.

Siebolds-Primel
Primula sieboldii

Primula sieboldii

V–VI H 20 – 30

Frühlingsblühende Primel, die in Japan bereits seit langem mit vielen Sorten in Kultur ist.
Blüte: Weiß, rosa, karminrot bis violett mit kleinem weißem Auge in endständigen Dolden auf kurzen Stielen.
Blatt: Zungenförmig, gerunzelt, hellgrün.
Wuchs: Kriechend. Die Blätter ziehen bald nach der Blüte wieder ein.
Heimat: Nordostasien. Auf sumpfigen Wiesen.
Standort: Licht- bis halbschattig, kühl, luftfeucht. Boden frisch, locker, humos.
Pflege: In Trockenperioden gießen. Ab und zu mit Laubkompost überstreuen. Da die Pflanzen meist kurzlebig sind, muß häufiger nachgepflanzt werden.
Vermehrung: Durch Teilung im Frühjahr.
Verwendung: Nur kleinflächig, im lichten Schatten von Gehölzen und Mauern.
Günstige Partner: *Cardamine trifolia, Epimedium, Saxifraga x urbium, Tiarella*. – *Carex morrowii*, Farne. Rhododendron.
Sorten/Verwandte:
• 'Snow Flakes' weiß.

Kissen-Primel
Primula vulgaris

Primula vulgaris

II–IV H 10

Formen- und farbenreiche Vorfrühlingsblüher.
Blüte: Weiß, gelb, rosa, rot bis blauviolett, in Büscheln.
Blatt: Spatelförmig, frischgrün.
Wuchs: Kissenartig.
Heimat: Europa und Kleinasien. Auf schattigen Hängen und in Wäldern.
Standort: Sonnig bis halbschattig, kühl. Boden frisch, durchlässig, nährstoffreich.
Pflege: In Trockenperioden gießen. Regelmäßig düngen.
Vermehrung: Durch Aussaat.
Verwendung: Auf sonnigen Beeten, unter sommergrünen, konkurrenzschwachen Bäumen.
Günstige Partner: *Chionodoxa, Puschkinia*, weiße Narzissen oder Tulpen.
Sorten/Verwandte: Verschiedene Auslesen.
• *Primula vulgaris* ssp. *sibthorpii*, Fastnachts-Primel, rosa, rot oder purpurfarben mit kleineren Blüten. Empfindlich gegen Sommertrockenheit, daher regelmäßig wässern. Verwildert durch Selbstaussaat und wandert aus dem Halbschatten der Gehölze in verhagerte Rasenflächen ein.

Schmalblättriges Lungenkraut
Pulmonaria angustifolia 'Azurea'

Pulmonaria angustifolia 'Azurea'

III–V H 20 – 30

Vorfrühlingsblüher mit enzianblauen Blüten.
Blüte: Blau, trichterförmig zu mehreren an den Enden aufrechter Stiele..
Blatt: Lanzettlich bis schmal eiförmig, matt dunkelgrün, rauh behaart.
Wuchs: Kriechend, bildet dichte Teppiche.
Heimat: Kulturform.
Standort: Lichtschattig bis schattig, kühl. Die Pflanze ist hitzeempfindlich. Boden feucht bis frisch, locker, humos.
Pflege: In Trockenperioden gießen. Laub nicht entfernen! Ungestört wachsen lassen.
Vermehrung: Durch Teilung leicht möglich.
Verwendung: Kleinflächig im Unterwuchs von Gehölzen und im lichten Schatten von Mauern.
Günstige Partner: *Epimedium, Galium odoratum, Lathyrus vernus, Waldsteinia. – Carex, Luzula, Polystichum.*
Sorten/Verwandte:
- *Pulmonaria rubra,* Rotes Lungenkraut, ziegelrot, reichblühend, IV–V. Blätter hellgrün, groß, bildet weniger dichte Teppiche und wächst fast horstig, 30 cm.

Geflecktes Lungenkraut
Pulmonaria saccharata

Pulmonaria saccharata

III–V H 15 – 30

Schöne Blüten- und Blattschmuckpflanze für den Schattengarten.
Blüte: Matt karminrot, im Verblühen violett, trichterförmig zu mehreren an den Enden aufrechter, beblätterter Stiele.
Blatt: Groß, schmal eiförmig, stumpfgrün mit auffälligen silbrigen, ineinanderlaufenden Flecken. Die Sommerblätter erscheinen nach der Blüte.
Wuchs: Kriechend, bildet allmählich Teppiche.
Heimat: Südostfrankreich und nördlicher Apennin. In Wäldern und Gebüschen.
Standort: Halbschattig bis schattig, mäßig warm. Boden frisch bis mäßig trocken, locker, humos. Die Pflanze ist empfindlich gegen Hitze und Bodenverdichtung.
Pflege: In Trockenperioden wässern. Regelmäßige Humusgaben. Wenn nötig, Teile des Teppichs mit dem Spaten abstechen.
Vermehrung: Durch Teilung leicht möglich, auch durch Aussaat sofort nach der Samenreife.
Verwendung: Kleinflächig im Unterwuchs sommergrüner Gehölze, im lichten Schatten oder Halbschatten von Sträuchern und Mauern.

Sorte 'Sissinghurst White'

Sorte 'Mrs. Moon'

Günstige Partner: *Galium odoratum, Hepatica, Lamium maculatum, Polygonatum, Pulmonaria angustifolia.*
Sorten/Verwandte:
- 'Cambridge Blue' hellblau.
- 'Sissinghurst White' reinweiß, auffällig gezeichnet.
- 'Mrs. Moon' rotviolett, prächtige Blattschmuckpflanze mit auffälligem Laub, die silbrigen Flecken deutlich voneinander abgegrenzt.
- *Pulmonaria officinalis,* Echtes Lungenkraut, heimisch, blauviolett, blüht bescheidener mit weniger stark gefleckten Blättern, III–IV, 15–30 cm. Für den Naturgarten.

STAUDEN

Gewöhnliche Küchenschelle
Pulsatilla vulgaris

Pulsatilla vulgaris

III–IV H 15 – 25 ○ ☠

Vorfrühlingsblüher, der durch seine attraktiven Knospen, Blüten und Fruchtstände über lange Zeit bezaubert.
Blüte: Violettblau bis rot, glockenförmig mit goldgelben Staubgefäßen. Knospe auffällig seidig-weißfilzig, die federartigen Früchte sind besonders wirkungsvoll im Gegenlicht.
Blatt: Fein gefiedert, zunächst seidig weiß behaart, später stumpfgrün.
Wuchs: Horstartig. Die Blätter entwickeln sich zur Blütezeit und ziehen bald wieder ein.
Heimat: Europa. Auf steinigen Hängen und Kalkmagerrasen.
Standort: Vollsonnig, warm. Boden mäßig trocken, durchlässig, nährstoffarm.
Pflege: Im Frühjahr mit Ballen pflanzen. Wenig konkurrenzkräftig, daher starkwüchsige Nachbarpflanzen zurücknehmen.
Vermehrung: Durch Aussaat gleich nach der Samenreife. An geeigneten Standorten erfolgt Selbstaussaat.
Verwendung: Im Steingarten und auf südgeneigten Böschungen.
Günstige Partner: Nicht mit starkwüchsigen Nachbarn kombinieren! *Adonis vernalis, Saxifraga x apiculata.* – *Festuca ovina, Helictotrichon.*
Warnung: Die ganze Pflanze ist giftig.

Bronze-Schaublatt
Rodgersia podophylla

Rodgersia henryci

VI–VII H 80 – 180 ◐ ○

Imposante Waldstauden, die vor allem durch die riesigen Blätter die Blicke auf sich ziehen.
Blüte: Rahmweiß, in riesigen, verzweigten und locker übergeneigten Rispen.
Blatt: Handförmig geteilt mit fünf verkehrt eiförmigen, zur Seite hin schwach gelappten Teilblättchen. Im Austrieb bronzefarben, später dunkelgrün.
Wuchs: Horstartig.
Heimat: Japan und Korea. In feuchten Bergwäldern.
Standort: Licht- bis halbschattig, bei genügender Bodenfeuchte auch überwiegend sonnig, kühl, luftfeucht, windgeschützt. Boden frisch bis feucht, durchlässig, nährstoffreich, humos.
Pflege: Die Horste im Frühjahr säubern. Regelmäßig wässern und organisch düngen. Verblühte Rispen abschneiden.
Vermehrung: Durch Teilung im Frühjahr, Wurzelschnittlinge vom Spätherbst bis Winterende, durch Aussaat.
Verwendung: Als Solitär- und Leitstaude im lichten Schatten von Gehölzen und Mauern, am Teichrand.

Rodgersia podophylla

Günstige Partner: *Astilbe, Epimedium, Galium odoratum, Hosta, Tiarella.* – *Carex morrowii, Carex pendula, Luzula sylvatica, Matteuccia* und andere Farne. – Rhododendren und andere immergrüne Gehölze.
Sorten/Verwandte:
• 'Rotlaub' die jungen Blätter auffällig rotbraun gefärbt.
• 'Smaragd' auch die jungen Blätter frischgrün.
• *Rodgersia aesculifolia*, Kastanien-Schaublatt, West-China, weiß, VI–VII. Mit ähnlichen Blättern, aber meist 7 Teilblättchen, die weniger stark gebuchtet sind und der Roßkastanie ähneln, 90–140 cm.
• *Rodgersia henryci* (ehemals *Rodgersia pinnata* 'Superba'), Rosarotes Schaublatt, hellrosa Blütenrispen und weinrote Früchte, VI–VII. Das Laub in 6 bis 9 breit lanzettliche Abschnitte geteilt, Austrieb purpurfarben mit auffälliger Aderung, 50–100 cm.
• *Rodgersia sambucifolia*, Holunderblättriges Schaublatt, cremeweiß, mit großen, gefiederten Blättern, 70–100 cm.

Rudbeckia SONNENHUT

Goldsturm-Sonnenhut (links und rechts) und Schleier-Sonnenhut (mitte), dazwischen violetter Leberbalsam

Wer kennt sie nicht – die strahlenden Sonnenhut-Arten, die auch an trüben Tagen einen Hauch von Sonnenschein in die Gärten zu zaubern vermögen. Die Gattung umfaßt 30–40 Arten, die in Nordamerika beheimatet sind. Davon haben Pflanzen mit sehr unterschiedlicher Lebensdauer Einzug in unsere Gärten und Parks gehalten.

Neben Einjahresblumen wie *Rudbeckia hirta* und Zweijahresblumen wie *Rudbeckia triloba* sind es vor allem die langlebigen Stauden (*Rudbeckia fulgida*, *laciniata* und *nitida*), die immer wieder mit ihrer Blütenfülle begeistern.

Allen gemeinsam sind die leuchtenden, kräftig gelben Strahlenblüten, die um eine hochgewölbte schwarze, dunkelbraune oder grüne Mitte angeordnet sind. Die einzelnen Arten erreichen sehr unterschiedliche Höhen.

Die Riesen unter ihnen, wie die Bauerngarten- oder Fallschirm-Rudbeckie, brauchen entsprechend Platz im Garten und lassen sich nur auf breiten Rabatten oder als Solitärpflanze verwenden.

Niedrige Arten wie *Rudbeckia fulgida* sind auch für kleine Gärten geeignet.

Bezüglich ihrer Standort- und Pflegeansprüche sind alle in den Steckbriefen beschriebenen Arten recht genügsam. Sie benötigen lediglich einen sonnigen Platz und ausreichend Feuchtigkeit, geben sich sonst aber mit jedem Gartenboden zufrieden.

Die meisten Arten liefern lange haltbare Schnittblumen. Entfernt man die gelben Strahlenblüten, lassen sich die verbleibenden Körbchen von *Rudbeckia fulgida* 'Goldsturm' gut trocknen und als floristisches Beiwerk zur Trockenbinderei verwenden.

Die Rudbeckien kann man problemlos vermehren. Teilung ist bei den meisten Arten und Züchtungen nahezu ganzjährig, außerhalb der Blütezeit, möglich. Benötigt man nur wenige Jungpflanzen, sticht man einfach Teilstücke mit dem Spaten ab. Die kurzlebige *Rudbeckia triloba* vermehrt man durch Aussaat. Auch dies bereitet wenig Schwierigkeiten, da die Saat leicht und schnell keimt.

Goldsturm-Sonnenhut
Rudbeckia fulgida 'Goldsturm'

Rudbeckia fulgida 'Goldsturm'

VII–IX H 50 – 80

Reich- und langblühende, pflegeleichte Staude.
Blüte: Goldgelbe, schlanke Strahlenblüten um schwarzbraune, kugelförmige Mitte am Ende verzweiter Stiele. Effektvolle, schwarzbraune, knopfartige Fruchtstände, vor allem im Rauhreif und im Pulverschnee.
Blatt: Eiförmig, dunkelgrün.
Wuchs: Breite Horste, standfest.
Heimat: Kulturform.
Standort: Sonnig, warm. Boden frisch, nährstoffreich, lehmig.
Pflege: In Trockenperioden gießen; die Pflanze ist hitze- und trockenheitempfindlich. Wenn die verblühten Stengel ständig herausgeschnitten werden, verlängert sich die Blütezeit.
Vermehrung: Durch Teilung oder Aussaat.
Verwendung: Auf sonnigen Rabatten.
Günstige Partner: Astern, *Coreopsis, Delphinium, Helenium, Heliopsis,* weißblühender *Phlox paniculata, Solidago. – Calamagrostis.*

Bauerngarten-Sonnenhut, Goldball-Rudbeckie
Rudbeckia laciniata 'Goldball'

Rudbeckia laciniata 'Goldball'

VIII–IX H 160 – 200

Altbewährte, riesige Bauerngartenstaude mit Kaskaden leuchtend gelber Blütenbälle.
Blüte: Goldgelb, dicht gefüllt, kugelförmig, an den Enden verzweigter Stiele.
Blatt: Drei- bis siebenteilig, Stengelblätter gelappt, grün.
Wuchs: Breitet sich durch kurze Ausläufer aus. Hochwüchsig, nicht standfest.
Heimat: Kulturform.
Standort: Sonnig bis leicht beschattet, warm. Boden frisch, nährstoffreich.
Pflege: Gut wässern und düngen. Stäben. Rückschnitt im Juni auf halbe Größe verbessert die Standfestigkeit. Im Herbst ganz zurückschneiden.
Vermehrung: Durch Teilung.
Verwendung: Auf sonnigen Rabatten, am besten vor Zäunen, wo sich die Pflanzen anlehnen können.
Günstige Partner: *Helenium, Heliopsis, Solidago. – Panicum virgatum.*
Sorten/Verwandte:
- *Rudbeckia nitida* 'Herbstsonne', Fallschirm-Rudbeckie, mit einfachen Blüten, goldgelbe, zurückgeschlagene Zungenblüten um eine grüne, zylindrische Mitte, VIII–X, 200 cm hoch.

Schleier-Sonnenhut
Rudbeckia triloba

Rudbeckia triloba

VII–IX H 100 – 140

Prächtige, überaus reichblühende Staude, die kurzlebig ist und daher oft als Einjährige kultiviert wird.
Blüte: Gelb mit knopfartiger, schwarzer Mitte, überreich an den Enden vielfach verzweigter Stiele.
Blatt: Die unteren dreigeteilt, sonst eiförmig, dunkelgrün.
Wuchs: Aufrecht, breit buschig, mitunter standschwach.
Heimat: Nordamerika. Auf Prärien.
Standort: Vollsonnig, warm. Boden mäßig trocken bis frisch, locker, nährstoffreich.
Pflege: Durch reichtzeitigen Rückschnitt unmittelbar am Ende des Flors läßt sich die Lebensdauer verlängern. Sonst die Samen ausreifen lassen und ernten.
Vermehrung: Durch Aussaat.
Verwendung: Auf sonnigen Rabatten, zusammen mit Hochsommer- und Herbstblühern.
Günstige Partner: *Cosmos bipinnatus* 'Unschuld', *Rudbeckia hirta, Verbena bonariensis. – Aster, Delphinium, Helianthus. – Calamagrostis x acutiflora, Panicum.*

Sommer-Salbei
Salvia nemorosa

Salvia nemorosa 'Mainacht'

V–VIII/IX H 40 – 80 ○

Stauden-Salbei mit lang anhaltender Blütezeit.
Blüte: Hell bis dunkel violettblau, Lippenblüten in dichten Quirlen in kerzenartigen Ähren.
Blatt: Länglich eiförmig, runzelig, stumpfgrün, aromatisch.
Wuchs: Aufrecht, horstartig, mitunter standschwach.
Heimat: Mitteleuropa bis Westasien. In Trockenrasen und Steppenheiden.
Standort: Sonnig, warm, auch heiß und kurzzeitig trocken. Boden mäßig trocken bis frisch, durchlässig, nährstoffreich. Auf schweren Böden standschwach und verfaulend.
Pflege: Totalrückschnitt am Ende der Hauptblüte, dann zweite Blüte im Spätsommer. Düngen nach dem Rückschnitt fördert die Zweitblüte. Kann abgemäht werden. Sämlinge entfernen.
Vermehrung: Durch Stecklinge im Frühsommer.
Verwendung: Auf sonnigen Rabatten und Böschungen, im sonnigen Naturgarten.
Günstige Partner: Sehr vielseitig zu kombinieren, etwa mit *Anaphalis, Anthemis, Coreopsis, Erigeron, Iris-Barbata*-Hybriden, *Paeonia*. – Rosen.
Sorten/Verwandte:
- 'Blauhügel' mittelblau.
- 'Ostfriesland' violettblau, überreich blühend.
- 'Mainacht' dunkel violettblau, frühblühend.

Garten-Salbei
Salvia officinalis

Salvia officinalis

VI–VII H 30 – 60 ○

Aromatischer Halbstrauch, der vor allem als Blattschmuckpflanze verwendet wird. Seit langem als Heil- und Gewürzpflanze kultiviert.
Blüte: Trüb violettblau, kleine Lippenblüten in lockeren Ähren.
Blatt: Langgestreckt, eiförmig, runzlig und graufilzig, immergrün, aromatisch duftend.
Wuchs: Aufrechter Halbstrauch, bildet kleine Büsche.
Heimat: Spanien, Südfrankreich und westlicher Balkan. Alte Kulturpflanze, in Mitteleuropa eingebürgert. Auf steinigen Hängen, in lichten Kiefer- und Wacholderbeständen.
Standort: Sonnig, warm bis heiß. Boden trocken bis mäßig trocken, gut durchlässig, mäßig nährstoffreich, kalkhaltig.
Pflege: Nach der Blüte auf etwa zwei Drittel zurückschneiden, damit die Pflanzen kompakt bleiben. Vor allem Jungpflanzen in strengen Wintern abdecken, da frostempfindlich.
Vermehrung: Durch Stecklinge im Frühsommer und Herbst.
Verwendung: Im Vordergrund sonniger Rabatten, auf sonnigen Böschungen, in Steinbeeten, Formsteinmauern und im Duft- und Gewürzgarten.

Salvia officinalis 'Berggarten'

Günstige Partner: *Achillea, Gypsophila paniculata, Lavandula, Santolina, Helictotrichon.* – Auch mit Rosen und blaulaubigem Teppich-Wacholder.
Sorten/Verwandte:
- 'Berggarten' mit rundlichen Blättern, wächst kompakt. Formschöne, wüchsige Sorte.
- 'Purpurascens' stark purpurfarben überlaufenes Laub, schwachwüchsig.
- 'Tricolor' mit mehrfarbigem Laub, die Blätter in der Mitte graugrün und am Rand weiß bis cremegelb, teilweise auf der ganzen Fläche purpurn überlaufen. Frostempfindliche Sorte.
- 'Variegata' mit gelb geflecktem Laub, benötigt Winterschutz.
- *Salvia lavandulifolia*, Lavendelblättriger Salbei, ebenfalls ein Halbstrauch und dem Garten-Salbei sehr ähnlich, jedoch mit schmäleren Blättern.
- *Salvia sclarea*, Muskateller-Salbei, kurzlebig, aromatisch. Im ersten Jahr bildet sich eine Blattrosette aus runzligen, dunkelgrünen Blättern. Im zweiten Jahr erscheinen die eindrucksvollen, reich verzweigten Blütenstände mit zahlreichen violetten, rosa oder auch weißen Einzelblüten. Durch Aussaat vermehrbar, sät sich an zusagenden Plätzen selbst aus, 80–100 cm.

Heiligenkraut
Santolina chamaecyparissus

Santolina chamaecyparissus

VII–VIII H 30 – 50 ○

Reichblühender, aromatisch duftender Halbstrauch.
Blüte: Gelbe, kugelige Blütenköpfchen.
Blatt: Feinfiedrig, grausilbrig, immergrün, aromatisch.
Wuchs: Kompakter Halbstrauch mit bogenförmig ansteigenden Trieben.
Heimat: Südeuropa. In trockenwarmen Wacholder- und Kleinstrauchheiden.
Standort: Vollsonnig, warm, auch heiß. Boden trocken bis mäßig trocken, gut durchlässig, auch nährstoffarm. Keine staunassen Böden!
Pflege: Nach der Blüte auf zwei Drittel zurückschneiden, sonst fallen die Pflanzen auseinander.
Vermehrung: Durch Stecklinge im Sommer.
Verwendung: Sonnige Rabatten, auf sonnigen Böschungen, im Stein-, Duft- und Kräutergarten, in Schotterbeeten. Als streng geschnittene Einfassungs- und Ornamentpflanze in geometrischen Gärten.
Günstige Partner: *Aster amellus, Lavandula, Nepeta, Salvia, Stachys byzantina*.

Spätsommer-Seifenkraut
Saponaria x lempergii

Saponaria x lempergii

VII–IX H 30 – 40 ○

Spät- und langblühende Steingartenpflanze.
Blüte: Lichtkarminrot, sternförmig in Büscheln am Ende gabelartig verzweigter Stiele.
Blatt: Lanzettlich bis schmal eiförmig, klein, stumpf dunkelgrün.
Wuchs: Horstartig, mit bogenförmig aufgerichteten Trieben.
Heimat: Kulturform, die Elternarten aus Südosteuropa.
Standort: Sonnig, warm. Boden mäßig trocken bis frisch, kurzzeitig auch trocken. Jeder gut durchlässige Gartenboden.
Pflege: Im Herbst scharf zurückschneiden.
Vermehrung: Durch Stecklinge im späten Frühjahr.
Verwendung: Im Steingarten, im Vordergrund sonniger Rabatten, auf sonnigen Böschungen, Mauerkronen und in Plattenfugen.
Günstige Partner: *Calamintha nepeta, Campanula poscharskyana, Centranthus, Satureja montana, Silene schafta, Thymus*.
Sorten/Verwandte:
• 'Max Frei' rosafarben. Großblütig. Wuchs weniger kompakt.

Rotes Teppich-Seifenkraut
Saponaria ocymoides

Saponaria ocymoides

V–VII/IX H 10 – 20 ○

Reichblühende, farbenfrohe und dabei anspruchslose Steingartenstaude.
Blüte: Rosarot, duftend, klein, sternartig, in zahlreichen Trugdolden am Ende gegabelter Stiele.
Blatt: Schmal, verkehrt eiförmig bis linealisch, stumpfgrün.
Wuchs: Lockere Polster, durch lange, niederliegende Triebe fast teppichartig.
Heimat: Südeuropäische Gebirge, Alpen. Auf sonnigen Hängen und Kalkfelsen.
Standort: Sonnig, mäßig warm. Boden mäßig trocken bis frisch, gut durchlässig, mäßig nährstoffreich, kalkhaltig. Keine nassen und schweren Böden!
Pflege: Pflanzen nach der Blüte um ein Drittel zurückschneiden, damit sie kompakt bleiben. Der Rückschnitt regt eine schwache Zweitblüte im September an.
Vermehrung: Durch Aussaat im Sommer, Teilung.
Verwendung: Im Steingarten, auf Kies- und Geröllbeeten, in Trockenmauern.
Günstige Partner: *Campanula garganica, Cerastium tomentosum, Iberis saxatilis, Veronica spicata* ssp. *incana*.

Saxifraga STEINBRECH

Saxifraga-Arendsii-Hybriden

Die große, nahezu 400 Arten sowie unzählige Varietäten und Hybriden umfassende Gattung *Saxifraga* hat ihren Namen den vielen Hochgebirgspflanzen zu verdanken. Diese wachsen teilweise noch in den kleinsten Felsfugen und erwecken so den Anschein, als würden sie den Stein geradezu auseinanderbrechen. Neben diesen alpinen Gewächsen finden sich in der Gattung zahlreiche weitere Arten, die in der Natur an völlig anderen Plätzen vorkommen.

Aufgrund der speziellen Anpassung an den Standort zeigen sie abweichendes Aussehen. Daher teilen die Botaniker die Gattung in Gruppen, sogenannte Sektionen, ein. Von großer Bedeutung sind die Moos- sowie die Schatten- und Waldsteinbreche.
Die Moos-Steinbreche (Sektion *Dactyloides*) fallen durch frischgrüne, weichblättrige Rosetten auf. Sie bilden durch seitliche Ausläufer niedrige, dichte Polster. Zu ihnen zählen die *Saxifraga-Arendsii*-Hybriden, von denen es viele Farbsorten gibt.
Die Schatten- oder Blattrosetten-Steinbreche (Sektion *Robertsoniana*) sind im Garten ebenfalls sehr beliebt. Es sind immergrüne Stauden, die in Wäldern leben. Meist bilden sie durch Ausläufer allmählich große Teppiche, wie etwa das Porzellanblümchen (*Saxifraga x urbium*).

Die Wald-Steinbreche (Sektion *Diptera*), die aus Ostasien stammen und dort ebenfalls in Wäldern vorkommen, gehören zur dritten gartenwürdigen Gruppe. Wie der Herbst-Steinbrech (*Saxifraga cortusifolia*) blühen sie im Spätsommer oder Herbst.
Die »echten« Hochgebirgs-Steinbreche sind dagegen im Tiefland schwierig zu kultivieren, sie benötigen besondere Pflege und speziell vorbereitete Standorte. Sie haben nur Liebhaberwert für Pflanzensammler.

Krustiger Polster-Steinbrech
Saxifraga x apiculata

Saxifraga x apiculata

III–IV H 5 – 10

Reichblühende Steinbrech-Art für den Steingarten.
Blüte: Hellgelbe Blütenbüschel.
Blatt: Schmal lanzettlich, starr, frischgrün, immergrün.
Wuchs: Bildet ständig neue Rosetten, dadurch flache Polster.
Heimat: Kulturform.
Standort: Absonnig bis lichtschattig, kühl, luftfeucht. Boden frisch, durchlässig, steinig. Steinfugen. Erst wenn die Pflanzen tiefreichende Wurzeln entwickelt haben, vertragen sie kurzzeitige Hitze und Trockenheit.
Pflege: Rosetten in Steinfugen einpflanzen. Stengel nach dem Abblühen zurückschneiden.
Vermehrung: Stecklinge, Abtrennen von Tochterrosetten.
Verwendung: Steingärten, Trockenmauern, Steintröge.
Günstige Partner: *Aubrieta*-Hybriden, *Iberis*, andere Rosetten-Steinbreche.
Sorten/Verwandte:
• *Saxifraga juniperifolia*, Wacholderblättriger Steinbrech, kräftig gelb, IV–V. Feste Polster aus starren, nadelförmigen Blättern für sonnige bis halbsonnige Plätze.
• *Saxifraga juniperifolia* ssp. *sancta*, zitronengelb, IV–V. Bildet breite Kugelpolster.

Moos-Steinbrech
Saxifraga-Arendsii-Hybriden

Saxifraga-Arendsii-Hybride

V–VI H 5 – 20

Moosartige Polsterstaude.
Blüte: Rosa, karmin- oder samtrot, weiß, hellgelb, schalenförmig, auf dünnen Stielen.
Blatt: Klein, tief eingeschnitten, immergrün.
Wuchs: Flache Polster, von der Mitte her verkahlend.
Heimat: Kulturform.
Standort: Halbschattig bis lichtschattig, kühl, luftfeucht. Boden frisch, durchlässig, humos.
Pflege: In Trockenperioden übersprühen. Da kurzlebig, alle 4–5 Jahre teilen und neu pflanzen.
Vermehrung: Teilung, Rosettenstecklinge.
Verwendung: Im hellen Mauer- und Gehölzschatten, im Steingarten.
Günstige Partner: *Cardamine trifolia*, *Heuchera*, *Saxifraga x urbium*. – *Carex*, Farne.
Sorten/Verwandte:
• 'Biedermeier' weiß.
• 'Schneeteppich' weiß.
• 'Rosenzwerg' rosa, 10 cm.
• 'Blütenteppich' rosa.
• 'Leuchtkäfer' blutrot.
• 'Triumph' kräftig rubinrot.

Porzellanblümchen, Schatten-Steinbrech
Saxifraga x urbium

Saxifraga x urbium

V–VI H 15 – 30

Form mit trichterartigen Blattrosetten.
Blüte: Weiß, in der Mitte rosa, sternförmig, in schleierartigen Rispen.
Blatt: Breit spatelförmig, grün, ledrig, immergrün.
Wuchs: Dichte Teppiche.
Heimat: Kulturform.
Standort: Lichtschattig, kühl, luftfeucht. Boden frisch bis feucht, durchlässig, humos.
Pfege: Gelegentliche Humusgaben.
Vermehrung: Durch Teilung.
Verwendung: Als kleinflächiger Bodendecker für lichtschattigen Unterwuchs, im Mauerschatten. Konkurrenzschwach!
Günstige Partner: *Astrantia*, *Epimedium*, *Hosta*, *Tiarella*. – *Carex*, *Luzula*, Farne.
Sorten/Verwandte:
• 'Elliots Variety' rosa.
• *Saxifraga cortusifolia* var. *fortunei*, Oktober-Steinbrech, weiß, IX–X. Sommergrün, 20–30 cm. Leichten Winterschutz geben. Die Blüten erfrieren bei den ersten Frösten. Mit herbstfärbenden Gehölzen und spätblühenden Stauden wie *Aconitum* und *Tricyrtis*.

Skabiose
Scabiosa caucasica

Sedum FETTHENNE

Sorte 'Clive Greaves'

VI–IX H 50 – 80

Vielseitig verwendbare Staude mit zartblauen Blüten.
Blüte: Hellblau, groß, schalenförmig.
Blatt: Grundblätter länglich lanzettlich, Stengelblätter tief eingeschnitten, fiederartig.
Wuchs: Breite, schopfartige Horste, zuweilen standschwach.
Heimat: Kaukasus, Nordiran und -türkei. Auf Bergwiesen und an felsigen Hängen.
Standort: Vollsonnig, warm. Boden mäßig trocken bis frisch, durchlässig, nährstoffreich. Keine schweren oder feuchten Böden, dort verfaulend.
Pflege: Mineralisch düngen. Blütenstände laufend zurückschneiden, dadurch wird die Blütezeit bis in den Herbst verlängert. Im Herbst ganz zurückschneiden.
Vermehrung: Durch Teilung.
Verwendung: Rabatten und Böschungen, in großen Steingärten, als Schnittblume.
Günstige Partner: *Achillea*-Hybriden, *Anaphalis*, *Aster amellus*, *Aster pyrenaeus* und *Aster sedifolius*, *Oenothera missouriensis*, *Salvia nemorosa*.
Sorten/Verwandte:
- 'Miss Willmott' rahmweiß.
- 'Clive Greaves' hellblau.
- 'Blauer Atlas' dunkelblau.
- 'Nachtfalter' kräftig violettblau.

Sedum spectabilis 'Carmen' und *Aster dumosus*

Ähnlich wie Kakteen verfügen auch die Fetthennen über wasserspeichernde Organe, die es ihnen ermöglichen, minderwertige Dürrestandorte zu besiedeln, wo ihnen andere Pflanzen nicht nachfolgen können. Anders als bei den Kakteen sind bei den *Sedum*-Arten nicht die ganzen Sprosse, sondern nur die Blätter verdickt (sukkulent). Auf normalen Beeten versagen sie unter dem Konkurrenzdruck der Nachbarpflanzen. In feuchter oder zu nährstoffreicher Erde faulen sie leicht oder erschöpfen sich in übermäßiger Samenbildung.
Blatt: Bei den niedrigen Arten mehr oder weniger walzenförmig, bei den hochwüchsigen Arten rundlich oval, fleischig. Bei zu starker Hitze und Trockenheit, aber auch bei Kälte verfärben sich viele Formen rötlich oder bronzebraun. Wenn die Verhältnisse wieder besser werden, kehrt die ursprüngliche Blattfarbe zurück.
Standort: Vollsonnig, gelegentlich lichtschattig, warm, auch heiß. Boden trocken bis frisch, durchlässig, mäßig nährstoffreich, humusarm, sandig-kiesig oder kiesig-lehmig. Für höherwüchsige Arten mäßig trockene, etwas stärker nährstoffhaltige Substrate.

Pflege: Alle 3–4 Jahre etwas düngen. Pflegemaßnahmen überflüssig.
Vermehrung: Durch Stecklinge. Alle *Sedum*-Arten bewurzeln sich außerordentlich leicht. Es genügen kurze Triebstücke, bei den großblättrigen Formen bereits einzelne Blätter, um schnell zu neuen Pflanzen zu kommen. Teilung möglich.
Verwendung: In Stein- und Steppengärten, in sonnigen Platten- und Mauerfugen, in Steintrögen, auf Dachgärten und in sonstigen Steinanlagen.
Günstige Partner: Die niedrigen Formen bevorzugt mit anderen, Trockenheit ertragenden Pflanzen wie *Dianthus*, *Geranium*, *Gypsophila repens*, *Linum*, *Nepeta*, *Saxifraga*, *Sempervivum* und *Stachys*. Die hochwüchsigen Formen sind besser mit Beetstauden und Polstergräsern zu kombinieren.

STAUDEN

Weißer Mauerpfeffer
Sedum album

Sorte 'Coral Carpet'

Sedum sexangulare 'Weiße Tatra'

V–VI H 5 – 10 ○

Genügsame Steingartenpflanze.
Blüte: Weiß bis weißlich-rosa, sternförmig, doldenartig.
Blatt: Walzenartig, meist stumpfgrün, unter Streß rötlich.
Wuchs: In flachen Matten.
Heimat: Europa bis Asien, Nordafrika. Auf Felsen, steinigen Hängen und Mauern.
Standort: → Seite 181.
Pflege: Keine Maßnahmen.
Vermehrung: Durch Stecklinge und Teilung, → Seite 181.
Verwendung: → Seite 181.
Günstige Partner: → Seite 181.
Sorten/Verwandte:
• 'Coral Carpet' wenig blühend, bildet schöne Matten, Blätter vor allem im Winter kupferrot.
• *Sedum acre*, Scharfer Mauerpfeffer, gelb, reichblütig, V–VI, 5–15 cm.
• *Sedum sexangulare*, Milder Mauerpfeffer, gelb, reichblütig, VI, 5–8 cm. Blätter olivgrün, schmal walzenförmig, abstehend, wintergrün. In Matten.

Gold-Fetthenne
Sedum floriferum
'Weihenstephaner Gold'

Sorte 'Weihenstephaner Gold'

VII–IX H 10 – 15 ○

Reichblütiger, hübscher und pflegearmer Teppichbildner, der zu jeder Zeit attraktiv aussieht.
Blüte: Leuchtend gelb, sternförmig, in flachen, doldenähnlichen Trauben auf orange-roten Stielen.
Blatt: Lanzettlich, sattgrün.
Wuchs: Niedrige Polster bis ausgedehnte Teppiche.
Heimat: Kulturform.
Standort: → Seite 181.
Pflege: Keine Maßnahmen.
Vermehrung: Durch Stecklinge und Teilung, → Seite 181.
Verwendung: → Seite 181.
Sorten/Verwandte:
• *Sedum spurium*, Kaukasus-Fetthenne, rosa in flachen, doldenartigen Trauben, VI–VII. Blätter stumpf oval, oft dicht übereinander, so daß die Triebe walzenförmig wirken. Bildet flache Polster bis rasenartige Matten, 10–15 cm. Heimat: Kaukasus; feuchte Felshänge. Standort: Sonnig bis halbschattig, kühl. Boden mäßig trocken bis feucht, auch kurzzeitig überflutet, mäßig nährstoffreich, sandig-lehmig oder sandig-humos. Als Flächenbegrüner sowie für Einfassungen.
• 'Album Superbum' weiß.
• 'Fuldaglut' karminrot, reichblütig, mit dunkelroten, im Schatten vergrünenden Blättern.

Purpur-Fetthenne
Sedum telephium

Sorte 'Herbstfreude'

VII–IX H 40 – 60 ○

Wichtiger Spätsommer- und Herbstblüher.
Blüte: Rosa bis purpurrot, sternförmig in flachen Trugdolden. Auch die Fruchtstände sind reizvoll.
Blatt: Groß, oval, fleischig, graugrün, mit schöner gelber Herbstfärbung.
Wuchs: Breit horstartig.
Heimat: Europa bis Asien. Lockerrasige Felshänge, Geröllflächen, sonnige Gebüschränder.
Standort: → Seite 181.
Pflege: Keine Maßnahmen.
Vermehrung: Durch Stecklinge oder Teilung, → Seite 181.
Verwendung: Auf sonnigen Beeten und in Steinanlagen.
Günstige Partner: Weiß- und silberlaubige Bodendecker *Anaphalis* und *Stachys byzantina*, Trockenheit ertragende Beetstauden oder Halbsträucher wie *Caryopteris*. – Blaublättrige Gräser. Rotlaubige Sträucher wie *Berberis* und *Cotinus coggygria*.
Sorten/Verwandte:
• 'Herbstfreude' kupferrot bis rosa-purpurfarben, VIII–IX. Zuverlässiger Spätblüher.
• 'Unstead Red' mahagonirot, VIII–IX, schwarzrote Blätter. Auffällig dunkle Pflanze.
• *Sedum spectabile*, Pracht-Fetthenne, rosa bis purpurfarben, VIII–IX, graugrüne, breit ovale Blätter, 40 cm.
• *Sedum cauticolum* 'Robustum', Pflaumen-Fetthenne, karminrot, IX–X. Blätter blaugrün. 20 cm, polsterförmig.

Hauswurz, Dachwurz
Sempervivum

Hybride 'Mt. Kenia'

VI–VII H 10 – 25 ○

Äußerst genügsame Pflanze.
Blüte: Rosa, karmin- oder rubinrot, sternförmig.
Blatt: Lanzettlich bis spatelförmig, immergrün. Grün-, Braun- und Grautöne, auch silbrig weiß, mit metallischem Schimmer.
Wuchs: In dicht gedrängten, kugelförmigen Rosetten. Tochterrosetten bilden sich am Rand. Langsamwüchsig, dichte Polster, seltener kleine Matten. Jede Einzelrosette stirbt nach der Blüte ab.
Heimat: Europa bis Westasien. In Felswänden, auf Mauerkronen und Hausdächern.
Standort: Sonnig, warm heiß. Boden trocken bis mäßig frisch, nährstoffarm, kiesig-steinig.
Pflege: Keine.
Vermehrung: Durch Abtrennen der Tochterrosetten.
Verwendung: In Mauer- und Plattenfugen, Spalten von Steinen im Geröllsteingarten, in Trögen, auf Dachgärten.
Günstige Partner: Keine starkwüchsigen Pflanzen! *Dianthus, Saxifraga, Sedum.*
Sorten/Verwandte:
• *Sedum arachnoideum*, Spinnweb-Hauswurz, karmin-rosa, extrem langsamwüchsig, in kleinen, weißen Kugelrosetten.
• *Sedum tectorum*, Gewöhnliche Dachwurz, rosa in großen Rosetten aus grünen Blättern mit rötlichen Spitzen.
• *Sempervivum*-Hybriden, rosa, karmin- bis rubinrot, prächtige Rosetten mit bis zu 15 cm Duchmesser in vielen Farben.

Herbst-Leimkraut
Silene schafta

Silene schafta

VIII–IX H 5 – 15 ○ ◐

Wegen der späten Blütezeit wertvolle Steingartenstaude.
Blüte: Kräftig rosa, sternförmig, einzeln oder zu wenigen an den Enden verzweigter Stengel.
Blatt: Lanzettlich, klein, mattgrün.
Wuchs: Flach, polsterförmig bis lockerrasig.
Heimat: Kaukasus, auf Geröllhängen.
Standort: Sonnig oder lichtschattig, mäßig warm. Boden mäßig trocken bis frisch, jeder durchlässige Gartenboden. Keine feuchten Standorte!
Pflege: In Trockenperioden gießen. Nach der Blüte zurückschneiden.
Vermehrung: Durch Aussaat oder Teilung.
Verwendung: Im Steingarten und auf Mauerkronen.
Günstige Partner: Konkurrenzschwach, daher nicht mit starkwüchsigen Nachbarn kombinieren. *Aster sedifolius* 'Nanus', herbstblühende *Gentiana*-Arten, *Saponaria, Scabiosa caucasica.* – *Festuca cinerea.*
Sorten/Verwandte:
• 'Splendens' karminrot, reichblühend.

Duftsiegel
Smilacina racemosa

Smilacina racemosa

V–VI H 60 – 90 ◐ ○

Dekorative Schattenstaude.
Blüte: Cremeweiß, duftend, klein, sternförmig, in kegelförmigen Rispen an den Enden reich beblätterter, bogig übergeneigter Stengel. Fruchtschmuck hellrote Beeren.
Blatt: Breit lanzettlich, mit auffälligen parallelen Nerven, grün, gelbe Herbstfärbung.
Wuchs: Breite, stark übergeneigte, dichte Horste aus langsam kriechenden Rhizomen.
Heimat: Nordamerika. Feuchte Laub-, Nadel- und Auwälder.
Standort: Lichtschattig bis schattig, kühl, luftfeucht. Boden frisch, durchlässig, lehmighumos.
Pflege: In Trockenperioden gießen. Gelegentlich mit Laubkompost versorgen.
Vermehrung: Durch Teilung.
Verwendung: Im lichten Schatten von Gehölzen und Mauern.
Günstige Partner: *Cardamine trifolia, Epimedium, Hosta, Tiarella.* – Farne.
Sorten/Verwandte:
• *Smilacina stellata* gelblich weiß mit größeren Blüten in einer lockeren Traube, dunkelrote Beeren, 40 cm. Für halbschattige Plätze, dehnt sich dort stark aus.

Pracht-Goldrute
Solidago-Hybriden

Solidago-Hybride

Woll-Ziest, Eselsohren
Stachys byzantina

Stachys byzantina 'McQueen'

VII–IX H 50 – 80 ○

Gelbe Hochsommerblüher
Blüte: Goldgelb, mit herbem Geruch. In dichten, endständigen Rispen.
Blatt: Lanzettlich, grün.
Wuchs: Horstartig, nicht wuchernd, mitunter standschwach.
Heimat: Kulturform.
Standort: Sonnig. Jeder frische bis feuchte, nährstoffreiche Gartenboden.
Pflege: In Trockenperioden wässern. Gut düngen. Nach der Blüte zurückschneiden, um Aussaat zu verhindern.
Vermehrung: Durch Teilung.
Verwendung: Rabatten.
Günstige Partner: *Campanula persicifolia, Chrysanthemum, Monarda, Physostegia virginiana* 'Sommersnow', *Rudbeckia, Tradescantia.*
Sorten/Verwandte:
• 'Goldwedel' hellgelb, frühblühend mit locker überhängenden Rispenästen.
• 'Goldenmosa' goldgelb, spätblühend mit mimosenähnlichen Blütenständen und hellgrünem Laub.
• 'Strahlenkrone' goldgelb, flache Blütenrispen, straff aufrecht. Die beste Sorte.

VII–VIII H 10 – 30 ○

Wertvolle, weil vielseitig zu kombinierende, graulaubige Blattschmuckstaude.
Blüte: Blaßrosa Lippenblüten, unscheinbar, in dichten, graufilzigen Kerzen.
Blatt: Breit eiförmig, dicht silberwollig behaart und dadurch samtig weich.
Wuchs: Bildet durch Ausläufer dichte, niedrige Teppiche. Blütenstiele gelegentlich standschwach.
Heimat: Kleinasien und Kaukasus. Auf Felsbändern und Schutthängen, in Wacholdergebüschen.
Standort: Vollsonnig, warm, auch heiß. Boden trocken bis frisch, durchlässig, nährstoffarm. Auf nährstoffreichen Böden ist die Pflanze kurzlebig, bei Nässe verfaulend.

Pflege: Im Frühjahr pflanzen. Verblühte Stengel abschneiden. Bei Bedarf mit dem Spaten eingrenzen.
Vermehrung: Durch Teilung leicht möglich.
Verwendung: Kleinflächig im Vordergrund von Rabatten, im Stein- und Steppengarten, in Plattenfugen, vor südexponierten Mauern und zur Dachbegrünung. Sehr vielseitig zu kombinieren, da die silbergraue Färbung der Blatteppiche hervorragend zwischen unterschiedlichen Blütenfarben vermittelt.
Günstige Partner: *Achillea*-Hybriden, *Alyssum, Anaphalis, Anthemis, Campanula glomerata, Lavandula, Nepeta, Salvia nemorosa* und *Salvia officinalis, Yucca. – Achnatherum calamagrostis, Festuca cinerea, Helictotrichon.*
Sorten/Verwandte:
• 'Silver Carpet' kaum blühend, 20 cm hoch mit Blüten. Langlebig, bildet lückenlose, 5 cm hohe Blatteppiche.
• 'Cotton Ball' (= 'Sheila McQueen') gedrungen mit dicht wolligen Blütenkugeln, 10 cm.

Großblumiger Ziest
Stachys grandiflora 'Superba'

Stachys grandiflora 'Superba'

VI–VII H 40 – 60 ○ ◐ ✂

Auffällige Blütenstaude, die wegen der leuchtenden Blütenfarbe nicht leicht mit anderen Stauden zu kombinieren ist.
Blüte: Purpurrosa Lippenblüten in walzenförmigen Blütenkerzen.
Blatt: Langgestreckt herzförmig, runzlig, am Rand gekerbt, matt dunkelgrün, wirkt lange Zeit dekorativ.
Wuchs: Breitlagernd, horstartig.
Heimat: Kaukasus, Nord-Türkei und -Iran. Feuchte Bergwiesen und felsige, buschreiche Hänge.
Standort: Absonnig, bei ausreichender Bodenfeuchte auch sonnig, kühl. Boden frisch, tiefgründig, lehmig-humos.
Pflege: Im Frühjahr die Horste säubern, in Trockenperioden gießen. Gelegentlich düngen. Nach der Blüte die Stengel zurückschneiden
Vermehrung: Durch Teilung.
Verwendung: Auf halbschattigen Rabatten, bei frischem Boden auf sonnigen Beeten.
Günstige Partner: *Alchimella, Campanula persicifolia, Chrysantemum maximum, Geranium.*

Kaukasus-Beinwell
Symphytum grandiflorum

Symphytum grandiflorum

IV–V H 20 – 30 ○ ◐ ●

Pflegearmer Bodendecker für schattige Gartenplätze.
Blüte: Rahmgelb, röhrenförmig, wenig auffällig, in endständigen Büscheln.
Blatt: Eiförmig, dunkelgrün, rauhhaarig.
Wuchs: Bildet durch zahlreiche Ausläufer dichte Teppiche.
Heimat: Kaukasus. In Bergmischwäldern.
Standort: Lichtschattig, halbschattig bis schattig, bei ausreichender Feuchte auch sonnig, kühl, frisch, auch kurzzeitig trocken. Optimal auf humosen Lehmböden, wenig anspruchsvoll.
Pflege: Pflegeleicht, in den dichten Teppichen kommt kaum Unkraut auf. In längeren Trockenperioden gießen. Gelegentlich mit Kompost versorgen.
Vermehrung: Durch Abtrennung der Ausläufer und Teilung leicht möglich.
Verwendung: Flächig im Schatten von Gehölzen und Mauern.
Günstige Partner: Nur mit konkurrenzkräftigen Nachbarn. *Brunnera, Epimedium, Hosta, Waldsteinia.*
Sorten/Verwandte:
• 'Hidcote Blue' blau-weiß, V, breit horstförmig, 30–40 cm. Gut für feuchte Beete. Schön mit *Iris sibirica, Polemonium* und *Trollius*.

Akeleiblättrige Wiesenraute, Amstelraute
Thalictrum aquilegifolium

Thalictrum aquilegifolium

V–VII H 80 – 120 ○ ◐ ✂

Heimische Wiesenstaude mit eigenartigen, fedrigen Blütenständen.
Blüte: Rosa bis blaßviolett. Vielstrahlig durch zahlreiche lange Staubfäden. In lockeren Trugdolden.
Blatt: Gefiedert, akeleiähnlich, matt blaugrün.
Wuchs: Horstartig, aufrecht, oft standschwach.
Heimat: Europa. In Auwäldern, Hochstaudenfluren und auf feuchten Wiesen.
Standort: Halbschattig, auf feuchten Böden auch sonnig. Boden frisch bis naß, auch überschwemmt, nährstoffreich, humos, lehmig oder tonig.
Pflege: Bei Trockenheit wässern, sonst anfällig für Läusebefall. Gut düngen. Triebe stützen. Kann abgemäht werden.
Vermehrung: Durch Aussaat oder Teilung im Frühjahr.
Verwendung: Teichrand, Rabatten, Naturgarten.
Günstige Partner: *Achillea ptarmica, Chrysantemum maximum, Filipendula, Iris sibirica, Tradescantia. – Molinia.*
Sorten/Verwandte:
• 'Album' milchig weiß.

STAUDEN

Thymian
Thymus doerfleri
'Bressingham Seedling'

'Bressingham Seedling'

V–VII H 5 – 10

Steingartenstaude.
Blüte: Rosa Lippenblüten in dichten, fast halbkugelförmigen Blütenquirlen, die knapp über dem Laub sitzen.
Blatt: Schmal, spatelförmig, klein, filzig behaart, aromatisch.
Wuchs: Niedrige Teppiche, die von der Mitte her verkahlen.
Heimat: Kulturform.
Standort: Vollsonnig, warm, auch heiß. Boden trocken bis mäßig trocken, durchlässig, mäßig nährstoffreich, steinig oder sandig. Keine nassen, nährstoffreichen Böden, dort kurzlebig.
Pflege: Nach der Blüte zurückschneiden
Vermehrung: Durch Teilung.
Verwendung: Kleinflächig im Stein- oder Steppengarten, auf sandigen Böschungen und zur Dachbegrünung.
Günstige Partner: *Aster alpinus, Campanula poscharskyana, Sedum. Allium-, Crocus-* und *Tulpen-*Arten, die aus den Teppichen herauswachsen. – *Festuca.*
Sorten/Verwandte:
* *Thymus serpyllum*, Feld-Thymian, bildet weniger dichte Teppiche, VI–IX, 5–10 cm.
* 'Albus' mit weißen Blüten.
* 'Coccineus' karminrot.

Wald-Schaumkerze
Tiarella cordifolia

Tiarella cordifolia

V–VI H 15 – 30

Bodendecker für waldartige Pflanzungen.
Blüte: Milchweiß, zart duftend, sternförmig, in aufrechten, in der Masse schaumartig wirkenden Kerzen.
Blatt: Oval bis herzförmig, gelappt, lindgrün mit roter Herbstfärbung.
Wuchs: Bildet durch Ausläufer dichte Teppiche, ohne lästig zu werden.
Heimat: Nordamerika. In lichten, bodenfrischen Wäldern.
Standort: Lichtschattig bis schattig, kühl. Boden frisch, durchlässig, humos. Keine verdichteten Böden, keine heißen, trockenen Standorte!
Pflege: Gelegentlich Humus oder Laubkompost geben. Sonst ungestört entwickeln lassen.
Vermehrung: Durch Teilung oder Abtrennung der Ausläufer.
Verwendung: Kleinflächig im Schatten von wurzeltoleranten Gehölzen und Mauern.
Günstige Partner: *Corydalis cava, Hosta, Saxifraga x urbium, Tricyrtis.* – *Carex morrowii.* – Rhododendren.

Dreimaster-Staude
Tradescantia-Andersoniana-Hybriden

Hybride 'Blue Stone'

VI–VIII H 40 – 60

Langblühende Stauden.
Blüte: Blau oder violett, karminrot, weiß, dreiteilig, in Büscheln.
Blatt: Grasartig, von den Halmen waagrecht abstehend, grün.
Wuchs: Aufrechte Horste.
Heimat: Kulturform.
Standort: Sonnig, warm. Boden frisch bis feucht, nährstoffreich, keinesfalls sandig.
Pflege: Nach der Hauptblüte zurückschneiden, damit eine Zweitblüte angeregt wird. Gleichzeitig wird Selbstaussaat verhindert.
Vermehrung: Durch Teilung im Frühjahr.
Verwendung: Am Wasserrand, auf feuchten, sonnigen Rabatten.
Günstige Partner: *Alchemilla, Chrysantheum maximum, Filipendula, Geranium pratense, Veronica virginica.*
Sorten/Verwandte:
* 'Gisela' reinweiß.
* 'Karminglut' karminrot.
* 'Rubra' samtrot.
* 'I.C. Weguelin' hellblau.
* 'Blue Zwanenburg' dunkelblau, beste Sorte.
* 'Blue Stone' kräftig blau.

Krötenlilie
Tricyrtis hirta

Tricyrtis hirta

IX–X H 50 – 90

Wenig bekannter Herbstblüher mit extravaganten Blüten.
Blüte: Milchweiß, stark purpurviolett gepunktet, trichter- bis sternförmig, orchideenähnlich, in Trauben an den Enden beblätterter Stiele.
Blatt: Schmal eiförmig, spitz zulaufend, dunkel blaugrün.
Wuchs: Hortsartig, aufrecht.
Heimat: Japan. An schattigen Felsen in lichten Wäldern.
Standort: Halbschattig bis lichtschattig, kühl, luftfeucht. Die Pflanze ist im tiefen Schatten standschwach; sie ist hitzeempfindlich. Boden frisch, durchlässig, humos.
Pflege: In Trockperioden ausreichend besprühen. Gelegentlich mit Laubkompost versorgen. Vor Schneckenfraß schützen.
Vermehrung: Durch Teilung und Stecklinge im Frühjahr. Aussaat (Kaltkeimer).
Verwendung: Im lichten Baum- und Mauerschatten.
Günstige Partner: Nicht mit starkwüchsigen Pflanzen kombinieren! *Saxifraga cortusifolia* var. *fortunei*, *Tiarella*. – *Carex morrowii*. – *Adiantum*.

Trollblume
Trollius-Hybride

Trollius-Hybride 'Helios'

IV–VI H 40 – 70

Leuchtkräftiger Frühlings- und Vorsommerblüher für feuchte Rabatten.
Blüte: gelb oder gelb-orange, kugelförmig, einzeln an den Enden aufrechter Stiele.
Blatt: Handförmig zerteilt, die Abschnitte mehr oder weniger tief eingeschnitten, saftig grün. Die Blätter ziehen bald nach der Blüte wieder ein.
Wuchs: Horstartig, buschig.
Heimat: Kulturform. Die Elternarten aus den gemäßigten Breiten der Nordhalbkugel.
Standort: Sonnig bis halbschattig, kühl. Boden frisch bis naß, nährstoffreich, lehmig-humos. Je feuchter der Boden, desto sonniger kann der Pflanzort sein. Keine heißen Standorte!
Pflege: Ausreichend wässern. Nach der Blüte vollständig zurückschneiden und anschließend düngen sowie gut gießen, um einen erneuten Austrieb mit einer schwachen Zweitblüte im September anzuregen.

Trollius chinensis 'Golden Queen'

Vermehrung: Durch Teilung im Frühjahr.
Verwendung: Auf feuchten Beeten und am Teichrand. Nicht in den Vordergrund von Rabatten pflanzen, da die Trollblumen durch das einziehende Laub nach der Blüte unschöne Lücken hinterlassen. Gute Schnittblumen.
Günstige Partner: Nicht in die direkte Nähe konkurrenzkräftiger Gehölze pflanzen! *Geranium pratense*, *Geum*-Hybriden, *Iris pseudacorus*, *Iris sibirica*, *Symphytum grandiflorum* 'Hidcote Blue'.
Sorten/Verwandte:
- 'Earliest of All' goldgelb, früheste Sorte, oft schon in der zweiten Aprilhälfte blühend.
- 'Maigold' goldgelb, mit schönen, kugelförmigen Blüten.
- 'Goldquelle' gelb-orange, halbkugelförmige Blüten, spätblühende Sorte.
- *Trollius europaeus*, Europäische Trollblume, heimisch, mit goldgelben Kugelblüten, V–VI, 30–50 cm. Eine der Elternarten der *Trollius*-Hybriden.
- *Trollius chinensis* 'Golden Queen' orange-gelb, schalenförmig, mit weit aus der Blüte ragenden Honigblättern, VI–VII, 80–100 cm. Die aus Nord-China stammende, spätblühende Art war ebenfalls an der Entstehung der *Trollius*-Hybriden beteiligt.

Warnung: Alle Trollblumen sind giftig.

STAUDEN

Königskerze
Verbascum bombyciferum

Verbascum-Hybride

Uferaster, Vernonie
Vernonia crinita

Vernonia crinita

VI–VIII H 120 – 180 ○

Kurzlebige Staude.
Blüte: Gelb, aus weiß-wolligen Knospen. Dichte, wenig verzweigte Blütenkerzen.
Blatt: Groß, breitoval und spitz, grau-filzig bis weiß-wollig.
Wuchs: Dichte, grundständige Blattrosette, über die sich der mächtige Blütenstengel erhebt.
Heimat: Kleinasien. Auf trockenen, steinigen Plätzen.
Standort: Vollsonnig, warm, auch heiß und trocken. Boden trocken bis mäßig trocken, gut durchlässig, nährstoffarm.
Pflege: Blütenstengel nach der Blüte abschneiden, dadurch langlebiger.
Vermehrung: Durch Aussaat, an zusagenden Stellen erfolgt Selbstaussaat.
Verwendung: Böschungen, Steppengarten.
Günstige Partner: *Anaphalis, Anthemis, Nepeta, Santolina, Salvia. – Helictotrichon.*
Sorten/Verwandte:
• *Verbascum olympicum* gelb, VI–VIII, bis 2 m hoch.
• *Verbascum phoeniceum,* Violette Königskerze, purpurviolett, V–VII, grünlaubig, 40–80 cm. Ausdauernde Art für kräftigeren, frischen Boden.

VIII–X H 150 – 250 ✂ ○

Riesige, herbstblühende Staude für feuchte Gartenteile.
Blüte: Purpurviolett, 1–2 cm große Körbchenblüten, bis zu hundert in großen, lockeren Doldenrispen auf aufrechten, beblätterten Stielen.
Blatt: Länglich eiförmig, groß, dunkelgrün, rauh behaart.
Wuchs: Locker aufgebaute, hochwüchsige Horste, teilweise mit großem Durchmesser. Trotz der Größe gut standfest.
Heimat: Östliches Nordamerika. Auf feuchten Wiesen, in Röhrichten, Feuchtwiesen und Augebüschen.
Standort: Sonnig, warme Plätze. Boden frisch bis feucht, auch gelegentlich naß, nährstoffreich, lehmig. In allen guten Gartenböden.
Pflege: Die Fruchtstände entweder im Herbst oder spätestens im Frühjahr bis zum Boden abschneiden. Läßt sich jederzeit problemlos verpflanzen, am günstigsten im Frühjahr.
Vermehrung: Durch Teilung und Stecklinge im Frühsommer oder Aussaat.
Verwendung: Teichufer, feuchte Rabatten. Gute Schnittblume.
Günstige Partner: *Aster novibelgii, Eupatorium, Ligularia, Rudbeckia nitida. Chelone, Chrysanthemum serotinum. –* Hohe Ziergräser. – Herbstfärbende Gehölze.
Sorten/Verwandte:
• *Vernonia noveboracensis,* Riesen-Vernonie, purpurrot, seltener weiß, Dolden mit bis zu 50 Blütenköpfchen. VIII–IX. Blätter lanzettlich, dunkelgrün. Hoch- und breitwüchsig, bis 200 cm. Nicht ganz so standfest wie die vorige Form. Robuste, ausdauernde und langlebige Art für sonnige, warme Lagen. Liebt feuchte bis nasse, nährstoffreiche Lehmböden. Bevorzugt windgeschützte Standorte. Gut mit *Chrysanthemum serotinum, Eupatorium, Ligularia, Lysimachia clethroides.*

Großer Ehrenpreis
Veronica austriaca ssp. teucrium

Veronica austriaca ssp. teucrium

V–VI H 25 – 50 ○

Ehrenpreis mit leuchtendem Blau.
Blüte: Mittelblau, sternförmig, in dichten Ähren.
Blatt: Länglich-eiförmig, am Rand gekerbt, saftiggrün.
Wuchs: Horstartig, vergrößert sich langsam durch kriechenden Wurzelstock, bisweilen standschwach.
Heimat: Europa, Kaukasus, Kleinasien und Sibirien. Waldränder, Halbtrockenrasen.
Standort: Sonnig, warm. Boden mäßig trocken, durchlässig, mäßig nährstoffreich. <u>Keine nassen Standorte!</u>
Pflege: Nach dem Verblühen die Blütenstände abschneiden.
Vermehrung: Durch Teilung, die Art auch durch Aussaat.
Verwendung: Im Vordergrund sonniger Rabatten, im Stein-, Steppen- und Heidegarten.
Günstige Partner: *Armeria maritima, Cerastium tomentosum, Geranium dalmaticum, Helianthemum*-Hybriden, *Iris-Barbata, Stachys byzantina*.
Sorten/Verwandte:
- 'Kapitän' enzianblau, 25 cm, standfester.
- 'Knallblau' leuchtend enzianblau, 40 cm.

Langblättriger Kerzen-Ehrenpreis
Veronica longifolia

Veronica longifolia

VII–VIII H 50 – 120 ○

Hohe Ehrenpreis-Art mit schlanken Blütenständen.
Blüte: Mittelblau, klein, trichterförmig in dichten, schlanken Ähren an verzweigten Stielen.
Blatt: Länglich lanzettlich, dunkelgrün.
Wuchs: Horstartig, aufrecht.
Heimat: Europa bis Ostasien. Auf Feuchtwiesen, in Gräben und an Ufern.
Standort: Sonnig, warm. Boden frisch bis feucht, nährstoffreich, optimal sind kräftige Lehmböden.
Pflege: In Trockenperioden durchdringend wässern. Ausreichend düngen. Nach der Blüte Ähren abschneiden.
Vermehrung: Durch Teilung im Frühjahr.
Verwendung: Auf frischen Rabatten, am Teichrand.
Günstige Partner: *Achillea ptarmica, Alchemilla, Chrysanthemum maximum, Hemerocallis*, niedrige *Solidago*-Hybriden
Sorten/Verwandte:
- 'Schneeriesin' weiß, 100 cm.
- 'Blauriesin' mittelblau, 110 cm.
- 'Blaubart' tiefblau, 50 cm.

Silbergrauer Ehrenpreis
Veronica spicata ssp. incana

Veronica spicata ssp. incana

VI–VIII H 20 – 40 ○

Art mit attraktiven, silbergrauen Blatteppichen.
Blüte: Dunkelblau, sternförmig, in schlanken Ähren an den Enden aufrechter Stiele.
Blatt: Länglich eiförmig, silbergrau.
Wuchs: Durch Ausläufer rasenartige, graue Teppiche bildend.
Heimat: Osteuropa bis Nordasien. Auf trockenen Wiesen, in Steppen.
Standort: Vollsonnig, warm, auch heiß. Boden mäßig trocken bis frisch, durchlässig, mäßig nährstoffreich.
Pflege: Nach dem Verblühen die Stengel zurückschneiden.
Vermehrung: Durch Teilung.
Verwendung: Auf sonnigen, trockenen Rabatten und Böschungen, im Stein- und Heidegarten.
Günstige Partner: *Campanula carpatica* 'Weiße Clips', *Gypsophila repens, Saponaria. – Festuca, Helictotrichon*.
Sorten/Verwandte:
- *Veronica spicata* ssp. *spicata* violettblau, grau-grün belaubt, höherwüchsig, VII–IX, 35–50 cm.
- 'Heidekind' weinrot, 20 cm.
- 'Blaufuchs' dunkelblau, 30 cm.

Riesen-Ehrenpreis
Veronica virginica

Veronica virginica 'Alborosea'

VII–IX H 120 – 200   ○

Mächtige Staude mit kandelaberartigen Blütenständen.
Blüte: Mittelblau mit Rosa, sternförmig, weit herausragende Staubgefäße. In dichten Ähren.
Blatt: Lanzettlich, saftiggrün, immer zu mehreren in Quirlen.
Wuchs: Große Horste, Stengel bogenförmig, nicht immer standfest.
Heimat: Östliches Nordamerika. Auf feuchten Wiesen, in Wäldern und Gebüschen.
Standort: Sonnig, warm. An beschatteten Plätzen fallen die Horste auseinander. Boden frisch bis feucht, nährstoffreich, optimal sind kräftige Lehmböden.
Pflege: Gut wässern und kräftig düngen. Bei Standschwäche stäben.
Vermehrung: Durch Teilung.
Verwendung: Am Wasser- und Teichrand, Rabatten.
Günstige Partner: *Hemerocallis, Ligularia, Lysimachia punctata, Filipendula purpurea* 'Elegans'. – *Miscanthus sinensis*.
Sorten/Verwandte:
• 'Alba' weiß, aufrecht, 120 cm, standfest.
• 'Rosea' rosafarben, sonst wie 'Alba'.

Kleines Immergrün
Vinca minor

Vinca minor

IV–V H 10 – 20   ◐ ○ ☠

Immergrüner Bodendecker für schattige Gartenplätze.
Blüte: Hellblau, teller- bis sternförmig, auf kurzen Stielen aus den Blattachseln.
Blatt: Lanzettlich bis schmaleiförmig, lederartig, glänzend dunkelgrün, immergrün.
Wuchs: Bildet durch Absenker Teppiche.
Heimat: Europa bis Kleinasien. In Wäldern und Gebüschen.
Standort: Halbschattig bis schattig, kühl bis mäßig warm. Die Pflanze ist hitzeempfindlich. Boden mäßig trocken bis feucht, locker.
Pflege: In Trockenperioden gießen. Ab und zu organisch düngen.
Vermehrung: Durch Teilung oder Abtrennen von Absenkern. Gelingt leicht.
Verwendung: Flächig unter Gehölzen und im Mauerschatten.
Günstige Partner: <u>Nur mit wuchskräftigen Pflanzen kombinieren</u>. *Aruncus, Campanula latifolia, Hosta, Rodgersia, Symphytum grandiflorum, Waldsteinia*. – *Carex*. – *Dryopteris*.
Sorten/Verwandte:
• 'Bowles Variety' blau, großblütig.
• 'Gertrude Jekyll' weiß, reichblühend.
• 'Rubra' purpurfarben, schwachwüchsig.
• 'Variegata' hellblau, mit weißbuntem Laub.

Horn-Veilchen
Viola-Cornuta-Hybriden

Viola-Cornuta-Hybride

V–VII/IX–X H 10 – 25   ○

Bescheidene Kleinstauden mit gesichtsähnlichen Blüten.
Blüte: Violettblaue, blaue, gelbe oder weiße Stiefmütterchen-Blüten auf unbeblätterten Stielen.
Blatt: Vielgestaltig, die bodennahe Blätter rund, die Stengelblätter eiförmig oder länglich eiförmig und schwach gekerbt, dunkelgrün, leicht glänzend.
Wuchs: Horstartig, breitet sich durch den kriechenden Wurzelstock allmählich aus.
Heimat: Kulturform. Die Elternart stammt aus den Pyrenäen.
Standort: Sonnig, kühl bis mäßig warm. Die Pflanze ist hitzeempfindlich. Boden frisch, nicht naß, lehmig-humos oder sandiger Lehm.
Pflege: In Trockenzeiten gießen. Nach der Hauptblüte im Mai/Juni zurückschneiden, um eine Zweitblüte im Herbst anzuregen. Leichten Winterschutz geben; durchschnittlich frosthart.
Vermehrung: Durch Teilung oder Stecklinge.
Verwendung: Im Vordergrund von Rabatten, im Stein- und Bauerngarten. Schnittblume.
Günstige Partner: *Geum coccineum, Veronica spicata*.
Sorten/Verwandte:
• 'White Superior' reinweiß.
• 'Alona' cremeweiß.
• 'Bouillon' gelb.
• 'Blaue Schönheit' mittelblau.

Duft-Veilchen, Wohlriechendes Veilchen
Viola odorata

Golderdbeere
Waldsteinia geoides

Palmlilie
Yucca filamentosa

Sorte 'Königin Charlotte'

Waldsteinia geoides

Yucca filamentosa

III–IV/IX H 10 – 15

Veilchen, das wegen seines Duftes gerühmt wird.
Blüte: Violett, wohlriechend. Kleine Veilchenblüten.
Blatt: Breit ei- bis herzförmig oder fast rund, grasgrün.
Wuchs: Horstartig, durch kriechenden Wurzelstock allmählich teppichförmig.
Heimat: Westeuropa, Mittelmeergebiet bis Kaukasus. An Waldrändern, in sommergrünen Hecken und Gebüschen.
Standort: Licht- bis halbschattig; die Pflanze ist wärmeliebend. Jeder frische, lockere Gartenboden.
Pflege: Ungestört wachsen lassen.
Vermehrung: Ausläufer abtrennen, Aussaat unmittelbar nach der Samenernte. Die Früchte werden von Ameisen verbreitet, so daß das Duft-Veilchen überall im Garten auftaucht.
Verwendung: Unter sommergrünen, nicht zu dicht stehenden Sträuchern, da konkurrenzschwach.
Günstige Partner: *Chionodoxa, Galanthus, Puschkinia.*
Sorten/Verwandte:
• 'Königin Charlotte' dunkelblauviolett, blüht im September ein zweites Mal.

IV–V H 20 – 30

Erdbeerähnliche Staude.
Blüte: Goldgelb, schalenförmig, etwa 2 cm groß auf verzweigten Stielen.
Blatt: Drei- bis fünflappig, beim Austrieb frischgrün, später dunkelgrün.
Wuchs: Breit horstartig.
Heimat: Östliches Mitteleuropa bis zur Ukraine. In Wäldern.
Standort: Halbschattig bis schattig, mäßig warm. Boden feucht bis mäßig trocken, für alle nicht verdichteten oder nährstoffarmen Böden.
Pflege: In längeren Trockenperioden gießen. Mit organischem Substrat überstreuen.
Vermehrung: Durch Teilung.
Verwendung: Kleinflächig oder im Wechsel mit anderen Stauden als Bodendecker an schattigen Plätzen aller Art.
Günstige Partner: *Brunnera, Helleborus*-Hybriden, *Hosta, Pulmonaria angustifolia, Symphytum grandiflorum, Vinca. – Carex morrowii*
Sorten/Verwandte:
• *Waldsteinia ternata*, Teppich-Waldsteinie, gelb, IV–V, wächst durch Absenker teppichartig. Guter wintergrüner Bodendecker, der noch im tiefen Schatten gedeiht, 15–20 cm.

VII–IX H 120 – 200

Fremdartige Großstaude.
Blüte: Milchweiß, duftend, glockenförmig in großen, verzweigten Rispen auf kräftigen Schäften. Blüht erst einige Jahre nach der Pflanzung.
Blatt: Schwertförmig, ledrig, fasrig, blaugrün, immergrün.
Wuchs: Horstartig, dichter Blattschopf.
Heimat: Östliches Nordamerika. Sandflächen, Felsklippen, trockene Kiefernwälder.
Standort: Vollsonnig, warm, auch heiß. Boden trocken bis mäßig trocken, durchlässig, auch steinig, nährstoffreich.
Pflege: Im Frühjahr mineralisch düngen. Trockenen Winterschutz geben.
Vermehrung: Durch Abtrennung der Tochterrosetten.
Verwendung: Einzeln oder in kleinen Gruppen. Im Steingarten, an der Südseite von Mauern und in Kiesbeeten.
Günstige Partner: *Lavandula, Nepeta, Santolina, Stachys byzantina.* – Blaue Wacholder-Sorten.
Sorten/Verwandte:
• 'Schneefichte' mit schlankeren Blüten und Blättern.
• *Yucca glauca*, Blattschmuckstaude. Blüht nur in warmen Jahren, VII–IX, bis 200 cm.

ZWIEBEL-

Frühjahrsblühende Zwiebelpflanzen fühlen sich wohl im Schutz lichter Gehölze

UND KNOLLENPFLANZEN

Was sind Zwiebel- und Knollenpflanzen?

Sie stellen eine Sondergruppe der Stauden dar; wie diese sind sie ebenfalls ausdauernde, krautige Pflanzen. Im Unterschied zu ihnen besitzen sie jedoch unterirdische Speicherorgane, eben die Zwiebeln und Knollen, oder Übergangsformen zwischen beiden. Wegen der Lage dieser Überdauerungsorgane im Boden werden sie darüber hinaus als Geophyten (Erdpflanzen) bezeichnet. In diese Speicherorgane lagern sie während ihrer Wachstumszeit Reservestoffe ein und sind dadurch befähigt, ungünstige Jahreszeiten sowie Trockenperioden oder Lichtarmut zu überdauern.

Richtig pflanzen und pflegen

Den Wild-Arten, also den züchterisch nicht bearbeiteten Pflanzen, sollten Sie Bedingungen wie an ihrem Naturstandort ermöglichen. Sie eignen sich zum Auspflanzen und Verwildern in naturnahen Gartenpartien. Dazu zählen zum Beispiel Schneeglöckchen, Märzenbecher oder Wild-Tulpen.

Pflanzliste:
① *Lunaria annua*
② *Narcissus pseudonarcissus* 'Ice Follies'
③ *Narcissus poeticus* 'Actaea'
④ *Lunaria annua*
⑤ *Cornus alba* 'Sibirica Elegantissima'
⑥ *Doronicum orientale*
⑦ *Fritillaria imperialis* 'Lutea Maxima'

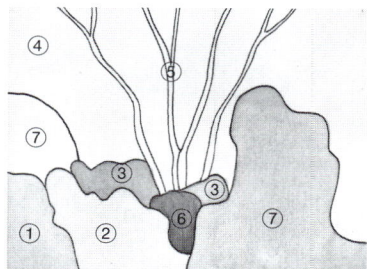

Vielblütige Tulpe, Tulipa tarda

Die Züchtungen sind prächtige Schmuckformen, die nur auf gut vorbereiteten Beeten gedeihen, wie zum Beispiel die großen Sortimente von Tulpen, Lilien, Dahlien und Gladiolen.

Pflanzzeit ist für Frühjahrsblüher Oktober/November, für herbstblühende Arten der Sommer. Monbretien, Dahlien und Gladiolen pflanzt man am besten Anfang Mai.

Die Pflanztiefe hängt von der Größe der Zwiebel, aber auch vom Boden ab. Grundregel: Die Zwiebeln kommen etwa dreimal so tief in den Boden wie ihr Durchmesser beträgt. Auf sandigen Böden kann man sie etwas tiefer, auf schweren Böden etwas höher pflanzen.

Düngen – aber wie? Die Düngung sollte dem Wachstumsrhythmus der Pflanzen angepaßt sein, das heißt: schwach konzentrierte Nährstoffgaben im Frühjahr beim Austrieb und im Herbst bei Beginn des Wurzelwachstums.

Pflegetips. Verblühte Stengel abschneiden, damit die Pflanzen keine unnötige Kraft in die Fruchtbildung verschwenden.

Wichtig: Grüne Blätter nicht zurückschneiden. Mit ihrer Hilfe assimilieren die Pflanzen und lagern Reservestoffe ein, die zur Zwiebelbildung notwendig sind.

Allium ZIER-LAUCH

Iran-Lauch
Allium aflatunense

Allium giganteum, der Riesen-Lauch, wird bis zu 150 cm hoch

Allium aflatunense

V–VI H 70 – 100 ○ ✂

Farbkräftige Schnittblume.
Blüte: Purpurviolett. Dichte, kugelige Dolden mit etwa 10–15 cm Durchmesser. Fruchtstände grün, lange haltbar.
Blatt: Riemenförmig, blaugrün. Vergilbt bereits zur Blütezeit.
Wuchs: Eintriebig mit straffen Blütenschäften.
Heimat: Nordiran bis Zentralchina.
Standort: Sonnig. Boden mäßig trocken bis frisch. Optimal sind durchlässige Lehmböden mit guter Nährstoffversorgung.
Pflege: Jährlich düngen, sobald die Blätter austreiben. Nach der Blüte Stiele abschneiden und vergilbtes Laub entfernen.
Vermehrung: Durch Aussaat und Abnehmen von Tochterzwiebeln.
Verwendung: In lockeren Gruppen mit niedrigen Begleitpflanzen. In der Mitte oder im Hintergrund sonniger Rabatten, wo das vergilbende Laub nicht ins Auge fällt.
Günstige Partner: *Geranium renardii, Iberis, Nepeta.* – Sehr schön vor Flieder.
Sorten/Verwandte:
• 'Purple Sensation' kräftig purpurviolett, hervorragende Schnittblume.
• *Allium rosenbachianum* hellviolett, zur gleichen Zeit wie der Iran-Lauch blühend, 60 cm hoch.

Die Gattung *Allium* erfreut uns im Garten nicht nur durch einige Gemüsearten wie Zwiebeln, Knoblauch, Porree, Frühlingszwiebeln, Schalotten oder Schnittlauch, sondern auch durch eine große Zahl wunderschöner Zierpflanzen.
Insgesamt umfaßt die Gattung über 500 Arten. Von diesen spielen etwa 50 Arten im Garten eine Rolle. Stellvertretend für die Vielfalt innerhalb der im Handel erhältlichen Arten stehen die ausgewählten und hier vorgestellten Gartenschätze, die zu den problemlos zu kultivierenden und häufig angebauten Formen zählen.
Die Ausdauer der Zier-Lauch-Arten im Garten ist nicht zuletzt darin begründet, daß sie im Gegensatz zu vielen anderen Zwiebelpflanzen als Futter von Wühlmäusen und anderen kleinen Nagern verschmäht werden.

Innerhalb der gesamten Zwiebelpflanzen fallen einige Zier-Lauch-Arten durch eine relativ späte Blütezeit auf. Sie sind ausgesprochene Frühlings- bis Vorsommerblüher und zeigen ihren Blütenschmuck zu einer Zeit, zu der Tulpen und Narzissen längst die Bühne des Gartens verlassen haben.
Die hohen *Allium*-Arten eignen sich hervorragend zum Schnitt, und auch die ballförmigen Fruchtstände sind bei Floristen begehrt.
Allium giganteum zum Beispiel, der Riesen-Lauch, blüht purpurviolett und wird bis zu 150 cm hoch. Er zeigt seine Blüten etwa 2 Wochen nach *Allium aflatunense* und ist ein guter Partner zu Pfingstrosen.

Sternkugel-Lauch
Allium christophii

Allium christophii

V–VII H 40 – 60

Lauchart mit riesigen, kugeligen Blütenständen.
Blüte: Amethystfarben mit metallischem Glanz. Kugeldolde mit einem Durchmesser bis über 20 cm. Die bizarren, silbrigbraunen Früchte eignen sich für Trockensträuße.
Blatt: Lanzettlich, blaugrün, unterseits weiß behaart.
Wuchs: Eintriebig mit straff aufrechtem Blütenschaft und drei bis sieben Blättern.
Heimat: Klein- bis Zentralasien. Auf sonnigen, steinigen Berghängen
Standort: Sonnig, warm. Boden mäßig trocken bis trocken, durchlässig. Auf schweren Böden kurzlebig.
Pflege: Gelegentlich mineralisch düngen.
Vermehrung: Durch Aussaat und Abnehmen von Tochterzwiebeln.
Verwendung: In kleinen Gruppen im Steingarten, auf sonnigen Böschungen und steinigen Plätzen. Konkurrenzschwache Art.
Günstige Partner: Graulaubige Stauden wie *Nepeta, Stachys byzantina. – Festuca cinerea, Helictotrichon.*

Blauzungen-Lauch
Allium karataviense

Allium karataviense

V–VI H 15 – 25

Wegen seiner schönen Blätter ist dieser niedrig wachsende Lauch auch nach der Blütezeit bis in den frühen Herbst hinein attraktiv.
Blüte: Silbrigweiß mit altrosa Schimmer. Dichte Kugeldolden. Die Fruchtstände eignen sich für Trockensträuße.
Blatt: Je zwei zungenförmige, blaugrüne, dicht über dem Boden ausgebreitete Blätter.
Wuchs: Eintriebige Zwiebelpflanze.
Heimat: Zentralasien. Auf kalkhaltigem Geröll.
Standort: Sonnige, warme, von stärkerem Bewuchs freie Plätze. Boden trocken bis frisch, durchlässig, auch nährstoffarm.
Pflege: Starkwüchsige Nachbarpflanzen müssen zurückgenommen werden, damit sie den Lauch nicht bedrängen.
Vermehrung: Durch Aussaat und Abnehmen von Tochterzwiebeln.
Verwendung: In kleinen Gruppen im Steingarten, auf Kiesbeeten und steinigen Böschungen.
Günstige Partner: *Anaphalis, Arabis, Aubrieta, Cerastium. – Festuca.*

Gold-Lauch
Allium moly

Allium moly

V–VI H 20 – 30

Anspruchsloser, kolonienbildender Lauch mit auffallend goldgelben Blüten.
Blüte: Goldgelbe Einzelblüten in flachen, schirmförmigen Dolden.
Blatt: Breit linealisch, blaugrün.
Wuchs: Bildet mit Hilfe von Tochterzwiebeln rasch größere Kolonien.
Heimat: Südwesteuropa. Auf felsigen Berghängen an lichtschattigen Plätzen.
Standort: Sonnig bis lichtschattig. Boden mäßig trocken bis frisch. Keine extrem sandigen oder stark tonhaltigen Böden!
Pflege: Gelegentlich düngen. Wenn die Kolonien zu groß werden, Teile abstechen.
Vermehrung: Durch Abnehmen von Tochterzwiebeln und Aussaat
Im Garten erfolgt häufig Selbstaussaat, so daß der Gold-Lauch auch an unvermuteten Stellen auftaucht.
Verwendung: In Gruppen im Steingarten, unter lichten Gehölzen und auf Rabatten; dort aber nicht in den Vordergrund pflanzen, weil sein vergilbendes Laub nach der Blüte den Eindruck der Pflanzung stört.
Günstige Partner: *Campanula carpatica, Campanula portenschlagiana, Geranium renardii, Viola cornuta. – Allium.*

Balkan-Anemone
Anemone blanda

Sorte 'Blue Shades'

III–V H 20 – 25

Hübscher Vorfrühlingsblüher.
Blüte: Himmelblau. Einzelne, flache Strahlenblüten.
Blatt: Dreiteilig, tief gelappt, grasgrün, früh einziehend.
Wuchs: Kolonienbildende Knollenpflanze.
Heimat: Östliches Mittelmeergebiet, Balkan, Kleinasien. Auf steinigen Plätzen und im Gestrüpp.
Standort: Sonnig oder frühjahrshell. Boden mäßig trocken bis frisch, durchlässig, humos.
Pflege: Keine.
Vermehrung: Durch Brutknollen.
Verwendung: Kleinflächig unter sommergrünen Gehölzen, in waldartigen Pflanzungen.
Günstige Partner: *Hepatica nobilis*. – *Anemone nemorosa* und *Anemone ranunculoides*.
Sorten/Verwandte:
- 'White Splendour' weiß.
- 'Radar' karmesinrosa.
- 'Atrocaerulea' violettblau.
- *Anemone apennina*, Apennin-Anemone, ähnlich *Anemone blanda*, blüht jedoch drei Wochen später.

Warnung: Die gesamte Pflanze ist schwach giftig.

Weißes Buschwindröschen
Anemone nemorosa

Anemone nemorosa

III–IV H 15 – 25

Das heimische Buschwindröschen gedeiht im Garten an ungestörten Plätzen unter Gehölzen am besten.
Blüte: Weiß, mitunter rosa, schalenförmig.
Blatt: Dreiteilig, tief eingeschnitten, grasgrün, nach der Blüte einziehend.
Wuchs: Durch Tochterrhizome kolonienbildend.
Heimat: Europa bis Asien. In sommergrünen Wäldern und schattigen Wiesen.
Standort: Frühjahrshell, warm, windstill. Boden frisch, humos.
Pflege: Gelegentliche Humusgaben. Jede weitere Pflege stört die Pflanze in ihrer Entwicklung.
Vermehrung: Durch Abtrennung der Tochterrhizome.
Verwendung: In größerer Stückzahl unter sommergrünen Gehölzen, in waldähnlichen Gartenpartien.
Günstige Partner: *Hepatica nobilis*, *Lathyrus vernus*. – *Anemone blanda* und *Anemone ranunculoides*. – *Luzula sylvatica*.
Sorten/Verwandte:
- 'Alba Plena' gefüllte weiße Blüten, die etwas später erscheinen und sehr lange halten.
- 'Rosea' rosafarben.
- 'Robinsoniana' lila.
- *Anemone ranunculoides*, Gelbes Buschwindröschen, ebenfalls heimisch und recht ähnlich, hat aber goldgelbe Blüten.

Warnung: Die gesamte Pflanze ist schwach giftig.

Schneestolz
Chionodoxa luciliae

Chionodoxa gigantea

III–IV H 15

Vorfrühlingsblüher, der Kolonien mit zahllosen Blütensternen bildet.
Blüte: Lilablaue Sternblüten mit weißem Auge, in lockeren Blütentrauben.
Blatt: Linealisch, grasgrün, nach der Blüte einziehend.
Wuchs: Kolonienbildendes Kleinzwiebelgewächs.
Heimat: Westtürkei. Im Bergland bis 2000 m Höhe, auf steinigem Untergrund.
Standort: Im Frühjahr sonnig, warm. Boden mäßig trocken bis frisch, durchlässig, nährstoffreich.
Pflege: Zur Blütezeit schwach düngen. Keine weitere Pflege.
Vermehrung: Durch Aussaat und Abnehmen von Tochterzwiebeln. Die Samen werden von Ameisen verbreitet.
Verwendung: In größerer Stückzahl unter sommergrünen, licht stehenden Gehölzen oder im Saum von Hecken.
Günstige Partner: *Cyclamen coum*, *Eranthis*, Narzissen.
Sorten/Verwandte:
- *Chionodoxa gigantea* ist in allen Teilen größer als *Chionodoxa luciliae*. 15–20 cm, breitet sich weniger stark aus.
- *Chionodoxa sardensis*, kräftig azurblau, 15 cm hoch.

Maiglöckchen
Convallaria majalis

Convallaria majalis

V–VI H 15 – 25

Duftende Waldpflanze.
Blüte: Klein, weiß, stark duftend, glockenförmig in Trauben. Früchte giftig, leuchtend rote Beeren.
Blatt: Elliptisch bis breit lanzettlich, dunkelgrün.
Wuchs: Flächendeckend durch ausläufertreibende Rhizome.
Heimat: Europa bis Westasien. In Laub- und Mischwäldern.
Standort: Lichtschattig, auf frischem Boden auch sonnig. Alle mäßig trockenen bis frischen, lockeren Böden.
Pflege: Gelegentlich mit Kompost düngen. Bei zu starkem Wuchs Teile abstechen.
Vermehrung: Abtrennen der Ausläufer jederzeit möglich.
Verwendung: In kleinen Gruppen im lichten Schatten von Gehölzen und Mauern.
Günstige Partner: *Epimedium, Hosta, Omphalodes, Pulmonaria, Waldsteinia.*
Sorten/Verwandte:
• 'Grandiflora' ist die im Handel üblicherweise angebotene Form mit größeren Blüten.
Warnung: Alle Pflanzenteile sind giftig. Vorsicht bei Kindern! Die giftigen roten Beeren verführen zum Naschen.

Hohler Lärchensporn
Corydalis cava

Corydalis cava

IV–V H 15 – 25

Hübscher einheimischer Frühlingsblüher, hervorragend zum Verwildern geeignet.
Blüte: Purpurrosa oder milchigweiß, gespornt in dichten, endständigen Trauben.
Blatt: Doppelt dreizählig gefiedert, bläulichgrün, zieht bald nach der Blüte ein.
Wuchs: Knollenpflanze, bildet auf zusagenden Flächen durch Selbstaussaat größere Bestände.
Heimat: Europa. In bodenfrischen Laubwäldern, Gebüschen.
Standort: Frühjahrshell (unter laubabwerfenden Gehölzen). Boden frisch bis feucht, humos, locker.
Pflege: Gelegentlich Laubkompost geben. Sonst keine Pflege.
Vermehrung: Durch Aussaat gleich nach der Samenreife.
Verwendung: Flächig, in größerer Stückzahl, unter laubabwerfenden Gehölzen.
Günstige Partner: *Hosta.* – *Chionodoxa luciliae, Crocus tommasinianus, Galanthus.*
Sorten/Verwandte:
• *Corydalis solida*, Gefingerter Lärchensporn, gleicht der vorigen Art, hat aber kleine, feste Knollen und fingerartig eingeschnittene Tragblättchen unterhalb der Einzelblüten.

Montbretie
Crocosmia x crocosmiiflora

Sorte 'Lucifer'

VII–IX H 60 – 80

Fremdartige Zwiebelpflanze.
Blüte: Orangefarben, duftend, trichterförmig in dichten Ähren.
Blatt: Schmal schwertförmig, überhängend. Frischgrün.
Wuchs: Zwiebelpflanze, durch viele Tochterzwiebeln und Ausläufer nahezu horstartig.
Heimat: Kulturform, die Elternarten aus Südafrika.
Standort: Vollsonnig, warm. Boden frisch bis mäßig trocken, durchlässig, nährstoffreich.
Pflege: Gelegentlich mineralisch düngen. Empfindlich gegen Frost und Winternässe! Abdeckung mit Laub und Fichtenreisig als Winterschutz ist besser, als die Pflanzen herauszunehmen und trocken zu überwintern. Vollständiger Rückschnitt erst im zeitigen Frühjahr.
Vermehrung: Teilung der Zwiebelklumpen im Frühjahr.
Verwendung: In Gruppen auf Rabatten.
Günstige Partner: *Agapanthus, Kniphofia, Salvia, Stachys byzantina.*
Sorten/Verwandte:
• *Crocosmia masoniorum* orangerot, VII–VIII, in allen Teilen größer.
• 'Lucifer' kräftig orangerot.
• 'Firebird' leuchtend orange.

Crocus KROKUS

Hybride 'Victor Hugo' zwischen Erica carnea

Krokusse sind beliebte und farbenfrohe Gartenblumen. Es gibt knapp 100 verschiedene Arten, die meist im Mittelmeerraum und Kleinasien beheimatet sind. Neben den bekannten Frühlingsboten gibt es auch einige weniger verbreitete, wunderschöne Arten, die im Herbst blühen.
Eine davon, der Safran-Krokus (*Crocus sativus*), erfreute sich bereits in der Antike großer Beliebtheit. Aus seinen getrockneten Narben wird Safran gewonnen, der als Medikament, Gewürz und Farbstoff geschätzt ist.
Im Garten sollte man Krokusse stets in größeren Gruppen verwenden. Man pflanzt sie unregelmäßig, keinesfalls in geometrischen Formen. Krokusse sind der Konkurrenzkraft der Gräser nicht gewachsen. In gut gepflegten Grünflächen verschwinden sie daher bald wieder. Nur im schütteren Rasen oder am Rand von Sträuchern dauern sie aus. Das erste Rasenmähen sollte an solchen Stellen frühestens Ende Mai erfolgen, wenn das Laub der Krokusse bereits vergilbt.

Viele Arten vermehren sich durch Brutzwiebeln und Samen, die von Ameisen verbreitet werden. Dadurch erscheinen die Krokusse auch in Gartenpartien, an denen sie nie gepflanzt wurden.
Die gelben Narben der Zwiebelgewächse lösen Attacken von Amseln aus. Sie knicken dabei die Stiele der Krokusse ab oder zerzausen die Blütenblätter. Mäuse sind ein weiterer »Feind« der Krokusse. Für die kleinen Nager sind die Zwiebeln der Gartengewächse besondere Leckerbissen. Vor allem bei der Lagerung der Zwiebeln ist auf diese Gefahr zu achten. Gegebenenfalls muß man geeignete Schutzvorkehrungen treffen.

Bunter Krokus
Crocus chrysanthus

Sorte 'E. P. Bowles'

II–III   H 5 – 10   ○

Formenreiche Krokusse, die schon bald nach der Schneeschmelze blühen.
Blüte: Je nach Sorte cremegelbe, gelbe, bronzefarbene, lichtblaue bis purpurviolette, teilweise auch weiß gestreifte Blüten auf kurzen Stielen.
Blatt: Schmal lineal, grasgrün mit weißem Mittelstreifen.
Wuchs: Eintriebige Zwiebelpflanzen, die wenig Brutzwiebeln bilden und sich im Garten kaum ausbreiten.
Heimat: Südosteuropa bis Kleinasien. Trockene, steinige Berghänge und alpine Rasen.
Standort: Sonnige, warme, von stärkerem Bewuchs freie Plätze. Boden mäßig trocken, steinig oder sandig, durchlässig. Keine nassen Standorte!
Pflege: Keine.
Vermehrung: Durch Abnahme von Brutzwiebeln, dies jedoch wenig ergiebig.
Verwendung: In Gruppen im Steingarten und auf sonnigen Hängen.
Günstige Partner: Verschiedene Sorten zusammenpflanzen. *Festuca ovina*.
Sorten/Verwandte:
- 'Snowbunting' weiß.
- 'Cream Beauty' cremegelb.
- 'Goldilocks' goldgelb.
- 'E. P. Bowles' goldgelb mit dunklen, purpurfarbenen Streifen.
- 'Zwanenburg bronze' außen bronzefarben, innen gelb.
- 'Prinz Claus' hellblau.
- 'Blue Peter' violettblau, innen heller, großblütig.

Gold-Krokus
Crocus flavus

Crocus flavus

II–III H 5 – 10 ◯

Konkurrenzkräftiger Krokus für den Stein- und Steppengarten.
Blüte: Leuchtend orangegelb auf kurzen Stielen.
Blatt: Schmal lineal, grasgrün mit weißen Mittelstreifen.
Wuchs: Zwiebelpflanze, die durch Brutzwiebeln und Selbstaussaat allmählich größere Bestände bildet.
Heimat: Südosteuropa bis Kleinasien. Trockene, steinige Berghänge und alpine Rasen.
Standort: Sonnig, warm. Boden mäßig trocken, steinig oder sandig, durchlässig. Keine nassen Standorte!
Pflege: Keine Pflege notwendig.
Vermehrung: Vermehrt sich ohne Zutun durch Brutzwiebelbildung und Selbstaussaat.
Verwendung: In Gruppen im Steingarten und im Steppengarten.
Günstige Partner: Polsterpflanzen des Steingartens. – Blaue Sorten von *Crocus chrysanthus*. – Niedrige Gräser wie *Carex montana* oder *Festuca ovina*.

Garten-Krokus, Holländischer Krokus
Crocus-Hybriden

'Jeanne d'Arc' (weiß), 'Pickwick' (lila)

III–IV H 10 – 15 ◯ ◐

Sehr großblütige Krokusse, die sich anfangs nur wenig aussamen und häufig dem Mäusefraß zum Opfer fallen.
Blüte: Weiß, gelb, hellviolett, kräftig violettblau, violett-weiß. Die großen, breit trichterförmigen Blüten erscheinen erst ab Ende März.
Blatt: Schmal lineal, grasgrün mit weißem Mittelstreifen. Vergilbt nach der Blüte und zieht dann ein.
Wuchs: Zwiebelpflanze, die sich nur schwach durch Brutzwiebeln vermehrt.
Heimat: Kulturform.
Standort: Sonnig bis halbschattig, warm, konkurrenzarm. Boden frisch, sommertrocken, durchlässig. Keine Tonböden!
Pflege: Im Spätwinter düngen.
Vermehrung: Langwierig und nicht lohnend. Selbstaussaat erfolgt erst nach einigen Jahren.
Verwendung: In größeren, unregelmäßigen Gruppen auf schütteren Rasen, auf wenig bewachsenen Flächen vor und unter einzelnen Gehölzen.
Günstige Partner: Die verschiedenen Farbsorten kombinieren.
Sorten/Verwandte:
- 'Großer Gelber' satt goldgelb, versamt sich nicht, wird gerne von Amseln abgerissen.
- 'Vanguard' helles Lila mit grauweißer Schattierung, sehr früh und reich blühend.
- 'Striped Banner' weiß-violett gestreift.
- 'Queen of the Blues' kräftig violettblau.

Pracht-Krokus, Herbst-Krokus
Crocus speciosus

Crocus speciosus

IX–XI H 10 – 15 ◯ ◐

Prachtvoller, herbstblühender Krokus mit großen Blüten.
Blüte: Violettblau, große Trichterblüten mit dunklen Adern und goldgelben Staubgefäßen.
Blatt: Schmal lineal, grasgrün mit weißem Mittelstreifen. Die Blätter erscheinen erst nach der Blüte.
Wuchs: Eintriebige Zwiebelpflanze, die durch Brutzwiebelansatz und Selbstaussaat mitunter größere Bestände bildet.
Heimat: Kleinasien. In lichten Wäldern und Gebüschen, auf steinigen Hügeln.
Standort: Sonnig bis lichtschattig, von stärkerem Bewuchs freie Plätze. Boden frisch, durchlässig. Keine sommerheißen Standorte!
Pflege: Im Herbst gelegentlich düngen. Keine weitere Pflege.
Vermehrung: Durch Aussaat und Abnahme von Brutzwiebeln. Man kann auch einzelne Klumpen aus einem größeren Bestand entnehmen und neu pflanzen.
Verwendung: In Gruppen im Steingarten zwischen und in niederen Polster- und Mattenpflanzen, unter Gehölzen, im schütteren Rasen.
Günstige Partner: *Cerastium, Saponaria x lempergii, Thymus*.
Sorten/Verwandte:
- 'Oxonian' dunkel violettblau, großblütig.

ZWIEBEL-/KNOLLENPFLANZEN

ZWIEBEL-/KNOLLENPFLANZEN

Elfen-Krokus
Crocus tommasinianus

Crocus tommasinianus

II–IV H 10

Der beste Krokus zum Verwildern unter Sträuchern.
Blüte: Hellviolette Trichterblüten.
Blatt: Schmal lineal, grasgrün mit weißem Mittelstreifen. Blätter entwickeln sich zur Blütezeit und ziehen im Mai ein.
Wuchs: Zwiebelpflanze, die durch Versamung große Kolonien bildet.
Heimat: Westliches Balkangebirge. Wälder und schattige Hügel über Kalkgestein.
Standort: Im Frühjahr sonnige bis halbschattige Gartenplätze. Jeder frische bis mäßig trockene Gartenboden.
Pflege: Zur Blütezeit düngen. Sonst keine Pflege notwendig. Die Zwiebeln können jederzeit verpflanzt werden.
Vermehrung: Vermehrt sich durch starke Selbstaussaat.
Verwendung: In großen Gruppen im schütteren Rasen, unter Sträuchern und an anderen licht- und halbschattigen Plätzen.
Günstige Partner: Gelbe Krokusse, *Cyclamen coum*, *Eranthis*, *Galanthus*.
Sorten/Verwandte:
• 'Whitewell Purple' auffallend purpurviolett, reichblütig, größer als die Art.

Frühlings-Alpenveilchen
Cyclamen coum

Cyclamen coum

II–IV H 10

Gartenschatz mit lieblichen, aber frostempfindlichen Blüten.
Blüte: Rosa bis karminrot oder weiß, duftend.
Blatt: Rund bis nierenförmig, matt dunkelgrün, schwach gezeichnet. Blätter ziehen nach der Blüte ein und treiben im Herbst wieder aus.
Wuchs: Niedrige, langlebige Knollenpflanze, bildet durch Selbstaussaat Kolonien.
Heimat: Westasien. Frühjahrsfeuchte, sommertrockene Laubwälder und Gebüsche.
Standort: Im Frühjahr hell, warm. Boden mäßig trocken bis frisch, unbedingt durchlässig, humos.
Pflege: Die Knollen mit dem Wurzelansatz nach unten etwa 5 cm tief pflanzen. Substrat → *Cyclamen hederifolium*. Im Winter locker mit Reisig abdecken. Blüten vor stärkeren Frösten über Nacht abdecken.
Vermehrung: Aussaat nach der Samenreife, langwierig.
Verwendung: In größeren Gruppen unter licht stehenden, sommergrünen Gehölzen.
Günstige Partner: Andere Zwiebel- und Knollenpflanzen. Nicht mit starkwüchsigen Pflanzen kombinieren!

Efeublättriges Alpenveilchen
Cyclamen hederifolium

Cyclamen hederifolium

IX–X H 10

Herbstblühendes Gegenstück zu *Cyclamen coum*.
Blüte: Karminrot, rosa oder weiß, duftend.
Blatt: Spitz-herzförmig, grob gezähnt, dunkelgrün, mit attraktiver silbriger Zeichnung. Die Blätter erscheinen nach der Blüte und ziehen im darauffolgenden Frühjahr ein.
Wuchs: Niedrige, kolonienbildende Knollenpflanze.
Heimat: Mittelmeergebiet. In Kiefern- und immergrünen Hartlaubwäldern, im Hügel- und Bergland.
Standort: Im hellen Schatten, warm. Boden frisch bis mäßig trocken, durchlässig, humos.
Pflege: Da die Knollen oberseits bewurzelt sind, müssen bei der Pflanzung die Wurzeln nach oben schauen. Etwa 10 cm tief in ein Gemisch aus kompostierter Lauberde und Lehm im Verhältnis 70:30 pflanzen. Leichter Winterschutz mit Reisig ist ratsam.
Vermehrung: Vermehrt sich ohne Zutun durch Selbstaussaat. Aussaat nach Samenreife im Mai.
Verwendung: In Gruppen unter Sträuchern und im lichten Gehölzbestand.
Günstige Partner: Herbstblühende Krokus-Arten wie *Crocus speciosus*. Keine starkwüchsigen, wuchernden Nachbarn!

Dahlia DAHLIE

Schmuck-Dahlie 'Yvonne' mit seerosenförmigen Blüten zwischen Aster novae-angliae

VII–X H 30 – 160 ○

Dahlien zählen seit alters her zu den bekanntesten und beliebtesten Gartenblumen. Obwohl sie erst vor etwa 200 Jahren nach Europa gelangten, entstand durch die intensive Züchtungsarbeit aus den kleinen, unscheinbaren Wildpflanzen ein unüberschaubares Sortiment mit den verschiedensten Blütenfarben und -formen.

Blüte: Nahezu alle Farben – außer reinem Blau – in ungefüllten, halbgefüllten oder gefüllten Blütenformen.

Blatt: Eiförmig, dunkelgrün, bei verschiedenen Sorten auch dunkelpurpurfarben.

Wuchs: Aufrecht, buschig, mitunter nicht ganz standfest.

Heimat: Kulturform, die Elternarten stammen aus Mexiko.

Standort: Sonnig, auch im lichten Streuschatten. Boden frisch, durchlässig, durchschnittlich nährstoffreich. Keine nassen Standorte!

Pflege: Knollen Ende April bis Anfang Mai pflanzen. Gießen in Trockenperioden. Nicht stickstoff-, sondern kalibetont düngen. Standschwache Sorten stäben. Vor Schneckenfraß schützen. Verwelkte Blüten entfernen, um die Blütezeit zu verlängern.
Pflanzen nach dem ersten Frost zurückschneiden und Knollen ausgraben. Diese mit den Stengelresten nach unten abtrocknen lassen, von Erde säubern und frostfrei bei etwa 4 °C überwintern. Ist der Überwinterungsraum zu trocken, sind die Knollen mit Sand oder Torf abzudecken. Während des Winters die Pflanzen öfter kontrollieren und kranke Knollen entfernen.

Vermehrung: Durch Teilung der Knollen mit einem scharfen Messer im Frühjahr. Alternative: Stecklinge schneiden. Dazu die Knollen im Spätwinter oder zeitigem Frühjahr ins Haus holen und antreiben, die ersten Austriebe schneiden und gleich stechen.

Verwendung: Um die Pflege zu erleichtern, werden Dahlien oft auf eigene Beete oder zusammen mit Gladiolen gepflanzt. Häufig entstehen dadurch jedoch optisch eintönige, plumpe Aufreihungen verschiedener Sorten.
Wie gelungene Beispiele zeigen, gibt es jedoch auch die Möglichkeit, die auffälligen Blüher farblich fein abgestimmt mit Stauden oder Einjährigen zu kombinieren. Dadurch werden die Dahlien zu dominanten Farbträgern auf den Beeten. Sie müssen dann

Einfache Dahlie 'Feuerrad'

Pompon-Dahlie 'Kaiser Wilhelm'

Halskrausen-Dahlie 'Grand Duc'

mit Partnern kombiniert werden, die in der Blattgröße und Blütenform im spannungsreichen Gegensatz zu ihnen stehen. Vor allzuviel verschiedenen Farben sei gewarnt! Die Nachbarpflanzen sollten das Kolorit der Dahlien aufgreifen und mit ihnen harmonieren. Auf keinen Fall stark kontrastierende Farben verwenden. Harte Übergänge können durch weißblühende oder graulaubige Partner abgemildert werden.

Günstige Partner: Verschiedene Sorten miteinander kombinieren oder zusammen mit Gladiolen pflanzen. *Chrysanthemum parthenium, Cosmos, Salvia farinacea* und *Salvia uliginosa*. – *Chrysanthemum maximum, Chrysanthemum serotinum, Delphinium, Lythrum, Physostegia, Vernonia, Veronica longifolia*. – Gelbe, orangefarbene und rote Sorten mit *Crocosmia*. – *Calamagrostis, Miscanthus, Panicum*.

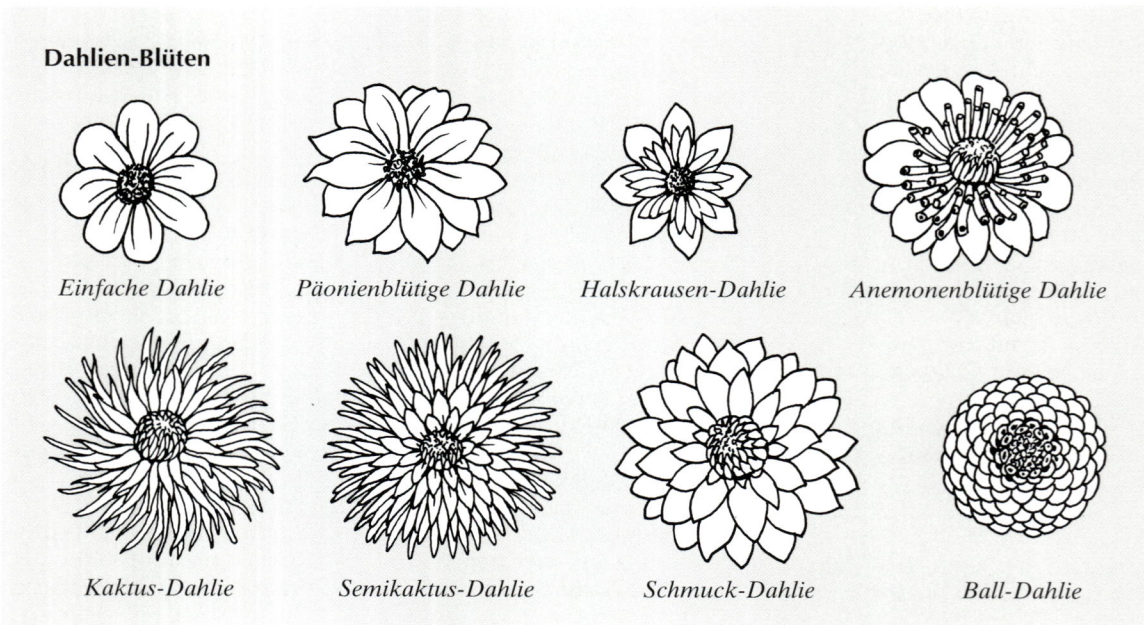

Dahlien-Blüten

Einfache Dahlie — Päonienblütige Dahlie — Halskrausen-Dahlie — Anemonenblütige Dahlie

Kaktus-Dahlie — Semikaktus-Dahlie — Schmuck-Dahlie — Ball-Dahlie

Schmuck-Dahlie 'Berliner Kleene'

Kaktus-Dahlie 'Schwarze Prinzessin'

Kaktus-Dahlie 'Walhalla'

Sorten/Verwandte:
Einfache Blüten:
- 'Schneekönigin' weiß, 100 cm.
- 'Feuerrad' leuchtend scharlachrot mit gelben Staubgefäßen, Laub dunkelpurpurfarben, 100 cm.

Zwerg-Mignon-Dahlien (Top-Mix-Dahlien), ebenfalls ungefüllt, 20–30 cm:
- 'White Lilliput' weiß.
- 'Andrea' gelb.
- 'Bonne Esperance' rosa.

Mignon-Dahlien, 40 cm:
- 'Anna-Karina' weiß.
- 'Irene' gelb.
- 'Roxy' weinrot.

Hohe Mignon-Dahlien, 60 cm hoch und höher.
- 'Gartenparty' gelborange.
- 'Parkprinzess' rosa.

Halbgefüllte Blüten:
Duplex-Dahlien mit mehreren Kreisen von Strahlenblüten.
- 'Olympic Fire' orangerot, 110 cm.
- 'Bishop of Llandaff' feuerrot, Laub purpurfarben, 100 cm.

Halskrausen-Dahlien haben zwei Kreise von Strahlenblüten, wobei die Blütenblätter des inneren Kreises eingeschnitten und anders gefärbt sind als die des äußeren.
- 'Cricket' innen rot, außen gelb, 90 cm.
- 'Libretto' innen purpurfarben, außen weiß, 10 cm.
- 'Rondo' innen lila, außen weiß, 110 cm.

Anemonenblütige Dahlien: bei diesen Sorten umgeben flache Strahlenblüten eine Gruppe größerer Röhrenblüten. Sie wirken zierlich und etwas altmodisch.
- 'Monsieur Dupont' purpurrosa, 80 cm.

Gefüllte Blüten:
Sie sind fast ganz durch Strahlenblüten verschiedener Form ausgefüllt, die die wenigen, verbliebenen Röhrenblüten verdecken.

Kaktus-Dahlien: Bei diesen klassischen Dahlien-Sorten sind die Blütenblätter der Strahlenblüten zu langgestreckten Kegeln zusammengerollt.
- 'Golden Horn' orangefarben, kleinblütig, 80 cm.
- 'Vulkan' feurig orangerot, 100 cm.
- 'Marianne Strauß' purpurrosa, kleinblütig, 110 cm.

Schmuck-Dahlien haben spatel- bis löffelförmige Strahlenblüten, die regelmäßig angeordnet sind und daher auch als »seerosenförmig« bezeichnet werden.
- 'Frau Edith Daniel' weiß, 110 cm.
- 'Wilhelm Tell' lachsorange, 120 cm.
- 'Mairo' violett, 100 cm.

Ball-Dahlien haben fast kugelförmige Blüten, die aus regelmäßig angeordneten, breit ei- bis nierenförmigen Strahlenblüten mit abgerundetem Ende bestehen.
- 'Vader Abraham' gelb, 130 cm.
- 'Annette' rosa, 120 cm.
- 'Ruby Wedding' dunkel karminrot, 110 cm.

Pompon-Dahlien ähneln den Ball-Dahlien, haben aber etwas kleinere, zierlichere und kompaktere Blüten, die sich bestens zum Schnitt eignen.
- 'Schneeflocke' weiß, 100 cm.
- 'Golden Fiz' goldgelb, 100 cm.
- 'Amusing' orange, 110 cm.
- 'Robina' rubinrot, 100 cm.
- 'Franz Kafka' violett, 100 cm.

ZWIEBEL-/KNOLLENPFLANZEN

Winterling
Eranthis hyemalis

Eranthis hyemalis

II–III H 10

Neben Schneeglöckchen die ersten Frühlingsboten.
Blüte: Leuchtend gelb, zart duftende Schalenblüten auf einem halskrausenähnlichen Hochblatt.
Blatt: Handförmig geteilt und tief eingeschlitzt, frischgrün. Blattaustrieb während der Blüte, bald wieder einziehend.
Wuchs: Knollenpflanze, die durch kurze Ausläufer größere Teppiche bildet.
Heimat: Südeuropa. Frühjahrsfeuchte Waldränder.
Standort: Schattig bis halbschattig, frühjahrshell. Boden frisch bis mäßig trocken. Keine trockenen und verdichteten Böden!
Pflege: Keine. Im Handel erhältliche Knollen sind oft ausgetrocknet und wachsen nicht mehr weiter. So früh wie möglich bestellen und nach Erhalt sofort pflanzen. Lange Lagerung hat Totalausfall zur Folge. Verpflanzen ist jederzeit möglich.
Vermehrung: Direktaussaat gleich nach der Samenernte. Im Garten tauchen Winterlinge überall auf, da die Samen häufig von Ameisen verschleppt werden.
Verwendung: Unter einzeln stehenden Sträuchern, in sommergrünen Gehölzbeständen, im schütteren Rasen.
Günstige Partner: *Crocus tommasinianus, Galanthus.*

Steppenkerze
Eremurus robustus

Eremurus robustus

VI–VII H 200 – 250

Auffällige Erscheinung mit imposanten Blütenkerzen.
Blüte: Weiß, in einer meterhohen Traube auf straffem Stiel.
Blatt: Schwertförmig, blaugrün, während der Blüte vergilbend.
Wuchs: Eintriebig, mit seesternartigen Wurzelstöcken.
Heimat: Turkestan. In Steppen.
Standort: Sonnig, warm. Boden trocken bis frisch, gut durchlässig, nährstoffreich. Keine nassen Standorte!
Pflege: Vorsichtig pflanzen, brüchige Wurzelstöcke nicht verletzen. 15 cm tief auf eine Drainageschicht aus grobem Sand legen. Im Frühjahr mineralisch düngen.
Vermehrung: Aussaat nach Samenernte langwierig. Vorsichtige Teilung im Herbst.
Verwendung: Auf Rabatten und im Steppengarten.
Günstige Partner: *Achillea, Anthemis, Nepeta, Stachys byzantina, Thymus.*
Sorten/Verwandte:
- *Eremurus stenophyllus* gelb, VI–VII, über 100 cm.
- *Eremurus himalaicus* weiß, blüht bereits im Mai, 150 cm.
- *Eremurus*-Shelford-Hybriden weiß, orange, rosafarben, VI–VII, 120–180 cm.

Kaiserkrone
Fritillaria imperialis

Sorte 'Lutea Maxima'

IV H 60 – 100

Alte Bauerngartenpflanze.
Blüte: Orange, ziegelrot oder gelb, glockig, zu mehreren quirlartig am Stielende, von einem Blattschopf überragt.
Blatt: Schmal eiförmig, zugespitzt, grasgrün.
Wuchs: Eintriebig, aufrecht.
Heimat: Iran bis Himalaja. Auf steinigen Plätzen im lichten Gestrüpp.
Standort: Sonnig, warm. Boden frisch, nahrhaft und durchlässig. Auf schweren oder nährstoffarmen Böden kurzlebig.
Pflege: Von VIII bis IX pflanzen. Regelmäßig im Frühjahr düngen. Stengel nach der Blüte bis zu den Blättern abschneiden. Vergilbtes Laub im späten Frühjahr entfernen.
Vermehrung: Durch Abnahme von Brutzwiebeln.
Verwendung: In kleinen Gruppen auf Rabatten.
Günstige Partner: .
*Myosotis, Viola-Wittrockiana-*Hybriden. – Niedrige *Sedum*-Arten. – Tulpen.
Sorten/Verwandte:
- 'Lutea Maxima' goldgelb.
- 'Aurora' leuchtend orange.
- 'Rubra Maxima' kräftig ziegelrot.

Schachbrettblume, Kiebitzei
Fritillaria meleagris

Fritillaria meleagris

IV–V   H 20 – 30

Heimische, selten gewordene Zwiebelpflanze, die ihren Namen der hell-dunklen Blütenzeichnung verdankt.
Blüte: Braunviolett mit schachbrettartigem Muster, breit glockenförmig, an übergeneigten Stielen.
Blatt: Schmal lineal, graugrün, zieht bald nach der Blüte ein.
Wuchs: Eintriebige Zwiebelpflanze mit aufrechtem Stengel. Bildet an zusagenden Plätzen durch Brutzwiebeln kleine Bestände.
Heimat: Europa. In feuchten Wiesen und Auen
Standort: Halb- bis lichtschattig, kühl, feucht, zeitweise auch naß. Boden nährstoffreich, humos, lehmig.
Pflege: Gelegentliche Humusgaben. Keine Bodenbearbeitung im Bereich der Pflanzen.
Vermehrung: Durch Aussaat nach der Samenreife, keimt aber schwer. Alternative: Durch Abnahme von Brutzwiebeln, ebenfalls langwierig.
Verwendung: In kleinen Gruppen in Teichnähe und in feuchten Blumenwiesen.
Günstige Partner: *Leucojum.* – Bambus, *Carex pendula.*
Sorten/Verwandte:
• 'Aphrodite' reinweiß.
• 'Emperor' grau-violett gescheckt.

Schneeglöckchen
Galanthus nivalis

Schneeglöckchen fühlen sich unter sommergrünen Gehölzen wohl

II–IV   H 10 – 15

Pflegeleichter Frühlingsblüher.
Blüte: Weiß, im Kroneninneren grün-weiß gestreift, duftend, trichter- bis glockenförmig.
Blatt: Schmal lineal, dunkelgrün. Die Blätter erscheinen mit den Blüten und ziehen nach der Blütezeit ein.
Wuchs: Eintriebige Zwiebelpflanze, bildet durch Brutzwiebeln und Selbstaussaat Kolonien. Die Samen werden durch Ameisen verbreitet.
Heimat: Mittel- und Südeuropa bis Kaukasus. Auenwälder und lichte Gebüsche, in den Alpen auch in Wiesen.
Standort: Frühjahrshell, kühl. Boden frisch bis feucht, besonders geeignet sind humusreiche Lehmböden. <u>Keine sandigen, trockenen Böden!</u>
Pflege: Keine besonderen Maßnahmen nötig. Aus größeren Beständen lassen sich kurz nach der Blüte Exemplare mit Grabgabel entnehmen und an anderer Stelle wieder einpflanzen.
Vermehrung: Durch Abnahme von Brutzwiebeln.
Verwendung: Unter sommergrünen Gehölzen und in waldartigen Gehölzbeständen.
Günstige Partner: *Anemone, Crocus tommasinianus, Cyclamen, Eranthis.* – *Helleborus.*

Sorten/Verwandte:
• *Galanthus elwesii,* Großblütiges Schneeglöckchen, ist in Blüte, Blatt und Zwiebel größer sowie auffälliger als *Galanthus nivalis* und blüht früher. Blätter graugrün gefärbt, die Blüten verströmen einen zarten, süßlichen Duft. Das Großblütige Schneeglöckchen ist der heimischen Art nur auf sommertrockenen Böden vorzuziehen. *Galanthus nivalis* verbreitet sich stärker und bildet größere Bestände.
Es gibt eine Vielzahl von Sorten, oft Hybriden zwischen den beiden genannten Arten. Viele sind selbststeril, das heißt, sie bilden nur Samen, wenn andere Schneeglöckchen-Sorten in der Nachbarschaft stehen. Durch reichlichen Brutzwiebelansatz wachsen sie nestartig.

Edelgladiole
Gladiolus-Hybriden

Hybride 'Sweet Dreams'

Hybride 'May Love'

Baby-Gladiole 'Nymph'

VI–IX H 40 – 140 ○

Beliebte Knollenpflanze, die sich hervorragend als Schnittblume eignet.
Blüte: Nahezu alle Farbtöne außer reinem Blau, oft auch zwei- oder mehrfarbig. Trichterartig in dichten, endständigen Trauben.
Blatt: Schwertförmig, frischgrün.
Wuchs: Eintriebige, aufrecht wachsende Knollenpflanze. Mitunter standschwach.
Heimat: Kulturform.
Standort: Sonnig, warm. Boden frisch bis feucht, nährstoffreich, durchlässig. Keine nassen Standorte oder leicht austrocknenden Böden!
Pflege: Die Knollen Anfang Mai etwa 10 cm tief pflanzen, auf leichten Sandböden tiefer, um die Standfestigkeit zu erhöhen. Gut mineralisch und kalibetont düngen. Gut wässern. Hohe Sorten stützen.
Knollen Ende Oktober ausgraben, Laub und Stengel auf 5 cm abschneiden, säubern, die Außenhaut entfernen und mit der Schnittstelle nach unten über den Winter trocken und frostfrei bei etwa 5 °C lagern. Öfter auf Krankheitsbefall kontrollieren und geschädigte Knollen entfernen.

Vermehrung: Durch Brutknollen.
Verwendung: Auf Schnittblumenbeeten und Rabatten.
Günstige Partner: Verschiedene Gladiolen-Sorten kombinieren oder mit Dahlien zusammenpflanzen, um die Pflege zu erleichtern. Dabei müssen die Farben sorgfältig abgestimmt werden, damit die Pflanzung nicht plump und billig wirkt. Auch mit farblich passenden Einjährigen wie *Ageratum, Chrysanthemum frutescens, Cosmos bipinnatus, Heliotropium, Salvia farinacea* und *Salvia uliginosa.* – Dazu Stauden wie *Chrysanthemum maximum, Chrysanthemum serotinum,* weiße *Phlox paniculata*.
Sorten/Verwandte:
Großblütige Gladiolen 100–140 cm mit dichten Blütenkerzen.
• 'White Goddess' reinweiß, gefranst, mittelfrüh blühend.
• 'Nova Lux' reingelb, mittelfrüh blühend.
• 'Jester' gelb mit rotem Fleck in der Mitte, spätblühend.
• 'Jessica' lachsrosa, früh blühend.
• 'Fidelio' purpurrosa, mittelfrüh blühend.
• 'Cordula' signalrot, spätblühend.

Baby-Gladiolen (*Gladiolus-Nanus*-Gruppe) ähnlich wie die Großblütigen Gladiolen, aber mit deutlich kleineren Einzelblüten in lockeren Blütentrauben. Insgesamt graziler und eleganter, VI–VII, etwa 40–60 cm.
• 'Nymph' weiß mit roter Zeichnung.
• 'Charm' violettrosa.
• 'Tropical Sunset' blutrot mit dunkler Mitte.
• 'Robinetta' feuerrot.
Butterfly-Gladiolen haben etwas kleinere, stets mehrfarbige Blüten mit gewellten Rändern. Frühblühend, 80–100 cm.
• 'Richmond' weiß mit rot-oranger Mitte.
• 'Blackpool' gelb mit rotem Fleck.
• 'Arletta' pfirsichrosa mit gelbem Fleck.
Primulinus-Hybriden haben kapuzenförmige, kleinere Einzelblüten als die Großblütigen Gladiolen, die Blütenstände sind lockerer, etwa 50–80 cm.
• 'White City' weiß.
• 'Little Darling' rosa.
• 'Carioca' orangefarben.

Blauglöckchen
Hyacinthoides hispanica

Hyacinthoides hispanica

V H 20 – 30

Frühlingsblüher zum Verwildern unter Gehölzen.
Blüte: Mittel- bis violettblaue Glockenblüten in einer kegelförmigen Rispe.
Blatt: Breit lineal, rinnig, kräftig grasgrün.
Wuchs: Eintriebige Zwiebelpflanze, die durch Versamung und Brutzwiebeln lockere Kolonien bildet.
Heimat: Spanien, Portugal und Nordafrika. In Wäldern und im Schatten von Felsen.
Standort: Lichtschattig bis schattig, kühl. Boden frisch bis feucht, humos, durchlässig.
Pflege: Keine Pflege.
Vermehrung: Durch Aussaat nach der Samenreife und Abnahme von Brutzwiebeln.
Verwendung: Stets in größerer Stückzahl in waldähnlichen Partien, im Schatten von Mauern.
Günstige Partner: *Galium*, *Pulmonaria*, *Waldsteinia*. – Azaleen.
Sorten/Verwandte:
- 'La Grandesse' weiß.
- 'Dainty Maid' altrosafarben.
- 'Excelsior' violett.
- *Hyacinthoides non-scripta*, Hasenglöckchen, heimisch, Blüten röhrenförmig auf kürzeren Blütenstielen.

Garten-Hyazinthe
Hyacinthus-Orientalis-Hybriden

Hyacinthus-Orientalis-Hybride 'Pink Pearl'

IV–V H 20 – 30

Altbekannte Zwiebelpflanzen.
Blüte: Blau, violett, weiß, rosa, karminrot, aprikosenfarben, selten auch gelb, wundervoll duftend. Die Einzelblüten stehen in einer dichten, endständigen Traube auf aufrechten, unbeblätterten Stielen.
Blatt: Breit lineal bis lanzettlich, steif, frischgrün, grundständig.
Wuchs: Niedrige, eintriebige Zwiebelpflanze, die sich durch Brutzwiebeln langsam ausbreitet.
Heimat: Klein- bis Westasien. An felsigen Standorten.
Standort: Sonnig, warm. Boden mäßig trocken bis frisch, gut durchlässig.
Pflege: Im Herbst pflanzen. Keine weiteren Maßnahmen.
Vermehrung: Durch Abnahme von Brutzwiebeln.
Verwendung: Auf sonnigen Rabatten, im Duftgarten, vor Südwänden und Gehölzen. Im Steppengarten zum Verwildern.
Günstige Partner: In großen Gruppen zusammen mit Einjährigen wie *Myosotis sylvestris*, *Viola-Wittrockiana*-Hybriden sowie Narzissen und Tulpen. Alternative: In kleinen Gruppen mit graulaubigen Stauden wie *Stachys byzantina*, *Thymus* und *Veronica spicata*, oder mit *Alyssum*, *Arabis*, *Iberis* und Wild-Tulpen. – Unter frühjahrsblühenden Sträuchern wie Felsenbirne und Forsythie.
Sorten/Verwandte:
Die grazilere Wildform mit lockeren Blütentrauben ist nicht im Handel erhältlich. Beläßt man die Sorten über Jahre am gleichen Standort, verlieren sie ihre dichte Blütenfülle. Dafür empfehlen sich die blauen und weißen Sorten.
- Blau: 'Bismarck' hellblau, 'Ostara' kräftig blau.
- Blauviolett: 'Blue Jacket', 'Violet Pearl'.
- Weiß: 'Carnegie', 'L'Innocence'.
- Rosa: 'Lady Derby' hellrosa, 'Queen of the Pinks' mittelrosa, 'Pink Pearl' dunkelrosa.
- Karminrot: 'Amsterdam', 'Jan Bos'.
- Aprikosenfarben: 'Gipsy Queen'.
- Gelb: 'City of Harlem' hellgelb, wenig leuchtend.

Gelbe Zwiebel-Iris
Iris danfordiae

Iris danfordiae

II–III   H 10 – 15   ○

Kurzlebiger Vorfrühlingsblüher.
Blüte: Leuchtend gelb, duftend, an aufrechten Stielen.
Blatt: Schmal lineal, vierkantig, grasgrün, entwickelt sich erst nach der Blüte zu voller Größe.
Wuchs: Eintriebige Zwiebelpflanze. Kurzlebig, die Zwiebeln zerfallen nach der Blüte in kleine Teile, die erst nach Jahren wieder blühen.
Heimat: Kleinasien. Auf kargen Gebirgshängen.
Standort: Vollsonnig, warm. Boden trocken bis mäßig trocken, sehr gut durchlässig, sandig oder steinig. Keine nassen Standorte!
Pflege: Im Herbst pflanzen. Gelegentlich zur Blütezeit mineralisch düngen. Kurzlebig, daher nachpflanzen.
Vermehrung: Schwierig und langwierig, nicht zu empfehlen.
Verwendung: In kleinen Gruppen im Steingarten, auf Geröllbeeten und im Steppengarten.
Günstige Partner: Teppich- und Polsterstauden wie *Aethionema*, *Dianthus gratianopolitanus*, *Sedum*, *Stachys byzantina*. – *Iris-Reticulata*-Hybriden, Scilla.

Netz-Iris
Iris reticulata

Iris-Reticulata-Hybride

III–IV   H 10 – 20   ○

Zierlicher Frühlingsbote.
Blüte: Kräftig violettblau mit kontrastierender, orange-gelber Zeichnung, zart duftend.
Blatt: Grundständig, schmal lineal, vierkantig, grasgrün.
Wuchs: Zwiebelpflanze, bildet nur langsam kleine Gruppen.
Heimat: Vorderasien und Kaukasus. Auf Geröll und im lichten Gebüsch.
Standort: Vollsonnig, warm. Boden trocken bis mäßig trocken, sehr durchlässig, sandig oder steinig.
Pflege: Im Herbst pflanzen. Zur Blütezeit gelegentlich mineralisch düngen. In strengen Wintern mit Reisig abdecken.
Vermehrung: Durch Abnahme von Brutzwiebeln. Nur in sehr warmen Gegenden erfolgreich.
Verwendung: In kleinen Gruppen im Stein- und Steppengarten und auf Geröllbeeten.
Günstige Partner: *Dianthus*, *Dryas*, *Sedum*, *Thymus*. – Niedrige Narzissen und Wild-Tulpen.
Sorten/Verwandte:
• 'Cantab' hellblau mit orangegelber Zeichnung.
• *Iris-Reticulata*-Hybriden:
• 'Pauline' purpurviolett.
• 'Spring Time' blauviolett.
• 'Violet Beauty' dunkelviolett.

Märzenbecher, Frühlings-Knotenblume
Leucojum vernum

Leucojum vernum

II–IV   H 20 – 60

Heimischer Frühlingsblüher.
Blüte: Weiß mit gelbgrünen Flecken an den Spitzen, nach Honig duftend, breitglockig, nickend.
Blatt: Schmal lineal, saftig grün, erscheinen zur Blütezeit und ziehen im späten Frühjahr wieder ein.
Wuchs: Eintriebige Zwiebelpflanze, die durch Brutzwiebeln und Selbstaussaat größere Bestände bildet.
Heimat: Europa. Bodenfeuchte oder -frische Wälder.
Standort: Absonnig, halbschattig bis schattig, kühl, bei ausreichender Bodenfeuchte oder -nässe auch zeitweilig besonnt. Boden kräftig und keinesfalls trocken, am besten humushaltige Lehmböden, auch auf Tonböden. Keine stark sandigen Böden!
Pflege: Gelegentlich düngen, sonst keine Pflege notwendig.
Vermehrung: Durch Aussaat nach Samenreife und Abnahme von Tochterzwiebeln.
Verwendung: Am Gehölzrand und unter Gehölzen. Günstig im Hausschatten und in Teichnähe.
Günstige Partner: Waldstauden wie *Epimedium*, *Helleborus*, *Hosta*. – Immergrüne Waldgräser wie *Carex pendula*, Farne.
Sorten/Verwandte:
• *Leucojum aestivum*, Sommertürchen oder Sommer-Knotenblume, wegen der späten Blüte weniger verbreitet, Ende IV bis Anfang VI, 40 cm.

Lilium LILIEN

Asiatische Lilien-Hybride 'Medaillon'

Lilien zählen zu den elegantesten Blütenschönheiten im Garten. Sie haben viele Gefahren zu überwinden – Frühjahrsfröste, Sommertrockenheit, Grauschimmel, Schnecken, Lilienkäfer, Wühlmäuse. Aber wenn sie dann mit ihren hinreißenden vielästigen Blütenpyramiden im Sommer blühen, sind sie wie ein Farben- und Dufttraum ohnegleichen.

Tips für Lilienfreunde:
Einkaufstip: Es ist darauf zu achten, daß die Wurzeln am Zwiebelboden nicht eingetrocknet und die Zwiebeln nicht geschrumpft oder angefault sind.
Der ideale Standort für Lilien ist sonnig und windgeschützt, für die Wurzeln jedoch kühl und beschattet. Der Boden sollte durchlässig und humos sein, aber nicht austrocknen. Bei schweren Lehm- oder Tonböden muß eine Drainage angelegt werden, weil die Zwiebeln durch Staunässe faulen.
Drainage für schwere Böden: Boden tiefgründig lockern, auf den Grund des Pflanzlochs eine 5 cm hohe Schicht aus Sand oder feinem Kies geben. Auch die Seitenwände des Pflanzlochs lockern. Die ausgehobene Erde mit Sand, Torfersatzstoffen oder Blähschiefer vermischen.
Pflanztips:
• Beste Pflanzzeit ist der Herbst, bei spätblühenden Lilien auch das Frühjahr.
• Die Angaben zur Pflanztiefe beziehen sich auf die Entfernung Zwiebelspitze-Erdoberfläche.
• Je später im Jahr Lilienzwiebeln gepflanzt werden, desto wichtiger ist eine 5 bis 10 cm hohe Mulchdecke als Frostschutz.

Pflegetips:
• Den Austrieb durch Abdecken vor Spätfrösten schützen.
• Vor der Blüte bei Trockenheit unbedingt gießen. Abgeblühte Lilien werden nicht mehr gegossen.
• Nach dem Austrieb flüssigen Volldünger (20 ml/l Gießwasser) geben.
• Standschwache Sorten stäben.
• Samen vorzeitig abnehmen, damit die Pflanzen Kraft sparen.
Vermehrung: Je nach Lilienart und -gruppe durch Aussaat, Zwiebelschuppen, Teilung oder Abnahme von Brutzwiebeln.
Blumenschnitt: Teile des Stengels mit Blättern stehenlassen, keinesfalls unmittelbar über dem Boden abschneiden.

Feuer-Lilie
Lilium bulbiferum

Lilium bulbiferum

VI–VII H 40 – 120 ○ ◐

Geschützte, heimische Art.
Blüte: Orange oder rot, innen dunkel gesprenkelt, nicht duftend. Glocken- bis schalenförmig.
Blatt: Linealisch, frischgrün.
Wuchs: Aufrecht und eintriebig, oft mit Brutzwiebeln in den Blattachseln.
Heimat: Mitteleuropa. Gebirge, Bergwiesen und Waldsäume.
Standort: Sonnig bis licht- oder halbschattig, warm, frühjahrsfeucht und sommertrocken. Boden frisch, nährstoffreich, sandig-lehmig, auch kalkhaltig. Keine staunassen Böden!
Pflege: Pflanztiefe 20 cm.
Vermehrung: Durch Abnahme von Brutzwiebeln und Aussaat.
Verwendung: Zwischen niedrigen Pflanzen, im Naturgarten, am Gehölzrand.
Günstige Partner: *Campanula*, *Digitalis grandiflora*, *Polygonatum*.
Sorten/Verwandte:
• *Lilium bulbiferum* ssp. *croceum*, Safran-Lilie, mit gelb-orangen, braun gesprenkelten Blüten, IV. Blatt stumpfgrün.
• *Lilium-Maculatum*-Hybriden:
• 'Orange King' rotorange.
• 'Orange Dream' orangerot.
• 'Fireking' dunkelorangerot.

Madonnen-Lilie
Lilium candidum

Lilium candidum

VI–VII H 80 – 120 ○ ✂

Alte Bauerngarten-Lilie.
Blüte: Weiß, trichterförmig und stark duftend, 5 bis 20 Blüten an einem Stengel.
Blatt: Lanzettlich, grün.
Wuchs: Aufrecht, eintriebig, gelegentlich standschwach. Im September bildet sich eine überwinternde Blattrosette.
Heimat: Mittelmeergebiet, Westasien. Steinige Plätze, lockeres Gebüsch, Felshänge.
Standort: Sonnig, warm, geschützt. Boden frisch, nährstoffreich, kalkhaltig, am besten sandig-lehmig. Keine nassen Standorte!
Pflege: Pflanztiefe 3 cm. Pflanzzeit VIII, spätestens IX. Ungestört lassen. Bei starkem Frost Winterschutz geben.
Vermehrung: Aus Zwiebelschuppen oder durch Teilung alter Zwiebelhaufen. Setzt selten oder nie Samen an.
Verwendung: In kleinen Gruppen zwischen anderen Pflanzen auf sonnigen Beeten.
Günstige Partner: *Delphinium*-Hybriden, *Lychnis*. – Gut zu rosa Rosen.
Sorten/Verwandte:
• *Lilium x testaceum*, Nanking-Lilie, hellgelb, duftend, VII–VIII.

Scharlach-Lilie
Lilium davidii

Lilium davidii

VII H 60 – 150 ○

Ideale Anfängerpflanze für Lilien-Neulinge.
Blüte: Scharlachrot, dunkel gesprenkelt, nicht duftend. 6 bis 20 oder mehr türkenbundähnliche Blüten in einem locker aufgebauten Blütenstand.
Blatt: Linealisch, dunkelgrün, übergebogen.
Wuchs: Aufrecht bis bogig übergeneigt, eintriebig.
Heimat: Westchina. Auf Bergwiesen und an Kalkfelsen.
Standort: Sonnig, warm, im Frühjahr möglichst feucht. Boden mäßig trocken bis frisch, nährstoffreich, durchlässig, sandig-lehmig, auch kalkhaltig.
Pflege: Pflanztiefe 15–20 cm, Pflanzzeit X. Im Frühjahr bei Trockenheit wässern.
Vermehrung: Durch Aussaat.
Verwendung: Auf Beeten mit niedrigen Partnern.
Günstige Partner: *Geranium renardii*, *Inula ensifolia* 'Compacta'
Sorten/Verwandte:
• *Lilium davidii* var. *willmottiae* orangerot, schwarz gesprenkelt. Groß- und vielblütig in ausladenden, teils stark übergebogenen Blütenständen, VII–VIII, sehr empfehlenswert.
• 'Maxwill' orangerot, starkwüchsig, bis 200 cm hoch.

Tiger-Lilie
Lilium lancifolium

Lilium lancifolium var. flaviflorum

VII–IX H 120 – 180 ○

Beliebte und leicht zu kultivierende Lilie.
Blüte: Orange-rot, schwarz gesprenkelt, ohne Duft. Türkenbundähnlicher Blütenstand aus 10 bis 20 nickenden Blüten.
Blatt: Linealisch, graugrün.
Wuchs: Aufrecht, eintriebig. In den Blattachseln erscheinen im Herbst Brutzwiebeln.
Heimat: Ostasien. In Gebüschen und an Waldrändern. Wird auch wegen der eßbaren Zwiebeln kultiviert.
Standort: Sonnig, warm, im Wurzelbereich beschattet. Boden frisch, schwach sauer oder neutral, nährstoffreich. Keine staunassen Böden!
Pflege: Pflanztiefe 15 cm. Pflanzzeit im Herbst. Problemlose Art.
Vermehrung: Durch Abnahme von Brutzwiebeln und Tochterzwiebeln.
Verwendung: In Beeten und am Gehölzrand, zusammen mit niedrigen Stauden.
Günstige Partner: *Ceratostigma, Clematis x jouiniana, Euphorbia griffithii, Inula ensifolia.*
Sorten/Verwandte:
• *Lilium lancifolium* var. *flaviflorum* gelb mit braunen Punkten, schwachwüchsig.
• 'Splendens' leuchtend orangerote Blüten, schwarzbraun gesprenkelt, großblütig.

Türkenbund-Lilie
Lilium martagon

Lilium martagon

VI–VII H 60 – 120 ◐ ✂

Heimische Waldpflanze.
Blüte: Purpurrosa mit weinroten Tupfen, herber Geruch, mit zurückgebogenen Spitzen, zu 3 bis 20.
Blatt: Elliptisch bis lanzettlich, dunkelgrün.
Wuchs: Aufrecht, eintriebig.
Heimat: Europa bis Sibirien. Laub- und Nadelmischwälder.
Standort: Lichtschattig bis halbschattig, warm, nicht austrocknend. Boden frisch, nährstoffreich, lehmig und kalkhaltig.
Pflege: Pflanzzeit Herbst, Pflanztiefe 12 cm. Im Winter mit Laubkompost mulchen.
Vermehrung: Durch Aussaat, Brutzwiebeln und Zwiebelschuppen.
Verwendung: Im Naturgarten, am Gehölzrand und auf Waldwiesen.
Günstige Partner: *Campanula latifolia.* – Gräser und Farne.
Sorten/Verwandte:
• *Lilium martagon* var. *album* weiß, großblütiger.
• *Lilium hansonii*, Gold-Türkenbund, 4 bis 12 orangegelbe, braun gesprenkelte Blüten, VI–VII, 60–150 cm. Pflanztiefe 20 cm.
• *Lilium x marhan* orange mit gelb, gesprenkelt, VI–VII, 150–180 cm, Pflanzentiefe 20 cm.

Königs-Lilie
Lilium regale

Lilium regale

VII H 60 – 150 ○ ✂

Bezaubernde Lilie mit intensiv duftenden Trichterblüten.
Blüte: Innen weiß mit gelbem Schlund, außen braun-rosa Rückenstreifen, intensiv duftend. Die trichterförmigen Blüten stehen zu 3 bis 20 waagerecht oder nickend am Stengel.
Blatt: Linealisch, graugrün zahlreich.
Wuchs: Eintriebige, aufrechte bis übergeneigte Zwiebelpflanze. Die Zwiebel kann bei alten Exemplaren 10–15 cm Durchmesser erreichen.
Heimat: China. Grasige Berghänge.
Standort: Sonnig, im Wurzelbereich beschattet, warm. Boden frisch bis feucht, nährstoffreich, humos, auch kalkhaltig.
Pflege: Pflanztiefe 12–15 cm. Der Austrieb ist spätfrostgefährdet, daher abdecken. Blütenreiche Triebe stäben. Mit Laub- oder Grünkompost mulchen.
Vermehrung: Durch Aussaat unmittelbar nach der Samenreife (Schwerkeimer).
Verwendung: Zwischen niedrigen Stauden. Wegen des äußerst intensiven Duftes nicht zu nahe am Wohnbereich.
Günstige Partner: *Astilbe, Campanula, Geranium.*
Sorten/Verwandte: Als Kreuzungspartner an der Entstehung der Trompeten-Lilien beteiligt.

Lilien-Hybriden
Lilium-Hybriden

Hybride 'Tropper'

Hybride 'Monte Rosa'

Wie bei den Tulpen gibt es bei den Lilien inzwischen Tausende verschiedener Sorten, zu denen jährlich neue Züchtungen in reichem Farb- und Formenspiel hinzukommen. Etliche blühen allerdings nur ein oder zwei Jahre, so daß es sich empfiehlt, im Spätsommer wieder neue Zwiebeln zu kaufen.

Die Hybriden werden üblicherweise in acht Gruppen eingeteilt, die dem Gartenfreund Aufschluß über Abstammung und Pflege geben. Auch in den Katalogen findet man die Sorten nach diesen Gruppen angeboten. Durch ständig neue Kreuzungen werden die Gruppengrenzen allerdings zusehends verwischt.

Wichtige Lilien-Hybridgruppen:
<u>Asiatische Hybriden:</u> Wichtigste Gruppe mit zahlreichen Sorten, die sowohl Schalen- wie auch Türkenbundblüten besitzen.
<u>Amerikanische Hybriden:</u> Züchtungen mit speziellen Standortansprüchen, teilweise schwierig zu kultivieren.
<u>Trompeten-Hybriden:</u> Prächtige, leicht zu kultivierende Sorten mit wunderschönen Farbtönen, angenehmem Duft und riesigen Trichterblüten. Auch die Aurelian-Hybriden gehören hierher (→ Seite 213). Angebotene Pflanzen sind meist nicht vegetativ vermehrt, sondern aus Samen angezogen und können daher in der Farbe etwas variieren.
<u>Orient-Hybriden:</u> Züchtungen, die in der Mehrzahl von japanischen Wildarten abstammen, meist mit bezaubernden Trichterblüten. In kühl-gemäßigten Regionen können sie im Garten einige Jahre überdauern, im rauheren Klima kultiviert man die schönen Pflanzen besser in Gefäßen.

Asiatische Lilien-Hybriden
Midcentury-Hybriden

Hybride 'La Rêve'

VI–VII H 50 – 150 ○

Farbprächtige und problemlose Lilienzüchtungen mit schalenförmigen Sternblüten. Hervorzuheben sind die Midcentury-Hybriden, die ab 1949 in den Handel kamen. Sie gehören zur großen Abteilung der Asiatischen Hybriden.
Blüte: In zahlreiche Farben, schalenförmig.
Blatt: Schmal, grün.
Wuchs: Aufrecht, eintriebig.
Standort: Sonnig, warm, am Wurzelfuß beschattet. Boden frisch.
Pflege: Pflanztiefe → Seite 209.
Verwendung: Auf Beeten.
Günstige Partner: Beetstauden.
Sorten/Verwandte:
• 'Apeldoorn' orange, nur 50 cm hoch, standfest.
• 'Chinook' aprikosenfarben, 80–100 cm.
• 'Enchantment' orangerote Sternblüten.
• 'Golden Melody' goldgelb gepunktet, 70–100 cm.
• Connecticut-Hybriden: Schöne Schalenlilien. Blüten in reinen Farben. Sonst ähnlich den Midcentury-Hybriden, aber 70–120 cm hoch.
• 'Connecticut King' zitronengelb, reichblühend.
• 'Connecticut Yankee' lachsorange.

Trompeten-Hybriden
Aurelian-Hybriden

Aurelian-Hybride 'Stargazer'

'Golden Splendour Strain'

VII H 120 – 200 ○ ✂

Sortenreiche Untergruppe der Trompeten-Lilien mit meist weit geöffneten Trichterblüten. Der ins Lateinische umgewandelte Name bezieht sich auf den Entstehungsort dieser Gruppe, Orleans. Elternteile dieser Kreuzungen sind *Lilium regale*, *Lilium henryi* und andere. Die Aurelian-Hybriden zeichnen sich durch einen äußerst weitstreichenden, betäubend intensiven Duft aus. Sie sind deshalb als Schnittblumen oder in Wohnbereichsnähe nicht jedermanns Sache.
Blüte: Zahlreiche Farben, stark duftend. Trichter- oder auch schalenförmig, zu 15 bis 30 und mehr.
Blatt: Dunkelgrün, lanzettlich.
Wuchs: Eintriebig, hochragend, je nach Blütenbesatz mehr oder weniger stark gebogen.
Standort: Sonnig, warm. Boden frisch, lehmig-humos, durchlässig, auch kalkhaltig.
Pflege: Pflanztiefe 10–15 cm. Der Austrieb ist spätfrostgefährdet, unbedingt durch Abdecken schützen. Hohe Blütenstiele stützen. Vor Schneckenfraß schützen.
Verwendung: Auf Beeten.
Günstige Partner: Wegen der intensiven Farben teilweise schwierig zu kombinieren. Am besten passende Sorten zusammenpflanzen.
Sorten/Verwandte:
• 'African Queen' gelb-orange, weit geöffnete Blüten, 150–180 cm.
• 'Black Magic' innen weiß, außen bronzefarben, trichterförmig, 130–170 cm.
• 'Golden Splendour' goldgelb, orangebrauner Rückenstreifen, trompetenförmig, 140–180 cm.
• 'Pink Perfection' karminrosa, weißlicher Mittelstreifen, trompetenförmig, 160–200 cm. Am besten im lichten Schatten, in der Sonne hellt die Farbe auf.
• 'Royal Gold' goldgelb, Rücken gelb mit zitronengrün, offen trompetenförmig, 130–150 cm.

Vielblütige Traubenhyazinthe
Muscari armeniacum

Muscari armeniacum

IV–V H 15 – 25 ○ ✂ ☠

Vielseitig verwendbar.
Blüte: Azurblau mit weißem Rand, duftend.
Blatt: Lineal, grasgrün, wintergrün, im Sommer einziehend, im Herbst neu austreibend.
Wuchs: Mehrtriebig, horstartig. Die Pflanzen werden sehr alt und bilden Teppiche.
Heimat: Südosteuropa bis Kleinasien. Steinige Plätze.
Standort: Vollsonnig, warm. Boden mäßig trocken bis frisch.
Pflege: Pflanzung im Herbst, Pflanztiefe 6–8 cm. Blätter nach der Blüte einziehen lassen.
Vermehrung: Durch Brutzwiebeln.
Verwendung: Mit anderen Vorfrühlingsblühern, im Steingarten und unter lichten Sträuchern zum Verwildern.
Günstige Partner: *Primula vulgaris*. – Narzissen und Tulpen.
Sorten/Verwandte:
• 'Blue Spike' leuchtend blau, gefüllt, lang- und reichblühend.
• *Muscari botryoides* himmelblau, IV–V, 10–20 cm. Sät sich reichlich aus.
• 'Alba' weiß.
• *Muscari comosum* 'Monstrosum' hell-violett in federartigen Trauben, V–VI, 20–40 cm.
Warnung: Die Pflanzen sind giftig!

ZWIEBEL-/KNOLLENPFLANZEN

Narcissus NARZISSEN

Frühlingswiese mit groß- und kleinkronigen Narzissen

Die wichtigsten Narzissen

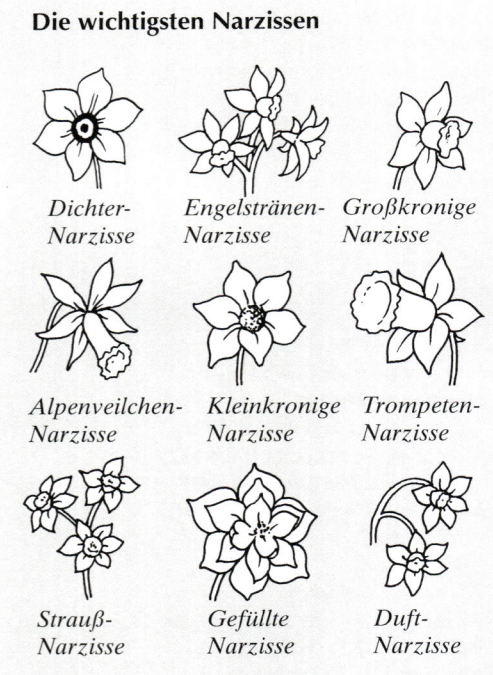

Dichter-Narzisse · Engelstränen-Narzisse · Großkronige Narzisse
Alpenveilchen-Narzisse · Kleinkronige Narzisse · Trompeten-Narzisse
Strauß-Narzisse · Gefüllte Narzisse · Duft-Narzisse

Das Riesensortiment wird in mehrere Gruppen eingeteilt, die sich in Blütenform oder Abstammung unterscheiden (siehe Zeichnung links). Die Gruppennamen finden sich auch in den meisten Gartenkatalogen.

Blüte: Zweigeteilt in eine sternförmige Blütenhülle (Hauptkrone oder Blütenkranz) und eine trompeten- bis tellerförmige Nebenkrone, die oft unterschiedlich gefärbt ist.

Blatt: Linealisch, stumpf- oder graugrün. Früh austreibend, ab Juni einziehend.

Wuchs: Ein- oder mehrtriebig aus großen Zwiebeln.

Heimat: West- und Mitteleuropa bis Westasien. Auf Bergwiesen, Weiden und in sommergrünen Wäldern.

Standort: Sonnig bis halbschattig. Boden mäßig trocken bis feucht, nährstoffreich, sandige bis humose Lehmböden.

Pflege: Pflanzung im Herbst, Pflanztiefe 10–15 cm. Je später die Zwiebeln in den Boden kommen, desto empfindlicher sind sie im ersten Winter. Im Frühjahr bei Trockenheit wässern, Trockenheit im Sommer schadet dagegen nicht. Gelegentlich kurz nach dem Austrieb düngen. Samenstände abschneiden, Laub stehenlassen, bis es eingezogen ist.

Vermehrung: Durch Nebenzwiebeln. Günstigster Zeitpunkt: Nach der Blüte oder im Frühherbst.

Verwendung: In Rabatten zwischen anderen Stauden, im Frühlingsgarten und in großen Kolonien in Wiesen. Schnittblumen.

Günstige Partner: Andere Frühlingsblüher und frühblühende Sträucher.

Warnung: Die ganze Pflanze ist giftig!

Trompeten-Narzissen, Osterglocken
Narcissus pseudonarcissus

Trompeten-Narzissen, Osterglocken

III–IV   H 40 – 60   ○ ◐ ☠

Zusammen mit Krokussen und Tulpen bilden die Osterglocken das klassische Frühjahrsdreigespann. Sie kommen bei uns wild in Wiesen der Eifel vor. Diese Gruppe befindet sich bereits seit langem in Kultur, durch vielerlei Einkreuzungen und Auslesen sind faszinierende Formen entstanden. Neben altbewährten Sorten aus dem 19. Jahrhundert gibt es auch neueste englische, holländische oder amerikanische Züchtungen.
Blüte: Gelb, weiß, ein- und zweifarbig, duftend. Blüten einzeln, groß, mit sternartigem Blütenkranz und trompetenförmiger Nebenkrone.
Sorten/Verwandte:
Einfarbige Sorten:
• 'Cantatrice' rein weiß.
• 'Mount Hood' rahmweiß.
• 'Exception' gelb, hochwüchsige, neue Sorte, gut geeignet zum Verwildern unter locker gepflanzten Gehölzgruppen.
• 'Standard Value' gelb, spätblühend.
• 'King Alfred' sattgelb, großblütig, eine der ältesten, bestens bewährten Sorten.
• 'Dutch Master' goldgelb, Blüten etwas nach oben gerichtet.

Gefüllte Narzisse

Zweifarbige Sorten:
• 'Bravour' Blütenkranz weiß, Trompete gelb.
• 'Magnet' Blütenkranz rahmweiß, Trompete gelb.
Gefüllte Narzissen: Stammen von den Trompeten-Narzissen ab.
• 'White Lion' weiß.
• 'Van Sion' leuchtend gelb, alte Sorte mit schwerer Blüte, nicht immer standfest, muß windgeschützt stehen.
• 'Tahiti' gelb-rot, dicht gefüllt, fast ballförmig, standfest mit kräftigem Stiel.

Großkronige Narzissen
Kleinkronige Narzissen
Narcissus

Kleinkronige Narzissen

Großkronige Narzissen

III–IV   H 30 – 40   ○ ◐ ☠

Im Garten fast unentbehrlich.
Blüte: Weiß, gelb, rot, ein- und zweifarbig. Einblütig, duftend. Großkronige Narzissen sternartig mit schalenförmiger Nebenkrone. Kleinkronige Narzissen ähnlich, aber mit kürzerer Nebenkrone.

Großkronige Narzissen:
• 'Stainless' reinweiß.
• 'Carlton' hellgelb.
• 'Ceylon' Blütenkranz goldgelb, Schale orange.
• 'Satin Pink' Blütenkranz weiß, Schale kräftig rosa.

Kleinkronige Narzissen:
• 'Barret Browning' weiß, Nebenkrone orange.
• 'Birma' Blütenkranz gelb, Nebenkrone rotorange.

ZWIEBEL-/KNOLLENPFLANZEN

Engelstränen-, Alpenveilchen-, Duft-Narzissen
Narcissus

Strauß-Narzissen, Tazetten
Narcissus tazetta

Dichter-, Poeticus-Narzissen
Narcissus poeticus

Narcissus cyclamineus

Sorte 'Pride of Cornwall'

Sorte 'Geranium'

Narcissus poeticus

III–V   H 10 – 50   ○ ◐ ☠

Engelstränen-Narzissen, Triandrus-Narzissen
Narcissus triandrus
Mehrblütige Narzissen mit intensivem Duft. Nur in milden Lagen ausdauernd; in rauheren Gebieten in Töpfen kultivieren. Blüte weiß, III–V. Blütenkranz zurückgebogen, Nebenkrone schalenförmig. Halbschattige Standorte.
• 'Rippling Waters' reinweiß, drei- bis vierblütig.
• 'Liberty Bells' gelb.

Alpenveilchen-Narzissen
Narcissus cyclamineus
Blüte weiß, verschiedene Gelbtöne, III–IV. Für sonnige bis halbschattige Standorte.
• 'February Silver' weiß.
• 'Peeping Tom' gelb.

Duft-Narzissen, Jonquillen
Narcissus jonquilla
Blüte gelb, stark duftend, mehrblütig, klein, IV–V. Vollsonnige bis halbschattige Standorte. Mäßig frosthart.
• 'Suzy' Hülle hellgelb, Nebenkrone orange.
• 'Tittle Tattle' einfarbig hellgelb, spätblühend.
• 'Pipit' Hülle zitronengelb, Nebenkrone weiß, dankbar.
• 'Trevithian' zartgelb.

IV–V   H 20 – 50   ○ ◐ ☠

Die nicht immer völlig winterharten Tazetten stammen von der im Mittelmeergebiet beheimateten *Narcissus tazetta* ab. Manche Sorten gedeihen nur im Weinbauklima.
Blüte: Zweifarbig, weiß, Gelb- und Orangetöne, süß duftend, mehrblütig.
Sorten/Verwandte:
• 'Geranium' Blütenkranz weiß, Nebenkrone orange, napfförmig und stark duftend, drei- bis fünfblütig, V. Beständiger und robuster als die anderen Sorten.
• 'Scarlet Gem' Blütenkranz gelb, Nebenkrone rot, drei- bis sechsblütig.
• 'Silver Chimes' Blütenkranz weiß, Nebenkrone cremeweiß bis zitronengelb, vier- bis sechsblütig, zauberhaft, aber frostempfindlich, daher in Hausnähe pflanzen.

IV–V   H 30 – 50   ○ ◐ ☠

Die Dichter-Narzissen kommen im gesamten Mittelmeerraum vor und sind seit Jahrtausenden als Gartenblumen wegen ihres Duftes begehrt.
Blüte: Blütenkranz weiß, sternförmig, Nebenkrone gelb mit orangefarbenem Rand, napfförmig, stark duftend, einblütig.
Verwendung: Ideal zum Verwildern. Die Pflanze sät sich von selbst aus.
Sorten/Verwandte:
• 'Actaea' Blütenkranz weiß, Nebenkrone grüngelb mit rotem Rand, großblütig, alte Sorte.
• 'Cantabile' Blütenkranz weiß, Nebenkrone grünlich, Rand rot.
• 'Queen of Narcissi' Blütenkranz weiß, Nebenkrone rot, alte, bewährte Sorte.

Dolden-Milchstern
Ornithogalum umbellatum

Ornithogalum umbellatum

IV–V H 10 – 25

Die Blüten sind nur mittags geöffnet (»11-Uhr-Blume«).
Blüte: Weiß mit grünen Rückenstreifen, sternförmig in doldenartigen Trauben.
Blatt: Grasartig, rinnig, grün mit weißlicher Mittelader, nach der Blüte einziehend.
Wuchs: Eintriebig, lockerrasig aus gedrängt beisammenstehenden Zwiebeln.
Heimat: Mittelmeergebiet bis Vorderasien. Auf Wiesen, Böschungen, in Weinbergen.
Standort: Sonnig bis lichtschattig, warm. Boden mäßig trocken bis frisch, jeder Gartenboden geeignet.
Pflege: Pflanzung im Herbst, Pflanztiefe 8–10 cm. Keine Pflege notwendig. Verträgt auch Abmähen.
Vermehrung: Durch Aussaat unmittelbar nach Samenernte oder Abnehmen von Brutzwiebeln.
Verwendung: Im Steingarten, zum Verwildern in Blumenwiesen und Parkrasen.
Günstige Partner: *Nepeta, Origanum, Salvia, Thymus.*
Sorten/Verwandte:
• *Ornithogalum nutans*, Nickender Milchstern, grünlichweiße, nickende Blüten an straffen Stielen, blüht zur gleichen Zeit. Blätter graugrün. Für sonnige bis halbschattige Plätze, gut zum Verwildern.
Warnung: Die ganze Pflanze ist giftig.

Apollo-Zwerghyazinthe
Puschkinia scilloides var. libanotica

Puschkinia scilloides var. libanotica

III–IV H 10 – 15

Problemloser Frühlingsblüher.
Blüte: Weiß bis hellblau, mit blauen Rückenstreifen, leicht duftend. Glöckchenförmig in Trauben, reichblühend.
Blatt: Grasartig, kurz und straff, glänzend grün.
Wuchs: Langlebige Zwiebelpflanze, wächst locker rasenartig und besiedelt große Flächen.
Heimat: Westasien. Schottrige Hänge, lichte Wälder.
Standort: Sonnig bis halbschattig, warm, auch heiß. Boden trocken bis frisch, jeder Gartenboden geeignet.
Pflege: Pflanzung im Herbst. 5–8 cm tief. Sonst keine weitere Pflege nötig.
Vermehrung: Durch Abnehmen von Brutzwiebeln. Selbstaussaat.
Verwendung: Im Steingarten und zum Verwildern im schütteren Rasen unter Gehölzen, entwickelt sich dort zu Tausenden.
Günstige Partner: *Chionodoxa, Iris, Scilla.*

Blaustern
Scilla sibirica

Sorte 'Spring Beauty'

III–V H 10 – 15

Enzianblauer Frühlingsblüher.
Blüte: Intensiv blaue Sternblüten in wenigblütigen Trauben.
Blatt: Breit linealisch, grasgrün.
Wuchs: Zwei- bis dreitriebig aus eiförmigen Zwiebeln. Teppichbildend.
Heimat: Südosteuropa bis Westasien. In Laubmischwäldern.
Standort: Sonnig bis halbschattig, frühjahrshell, warm. Boden mäßig trocken bis frisch, humos, auf jedem Gartenboden.
Pflege: Pflanzung im Herbst, Pflanztiefe 5–8 cm. Zuviel Fallaub im Frühjahr entfernen. Vorsichtige organische Düngergaben zum Blattaustrieb.
Vermehrung: Durch Abnehmen von Brutzwiebeln. Vermehrt sich ohne Zutun durch Selbstaussaat.
Verwendung: Stets in größeren Kolonien. Im Steingarten, ideal zum Verwildern am Gehölzrand oder im schütteren Rasen.
Günstige Partner: Narzissen, Tulpen.
Sorten/Verwandte:
• 'Spring Beauty' prächtig blau, in allen Teilen größer. Kleine, dichtgedrängte Horste. Die Pflanze bildet Tochterzwiebeln, samt sich aber nicht aus, da sie steril ist.
• *Scilla bifolia*, Kleiner Blaustern blau. Blüht etwas früher als *Scilla sibirica*. 10 cm, sät sich unter lichten Gehölzen stark aus.

Tulpen
Tulipa

Weiße Tulpen und dunkelviolette Hyazinthen

Tulpen zählen zu den beliebtesten Zwiebelgewächsen für Steingärten und Beete.

Einteilung der Tulpen:
Die unzähligen Sorten werden in Klassen eingeteilt:
Frühblühende Tulpen:
1. Klasse: Einfache Frühe Tulpen (→ Seite 219).
2. Klasse: Gefüllte Frühe Tulpen (→ Seite 219).
Mittelfrühblühende Tulpen:
3. Klasse: Triumph-Tulpen (→ Seite 219).
4. Klasse: Darwin-Hybrid-Tulpen (→ Seite 219).
Spätblühende Tulpen:
5. Klasse: Einfache Späte Tulpen (→ Seite 219).
6. Klasse: Lilienblütige Tulpen (→ Seite 219).
7. Klasse: Gefranste oder Crispa-Tulpen (→ Seite 220).
8. Klasse: Viridiflora-Tulpen (→ Seite 220).
9. Klasse: Rembrandt-Tulpen.
10. Klasse: Papageien-Tulpen (→ Seite 220).
11. Klasse: Gefüllte Späte Tulpen (→ Seite 219).
Botanische Tulpen:
12. Klasse: Kaufmanniana-Tulpen (→ Seite 220).
13. Klasse: Fosteriana-Tulpen (→ Seite 220).
14. Klasse: Greigii-Tulpen (→ Seite 220).
15. Klasse: Echte Wild-Tulpen.
- Vielblütige Tulpen (→ Seite 221).
- Zwerg-Tulpen (→ Seite 221).
- Sonstige Wildarten (→ Seite 221).

Tips für Tulpenfreunde:
Pflanzen: Pflanzzeit IX/X, Pflanztiefe etwa 10 cm, Pflanzabstand 10–20 cm. Abgeblühte Zwiebeln nicht herausnehmen, sie können lange Zeit an ihrem Platz bleiben.
Pflegen: Düngen während des Blattaustriebs oder unmittelbar nach dem Abblühen, 30–50 g Dünger/qm. Blätter unbedingt einziehen lassen. Abgeblühte Blüten oder Fruchtstände sofort beseitigen. Beim Schnitt für die Vase unbedingt 1–2 Blätter stehen lassen, sonst verhungern die Zwiebeln.
Verpflanzen: Erst nach dem Einziehen ausgraben, also etwa im Juni, wenn sich die Blätter braun verfärbt haben. Dann die Haupt- und Brutzwiebeln trennen und an einem neuen Platz auspflanzen. Nicht wieder am alten Standort einsetzen, da sie sonst kümmern.
Lagern: Zwiebeln säubern, kühl, trocken und dunkel aufbewahren, jedoch nicht in Plastiktüten oder verschlossenen Gefäßen, da sie sonst verschimmeln.

Frühblühende Tulpen
Tulipa

'Diana', einfachblühend

'Mansella', gefülltblühend

IV H 25 – 40

Einfache Frühe Tulpen:
Blüte: Weiß, gelb, orange, rosa und rot, mit leichtem Duft. Becherförmig, klein.
Blatt: Graugrün, breit zungenförmig.
Wuchs: Aufrecht, kurzstielig.
Standort: Vollsonnig, frühjahrshell, warm. Boden mäßig trocken bis frisch, möglichst sandig-lehmig, humusarm. Keine nassen Böden!
Verwendung: In Beeten, Trögen und Töpfen.
Sorten/Verwandte:
Frühblühend:
• 'Diana' reinweiß
• 'Joffre' gelb
• 'Christmas Marvel' rosa
• 'Brilliant Star' scharlachrot.
Mittel- und spätblühend:
• 'Bellona' gelb, großblütig.
• 'Princess Irene' orange, purpurfarben geflammt.
• 'Kaiserkrone' rot mit gelb.

Gefüllte Frühe Tulpen:
Blüten pfingstrosenähnlich, länger als die Einfachen Tulpen blühend, kurz gestielt, 25–35 cm.
Sorten/Verwandte:
• 'Schoonoord' reinweiß.
• 'Peach Blossom' rosa.

Mittelfrühblühende Tulpen
Tulipa

Darwin-Hybride 'Golden Parade'

IV H 40 – 60

Darwin-Hybrid-Tulpen:
Sie zählen mit zu den prächtigsten Tulpen.
Blüte: Meist gelb, orange und rot. Groß, becherförmig, leuchtkräftig.
Blatt: Graugrün, breit zungenförmig, aufrecht.
Wuchs: Straff aufrecht, groß mit dicken Blütenstielen, 50–60 cm.
Standort: Sonnig bis lichtschattig. Für jeden sandig-lehmigen Gartenboden.
Verwendung: In Beeten.
Sorten/Verwandte:
• 'Golden Apeldoorn' gelb, am Grund schwarz.
• 'Big Chief' rosa mit Orange.
• 'Elizabeth Arden' lachsrosa mit Violett.
• 'Hollands Glory' leuchtend orange-scharlachrot, großblütig.
• 'Apeldoorn' orange-scharlachrot, am Grund schwarz.

Triumph-Tulpen:
Standfest, häufig mehrfarbig, 40–55 cm hoch, für Massenpflanzungen.
Sorten/Verwandte:
• 'Pax' reinweiß.
• 'Golden Melody' goldgelb.
• 'Peerless Pink' rosa.
• 'Cassini' blutrot.
• 'Negrita' purpurfarben.

Spätblühende Tulpen
Tulipa

'Maytime', lilienblütig

'Bonanza', gefülltblühend

IV–V H 50 – 65

Einfache Späte Tulpen:
Blüte: Viele Farben, oft mehrfarbig, becherförmig, Anfang bis Ende V.

Lilienblütige Tulpen:
Blüte: Elegant, schlank mit nach außen gebogenen Spitzen.
Blatt: Breit zungenförmig, graugrün.
Wuchs: Aufrecht, nicht immer standfest.
Standort: Sonnig. Für jeden sandig-lehmigen Gartenboden.
Verwendung: In Beeten.
Sorten/Verwandte:
• 'White Triumphator' weiß.
• 'Westpoint' hellgelb.
• 'Queen of Sheba' blutrot mit gelbem Rand.

Gefüllte Späte Tulpen:
Dichtgefüllt, standschwach. Für windgeschützte Plätze.

ZWIEBEL-/KNOLLENPFLANZEN

Spätblühende Tulpen
Tulipa

'Fancy Frills', gefranst

Papageien-Tulpe 'Flaming Parrot'

IV–V H 30 – 60   ○

Gefranste Tulpen:
Apart und zunehmend beliebt.
Blüte: Breit becherförmig, am Rand unregelmäßig gefranst.
Sorten/Verwandte:
• 'Fancy Frills' elfenbeinweiß, am Rand rosa-weiß gefranst.
• 'Hamilton' goldgelb.
• 'Arma' scharlachrot.

Viridiflora-Tulpen:
Neue Züchtungen.
Blüte: Zweifarbig, außen grün geflammt oder gestreift.
Sorten/Verwandte:
• 'Spring Green' cremeweiß.
• 'Golden Artist' gelb.
• 'Eye Catcher' rot.

Papageien-Tulpen:
Bizarr, etwas nostalgisch.
Blüte: Intensiv gefärbt, mit zerschlitztem Rand, bei Sonne weit aufklappend.
Wuchs: Meist standschwach, Stiele hin- und hergekrümmt.
Verwendung: Windgeschützt zwischen stützenden Stauden.
Sorten/Verwandte:
• 'White Parrot' reinweiß.
• 'Red Champion' rot.
• 'Blue Parrot' lila-blau.

Botanische Tulpen
Tulipa

Tulipa kaufmanniana

III–IV H 15 – 40   ○

Zu den Botanischen Tulpen zählen solche Formen, deren Charakter dem der Wildarten noch weitgehend entspricht.

Kaufmanniana-Tulpen:
Ungewöhnlich frühblühend. In der Sonne klappen die Blüten weit auf, deshalb auch Seerosen-Tulpen genannt.
Blüte: Häufig zwei- und dreifarbig. Sternförmig.
Blatt: Graugrün, gelegentlich bräunlichrot gepunktet.
Wuchs: Kurze, gedrungene Stiele.
Standort: Sonnig, warm. Boden trocken bis frisch, jeder durchlässige Gartenboden.
Verwendung: Im Steingarten, in Beeten.
Günstige Partner: Polsterstauden und Halbsträucher.
Sorten/Verwandte:
• 'The First' elfenbeinweiß mit gelbem Grund, Rand hellgelb, außen karminrot.
• 'Goldstück' goldgelb, Rand gelb, außen scharlachrot.
• 'Daylight' orange-scharlachrot, am Grund schwarz.
• 'Shakespeare' rosa mit gelbem Grund, Rand lachsrosa, außen karminrosa.

Tulipa greigii 'Plaisir'

Greigii-Tulpen:
Blühen später als die anderen Botanischen Tulpen.
Blüte: Bunt, mehrfarbig. Die Blüten klappen breit auf.
Blatt: Graugrün, mit braunroten oder violettroten Streifen.
Wuchs: Gedrungen, etwas starr, eintriebig.
Standort: Wie Kaufmanniana-Tulpen.
Verwendung: Steingarten.
Sorten/Verwandte:
• 'Yellow Dawn' gelb mit rotem Grund.
• 'Plaisir' cremegelb mit Rot, Grund schwarz.
• 'Ontario' innen aprikosenfarben, am Grund schwarz.

Fosteriana-Tulpen:
Sehr frühblühend, meist vor den klassischen Tulpen.
Blüte: Gelb, rot oder weiß, ungewöhnlich groß, bei Sonne waagrecht aufgeklappt.
Blatt: Breit lanzettlich, graugrün mit angedeutetem rötlichem Saum.
Wuchs: Eintriebig, kurzstielig.
Standort: Vollsonnig. Boden trocken bis frisch, unbedingt durchlässig.
Verwendung: In Beeten oder im Steingarten, in Trögen.
Günstige Partner: *Arabis, Iberis. – Muscari.*
Sorten/Verwandte:
• 'Purrissima' weiß mit Gelb.
• 'Golden Emperor' goldgelb.
• 'Orange Emperor' orange.
• 'Red Emperor' brillantes Scharlachrot, am Grund schwarz.

Echte Wild-Tulpen, Vielblütige Tulpen
Tulipa-Arten

Tulipa tarda

III–IV H 10 – 30 ○

Normalerweise kennt man aus Gärten und Anlagen die einstieligen Tulpen. Weniger bekannt ist, daß es etliche Wildarten gibt, die mehrere Blüten pro Stengel tragen.
Blüte: In vielen Farben. Kleine Becherblüten, mehrblütig.
Blatt: Linealisch, verschieden gefärbt.
Wuchs: Zwergig, eintriebig. Zwiebeln klein, etliche Arten bilden Ausläufer.
Heimat: Zentralasien. Steppen, steinige Berghänge.
Standort: Vollsonnig, warm, geschützt, frühjahrsfeucht, sommertrocken. Boden gut durchlässig, am besten sandig-kiesiger Lehm. <u>Keine schweren Böden!</u>
Pflege: Pflanzzeit IX/X, Pflanztiefe 8–10 cm.
Vermehrung: Aussaat, Abnehmen von Tochterzwiebeln.
Verwendung: Im Steingarten und Kiesbeet.
Sorten/Verwandte:
• *Tulipa praestans* scharlachrot, zwei- bis dreiblütig, III–IV, 25–30 cm.
• 'Füselier' brillant orangerot.
• *Tulipa tarda* gelb mit weiß, drei- bis achtblütig, III–IV, 10–15 cm. Treibt Ausläufer, sät sich aus.

Echte Wild-Tulpen, Zwerg-Tulpen
Tulipa-Arten

Tulipa violacea

III–V H 5 – 15 ○

Miniaturausgaben der Tulpen.
Blüte: In vielen Farben. Einzelne, kleine Becherblüten.
Blatt: Unterschiedlich gefärbt. Schmal bis breit linealisch, häufig dem Boden aufliegend.
Wuchs: Miniaturhaft, in allen Teilen klein.
Heimat: Nordpersien und angrenzende Gebiete. Steppen und steinige Berghänge.
Standort: Wie Vielblütige Tulpen.
Pflege: Pflanzzeit IX/X, Pflanztiefe 8-10 cm.
Verwendung: Wie Vielblütige Tulpen.
Sorten/Verwandte:
• *Tulipa aucheriana*, dunkelrosa, am Grund braungelb, sternförmig, IV–V. Eine spätblühende Zwerg-Tulpe, 5–10 cm.
• *Tulipa bakeri* 'Lilac Wonder' purpur-rosa, am Grund gelb, III–IV, 5–10 cm.
• *Tulipa batalinii* 'Bright Gem' schwefelgelb, IV–V, 15 cm.
• 'Red Jewel' ziegelrot, IV–V, 15 cm.
• *Tulipa pulchella* violett, am Grund gelb, III, 10 cm.
• *Tulipa schrenkii* rot, orange gerandet, III–IV, 7–10 cm.
• *Tulipa violacea* karminviolett, am Grund blauschwarz, III, 15 cm.

Echte Wild-Tulpen, Weinberg-Tulpe
Tulipa sylvestris

Tulipa sylvestris

IV–V H 20 – 40 ○ ◐ ✂

Die einzige in unseren Breiten wild vorkommende Tulpe. Sie stammt aus dem Mittelmeerraum und ist bei uns eingebürgert.
Blüte: Goldgelb, duftend. Blüten nickend, glockenförmig, bei Wärme sternförmig aufgeklappt.
Blatt: Lanzettlich, graugrün.
Wuchs: Aufrecht, standfest trotz dünner Stiele. Zwiebeln mit Ausläufern, teilweise wuchernd.
Heimat: Europa. An sandig-kiesigen Ufern, in lichten Wäldern, bevorzugt in Weinbergen.
Standort: Sonnig bis halbschattig, warm, auch heiß. Boden mäßig trocken bis frisch, nährstoffreich, kiesig- oder sandig-lehmig.
Pflege: Pflanzzeit IX/X, Pflanztiefe 10–12 cm, in schweren Böden nur 6–8 cm.
Vermehrung: Durch Aussaat unmittelbar nach der Samenernte oder Abnehmen von Ausläuferzwiebeln.
Verwendung: Im Kiesbeet, Geröllsteingarten oder Naturgarten. Zum Verwildern unter lichten Gebüschen und am sonnigen Waldrand.
Günstige Partner: *Geranium, Iris*.

GRÄSER UND FARNE –

Farne als Blattschmuckpflanzen ergänzen sich gut mit Waldstauden

GRÜNE BEGLEITER

Gräser und Farne stehen botanisch gesehen in keinem Verwandtschaftsverhältnis, werden aber trotzdem von Gärtnern meist in einem Atemzug genannt. Es sind Pflanzen, die nicht oder nur wenig auffallend blühen, aber durch ihren Blattschmuck und ihre Gestalt auffallen. Beide können zwischen unterschiedlichen und nur schwer zu kombinierenden Partnern vermitteln. Sie sind der grüne Rahmen für die Farben der Blütenstauden.

Die Ziergräser

Sie zählen zwar zu den Blütenpflanzen, ihre Blüten sind aber wenig auffallend, weil sie vom Wind bestäubt werden. Die Ziergräser wurden erst in diesem Jahrhundert als Schmuck für den Garten entdeckt. In historischen Gartenanlagen fanden sie keine Verwendung. Bis heute umfaßt das Sortiment bereits über 250 verschiedene Arten und Formen.

Pennisetum alopecuroides

Ziergräser gibt es für nahezu jeden Gartenbereich. Neben dem eleganten Linienspiel der Blätter und der Formschönheit der Horste zieren viele Arten auch durch federartige Blütenstände und eine wunderschöne Herbstfärbung.

Die Farne

Sie sind eine eigenständige Pflanzengruppe, denn sie entwickeln keine Blüten, sondern Sporen. Diese befinden sich in Sporenbehältern auf der Unterseite der Wedel oder auf gesonderten sporentragenden Wedeln. Farne sind entwicklungsgeschichtlich viel älter als die Samenpflanzen. Die meisten der etwa 9000 Arten sind Kinder der Tropen, bei uns sind nur 44 Formen heimisch.

Farne sind reine Blattschmuckstauden des lichten Schattens. Sie meiden tiefschattige Bereiche und bevorzugen das wandernde Licht unter Bäumen und Sträuchern.

Einige wenige Arten gedeihen auch in Mauerfugen.

<u>Hinweis:</u> Gräser und Farne sind keinesfalls die einzigen Blattschmuckstauden. Auch unter den Stauden und Einjährigen befindet sich eine ganze Reihe von Pflanzen mit außergewöhnlich formschönen Blättern, zum Beispiel Herzlilien, Elfenblumen, Storchschnabel-Arten, Woll-Ziest sowie Zier-Tabak und Strauch-Margerite.

Pflanzliste:
① *Dryopteris borreri*
② *Campanula latifolia* var. *macrantha* 'Alba'

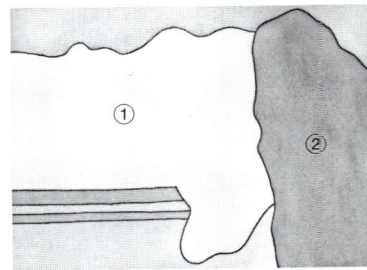

Gartensandrohr
Calamagrostis x acutiflora 'Karl Foerster'

Calamagrostis x acutiflora 'Karl Foerster'

VI–VII H 140 – 180

Über Monate hinweg dekoratives Ziergras.
Blüte: Cremeweiß, in federartig ausgebreiteten Rispen. Nach der Blüte ziehen sich die Rispen ährenartig zusammen und verfärben sich wie die Halme ockergelb.
Blatt: Schmallineal, früh austreibend.
Wuchs: Horstartig mit straff aufrechten Halmen.
Heimat: Kulturform.
Standort: Sonnig bis halbschattig; die Pflanze ist hitzeverträglich. Boden mäßig trocken bis feucht; jeder Gartenboden.
Pflege: Im Frühjahr pflanzen. Im zeitigen Frühjahr zurückschneiden.
Vermehrung: Durch Teilung.
Verwendung: Auf Rabatten.
Günstige Partner: *Aster dumosus*, *Aster novae-angliae*, *Chrysanthemum-Indicum-Hybriden*, *Helenium*, *Heliopsis*, *Rudbeckia fulgida*.

Japan-Segge
Carex morrowii 'Variegata'

Carex morrowii 'Variegata'

IV H 40 – 50

Eines der schönsten immergrünen Gräser.
Blüte: Gelb, klein, in Ähren.
Blatt: Breit linealisch, bogenförmig, fest, dunkelgrün mit schmalen cremeweißen Streifen am Rand, immergrün.
Wuchs: Flache Horste, im Alter breiter als hoch.
Heimat: Kulturform, die Art aus Japan. In Wäldern.
Standort: Lichtschattig bis schattig, mäßig warm bis kühl. Boden frisch bis feucht, humos, lehmig. <u>Keine nassen oder leicht austrocknenden Böden!</u>
Pflege: In Trockenperioden gießen.
Vermehrung: Durch Teilung im Frühjahr.
Verwendung: Im Mauerschatten und in waldartigen Pflanzungen. Schattige Rabatten.
Günstige Partner: *Cardamine trifolia*, *Epimedium*, *Hosta*, *Pulmonaria*, *Tiarella*, *Waldsteinia*. Gute Begleitpflanze zu Rhododendren.
Sorten/Verwandte:
• *Carex pendula*, Riesen-Segge. Wenig auffällige, überhängende Ähren. Bis 150 cm hohe, aufrechte Stiele, V. Blätter dunkelgrün, breit lineal mit scharfen Rändern, bogig übergeneigt, immergrün in 40–80 cm hohen Horsten. Auch für verdichtete oder feuchte Böden, keine Sandböden!

Pampasgras
Cortaderia selloana

Cortaderia selloana

IX–X H 120 – 260

Bekanntes, ornamentales Riesengras.
Blüte: Silbrigweiß, bis über 50 cm große Rispen auf steifen, aufrechten Stielen.
Blatt: Lang linealisch mit scharfen Rändern, graugrün.
Wuchs: Bildet große Horste.
Heimat: Südamerika. In Steppen (Pampas).
Standort: Vollsonnig, warm, auch kurzzeitig trocken. Boden frisch, durchlässig, nährstoffreich.
Pflege: In längeren Trockenperioden gießen. Reichlich düngen. Gegen Winternässe empfindlich, daher im Spätherbst trockenen Winterschutz geben. Dazu am besten die Blätter schopfartig zusammenbinden und mit trockenem Laub und Reisig einpacken.
Vermehrung: Durch Teilung im Frühjahr.
Verwendung: Solitärpflanze in Kiesbeeten, vor Hauswänden.
Günstige Partner: *Anaphalis*, *Chrysanthemum-Indicum-Hybriden*, *Nepeta*, *Salvia*.
Sorten/Verwandte:
• 'Sunningdale Silver' mit großen, weiß-seidig glänzenden, eleganten Rispen, 200 cm.
• 'Pumila' gedrungen, 120 cm.

Blau-Schwingel
Festuca cinerea

Festuca cinerea

VI–VII H 30 – 60 ○

Kleines, blaugraues Gras.
Blüte: Graugrün, in lockeren Rispen auf aufrechten Stielen, verfärben sich nach der Blüte hellbraun.
Blatt: Schmal linealisch, graugrün bis stahlblau.
Wuchs: Halbkugelförmige Polster.
Heimat: Europa, Kaukasus. Auf Felsfluren und in Trockenrasen.
Standort: Vollsonnig, warm, auch heiß und trocken. Boden mäßig trocken bis trocken, gut durchlässig, humus- und nährstoffarm. Keine nassen Standorte! Auf nährstoffreichen Substraten vergrünend.
Pflege: Im Frühjahr die Horste ausputzen. Nach der Blüte die Rispen zurückschneiden.
Vermehrung: Durch Teilung im Frühjahr. Versamt sich an zusagenden Plätzen.
Verwendung: Einzeln oder in kleinen Gruppen, niemals flächig, im Stein- und Steppengarten.
Günstige Partner: *Campanula, Cerastium tomentosum, Veronica spicata* ssp. *incana.*
Sorten/Verwandte:
- 'Frühlingsblau' stahlblau.
- 'Meerblau' auffällig blau.
- *Festuca ovina,* Schaf-Schwingel, wüchsiger und weniger nässeempfindlich.
- 'Aprilgrün' meergrün.
- 'Superba' blaugrüne Horste, kaum blühend.

Blaustrahlhafer
Helictotrichon sempervirens

Helictotrichon sempervirens

VII H 110 – 160 ○

Das größte der blau gefärbten Ziergräser.
Blüte: Graugrün, in schlanken, lockeren Rispen auf bis zu 150 cm hohen Halmen.
Blatt: Schmal lineal, graugrün bis blaugrau.
Wuchs: Kompakte, vielstrahlige, 30–50 cm hohe Horste, die auf geeigneten Standorten fast 1 m Durchmesser erreichen.
Heimat: Westliches Mittelmeergebiet und Alpen. Auf Schutthängen bis in 2400 m Höhe.
Standort: Vollsonnig, warm, auch heiß. Boden trocken bis mäßig trocken, durchlässig, nährstoffarm. Keine nassen Standorte! Bei Beschattung und auf nährstoffreichen Böden vergrünen die Horste.
Pflege: Nur im Frühjahr pflanzen. Die Rispen nach der Blüte abschneiden. Im Frühjahr vollständig zurückschneiden.
Vermehrung: Durch Teilung im Frühjahr.
Verwendung: Auf allen trockenen Plätzen im Garten. Auf sonnigen Rabatten.
Günstige Partner: Graulaubige Stauden. *Anaphalis, Aster amellus, Nepeta, Scabiosa, Sedum.*

Wald-Marbel, Wald-Hainsimse
Luzula sylvatica

Luzula sylvatica 'Hohe Tatra'

V–VI H 30 – 50 ◐ ○

Wintergrünes Gras für schattige Gartenbereiche.
Blüte: Bräunlich, unscheinbar, sternförmig, in lockeren Rispen.
Blatt: Breit linealisch, frischgrün, wintergrün, früh austreibend.
Wuchs: Lockerrasig, bildet durch kurze Ausläufer allmählich Teppiche.
Heimat: Europa bis Kaukasus. In feuchten Wäldern, meist auf sauren Böden.
Standort: Lichtschattig bis schattig, kühl, luftfeucht. Boden frisch bis feucht, humos.
Pflege: In Trockenperioden gießen.
Vermehrung: Durch Teilung im Frühjahr leicht möglich.
Verwendung: Kleinflächig, im Schatten von Gehölzen und Mauern.
Günstige Partner: *Epimedium, Symphytum grandiflorum, Tiarella, Vinca, Waldsteinia.* – Rhododendren.
Sorten/Verwandte:
- 'Marginata' mit weißen Blatträndern.

GRÄSER/FARNE

Chinaschilf
Miscanthus sinensis

Riesen-Pfeifengras
Molinia arundinacea

Miscanthus sinensis 'Silberspinne'

Miscanthus sinensis 'Zebrinus'

Molinia arundinacea 'Windspiel'

IX–X H 100 – 270

Imposantes, schilfartiges Gras, mit vielen verschieden gestaltigen Sorten.
Blüte: Je nach Sorte cremeweiß, silbrig glänzende, hellbraune bis braunrote Rispen an den Enden aufrechter Halme. Einige Sorten kommen in unserem Klima nicht zur Blüte. Die Fruchtstände sind bis zum Ende des Winters vor allem bei Rauhreif und im Gegenlicht sehr wirkungsvoll.
Blatt: Breit bis schmal linealisch, überhängend, an bambusähnlichen Halmen, dunkelgrün mit kleinen, silbrigen Streifen in der Mitte. Viele Sorten mit auffälliger, gelber oder roter Herbstfärbung.
Wuchs: Großes, spät austreibendes Horstgras, wüchsig.
Heimat: Ostasien. Auf frischen bis feuchten Wiesen, an Berghängen.
Standort: Sonnig, warm. Boden frisch bis feucht, alle nährstoffreichen Gartenböden.
Pflege: Erst im Frühjahr zurückschneiden, da das Gras über den ganzen Winter attraktiv ist. Ausreichend düngen. Sämlinge entfernen, da sie meist weniger schön als die Sorten sind.

Vermehrung: Durch Teilung im Frühjahr. An geeigneten Stellen erfolgt Selbstaussaat.
Verwendung: Als Solitär- oder Leitstaude. Auf Rabatten.
Günstige Partner: *Alchemilla, Aster novi-belgii, Delphinium, Ligularia, Lythrum, Phlox.*
Sorten/Verwandte:
• 'Gracillimus' nicht blühende, 140–180 cm hohe Sorte mit schmal linealen, bogenförmig aufstrebenden Blättern. Sehr schöne Schnittsorte, in milden Jahren wintergrün.
• 'Kleine Fontäne' rotbraun, reichblütig, 120 cm.
• 'Malepartus' rotbraun, frühblühend mit eindrucksvoller, roter Herbstfärbung, 200 cm.
• 'Silberfeder' cremeweiß, silbrig glänzende Rispen, schöne gelbe Herbstfärbung, 230 cm.
• 'Variegatus' mit weiß gestreiften Blättern, 200 cm.
• 'Zebrinus', Stachelschweingras, rotbraun, Blätter grün mit unregelmäßigen, blaßgelben Flecken, 250 cm.
• *Miscanthus giganteus* 'Aksel Olsen', Riesen-Chinaschilf, 300–400 cm, mit prächtiger, ockergelber Herbstfärbung. Blüht in unseren Breiten nur äußerst selten.

VII–IX H 160 – 280

Elegantes Gras mit eindrucksvoller Herbstfärbung.
Blüte: Bräunlich, unscheinbar, verästelte Rispen. Halme im Herbst auffällig gelb gefärbt.
Blatt: Schmal linealisch, grün, gelbe Herbstfärbung.
Wuchs: Horstartige, 70–110 cm hohe Blattschöpfe.
Heimat: Europa. Wiesen, lichte Wälder.
Standort: Sonnig bis halbschattig, mäßig warm. Boden mäßig trocken bis feucht, jeder Gartenboden.
Pflege: In Trockenperioden gießen. Sämlinge entfernen.
Vermehrung: Durch Teilung im Frühjahr. Selbstaussaat.
Verwendung: Im Natur- und Heidegarten. Auf Rabatten.
Günstige Partner: Herbstfärbende Gehölze. *Aster dumosus, Geranium, Hosta, Lysimachia.*
Sorten/Verwandte:
• 'Transparent' locker übergeneigt, 200 cm.
• 'Windspiel' straff aufrecht, 280 cm.
• *Molinia caerulea*, Sumpf-Pfeifengras, VII–IX.
• 'Dauerstrahl' leuchtend goldgelbe Herbstfärbung, 110 cm.
• 'Variegata' Blätter weiß gestreift, 70 cm.

Ruten-Hirse
Panicum virgatum

Panicum virgatum 'Rehbraun'

Lampenputzergras
Pennisetum alopecuroides

Pennisetum alopecuroides

VIII–IX H 110 – 150 ○ ✂

Horstgras mit feingliedrigen Blütenständen.
Blüte: Winzig in sehr feinen, schleierähnlichen Rispen.
Blatt: Schmal linealisch, grasgrün, aufrecht bis überhängend mit ockergelber Herbstfärbung.
Wuchs: Kompakte Horste, aufrecht, teilweise nicht standfest, spät austreibend.
Heimat: Nord- bis Mittelamerika. In Hochgrasprärien.
Standort: Sonnig, warm. Boden mäßig trocken bis feucht, jeder Gartenboden.
Pflege: In Trockenperioden gießen. Gelegentlich düngen. Im Frühjahr zurückschneiden.
Vermehrung: Durch Teilung im Frühjahr.
Verwendung: Auf Rabatten.
Günstige Partner: *Aster, Chrysanthemum-Indicum*-Hybriden, *Solidago*.
Sorten/Verwandte:
• 'Rehbraun', Kupfer-Hirse, bereits ab August einsetzende, intensiv rote Herbstfärbung, später leuchtend braunrot bis goldgelb, 110 cm.
• 'Strictum' aufrecht, standfest.

IX–X H 40 – 100 ○ ✂

Wegen seiner lang zierenden, bis in den Winter hinein attraktiven Fruchtstände prachtvoll wirkendes Schmuckgras. Im Garten besser die schöneren Sorten als die Art verwenden.
Blüte: Hell- bis rötlichbraun winzige, langbegrannte Einzelblüten in endständigen, dichten, flaschenbürstenähnlichen Ähren an den Enden aufrechter bis übergebogener Halme.
Blatt: Schmal linealisch, überhängend, saftig grün und im Herbst goldgelb.
Wuchs: Breite schopfartige Horste.
Heimat: Ostasien bis Australien. Auf frischen Wiesen.
Standort: Sonnig, warm. Boden mäßig trocken bis feucht. Keine sehr trockenen, verdichteter oder sandigen Böden, sonst jeder Boden möglich.
Pflege: In längeren Trockenperioden gießen, gelegentlich düngen. Im Frühjahr zurückschneiden.
Vermehrung: Durch Teilung im Frühjahr.
Verwendung: Einzeln oder zu dreien auf sonnigen Rabatten und Böschungen. Schön in niedrigen Staudenteppichen und in der Nähe herbstfärbender Gehölze.
Günstige Partner: *Achillea, Aster, Chrysanthemum-Indicum*-Hybriden, *Solidago, Vernonia.* – Gelbe Rosen.
Sorten/Verwandte:
• 'Hameln' reichblühend, 60 cm.
• 'Herbstzauber' mit deutlich über den Blattschöpfen herausragenden Blütenständen, 80 cm.
• *Pennisetum orientale*, Orientalisches Lampenputzergras, graue, flauschige, violett schimmernde Ähren, VII–X, stumpf graugrünes Laub ohne Herbstfärbung, 50 cm. Für trockene, sonnige Plätze. Gut zu *Nepeta, Salvia, Stachys byzantina*.

Pfauenradfarn, Hufeisenfarn
Adiantum pedatum

Adiantum pedatum

H 40 – 60

Graziler, robuster Farn.
Blatt: Wedel aus acht bis neun fächerförmig angeordneten Fiedern auf drahtartigen Stielen.
Wuchs: Langsam kriechend, bildet breite Horste.
Heimat: Nordamerika und Ostasien. In frischen Wäldern.
Standort: Licht- bis halbschattig, kühl, luftfeucht. Die Pflanze ist spätfrostgefährdet. Boden feucht bis frisch, durchlässig, humos.
Pflege: Jährlich eine etwa 1 cm hohe Schicht aus Laubkompost und Nadelstreu aufbringen. Starkwüchsige Nachbarn zurücknehmen. Ungestört wachsen lassen.
Vermehrung: Durch Teilung oder Anzucht aus Sporen.
Verwendung: Im lichten und wandernden Schatten von Gehölzen, bei geeignetem Boden auch auf der Nordseite von Mauern.
Günstige Partner: *Cardamine trifolia, Epimedium, Saxifraga x urbium, Tiarella. – Carex morrowii* 'Variegata'. – Rhododendren.
Sorten/Verwandte:
• *Adiantum venustum*, Himalaja-Frauenhaarfarn oder Anmutiges Venushaar, mit feingliedrigen, auffallend hellgrünen Wedeln, kriechend, 20–30 cm. Meist wintergrün. Für lichtschattige, vor Wintersonne geschützte Standorte.

Gemeiner Wurmfarn
Dryopteris filix-mas

Dryopteris filix-mas

H 50 – 110

Anspruchsloser Farn.
Blatt: Doppelt gefiedert, stumpfgrün, leicht gebogene Wedel.
Wuchs: Trichterförmige Horste.
Heimat: Die ganze Nordhalbkugel. In Laub- und Nadelwäldern, Hochstaudenfluren und Schutthalden.
Standort: Lichtschattig oder halbschattig, bei genügender Bodenfeuchte auch sonnig, überwiegend kühl. Jeder frische bis feuchte Boden, auch kurzzeitig trocken.
Pflege: In Trockenperioden gießen. Sonst keine Pflege.
Vermehrung: Durch Teilung oder Anzucht aus Sporen. Vermehrt sich an zusagenden Plätzen von selbst.
Verwndung: An Gehölzrändern, im schattigen Naturgarten.
Günstige Partner: *Astilbe, Bergenia, Campanula, Epimedium, Hosta, Waldsteinia. – Carex.*
Sorten/Verwandte:
• *Athyrium filix-femina*, Frauenfarn, mit zarter gefiederten Wedeln, stumpf- bis bräunlichgrün, sommergün. Heimische Art, Standort und Verwendung wie beim Wurmfarn.

Trichterfarn, Straußfarn, Becherfarn
Matteuccia struthiopteris

Matteuccia struthiopteris

H 60 – 140

Eindruckvoller Farn mit regelmäßig angeordneten Wedeln.
Blatt: Doppelt gefiedert, frischgrün, sommergrün, früh austreibend. Die Sporen befinden sich beim Trichterfarn auf straußenfederartigen, zunächst olivgrünen und später schwarzbraunen Wedeln.
Wuchs: Trichterförmig, breitet sich durch Ausläufer allmählich flächendeckend aus.
Heimat: Nördliche Halbkugel. In Wäldern, an Ufern.
Standort: Lichtschattig, kühl, luftfeucht. Boden frisch bis feucht, locker, humos.
Pflege: In Trockenperioden ausreichend wässern, da die Wedel sonst welken und sich nicht mehr aufrichten. Bei zu starker Ausbreitung Teile abstechen.
Vermehrung: Durch Abtrennen der Ausläufer.
Verwendung: Im wandernden Licht von Gehölzen und im lichten Schatten von Mauern. Wegen der starken Ausläuferbildung nur auf genügend großen Flächen.
Günstige Partner: Nur mit wuchskräftigen Nachbarn kombinieren! *Campanula latifolia, Hosta, Rodgersia, Smilacina.* – Rhododendren.

Königsfarn
Osmunda regalis

Osmunda regalis

H 60 – 200

Größter heimischer Farn.
Blatt: Groß, doppelt gefiedert mit länglichen bis eiförmigen Einzelblättchen, frischgrün mit gelber Herbstfärbung. Oberste Blättchen sporentragend, braun gefärbt.
Wuchs: Horstartig, aufrecht, trichterförmig. Langsamwüchsig.
Heimat: Fast weltweit. In Erlen- und Weidenbruchwäldern, an feuchten Gräben.
Standort: Licht- bis halbschattig, bei nassen Böden auch sonnig, wintermild, luftfeucht. Boden feucht bis naß, locker, humos, sauer.
Pflege: Pflanzstelle mit Torf verbessern. Gut wässern. Gelegentliche Humusgaben.
Vermehrung: Sporenaussaat sofort nach der Ernte im Juni.
Verwendung: In feuchten Gehölzbereichen, am schattigen Teichrand.
Günstige Partner: *Aruncus, Caltha, Hosta, Lythrum, Rodgersia. – Carex, Molinia.*
Sorten/Verwandte:
• 'Gracilis', Zwerg-Königsfarn, aufrecht, 60 cm.
• 'Purpurascens', Purpur-Königsfarn, zum Austrieb und im Herbst mit purpurfarbenen Wedeln, 60–140 cm.

Hirschzungenfarn
Phyllitis scolopendrium

Phyllitis scolopendrium

H 20 – 40

In seiner Erscheinung einzigartiger Farn.
Blatt: Ungeteilt, zungenähnlich, ledrig, am Rand gewellt, hellgrün, glänzend, wintergrün.
Wuchs: Breitlagernde Horste.
Heimat: Europa, Asien und östliches Nordamerika. In Bergwäldern, an feucht-schattigen Felsen.
Standort: Lichtschattig, kühl, luftfeucht, windgeschützt. Boden frisch bis feucht, durchlässig, humos. <u>Keine stark besonnten, leicht austrocknenden Standorte!</u>
Pflege: Wichtig für gutes Gedeihen ist die richtige Standortwahl. In Trockenperioden besprühen. Gelegentlich mit Laubkompost versorgen.
Vermehrung: Durch Blattstielstecklinge und Sporenaussaat.
Verwendung: In lichtschattigen, möglichst windgeschützten Gartenpartien. Auf geeigneten Böden auch im Schutz von Mauern.
Günstige Partner: *Cardamine trifolia, Galium odoratum, Polygonatum, Saxifraga cortusifolia var. fortunei. – Adiantum.*
Sorten/Verwandte:
• 'Crispa' mit stark gewellten Blatträndern.

Weicher Schildfarn
Polystichum setiferum

Polystichum setiferum

H 40 – 60

Formenreicher Farn.
Blatt: Groß, doppelt gefiedert, fein zerteilt, mit dicht überlappenden Fiederchen, wirkt frotteeähnlich. Weich, stumpfgrün, wintergrün.
Wuchs: Breitlagernde Horste.
Heimat: Weltweit. In schattig feuchten Wäldern, in niederschlagsreichen und wintermilden Gegenden.
Standort: Halbschatti bis schattig, kühl, luftfeucht. Boden frisch bis feucht, locker, humos.
Pflege: In Trockenperioden besprühen.
Vermehrung: Durch Teilung oder Sporenaussaat.
Verwendung: In lockeren Gehölzbeständen, bei ausreichend lockeren, humosen Böden auch auf der Nordseite von Mauern.
Günstige Partner: *Cimicifuga, Epimedium, Tiarella.*
Sorten/Verwandte:
• 'Proliferum' mit Brutknospen auf der Unterseite der Wedel, dadurch leicht vermehrbar.
• 'Plumosum Densum' auffällig fein gefiedert, fast moosartig, ebenfalls mit Brutknospen.
• 'Wollastonii' starkwüchsige Sorte.
• *Polystichum aculeatum*, Glanz-Schildfarn, mit auffallend glänzenden und ledrigen Wedeln. Wirkungsvoll, 40–70 cm.

REGISTER

Auf den mit * gekennzeichneten Seiten finden Sie eine ausführliche Beschreibung der jeweiligen Pflanze. Die halbfett gesetzten Seitenzahlen verweisen auf Farbfotos und Farbzeichnungen.
U = Umschlagseite.

Absenker 72
Achillea
– *filipendulina* 98*, **98**
– *ptarmica* 98*, **98**
– *Millefolium*-Hybride **92**, 98*, **98**
Achnatherum calamagrostis 44
Ackerdisteln 54
Aconitum
– *carmichaelii* 99*, **99**
– *carmichaelii* var. *wilsonii* 99
– *napellus* 99*, **99**
– *napellus* x *camarum* 'Bicolor' 99*, **99**
Adiantum
– *pedatum* 228*, **228**
– *venustrum* 228
Aethionema grandiflora 100
-Hybride 100*, **100**
Agapanthus-'Headbourne'-Hybriden 100*, **100**
Ageratum houstonianum 80*, **80**
Ajuga reptans 100*, **100**
Akarizide 61
Akelei 103*, **103**
Akeleiblättrige Wiesenraute 185*, **185**
Alcea-Rosea-Hybriden **12**, 80*, **80**
Alchemilla mollis **29**, **37**, 101*, **101**, **161**
Allium 194*, **194**
– *aflatunense* 194*, **194**
– *christophii* 195*, **195**
– *giganteum* 194*, **194**
– *karataviense* **14**, 195*, **195**
– *moly* 195*, **195**
– *rosenbachianum* 194
Alpen-Aster 106*, **106**
Alpen-Edeldistel 130*, **130**
Alpenveilchen 200*, **200**
Alpine Stauden **18**, 21
Alpinum 18
Alyssum saxatile 101*, **101**
Ammoniak 56
Amstelraute 185*, **185**
Anaphalis margaritacea 102
Anaphalis triplinervis 102*, **102**
Anemone
–, Balkan- 196*, **196**
– *blanda* 196*, **196**
– *blanda* 'Blue Shades' **196**
–, Herbst- 102*, **102**
– *hupehensis* 102
-*Japonica*-Hybride 'Prinz Heinrich' **92**
-*Japonica*-Hybriden 102*, **102**
– *nemorosa* 196*, **196**
– *ranunculoides* 196
Angießen 54
Anordnung, kegelförmige 38
–, pultartige 38
Anthemis tinctoria **28**, 103
Antirrhinum majus 80*, **80**

Anwachsen 53
Anzucht 66
Apium sodiflorum 32
Apollo-Zwerghyazinthe 217*, **217**
Aquilegia
-*Caerulea*-Hybriden 103
– *chrysantha* 103
-Hybriden 103*, **103**
– *vulgaris* 103
Arabis caucasica 104*, **104**
Arabis procurrens 104
Armeria maritima 104*, **104**
Aromatische Blätter 21
Artemisia
– 'Powis Castle' **37**
– *ludoviciana* 'Silver Queen' **28**
– *schmidtiana* 'Nana' **44**
Aruncus dioicus 104*, **104**
Asiatische Lilien-Hybriden 212*, **212**
Aster 105*, **105**
–, Alpen- 106*, **106**
–, Beet- 82
–, Berg- 106*, **106**
–, Feinstrahl- 130*, **130**
–, Glattblatt- 108*, **108**
–, Himmels- 107*, **107**
–, Kalk- 106*, **106**
–, Kissen- 106*, **106**
–, Margereten- 82
–, Myrten- 107*, **107**
–, Rauhblatt- 107*, **107**
–, Schnitt- 82
–, Sommer- 82*, **82**
–, Topf- 82
–, Wilde Zwerg- 108*, **108**
–, Winter- 121*, **121**
Aster
– *alpinus* 106*, **106**
-*alpinus-Dumosus*-Hybriden 106*, **106**
– *amellus* 106*, **106**
– *divaricatus* 97
– *dumosus* 181
– *ericoides* **97**, 107*, **107**
– *laevis* 107*, **107**
– *novae-angliae* 107*, **107, 201**
– *novi-belgii* 108*, **108**
– *sedifolius* 108*, **108**
– x *frikartii* **44**
Astilbe 109*, **109**, 110*, **110**
-*Arendsii*-Hybriden 110
-*Japonica*-Hybriden 110
-*Thunbergii*-Hybriden 110
– *chinensis* 110
Astrantia major 110*, **110**
Athyrium filix-femina 228
Aubrieta-Hybriden 111*, **111**
Aufbau einer Blüte **16, 17**
Aufbinden 56
Aufnehmen älterer Stauden 56
Augustakrankheit 63
Aurelian-Hybriden 213*, **213**
– 'Golden Splendour Strain' **213**
– 'Stargazer' **213**
Ausdünnen 71
Ausläufer 72
Aussaat 66, 67
–, Direkt- 71
-erde 68
– bei Knollenpflanzen 69
– bei Zwiebelpflanzen 69
Austreiben 73
Azur-Salbei 91*, **91**

Baby-Gladiole 'Nymph' **206**
Bakterienerkrankungen 63

Bakterizide 61
Balkan-Anemone 196*, **196**
Balkan-Storchschnabel 137*, **137**
Ballonblume 168*, **168**
Balsamine 86*, **86**
Bart-Iris 151*, **151**, 152*, **152**
Bartfaden 89*, **89**
Bart-Nelke 85*, **85**
Bauerngarten 46
Becherfarn 228*, **228**
Bechermalve 87*, **87**
Beet 18
-astern 82
–, optisches Zentrum des 39
-stauden **21**, 51
Befruchten 16
Begleitpflanzen 42, 46
Begonia-Semperflorens-Hybriden 81*, **81**
Begonie 81*, **81**
Beinwell, Kaukasus- 185*, **185**
Bekämpfung 61
Bellis perennis 81*, **81**
Berg-Aster 106*, **106**
Berg-Flockenblume 117*, **117**
Bergenia cordifolia 111*, **111**
Bergenie 111*, **111**
Bergstauden 18
Bertrams-Garbe 98*, **98**
Bestäuben 16, 17
Bienengefährliche Mittel 62
Blatt **16**, 17
-chlorosen 63
-fleckenkrankheit 63
-formen **16**, 17, 34
-größen 34
-grün 17
-läuse 65
-oberflächen 34
-schäden 61
-umrisse 34
-wanzen 63, 65
Blätter, aromatische 21
Blau
-blatt-Funkien 149*, **149**
-glöckchen 207*, **207**
-kissen 111*, **111**
-roter Steinsame 112*, **112**
-Schwingel 225*, **225**
-stern 217*, **217**
-strahlhafer 225*, **225**
-zungen-Lauch **14**, 195*, **195**
Blauer Eisenhut 99*, **99**
Blühdauer 17
Blühfaulheit 63
Blühtermine 38
Blumenerde 61
Blut-Storchschnabel 139*, **139**
Blüte 16, **16**, 17
Blütezeiten **25**, **38**, 56
Blüten
-farben 26, 27
-formen 34
-pflanze, Aufbau einer **16**
-stände **17, 17**
-staub 16, 17
-stiel 17
Blutweiderich 159*, **159**
Boden
-analyse 55
-bearbeitung 50
-deckende Pflanzen 42
-deckende Waldrebe 122*, **122**
-leben 56
-lockerung 50, 55
–, Nährstoffgehalt des 55

–, nasser 21
–, sandiger 53
–, schwerer 53
-struktur 51
-vorbereitung 50
Botanik 16
Botanische Tulpen 220*, **220**
Brandkraut 165*, **165**
Breitblättrige Glockenblume 115*, **115**
Breitwürfige Saat 71
Brennende Liebe 158*, **158**
Briza media **36**
Bronze-Schaublatt 174*, **174**
Brunnera macrophylla 112*, **112**
Brutknollen 69
Brutzwiebeln 69
Buddleja alternifolia **41**
Buglossoides purpurocaerulea 112*, **112**
Bunte Margerite 120*, **120**
Bunter Krokus 198*, **198**
Buntschopf-Salbei 91*, **91**
Busch-Levkojen 88
Büschel-Glockenblume 114*, **114**
Buschmalve 87*, **87**
Buschwindröschen, Weißes 196*, **196**

Calamagrostis x *acutiflora* 'Karl Foerster' 224*, **224**
Calendula officinalis 82*, **82**
Callistephus chinensis 82*, **82**
Caltha palustris 112*, **112**
Campanula 113*, **113**
– *carpatica* 114*, **114**
– *cochleariifolia* 114*, **114**
– *glomerata* 114*, **114**
– *lactiflora* 115*, **115**
– *latifolia* 115*, **115**
– *latifolia* var. *macrantha* 'Alba' **223**
– *medium* **33**, 83*, **83**
– *medium* 'Einfach Weiß' **33**
– *persicifolia* 116*, **116**
– *portenschlagiana* 116*, **116**
– *poscharskyana* 116
Cardamine trifolia 116*, **116**
Carex morrowii 'Variegata' 224*, **224**
Carex pendula 224
Centaurea macrocephala 117*, **117**
Centaurea montana 117*, **117**
Centranthus
– *rosea* **41**
– *ruber* **92**, 117*, **117**
-*ruber* 'Albus' **33, 41**
Cerastium biebersteinii 118
Cerastium tomentosum var. *columnae* 118*, **118**
Ceratostigma plumbaginoides 118*, **118**
Chelone lyonii 118
Chelone obliqua 118*, **118**
Chemische Mittel 61
Chinaschilf 226*, **226**
Chinesische Pfingstrosen 161*, **161**, 162*, **162**
Chionodoxa gigantea **196**, 196
Chionodoxa lucilliae 196*, **196**
Chlorophyll 17
Chlorose 63
Christrose **50**, 144*, **144**
Chrysantheme 119*, **119**
–, Herbst- 121*, **121**
Chrysanthemum 119*, **119**
-*Indicum*-Hybriden 121*, **121**

230

– *coccineum* 120*, **120**
– *corymbosum* **28**
– *frutescens* 83*, **83**
– *macrophyllum* **41**
– *maximum* 120*, **120**
– *parthenium* 83*, **83**
– *serotinum* 121*, **121**
Cimicifuga
– *racemosa* 122*, **122**
– *racemosa* var. *cordifolia* 122
– *ramosa* 122
– *simplex* 122
Clematis x *joviniana* 122*, **122**
Cleome spinosa 84*, **84**
Container 53
Convallaria majalis 197*, **197**
Coreopsis grandiflora 123*, **123**
Coreopsis verticillata 123*, **123**
Cornus alba 'Sibirica Elegantissima' **193**
Cortaderia selloana 224*, **224**
Corydalis cava 197*, **197**
Corydalis solida 197
Cosmos bipinnatus 84*, **84**
Cosmos sulphureus 85*, **85**
Crambe cordifolia 123*, **123**
Crocosmia
– *masoniorum* 197
– x *crocosmiiflora* 197*, **197**
– x *crocosmiiflora* 'Lucifer' **197**
Crocus 198*, **198**
– *chrysanthus* 198*, **198**
– *chrysanthus* 'E. P. Bowles' 198
– *flavus* 199*, **199**
-Hybride 'Jeanne d'Arc' **199**
-Hybride 'Pickwick' **199**
-Hybride 'Victor Hugo' **198**
-Hybriden 199*, **199**
– *speciosus* 199*, **199**
– *tommasinianus* 200*, **200**
Cyclamen coum 200*, **200**
Cyclamen hederifolium 200*, **200**

Dachwurz 183*, **183**
Dahlia 53, 201*, **201**, 202*, **202**, 203*, **203**
–, 'Yvonne' **201**
–, Einfache 'Feuerrad' **202**
Dalmatiner Glockenblume 116*, **116**
Dalmatiner-Storchschnabel 136*, **136**
Darmera peltata **36**
Dauerunkräuter 50
Delphinium
-*Belladonna*-Hybriden 125*, **125**
-*Elatum* 'Abendleuchten' **33**
-*Elatum*-Hybriden **33**, 125*, **125**
-Hybriden 124*, **124**
-*Pacific*-Hybriden **97**, 125*, **125**
– x *cultorum* **30**, **31**
Dianthus
– *barbatus* 85*, **85**
– *deltoides* 126*, **126**
– *gratianopolitanus* 126*, **126**
– *plumarius* 126
Dicentra
– *eximia* 126*, **126**
– *formosa* 126
– *spectabilis* **13**, 127*, **127**
Dichter-Narzissen 216*, **216**
Dickichte 35
Digitalis
– *grandiflora* 127
– *purpurea* **30**, **31**, 127*, **127**
– x *mertonensis* 127
Direktaussaat 71

Dolde **17**
Dolden-Milchstern 217*, **217**
Doronicum orientale 128*, **128**, **193**
Dotterblume, Sumpf- 112*, **112**
Drainagematerial 70
Drainageschicht 54
Dreimaster-Staude 186*, **186**
Dryopteris borreri **223**
Dryopteris filix-mas 228*, **228**
Duft 21
-Narzissen 216*, **216**
-Veilchen 191*, **191**
-siegel 183*, **183**
-steinrich 88*, **88**
Düngen 51, 55, 56

Echinacea purpurea 128*, **128**
Echinops bannaticus 128*, **128**
Echte Wild-Tulpen 221*, **221**
Echter Eisenhut 99*, **99**
Echter Mehltau 64
Edel-Pfingstrosen 161*, **161**, 162*, **162**
Edelgladiole 206*, **206**
Efeublättriges Alpenveilchen 200*, **200**
Ehrenpreis
–, Großer 189*, **189**
–, Riesen- 190*, **190**
–, Silbergrauer 189*, **189**
Einfache Dahlie 'Feuerrad' **202**
Einheitserde 68, 71
Einjahresblumen 18, 51
Einjährige Sommerblumen 13
Einjähriger Sonnenhut **79**
Einpflanzen 53
Eintopfen 67
Eintriebige Pflanzen 35
Einzelkornsaat 71
Eisenhut
–, Blauer 99*, **99**
–, Echter 99*, **99**
–, Herbst- 99*, **99**
Eisenkraut 94*, **94**
–, Schleier- 94*, **94**
Eisheilige 51
Elfen-Krokus 200*, **200**
Engelstränen-Narzissen 216*, **216**
Entenschnabel 158*, **158**
Enzianbleiwurz 118*, **118**
Epimedium
– *grandiflorum* 129*, **129**
– *pinnatum* ssp. *colchicum* 129*, **129**
– x *rubrum* **37**, 129
– x *warleyense* 129
– x *youngianum* 129*, **129**
Eranthis hyemalis 204*, **204**
Erdschürfepflanzen 12
Eremurus
– *himalaicus* 204
– *robustus* 204*, **204**
-*Ruiter*-Hybriden **41**
-*Shelford*-Hybriden 204
Erica carnea **198**
Erigeron-Hybriden 130*, **130**
Erstbepflanzung 24
Eryngium alpinum 130*, **130**
Eselsohren 184*, **184**
Etagen-Primel, Japanische 171*, **171**
Eupatorium fistulosum 'Atropurpureum' 131*, **131**
Euphorbia 131*, **131**
– *amygdaloides* 132
– *griffithii* 132*, **132**

– *griffithii* 'Fireglow' **41**
– *myrsinites* 132*, **132**
– *polychroma* 132*, **132**

Fackelkerze 154*, **154**
Fackellilie 154*, **154**
Falscher Mehltau 64
Farben 26, 27
Färberkamille 103*, **103**
Farn-Herzblume 126*, **126**
Farne 12, 34, 53
Feinde, natürliche 60
Feinstrahlaster 130*, **130**
Felsen-Steinkraut 101*, **101**
Fenstersims 66
Festuca
– *cinerea* 225*, **225**
– *glauca* **225**
– *ovina* 225
Fetthenne 181*, **181**
–, Gold- 182*, **182**
–, Purpur- 182*, **182**
Feuer-Lilie 210*, **210**
Feuer-Wolfsmilch 132*, **132**
Filipendula kamtschatica 133*, **133**
Filipendula purpurea 133
Filziges Hornkraut 118*, **118**
Flachwasserzonen 21
Flachwurzler **16**
Flammenblume, Hohe 166*, **166**
Fleißiges Lieschen 86*, **86**
Flor zweiter 56
Folienhäuser, nicht beheizbare 66
Formen, Gestalten mit 34
Freiflächen 18
Fritillaria
– *imperialis* **193**, 204*, **204**
– *imperialis* 'Lutea Maxima' **204**
– *meleagris* 205*, **205**
Frostempfindlich 51
Frostharte 63
Frosttrocknis 57
Fruchtblätter 17
Fruchtknoten 17, **17**
Frühbeet 66
Frühblühende Tulpen 219*, **219**
Frühjahrsblüher 20, 38, 39
Frühlings-
-Alpenveilchen 200*, **200**
-Gedenkemein 160*, **160**
-Knotenblume 208*, **208**
-Platterbse 155*, **155**
Füllpflanzen 47
Fünferling 167*, **167**
Fungizide 61, 63
Funkie 147*, **147**
–, Blaublatt- 149*, **149**
–, Gelbblatt- 149*, **149**
–, Grünblatt- 148*, **148**
–, Weißblatt- 148*, **148**

Galanthus elwesii 205
Galanthus nivalis 205*, **205**
Galium odoratum 134*, **134**
Gänsekresse 104*, **104**
Garbe
–, Bertrams- 98*, **98**
–, Gold- 98*, **98**
–, Sumpf- 98*, **98**
–, Rote Schaf- 98*, **98**
Garten
-blumen 12, 46
-Hyazinthe 207*, **207**
-Krokus 199*, **199**
-Sonnenblume 142*, **142**

-sandrohr 224*, **224**
-stauden 18, 21, 57
-Stiefmütterchen 95*, **95**
-strohblume 86*, **86**
Gefleckte Taubnessel 154*, **154**
Geflecktes Lungenkraut 173*, **173**
Gefüllte Narzisse **215**
Gehölze, tropische 15
Gehölzen, Unterpflanzung von 53
Gehölzrand 18, 20
Gehölzstauden 20
Gelbblatt-Funkien 149*, **149**
Gelbe Riesen-Flockenblume 117*, **117**
Gelbe Schwertlilie 153*, **153**
Gelbe Zwiebel-Iris 208*, **208**
Gelbfärbung der Blätter 63
Gelenkblume 168*, **168**
Gemeiner Wurmfarn 228*, **228**
Gemswurz 128*, **128**
Generative Vermehrung 70
Gentiana
– *acaulis* 134*, **134**
– *asclepiadea* 134*, **134**
– *dinarica* 134
Geranium 135*, **135**
– *dalmaticum* 136*, **136**
– *endressii* **41**, 136*, **136**
– *himalayense* 137*, **137**
– *macrorrhizum* 137*, **137**
– *nodosum* 137
– *pratense* 138*, **138**
– *pratense* 'Kendall Clark' **18**
– *psilostemon* **30**, **31**, 138*, **138**
– *renardii* 139*, **139**
– *sanguineum* 139*, **139**
– *sylvaticum* 139*, **139**
– *wlassovianum* 137
– x *magnificum* **28**, **30**, 138*, **138**, **161**
Gestalten 26, 34, 38, 42, 43, 46
Geum coccineum 140*, **140**
Gewöhnliche Küchenschelle 174*, **174**
Gewöhnliche Pfingstrose 163*, **163**
Gießen 54, 55
Giftige Mittel 62
Gladiolen 53
Gladiolus-Hybriden 206*, **206**
Glashäuser, nicht beheizbare 66
Glattblatt-Aster 108*, **108**
Glockenblume 113*, **113**
–, Breitblättrige 115*, **115**
–, Büschel- 114*, **114**
–, Dalmatiner 116*, **116**
–, Karpaten- 114*, **114**
–, Knäuel 114*, **114**
–, Marien- 83*, **83**
–, Pfirsichblättrige 116*, **116**
–, Riesen- 115*, **115**
–, Wald- 115*, **115**
–, Zwerg- 114*, **114**
Gold
-erdbeere 191*, **191**
-Felberich 158*, **158**
-Fetthenne 182*, **182**
-Garbe 98*, **98**
-Krokus 199*, **199**
-Lauch 195*, **195**
-kolben 156*, **156**
-rute, Pracht- 184*, **184**
-sturm-Sonnenhut **175**, 176*, **176**
-Wolfsmilch 132*, **132**
Grabgabeln **72**
Gräser 12, 34, 53
Grasnelke 104*, **104**

231

REGISTER

Grauer Storchschnabel 139*, **139**
Grauschimmelkrankheit 64
Griffel 17, **17**
Großblumige Elfenblume 129*, **129**
Großblumiger Ziest 185*, **185**
Großblütiges Mädchenauge 123*, **123**
Große Sterndolde 110*, **110**
Großer Ehrenpreis 189*, **189**
Großkronige Narzissen 215*, **215**
Grünblatt-Funkien 148*, **148**
Grunddüngung 56
Grundfarben 26
Grundknospen 12, 53
Gruppenbildung 42
Gypsophila paniculata 140*, **140**
Gypsophila repens 140*, **140**

Halbschattenstauden 20
Halskrausen-Dahlie 'Cricket' **202**
Hauptnährstoffe 55
Hauptstauden 46
Hauswurz 183*, **183**
Heidenelke 126*, **126**
Heiligenkraut 178*, **178**
Helenium-Hybride 'Moerheim Beauty' 29
Helenium-Hybriden 141*, **141**
Helianthemum-Hybriden 142*, **142**
Helianthus
– *annuus* 85*, **85**
– *atrorubens* 'Monarch' 142*, **142**
– *decapetalus* 'Capenoch Star' **142**
Helichrysum bracteatum 86*, **86**
Helictotrichon sempervirens 225*, **225**
Heliopsis helianthoides var. *scabra* 29, 143*, **143**
– 'Goldgrünherz' **143**
– 'Hohlspiegel' **143**
Heliotropium arborescens 86*, **86**
Helleborus
– *foetidus* 144
– *niger* 144
-Hybriden 37, 50, 51, 144*, **144**
Hemerocallis-Hybriden 145*, **145**
Hepatica nobilis 146
Hepatica transsylvanica 146*, **146**
Herbst
-Anemone 102*, **102**
-Chrysantheme 121*, **121**
-Eisenhut 99*, **99**
-Krokus 199*, **199**
-Leimkraut 183*, **183**
-blüher 39, 53
Herzerlstock 127*, **127**
Herzlilie **19**, **24**, 147*, **147**
Hesperis matronalis 146*, **146**
Heuchera-Hybriden 146*, **146**
Himalaja-Storchschnabel 137*, **137**
Himalaja-Wolfsmilch 132*, **132**
Himmels-Aster 107*, **107**

Himmelsleiter 168*, **168**
Hintergrund 46
Hirschzungenfarn 229*, **229**
Hirse, Ruten- 227*, **227**
Hitzeverträgliche Pflanzen 21
Hohe Flammenblume 166*, **166**
Hohe Nachtkerze 160*, **160**
Hohe Schlüsselblume 171*, **171**
Höhenstaffelung 38
Hoher Phlox 166*, **166**
Hohler Lärchensporn 197*, **197**
Holländischer Krokus 199*, **199**
Holunderblättriges Schaublatt 174
Horn-Veilchen 190*, **190**
Hornnarbe 118*, **118**
Horste 34
Horstpflanzen 35
Hosta 24, 147*, **147**, 148*, **148**, 149*, **149**
– *crispula* 148
– *fortunei* 'Aurea' 37
– *fortunei* 'Aureo-Maculata' **149**
-Hybride 37
-Hybride 'Feather Boa' 48
-Hybride 'Snowdown' **147**
– *plantaginea* 'Honeyballs' **148**
– *sieboldiana* 149
– *sieboldiana* 'Elegans' **149**
– *sieboldii* 148
– *undulata* 148
– *undulata* 'Undulata' **40**
– x *tardiana* 149
Hufeisenfarn 228*, **228**
Humusversorgung 56
Hyazinthe, Garten- 207*, **207**
Hyacinthoides hispanica 207*, **207**
Hyacinthus-Orientalis-Hybriden 207*, **207**

Iberis
– *ensifolia* 'Compacta' **150**
– *saxatils* 150
– *sempervirens* 150*, **150**
– *sempervirens* 'Snowflake' **150**
Immergrün, Kleines 190*, **190**
Immergrüne Elfenblume 129*, **129**
Impatiens-Neu-Guinea-Hybriden 86
Impatiens-Walleriana-Hybriden 86*, **86**
Indianernessel 159*, **159**
Insekten 61
Insektizide 61
Inula ensifolia 'Compacta' 150*, **150**
Inula magnifica 150*, **150**
Iran-Lauch 194*, **194**
Iris
–, Bart- 151*, **151**, 152*, **152**
–, Hohe Bart- 152
–, Mittelhohe Bart- 152
–, Netz- 208*, **208**
–, Niedrige Bart- 152
–, Steppen- 153*, **153**
–, Wiesen- 153*, **153**
Iris 22
-*Barbata-Eliator*-Hybride 'Amethyst Flame' **152**
-*Barbata*-Hybriden 151*, **151**, 152*, **152**
-*Barbata-Media*-Hybride 152
-*Barbata-Media*-Hybride 'Annikins' **151**
-*Barbata-Nana*-Hybriden 152
– *kaempferi* 'Royal Banner' **23**

– *sibirica* 32
– *danfordiae* 208*, **208**
– *pseudacorus* 153*, **153**
– *reticulata* 208*, **208**
-*Reticulata*-Hybriden 208
– *sibirica* 153*, **153**
– *sibirica* 'Soft Blue' **153**
-*Spuria*-Hybride 153*, **153**
-*Spuria*-Hybride 'Landscape Blue' 153
-*Spuria*-Hybride 'Soft Blue' 153

Jakobsleiter 168*, **168**
Japan-Segge 224*, **224**
Japanischer *Acorus*
Japanische Etagen-Primel 171*, **171**
Jäten 50
Jonquillen 216*, **216**
Juli-Silberkerze 122*, **122**
Jungpflanzen 66

Kaiserkrone 204*, **204**
Kaktus-Dahlie 'Schwarze Prinzessin' **203**
Kaktus-Dahlie 'Walhalla' **203**
Kalium 55
Kalk-Aster 106*, **106**
Kaltes Wasser 54
Kaltkeimer 67, 69
Kansasfeder 155*, **155**
Kapfuchsie 167*, **167**
Kapillarwirkung 55
Kapuzinerkresse 93*, **93**
Karpaten-Glockenblume 114*, **114**
Katzenminze 160*, **160**
Kaukasus-Beinwell 185*, **185**
Kaukasus-Vergißmeinnicht 112*, **112**
Keimlinge 68, 69
Kelchblätter 17, **17**
Kerzen-Ehrenpreis, Langblättriger 189*, **189**
Kerzen-Knöterich 169*, **169**
Kerzen-Ligularie 156*, **156**
Kiebitzei 205*, **205**
Kirengeshoma palmata 154*, **154**
Kissen-Aster 106*, **106**
Kissen-Primel 172*, **172**
Kleeblättriges Schaumkraut 116*, **116**
Kleines Immergrün 190*, **190**
Kleingewächshäuser, beheizbar 66
Kleinkronige Narzissen 215*, **215**
Knäuel-Glockenblume 114*, **114**
Kniphofia-Hybride **44**, 154*, **154**
– 'Alcazar' **154**
Knollen 17, 39, 54
-pflanzen 12, 13, 19, 39, 53, 69
Knospen 16
Knotenblume, Frühlings- 208*, **208**
Knöterich
–, Kerzen- 169*, **169**
–, Schecken- 169*, **169**
–, Teppich- 169*, **169**
Kolben 17
Kompakter Wuchs 56
Komplementärfarben 27
Kompost 51
Königs
-Lilie 211*, **211**
-farn 229*, **229**

-kerze 188*, **188**
Konkurrenz 19, 21
-druck 25
Kopfstecklinge 73, **73**
Körbchen 17
Kosmee 84*, **84**
Krankheiten 60, 64
Kriechender Günsel 100*, **100**
Kriechendes Schleierkraut 140*, **140**
Krokus 198*, **198**
–, Bunter 198*, **198**
–, Elfen- 200*, **200**
–, Garten- 199*, **199**
–, Gold- 199*, **199**
–, Herbst- 199*, **199**
–, Holländischer 199*, **199**
–, Pracht- 199*, **199**
Kronblätter 17, **17**
Krötenlilie 187*, **187**
Krustiger Polster-Steinbrech 180*, **180**
Küchenschelle, Gewöhnliche 174*, **174**
Kugel-Primel 171*, **171**
Kugeldistel 128*, **128**
Kulturerden 68
Kulturgefäße für die Anzucht 67
Kümmerwuchs 63

Lamiastrum galeobdolon 154
Lamium maculatum 154*, **154**
Lampenputzergras **223**, 227*, **227**
Langblättriger Kerzen-Ehrenpreis 189*, **189**
Lärchensporn, Hohler 197*, **197**
Lathyrus odoratus 87*, **87**
Lauch
–, Blauzungen- **14**, 195*, **195**
–, Gold- 195*, **195**
–, Sternkugel- 195*, **195**
–, Zier- 194*, **194**
Läuse 60, 63
Lavandula angustifolia **30**, 155*, **155**
– 'Hidcote Blue' **155**
Lavatera trimestris 87*, **87**
Lavendel 155*, **155**
Lebensbereiche 18, 21
Leberbalsam 80*, **80**, 175
Leberblümchen, Siebenbürger 146*, **146**
Lehmböden 43
Leimkraut, Herbst- 183*, **183**
Leitstauden 39, 42, 46
Leitungswasser 54
Lenzrose 144*, **144**
Leucojum aestivum 208
Leucojum vernum 208*, **208**
Levkoje 88*, **88**
–, Busch- 88
–, Stangen- 88
Liatris spicata 155*, **155**
Ligularia
– *dentata* **41**, 156*, **156**
– *dentata* 'Othello' **36**
-Hybride 'Zepter' **156**
– *przewalskii* 156*, **156**
– *stenocephala* 156
– x *hessei* 156
Ligularie, Kerzen- 156*, **156**
Ligularie, Strauß- 156*, **156**
Lilie 209*, **209**
–, Fackel- 154*, **154**
–, Feuer- 210*, **210**
–, Herz- 147*, **147**

–, Königs- 211*, **211**
–, Madonnen- 210*, **210**
–, Scharlach- 210*, **210**
–, Schmuck- 100*, **100**
–, Tag- 145*, **145**
–, Tiger- 211*, **211**
–, Türkenbund- 211*, **211**
Lilien **20**
-hähnchen 65
-Hybride 'Fireking' **28, 41**
-Hybriden 212*, **212**
Lilium 209*, **209**
– *bulbiferum* 210*, **210**
– *bulbiferum* ssp. *croceum* 210
– *candidum* 210*, **210**
– *davidii* 210*, **210**
– *davidii* var. *willmottiae* 210
– *hansonii* 211
-Hybride 'La Rêve' **212**
-Hybride 'Medaillon' **209**
-Hybride 'Monte Rosa' **212**
-Hybride 'Tropper' **212**
– *lancifolium* 211*, **211**
– *lancifolium* var. *flaviflorum* **211,** 211
-*Maculatum*-Hybriden 210
– *martagon* 211*, **211**
– *martagon* var. *album* 211
– *regale* 211*, **211**
– x *marhan* 211
– x *testaceum* 210
Limonium sinuatum 86
Linum perenne 157
– 'Album' 157
Lobelia erinus 87*, **87**
Lobelia fulgens 88*, **88**
Lobelie, Scharlach- 88*, **88**
Lobularia maritima 88*, **88**
Lobularie 88*, **88**
Lockerung des Bodens 50, 51
Löwenmäulchen 80*, **80**
Löwenzahn 54
Lunaria annua **193**
Lungenkraut
–, Geflecktes 173*, **173**
–, Rotes 173
–, Schmalblättriges 173*, **173**
Lupine 157*, **157**
Lupinus-Polyphyllus-Hybride 157*, **157**
Luzula sylvatica 225*, **225**
– 'Hohe Tatra' **225**
Lychnis chalcedonia **33,** 158*, **158**
Lynchis coronaria 'Alba' **97**
Lysimachia
– *clethroides* 158*, **158**
– *ephemerum* **41,** 158
– *punctata* **33,** 158*, **158**
Lythrum salicaria 159*, **159**
Lythrus vernus 155*, **155**

Macleaya cordata **37**
Mädesüß, Riesen- 133*, **133**
Mädesüß, Rosa 133*, **133**
Madonnen-Lilie 210*, **210**
Maiglöckchen 197*, **197**
Malva sylvestris **33**
Malve, Becher- 87*, **87**
Malve, Busch- 87*, **87**
Mangelerscheinungen 56
Männertreu 87*, **87**
Margeretenastern 82
Margerite 119*, **119**
–, Bunte 120*, **120**
–, Oktober- 121*, **121**
–, Sommer- 120*, **120**
–, Strauch- 83*, **83**

Marien-Glockenblume 83*, **83**
Märzenbecher 208*, **208**
Massenpflanzung 42
Maßliebchen 81*, **81**
Mattenbildende Pflanzen 35
Matteuccia struthiopteris 228*, **228**
Matthiola incana 88*, **88**
Mauerpfeffer, Weißer 182*, **182**
Mechanische Bekämpfung 61
Mehl-Salbei 90*, **90**
Midcentury-Hybriden 212*, **212**
Mineralische Düngung 56
Miscanthus
– *giganteus* 'Aksel Olsen' 226
– *sinensis* 226*, **226**
– *sinensis* 'Silberspinne' **226**
– *sinensis* 'Zebrinus' **226**
Mist, abgelagerter 51
Mittelfrühblühende Tulpen 219*, **219**
Mohn, Türkischer 164*, **164**
Molinia
– *arundinacea* 226*, **226**
– *arundinacea* 'Windspiel' **226**
– *caerulea* 226
Molluskizide 61
Monarda
-Hybride 'Cambridge Scarlet' **159**
-Hybride 'Fish' **159**
-Hybriden 159*, **159**
Montbretie 197*, **197**
Moos-Phlox 167*, **167**
Moos-Steinbrech 180*, **180**
Mosaikvirus 63
Mulchen 54
Multitopfplatten 67
Muscari armeniacum 213*, **213**
Muscari comosum 'Monstrosum' 213
Mutterpflanze 66
Myosotis sylvatica 89*, **89**
Myosotis sylvestris **40**
Myrten-Aster 107*, **107**

Nachkommen, identische 70
Nachtviole 146*, **146**
Nachzuchten 69
Nadelblättriges Mädchenauge 123*, **123**
Nährstoffe 55
Narbe 17, **17**
Narcissus 214*, **214,** 215*, **215**
– *cyclamineus* **216**
– *jonquilla* 216*, **216**
– *poeticus* 216*, **216**
– *poeticus* 'Actaea' **193**
– *pseudonarcissus* 215*, **215**
– *pseudonarcissus* 'Ice Follies' **193**
– *tazetta* 216*, **216**
– *tazetta* 'Geranium' **216**
– *tazetta* 'Pride of Cornwall' **216**
– *triandrus* 216*, **216**
Narzissen 214*, **214**
–, Dichter- 216*, **216**
–, Duft- 216*, **216**
–, Engelstränen- 216*, **216**
–, Großkronige 215*, **215**
–, Kleinkronige 215*, **215**
–, Poeticus- 216*, **216**
–, Strauß- 216*, **216**
–, Trompeten- 215*, **215**
Naßfäule 63
Natur, Bedingungen in freier 24
Naturgarten 46
Natürliche Feinde 60

Nebennährstoffe 55
Nektar 17
Nepeta
– *mussinii* 160*, **160**
– *racemosa* 160*, **160**
– x *faassenii* 160
Netz-Iris 208*, **208**
Neuaustrieb 56
Nicht winterharte Knollenpflanzen 13
Nicotiana sylvestris 89*, **89**
Nicotiana x *sanderae* 89
Nieswurz 144*, **144**
Normalkeimer 69
Nützlingsschonend **60**
Nymphaea 22

*O*enothera missouriensis 160
Oenothera tetragona 160*, **160**
– 'Sonnenwende' **150**
Oktober-Margerite 121*, **121**
Omphalodes cappadocica 160
Omphalodes verna 160*, **160**
Orangen-Schmuckkörbchen 85*, **85**
Organische Düngung 51, 56
Ornithogalum nutans 217
Ornithogalum umbellatum 217*, **217**
Osmunda regalis 229*, **229**
Osterglocken 215*, **215**

*P*aeonia
-Hybride 'Claire de Lune' **163**
– *lactiflora* 'Ball of Beauty' **162**
-*Lactiflora* 'Claude Tain' **161**
-*Lactiflora*-Hybriden 161*, **161,** 162*, **162**
-*Lactiflora* 'Karl Rosenfield' **162**
-*Lactiflora* 'Sarah Bernard' 161*, **162**
– *officinalis* 163*, **163**
– *officinalis* 'Rubra Plena' **163 162**
Palmlilie 191*, **191**
Pampasgras 224*, **224**
Panicum virgatum 227*, **227**
– 'Rehbraun' **227**
Papageien-Tulpe 'Flaming Parot' **220**
Papaver orientale 164*, **64**
– 'Feuerriese' **164**
Papaver somniferum 92
Pelargonium-Hybride **30**
Pennisetum alopecuroides **223,** 227*, **227**
Pennisetum orientale 227
Penstemon
-*Barbatus*-Hybriden 89
-Hybride 'Southgate Gem' **79**
-Hybriden 89*, **89**
Pfahlwurzeln 16, 17
Pfauenradfarn 228*, **228**
Pfingstnelke 126*, **126**
Pfingstrose
–, Bauerngarten- 163*, **163**
–, Gewöhnliche 163*, **163**
–, Chinesische 161*, **161,** 162*, **162**
–, Edel- 161*, **161,** 162*, **162**
–, Pracht- 163*, **163**
Pfirsichblättrige Glockenblume 116*, **116**
Pflanz
-grube 53
-loch 53
-plan 46

-zeit, richtige 51
Pflanzen
–, Auswahl der 46
–, Begleit- 42
–, bodendeckende 42
–, eintriebige 34, 35
–, hitzeverträgliche 21
–, mattenbildende 35
–, pikierte 68
–, teppichbildende 35
–, vorhandene 46
–, wärmeliebende 21
–, zweijährige 53
-gruppen, Verteilung von **42**
-schutzmittel 62
Pflanzung 47
–, Charakter der 46
–, standortgerechte 61
Pflege 24, 54
-arm 24
-intensiv 24
-kalender 50
-plan 50
Phalaris arundinacea 'Picta' 36
Phlomis russeliana 165*, **165**
Phlox 165*, **165**
-*Douglasii*-Hybride 167
–, Hoher 166*, **166**
–, Moos- 167*, **167**
–, Polster- 167*, **167**
–, Stauden- 165*, **166**
-*Subulata*-Hybride 167*, **167**
-*Subulata*-Hybride 'Ronsdorfer Schöne' **167**
Phlox paniculata 165*, **165,** 166*, **166**
– 'Flamingo' **165**
– 'Graf Zeppelin' **166**
– 'Landhochzeit' **166**
– 'Rosa Pastell' **165**
– 'Schneeferner' **165**
Phosphorsäure 55
Phuopsis stylosa 167*, **167**
Phygelius capensis 167*, **167**
Phyllitis scolopendrium 229*, **229**
Physostegia virginiana 168*, **168**
– 'Bouquet Rose' **168**
Pikieren 67, 71
Pilzkrankheiten 63
Plastikcontainer 67
Platycodon grandiflorus 168*, **168**
Platzansprüche 43, **43**
Poeticus-Narzissen 216*, **216**
Polemonium foliosissimum 168
Polemonium x *richardsonii* 168*, **168**
Pollen 16, 17
Polster-Elfenblume 129*, **129**
Polster-Phlox 167*, **167**
Polsterpflanzen 35
Polygonatum multiflorum 169
Polygonatum-Hybride 169*, **169**
– 'Weihenstephan' **169**
Polygonum
– *affine* 169*, **169**
– *amplexicaule* 169*, **169**
– *bistorta* **41,** 169
Polystichum aculeatum 229
Polystichum setiferum 229*, **229**
Pompon-Dahlie 'Amusing' **202**
Porzellanblümchen 180*, **180**
Pracht
-Goldrute 184*, **184**
-Krokus 199*, **199**
-Pfingstrosen 163*, **163**
-Storchschnabel **19,** 138*, **138**
-scharte 155*, **155**

233

REGISTER

-spiere 109*, **109**, 110*, **110**
-stauden 21
Primel 170*, **170**
–, Kissen- 172*, **172**
–, Kugel- 171*, **171**
–, Siebolds- 172*, **172**
–, Teppich- 172*, **172**
Primula
-*Bullesiana*-Hybriden 171
– *denticulata* 171*, **171**
– *elatior* 171*, **171**
-*Elatior*-Hybriden 171
– *japonica* 171*, **171**
-*Juliae*-Hybriden 172*, **172**
– *sieboldii* 172*, **172**
– *veris* 171
– *vulgaris* 172*, **172**
Pulmonaria
– *angustifolia* 173*, **173**
– *angustifolia* 'Azurea' **173**
– *officinalis* 173
– *rubra* 173
– *saccharata* 173*, **173**
– *saccharata* 'Mrs. Moon' **173**
Pulsatilla vulgaris 174*, **174**
Purpur
-Fetthenne 182*, **182**
-Fingerhut 30
-Sonnenhut 128*, **128**
-dost 131*, **131**
-glöckchen 146*, **146**
Puschkinia scilloides var. *libanotica* 217*, **217**
Pyrenäen-Storchschnabel 136*, **136**

Rabatte 15
Rabattenstauden 21
Rauhblatt-Aster 107*, **107**
Regenbogenfarben 26
Regenwasser 54
Rhizom **16**, 17
Rhynchelytrum repens 79
Riesen
-Alant 150*, **150**
-Ehrenpreis 190*, **190**
-Glockenblume 115*, **115**
-Lauch 194*, **194**
-Mädesüß 133*, **133**
-Pfeifengras 226*, **226**
-Schleierkraut 123*, **123**
-steinbrech 111*, **111**
Rindenkultursubstrate 68
Ringelblume 82*, **82**
Rispe **17**
Rißlinge 72
Rittersporn 124*, **124**, 125*, **125**
Rodgersia
– *aesculifolia* 174
– *henryci* **174**, 174
– *pinnata* 'Superba' 174
– *podophylla* 174*, **174**
– *sambucifolia* 174
Rosa Mädesüß 133*, **133**
Rose 'Celsiana' **30**, **31**
Rose 'Rose de Rescht' **30**, **31**
Rosenwaldmeister 167*, **167**
Rosettenpflanzen 35
Rost 64
Rote Nelkenwurz 140*, **140**
Rote Schaf-Garben 98*, **98**
Roter Fingerhut 127*, **127**

Rotes Lungenkraut **173**
Rotes Teppich-Seifenkraut 178*, **178**
Rotfärbung der Blätter 63
Rotstiel-Sonnenblume 142*, **142**
Rückschnitt 56
Rudbeckia 175*, **175**
– *fulgida* 'Goldsturm' 176*, **176**
– *hirta* 90*, **90**
– *hirta* 'Marmalade' **79**
– *laciniata* 'Goldball' 176*, **176**
– *nitida* 'Herbstsonne' 176
– *triloba* 176*, **176**
Ruten-Hirse 227*, **227**

Saat, breitwürfige 71
Saatgut 69
Salbei
–, Azur- 91*, **91**
–, Buntschopf 91*, **91**
–, Mehl- 90*, F
–, Scharlach- 90*, **90**
–, Sommer- 177*, **177**
–, Sumpf- 91*, **91**
Salomonssiegel 169*, **169**
Salvia
– *coccinea* 90*, **90**
– *farinacea* 90*, **90**
– *involucrata* 90
– *lavandulifolia* **28**, **44**, 177
– *lavandulifolia* ssp. *hispanica* **30**
– *nemorosa* **29**, **97**
– *officinalis* **41**, 177*, **177**
– *officinalis* 'Berggarten' **177**
– *officinalis* 'Mainacht' **177**
– *patens* 91*, **91**
– *pratensis* **28**
– *sclarea* 177
– *splendens* 90
– *uliginosa* 91*, **91**
– *viridis* 91*, **91**
Samen
-nachreifen 69
-anlage **17**
-bildung 56
-ernte, eigene 68
-körner aussäen 71
-unkräuter 54
Sämlinge, Vorkultur der 70
Sämlinge, Weiterkultur der 71
Sandböden 43
–, Verbesserung der 51
Santolina chamaecyparissus 178*, **178**
Saponaria
– *ocymoides* 178*, **178**
– x *lempergii* 178*, **178**
– x *lempergii* 'Max Frei' **44**
Saugwurzeln 54
Saxifraga 179*, **179**
-*Arendsii*-Hybriden **179**, 180*, **180**
– *cortusifolia* 179
– *cortusifolia* var. *Fortunei* 180
– *juniperifolia* 180
– x *apiculata* 180*, **180**
– x *urbium* 179, 180*, **180**
Scabiosa caucasica 181*, **181**
– 'Clive Greaves' **181**
Schachbrettblume 205*, **205**
Schadsymptome 61
Schäden, physiologische 62
Schädlinge 60, 63, 65
Schädlingsbekämpfung **60**
Schalen 67
Scharlach-Lilie 210*, **210**
Scharlach-Lobelie 88*, **88**
Scharlach-Salbei 90*, **90**

Schatten 19
-stauden 19, 51
-Steinbrech 180*, **180**
Schaublatt, Bronze- 174*, **174**
Schaublatt, Holunderblättriges 174
Schaumkerze, Wald- 186*, **186**
Schecken-Knöterich 169*, **169**
Schiefblatt 81*, **81**
Schildblume 118*, **118**
Schlangenkopf 118*, **118**
Schleier-Eisenkraut 94*, **94**
Schleier-Frauenmantel 101*, **101**
Schleier-Sonnenhut **175**, 176*, **176**
Schleifenblume 150*, **150**
Schlüsselblume, Hohe 171*, **171**
Schmalblättriges Lungenkraut 173*, **173**
Schmuck-Dahlie 'Berliner Kleene' **203**
Schmuckkörbchen 84*, **84**
–, Orangen- 85*, **85**
Schmucklilie 100*, **100**
Schnecken 61, 65
Schnee-Felberich 158*, **158**
Schneeglöckchen 205*, **205**
Schneestolz 196*, **196**
Schnellkeimer 69
Schnittastern 82
Schnittblumenbeet 15
Schwalbenwurz-Enzian 134*, **134**
Schwarzäugige Susanne 93*, **93**
Schwarzäugiger Storchschnabel 138*, **138**
Schwerkeimer 69
Schwertlilie 151*, **151**
–, Gelbe 153*, **153**
–, Sumpf- 153*, **153**
–, Zwerg- 152
Scilla bifolia 217
Scilla sibirica 217*, **217**
– 'Spring Beauty' **217**
Sedum 181*, **181**
– *acre* 182
– *album* 182*, **182**
– *album* 'Coral Carpet' **182**
– *arachnoideum* 183
– *cauticolum* 182
– *floriferum* 182*, **182**
– *sexangulare* 182
– *sexangulare* 'Weiße Tatra' **182**
– *spectabile* 182
– *tectorum* 183
– *telephium* 182*, **182**
– *telephium* 'Herbstfreude' **182**
Seerosen 22
Seifenkraut, Spätsommer- 178*, **178**
Seifenkraut, Rotes Teppich-, 178*, **178**
Sempervirum 183*, **183**
-Hybride 'Mt. Kenia' **183**
-Hybriden 183
Septoria-Blattfleckenkrankheit 64
Siebenbürger Leberblümchen 146*, **146**
Siebolds-Primel 172*, **172**
Silber-Perlkörbchen 102*, **102**
Silbergrauer Ehrenpreis 189*, **189**
Silene schafta 183*, **183**
Skabiose 181*, **181**
Smilacina racemosa 183*, **183**
Smilacina stellata 183
Solidago-Hybriden 184*, **184**

Solitärpflanzen 42
Sommer
-aster 82*, **82**
-blüher **39**, 39
-blumen 13, 15
-Margerite 120*, **120**
-Salbei 177*, **177**
Sonnen
-auge 143*, **143**
-braut 141*, **141**
-röschen 142*, **142**
-wende 86*, **86**
Sonnenblume 85*, **85**
–, Garten- 142*, **142**
–, Rotstiel- 142*, **142**
Sonnenhut 90*, **90**, 175*, **175**
–, Bauerngarten- 176*, **176**
–, Einjähriger **79**
–, Goldsturm- **175**, 176*, **176**
–, Schleier- **175**, 176*, **176**
Spät
-blühende Tulpen 219*, **219**, 220*, **220**
-fröste 51, 57
-sommer-Seifenkraut 178*, **178**
-sommerblüher 39
Speicherorgane 12, 17
Spinnenblume 84*, **84**
Spinnentiere 61
Spinnmilben 65
Spornblume 117*, **117**
Spurenelemente 55
Spurennährstoffe 55
Stachys
– *byzantina* 184*, **184**
– *byzantina* 'Sheila Mc Queen' **184**
– *grandiflora* 'Superba' **30**, 185*, **185**
Staffelung 38
Stammformen 15
Standfestigkeit, Unterstützung der 56
Standortbedingungen 46
Standorte 18, 20, 21
Standortgerechte Pflanzung 61
Stangen-Levkojen 88
Staub
-beutel **17**
-blätter 17, **17**
-faden **17**
-gefäße 16
Stauchekrankheit 63
Stauden 12, 13, 18, 24, 53, 66
–, alpine 18, 21
–, Beet- 21
–, Berg- 18
–, Garten- 21
–, Gehölz- 20
–, Halbschatten- 20
–, Haupt- 46
-kataloge 19
– kombinieren 15
–, Lein 157*, **157**
–, Leit- 42, 46
– mischen 15
–, mittelhohe 43
–, niedrige 43
-pflanzung 25
-Phlox 166*, **166**
–, Pracht- 21
–, Rabatten- 21
– richtig pflanzen 53
–, Schatten- 19, 51
–, Steingarten- 51
– teilen **72**
-teppich 20
–, trockenheitsliebende 51
–, tropische 15

–, Ufer- 21
–, verpflanzen 53
–, Wald- 18, **19**
–, Waldrand- 20
–, winternässeempfindliche 53
–, wuchsfreudige 25
-züchtungen 21
–, zwergige **43**
Stecklinge 68, 72, 73, **73**
Steinbrech 179*, **179**
–, Krustiger Polster- 180*, **180**
–, Moos- 180*, **180**
–, Schatten- 180*, **180**
Steingarten 15, 18
-pflanzen 21
-stauden 51
Steinsame, Blauroter 112*, **112**
Steintäschel 100*, **100**
Stengelloser Enzian 134*, **134**
Steppen-Iris 153*, **153**
Steppen-Schleierkraut 140*, **140**
Steppenkerze 204*, **204**
Sternkugel-Lauch 195*, **195**
Stickstoff 55, 60
Stiefmütterchen, Garten- 95*, **95**
Stockmalve **12**, 80*, **80**
Stockrose 80*, **80**
Storchschnabel 135*, **135**
–, Balkan- 137*, **137**
–, Blut- 139*, **139**
–, Dalmatiner- 135*, **135**
–, Grauer 139*, **139**
–, Himalaja- 137*, **137**
–, Pracht- 138*, **138**
–, Pyrenäen- 136*, **136**
–, Schwarzäugiger 138*, **138**
–, Wald- 139*, **139**
–, Wiesen- 138*, **138**
Sträucher 19
Strauchmargerite 83*, **83**
Strauchrose 'Schneewittchen' **28**
Strauß-Ligularie 156*, **156**
Strauß-Narzissen 216*, **216**
Straußfarn 228*, **228**
Strohblume, Garten- 86*, **86**
Studentenblume 92*, **92**
Substrate 67, 68, 70
Sumpf 21
-Dotterblume 112*, **112**
-Garbe 98*, **98**
-Salbei 91*, **91**
-Schwertlilie **22**, 153*, **153**
Symphytum grandiflorum 185*, **185**

T*agetes* 92*, **92**
-Erecta-Hybriden 92
-Patula-Hybriden 92
– tenuifolia 79, 92
Taglilie 145*, **145**
Taubnessel, Gefleckte 154*, **154**
Tausendschön 81*, **81**
Tazetten 216*, **216**
Teich 21
Teppich-Knöterich 169*, **169**
Teppich-Primel 172*, **172**
Teppichbildende Pflanzen 35
Thalictrum aquilegifolium 185*, **185**
Thunbergia alata 93*, **93**
Thymian 186*, **186**
Thymus doerfleri 186*, **186**
– 'Bressingham Seedling' **186**
Thymus serpyllum 186
Tiarella cordifolia 186*, **186**
Tiefwurzler 51

Tiger-Lilie 211*, **211**
Tithonia rotundifolia 79, 93*, **93**
Tithonie 93*, **93**
Tontöpfe 67
Topfastern 82
Topfen 69
Topferde 68
Töpfe 53
Torfkultursubstrate 68
Tradescantia-Andersoniana-Hybride 186*, **186**
– 'Blue Stone' 186
Tränendes Herz **13**, 127*, **127**
Traube **17**
Traubenhyazinthe, Vielblütige 213*, **213**
Triandrus-Narzissen 216*, **216**
Trichterfarn 228*, **228**
Trichterförmiger Wuchs 34
Tricyrtis hirta 187*, **187**
Trockenheitsliebende Stauden 51
Trockenschäden 57
Tröge 21
Trollblume 187*, **187**
Trollius chinensis 187
– 'Golden Queen' **187**
Trollius europaeus 187
Trollius-Hybride **32**, 187*, **187**
– 'Helios' 187
Trompeten-Hybriden 213*, **213**
Trompeten-Narzissen 215*, **215**
Tropaeolum-Hybriden 93*, **93**
Tropische Gehölze 15
Tropische Stauden 15
Tulipa 218*, **218**, 219*, **219**, 220*, **220**
-Arten 221*, **221**
– aucheriana 221
– bakeri 221
– batalinii 221
– 'Bonanza' 219
-Darwin-Hybride 'Golden Parade' 219
-Darwin-Hybride 'Maytime' **219**
– 'Diana' 219
– 'Fancy Frills' 220
– greigii 'Plaisir' **220**
– kaufmanniana 220
– praestans 221
– pulchella 221
– schrenkii 221
– tarda **193**, 221*, 221
– violacea 221*, 221
Tulpen 218*, **218**, 219*, **219**, 220*, **220**
–, Botanische 220*, **220**
–, Frühblühende 219*, **219**
–, Mittelfrühblühende 219*, **219**
–, Spätblühende 219*, **219**, 220*, **220**
–, Vielblütige 221*, **221**
–, Weinberg- 221*, **221**
–, Zwerg- 221*, **221**
Tüpfelstern 158*, **158**
Türkenbund-Lilie 211*, **211**
Türkischer Mohn 164*, **164**

Überbrausen 55
Überflutungsbereiche 21
Ufer 18
-stauden 21
Uferaster 188*, **188**
Umgraben 56
Unkrautbekämpfung 54
Unterirdische Pflanzenteile **16**
Unterpflanzung von Gehölzen 53

Vanilleblume 86*, **86**
Vegetative Vermehrung 72
Veilchen
–, Duft- 191*, **191**
–, Horn- 190*, **190**
–, Wohlriechendes 191*, **191**
Verbascum
– bombyciferum 188*, **188**
– chaixii 'Album' **23**
– olympicum 188
– phoeniceum 188
Verbena
– bonariensis 79, 94*, **94**
-Hybriden 94*, **94**
– rigida 94*, **94**
Verbene 94*, **94**
Verbrennungen 54
Verdichtungen 50
Verdunstung, Schutz gegen 54
Vergeilung 63
Vergißmeinnicht 89*, **89**
Verkahlen 57
Vermehrung 66, 68, 70, 72
Vernonia crinita 188*, **188**
Vernonia noveboracensis 187
Vernonie 188*, **188**
Veronica
– austriaca ssp. *teucrium* 189*, **189**
– longifolia 189*, **189**
– spicata ssp. *incana* 189*, **189**
– spicata ssp. *spicata* 189
– virginica 190*, **190**
– virginica 'Alborosea' 190
Verpflanzen von Stauden 53
Verschlämmung, Schutz gegen 54
Verstecktblüher 39
Vielblütige Traubenhyazinthe 213*, **213**
Vielblütige Tulpen **193**, 221*, **221**
Vinca minor 190*, **190**
Viola
-Cornuta-Hybride 190*, **190**
– odorata 191*, **191**
– odorata 'Königin Charlotte' 191
-Wittrockiana-Hybriden 95*, **95**
Viridiflora-Tulpe 'Spring Green' **40**
Virose 63
Viruserkrankungen 61, 63
Vorbeugen gegen Krankheiten 60
Vorbeugen gegen Schädlinge 60
Vorsommerblüher 39

Wachsglocke 154*, **154**
Wald 18
-rand 18
-randstauden 19, **19**, 20
-stauden 18, **19**
-Geißbart 104*, **104**
-Glockenblume 115*, **115**
-Hainsimse 225*, **225**
-Marbel 225*, **225**
-meister 134*, **134**
-Schaumkerze 186*, **186**
-Storchschnabel 139*, **139**
-steinia geoides 191*, **191**
-steinia ternata 191
Walzen-Wolfsmilch 132*, **132**
Wärmeliebende Pflanzen 21
Wasser 18
–, kaltes 54
-pflanzen 21
Weicher Schildfarn 229*, **229**

Weinberg-Tulpen 221*, **221**
Weißblatt-Funkien 148*, **148**
Weißer Mauerpfeffer 182*, **182**
Weißes Buschwindröschen 196*, **196**
Weißwurz 169*, **169**
Welkekrankheit 64
Welken 61, 63
Wicke, Wohlriechende 87*, **87**
Wiesen-Iris 153*, **153**
Wiesen-Storchschnabel 138*, **138**
Wiesenraute, Akeleiblättrige 185*, **185**
Wild-Tulpen, Echte 221*, **221**
Wildarten 24
Wilde Zwerg-Aster 108*, **108**
Winter
-aster 121*, **121**
-garten 66
-grüne Gartenstauden 57
-harte Knollenpflanzen 13
-harte Zwiebelpflanzen 13
-ling 204*, **204**
-nässe 57
-schutz 57
Wohlriechende Wicke 87*, **87**
Wohlriechendes Veilchen 191*, **191**
Wolfsmilch 131*, **131**
–, Feuer- 132*, **132**
–, Gold- 132*, **132**
–, Himalaja- 132*, **132**
–, Walzen- 132*, **132**
Woll-Ziest 184*, **184**
Wucherblume 83*, **83**, 119*, **119**
Wuchsform 34, 35, 38, 56
Wuchsfreudige Stauden 25
Wühlmäuse 65
Wurzel, **12**, 17, 73
-ballen 53
-fäule 63
-knollen teilen 72
–, pfahlartige 73
-schnittlinge 73
-sprosse 12
-stock **12**, **16**
-unkräuter 50, 54

Y*ucca filamentosa* 191*, **191**

Zier-Lauch 194*, **194**
Ziertabak 89*, **89**
Ziest, Großblumiger 185*, **185**
Zinnia angustifolia 95
Zinnia elegans 95*, **95**
Zinnie 95*, **95**
Züchtungen, sortenechte 70
Zweijährige Pflanzen 53
Zweijährige Sommerblumen 15
Zweiter Flor 56
Zwerg
-Alant 150*, **150**
-Bambus **36**
-Glockenblume 114*, **114**
-Schwertlilie 152
-Tulpen 221*, **221**
-hyazinthe, Apollo- 217*, **217**
Zwiebel
-Iris, Gelbe 208*, **208**
-blüher 39
-fäule 64
-pflanzen 12, 19, 53
Zwiebeln **16**, 17, 39
– vermehren 69
–, winterharte 13
–, nässeempfindliche 54
– richtig pflanzen 54

Freude am Garten. Mit GU.

Ob Sie für Ihren Garten Gestaltungs-Ideen suchen und dafür die schönste Blütenpracht auswählen wollen, ob Sie einen Teich anlegen und richtig bepflanzen oder sich über Hecken, Kräuter, Rosen und Clematis informieren wollen: Die

- **Großen GU Pflanzen-Ratgeber,**
- **Ratgeber Garten** und
- **Pflanzen-Ratgeber**

von Gräfe und Unzer helfen Ihnen mit Experten-Rat und hilfreichen Tips, mit praktischen Zeichnungen und zauberhaften Farbfotos. Damit der Garten zum Paradies wird - für Sie und Ihre Familie.

48,00 DM

Änderung und Irrtum vorbehalten

14,80 DM

14,80 DM

14,80 DM

14,80 DM

14,80 DM   14,80 DM   14,80 DM   14,80 DM

 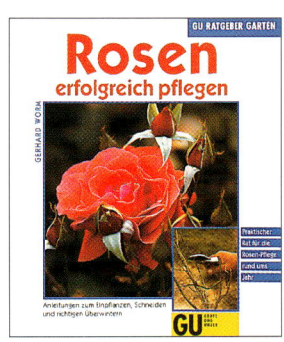

14,80 DM   14,80 DM

14,80 DM

39,80 DM

ANHANG

Die hier aufgelisteten Firmen versenden Pflanzen auch an Privatkunden. Diese Liste erhebt keinen Anspruch auf Vollständigkeit. Fragen Sie schriftlich bei den Gartenbaubetrieben an, um sich über Sortimente, Spezialitäten und Verkaufsmodalitäten zu informieren. Legen Sie Ihrem Brief stets einen frankierten Rückumschlag bei. Samen, Stauden, Zwiebel- und Knollenpflanzen bekommen Sie in Blumenläden, Gärtnereien, Gartencentern, Supermärkten, auf Bau- und Wochenmärkten. Adressen können Sie den Gelben Seiten des Telefonbuchs entnehmen. Auch über Versandgärtnereien und den Versandhandel für Gartenbedarf können Sie Pflanzen bestellen. Zusätzliche Hinweise und Bezugsquellen finden Sie in den einschlägigen Zeitschriften (→ Seite 239).

Samen
Thysanotus Samen-Versand, Uwe Siebers, Postfach 44 81 09, 28281 Bremen
Manfred Meyer, Eckenheimer Landstr. 334, 60435 Frankfurt/Main
Blauetikett-Bornträger GmbH, 67591 Offstein
Julius Wagner, Eppelheimer Str. 18–20, 69115 Heidelberg
Samenzucht Hans Hoffmann KG, Bahnhofsplatz 1, 91301 Forchheim
Samen-Mauser AG, Industriestr. 24, Postfach 64, CH-8404 Winterthur

Staudengärtnereien
Blütenstaudengärtnerei Gerhard Kranich, Straße der Jugend 23, 02797 Oybin
Eberhard Schuster, Augustenhofer Weg 6, 19089 Augustenhof
Karl Wachter, Rollbarg, 25482 Appen-Etz
Friesland Staudengarten, Husumer Weg 16, 26441 Jever/Rahrdum
Staudengärtnerei Ernst Pagels, Deichstr. 4, 26789 Leer
Hagemann Staudenkulturen, Walsroder Str. 324, 30855 Langenhagen
Heinz Klose, Staudengärtner, Rosenstr. 10, 34253 Lohfelden
Vollkmann Staudenkulturen, Schillerstr. 34, 35452 Heuchelheim
Georg Arends, Staudengärtnerei, Monschaustr. 76, 42369 Wuppertal
Staudenkulturen Stade, Beckenstrang 24, 46325 Borken-Marbeck (Katalog gegen DM 8,– in Briefmarken)
Bodo Funk, Gärtnerei, Schwarze Furth Nr. 2, 46459 Rees 2-Empel
Stauden-Müller, Kampweg 28, 49078 Osnabrück
Willumeit, Baumschulen-Stauden, Nußbaumallee 69, 64297 Darmstadt-Eberstadt
Kayser & Seibert, Postfach 11 62, 64373 Roßdorf
Robert Schneck & Söhne, Fellbacher Str. 158, 70736 Fellbach
Staudengärtnerei Schöllkopf, Postfach 71 37, 72735 Reutlingen
Hans Götz, Staudengärtnerei, Schramberger Str. 65, 77761 Schiltach
Rolf Peine, An der B 471, 82296 Schöngeising
Rieser Staudenkulturen + Wassergärten W. Schimana, Waldstr. 21, 86738 Deiningen
Stauden-Rudolf, Hagenhausen, Zur Kohlgrub, 90518 Altdorf/Nürnberg (nur Privatverkauf; Katalog gegen DM 3,– in Briefmarken)
Hermann Näpfel, Staudengärtnerei, Nürnberger Str. 99, 91710 Gunzenhausen
Staudengarten Marx, Bahnstr. 36, 96175 Pettstadt
Sortiments- und Versuchsgärtnerei Simon, Staudenweg 2, 97828 Marktheidenfeld

Zwiebel- und Knollenpflanzen
Albrecht Hoch, Potsdamer Str. 40, 10785 Berlin
Diener & Sohn, Schülper Chaussee 10, 25764 Schülp
Kurt Kernstein, Am Kirchenfeld 8, 86316 Friedberg
Samen-Mauser AG, Industriestr. 24, Postfach 64, CH-8404 Winterthur

Weiterführende Literatur

Falls einige der genannten Bücher im Handel nicht erhältlich sind, finden Sie sie in der Regel in Bibliotheken.

Bünemann, O.; Becker, J.: Großer GU Ratgeber Rosen. Gräfe und Unzer Verlag, München

Encke, F.: Sommerblumen. Eugen Ulmer Verlag, Stuttgart

Englbrecht, J.: Blumen aus dem Bauerngarten. Gräfe und Unzer Verlag, München

Fessler, A.: Naturnahe Pflanzungen. Eugen Ulmer Verlag, Stuttgart

Görritz, H.: Blütenstauden, Gräser, Farne. VEB Deutscher Landwirtschaftsverlag, Berlin

Greiner, K.; Weber, A.: Lauschige Plätze im Garten. Gräfe und Unzer Verlag, München

Grunert, C.: Das Blumenzwiebel-Buch. Eugen Ulmer Verlag, Stuttgart

Grunter, C.: Gartenblumen von A – Z. Neumann Verlag, Leipzig-Radebeul

Hansen, R.; Stahl, F.: Die Stauden und ihre Lebensbereiche in Gärten und Grünanlagen. Eugen Ulmer Verlag, Stuttgart

Henseler, K.: Der Pflanzendoktor für den Hausgarten. BLV-Verlagsgesellschaft, München

Henseler, K.: Pflanzenschutz in Haus und Garten. Herausgeber: Landesverband Gartenbau Rheinland. Klette Druck + Verlag

Hielscher, A.: Sommerblumen in Wort und Bild. Verlag J. Neumann-Neudamm, Melsungen

Jelitto, L.; Schacht, W.: Die Freilandschmuckstaude (in zwei Bänden). Eugen Ulmer Verlag, Stuttgart

Jelitto, L.; Schacht, W.; Fessler, A.: Die Freilandschmuckstaude, 4. Auflage. Eugen Ulmer Verlag, Stuttgart

Klock, P.: Blütenpracht aus Zwiebeln und Knollen. Gräfe und Unzer Verlag, München

Köhlein, F.: Saxifragen und andere Steinbrechgewächse. Eugen Ulmer Verlag

Köhlein, F.: Pflanzen vermehren. Eugen Ulmer Verlag

Köhlein, F.: Primeln. Eugen Ulmer Verlag, Stuttgart

Krüssmann, G.; Siebler, W.; Tangermann, W.: Winterharte Gartenstauden. Paul Parey Verlag, Berlin und Hamburg

Maatsch, R.: Das Buch der Freilandfarne. Paul Parey Verlag, Berlin und Hamburg

Phillips, R.; Rix, M.: Stauden in Garten und Natur. Droemer Knaur Verlag

Phillips, R.; Rix, M.: The Bulb Book. Pan Books, London

Rau, H.: Kräuter im Garten. Gräfe und Unzer Verlag, München

Scheu-Helgert, M.: Kleine Gärten planen und gestalten. Gräfe und Unzer Verlag, München

Seyffert, W.: Stauden für Natur- und Steingärten. VEB Deutscher Landwirtschaftsverlag

Seyffert, W.: Stauden für dekorative Gestaltung und Schnittblumengewinnung. Verlag Neumann-Neudamm, Berlin

Sieber, J.: Die Sichtung der Stauden. Grünberg

Thomas, G.S.: Perennial Garden Plants. Verlag J. Dent, London

Zinkernagel, G.: BdB-Handbuch Teil 3 – Stauden, Gräser, Farne, Sumpf- und Wasserpflanzen. Hrsg.: Fördergesellschaft »Grün ist Leben«.

Zeitschriften

architektur & wohnen. Jahreszeiten-Verlag GmbH, Poßmoorweg 5, 22301 Hamburg

FLORA. Gruner + Jahr AG & Co., Postfach, 20444 Hamburg

Gardenia. Via Cadore 19, I-20135 Milano

Gartenpraxis. Eugen Ulmer Verlag, Wollgrasweg 41, 70599 Stuttgart

Kraut & Rüben. BLV Verlagsgesellschaft mbH, Lothstr. 29, 80797 München

Mein schöner Garten. Burda Verlag, Hauptstr. 130, 77652 Offenburg

selber machen. Jahreszeiten-Verlag, Poßmoorweg 5, 22301 Hamburg

Mitgliedszeitschrift der Österreichischen Gartenbaugesellschaft. Parkring 12/III/1, A-1010 Wien

Mon Jardin & Ma Maison. B.P. 406, F-92103 Boulogne Cedex

Schweizer Garten. Verband deutsch-schweizerischer Gartenbauvereine, CH-3110 Münsingen

IMPRESSUM

Dank
Verlag und Fotografin Marion Nickig danken folgenden Gartenbesitzern, Einrichtungen und Firmen für ihre Unterstützung:
Staudengärtnerei Arends, Wuppertal
Frau M. Beuchert, Frankfurt
Botanischer Garten, München
Familie Caesar, Herten
Erfurter Samenzucht, Walluf-Rheingau
GRUGA Park, Essen
Familie Herling, Dortmund
Familie Hörsch, Uhingen
Kiepenkerl Pflanzen-Züchtung, Münster
Mevrovw I. Greve, Heerlen, Holland
Mevrovw van Bennekom, Domburg, Holland
Palmengarten, Frankfurt
Familie Rupp, München
Familie Schmick, Hamburg
Sichtungsgarten Weihenstephan, Freising
Westfalenpark, Dortmund
Staudengärtnerei
Gräfin Zeppelin, Laufen

Wichtige Hinweise
In diesem Buch geht es um die Pflege von Gartenblumen. Einige der beschriebenen Arten sind mehr oder weniger giftig. Im Beschreibungsteil (→ Seiten 76 bis 229) wird unter dem Stichwort »Warnung« auf die Giftigkeit der Pflanzen hingewiesen. Achten Sie unbedingt darauf, daß Kinder und Haustiere Pflanzen nicht essen. Einige Pflanzen sondern hautreizende Stoffe ab, auch darauf wird unter dem Stichwort »Warnung« bei den jeweiligen Pflanzen hingewiesen. Wer empfindliche Haut hat oder an Kontaktallergien leidet, sollte bei der Berührung dieser Pflanzen unbedingt Handschuhe tragen.
Kommt es beim Umgang mit Erde zu offenen Verletzungen, suchen Sie umgehend einen Arzt auf und lassen Sie sich fachkundig behandeln. Besprechen Sie mit ihm, ob er eine Impfung gegen Tetanus (Wundstarrkrampf) für erforderlich hält.
Alle Dünge- oder Pflanzenschutzmittel, auch die biologischen, müssen unbedingt so aufbewahrt werden, daß sie für Kinder und Haustiere unerreichbar sind. Zum richtigen Umgang damit → Seite 62. Ihr Verzehr kann zu gesundheitlichen Schäden führen. Diese Mittel dürfen außerdem nicht in die Augen gelangen. Verschließen Sie größere Jauchebehälter mit einem Gitter, damit Kinder oder Kleintiere nicht hineinklettern oder -fallen können.

Beratung
Die Redaktion dankt Frau Karin Greiner vom Institut für botanisch-ökologische Beratungen für wertvolle sachliche Hinweise.

Die Fotografen
Alle Fotos in diesem Buch stammen von Marion Nickig, mit Ausnahme von:
Gärtner Pötschke: Seite 206 re.; Hertle: Seite 221 m.; Kiermeier: Seite 116 li., m., 133 li., 152 re., 195 m., 225 re., 227 li.; Morell: Seite 183 m.; Reinhard: Seite 87 li., 156 li., 210 re., 225 m.; Sammer: Seite 171 re., 177 li., 188 li.; SAVE/Pforr: Seite 60, 66; Seidl: Seite 120 re., 133 re., 136 li., 163 li., 172 li., 208 li.; Silvestris/Brockhaus: Seite 7 m.; Strauß: Seite 175, 217 li.

© 1993 Gräfe und Unzer Verlag GmbH, München
Alle Rechte vorbehalten. Nachdruck, auch auszugsweise, sowie Verbreitung durch Film, Funk und Fernsehen, durch fotomechanische Wiedergabe, Tonträger und Datenverarbeitungssysteme jeder Art nur mit schriftlicher Genehmigung des Verlages.

Redaktionsleitung: Hans Scherz
Stellvertretende Redaktionsleitung: Renate Weinberger
Redaktion: Gisela Keil
Lektorat: Mirjam Baumann, Sonnhild Bischoff, Thomas Hagen
Grafische Gestaltung: G.H.G., Gudrun Hänsel-Geneletti, München
Zeichnungen: György Jankovics
Herstellung: Johannes Schmidt-Thomé
Satz: Typodata
Reproduktion: Penta
Druck: Appl
Bindung: Monheim

ISBN 3-7742-1796-3

Auflage	7.	6.	5.	4.
Jahr	99	98	97	96